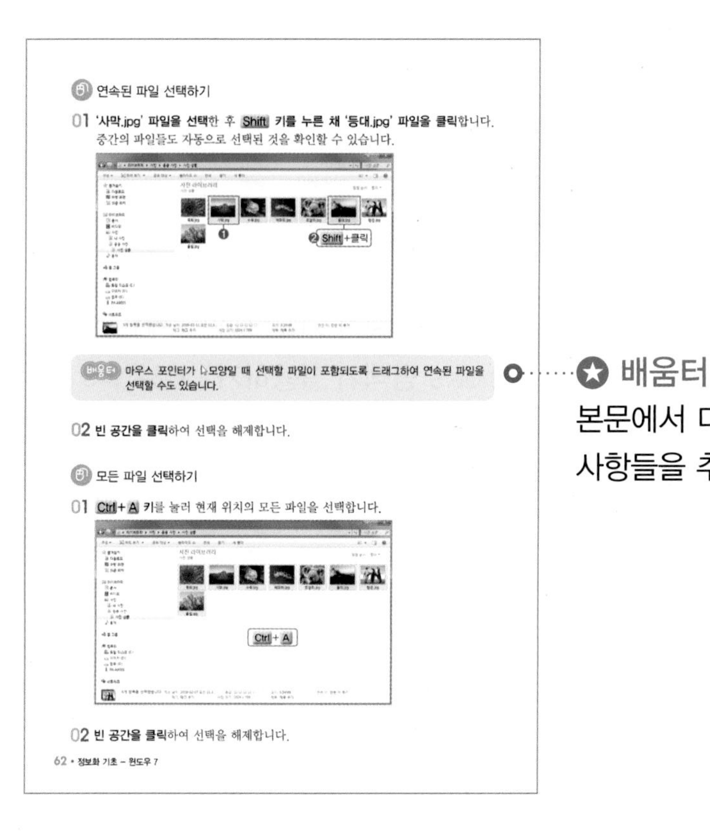
연속된 파일 선택하기

01 '사막.jpg' 파일을 선택한 후 Shift 키를 누른 채 '등대.jpg' 파일을 클릭합니다.
중간의 파일들도 자동으로 선택된 것을 확인할 수 있습니다.

배움터 마우스 포인터가 모양일 때 선택할 파일이 포함되도록 드래그하여 연속된 파일을 선택할 수도 있습니다.

02 빈 공간을 클릭하여 선택을 해제합니다.

모든 파일 선택하기

01 Ctrl+A 키를 눌러 현재 위치의 모든 파일을 선택합니다.

02 빈 공간을 클릭하여 선택을 해제합니다.

62 • 정보화 기초 – 윈도우 7

배움터

본문에서 다루지 못한 내용이나 알아두어야 할 사항들을 추가적으로 설명합니다.

디딤돌 학습

각 장마다 배운 내용을 토대로 한 번 더 복습할 수 있도록 응용된 문제를 제공합니다. 혼자 연습해봄으로써 실력을 다질 수 있습니다.

도움터

혼자 연습해 볼 수 있도록 필요한 정보 또는 방법을 지원합니다.

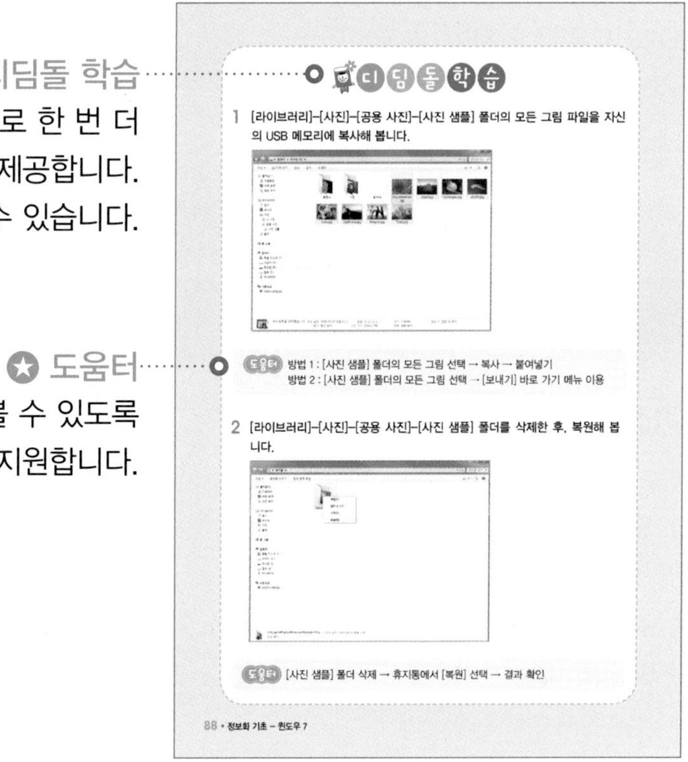
디딤돌학습

1 [라이브러리]-[사진]-[공용 사진]-[사진 샘플] 폴더의 모든 그림 파일을 자신의 USB 메모리에 복사해 봅니다.

도움터 방법 1 : [사진 샘플] 폴더의 모든 그림 선택 → 복사 → 붙여넣기
방법 2 : [사진 샘플] 폴더의 모든 그림 선택 → [보내기] 바로 가기 메뉴 이용

2 [라이브러리]-[사진]-[공용 사진]-[사진 샘플] 폴더를 삭제한 후, 복원해 봅니다.

도움터 [사진 샘플] 폴더 삭제 → 휴지통에서 [복원] 선택 → 결과 확인

88 • 정보화 기초 – 윈도우 7

첫째 마당 | 윈도우 7

둘째 마당 | 인터넷

스마트한 생활을 위한
정보화 기초
윈도우 7 · 인터넷 · 한글 2010

마당 | 기본적으로 알아두어야 할 정보와 따라하기 예제로 구성하였습니다.
이 책을 통해 배울 프로그램별(윈도우 7 / 인터넷 / 한글 2010)로 크게 구분합니다.

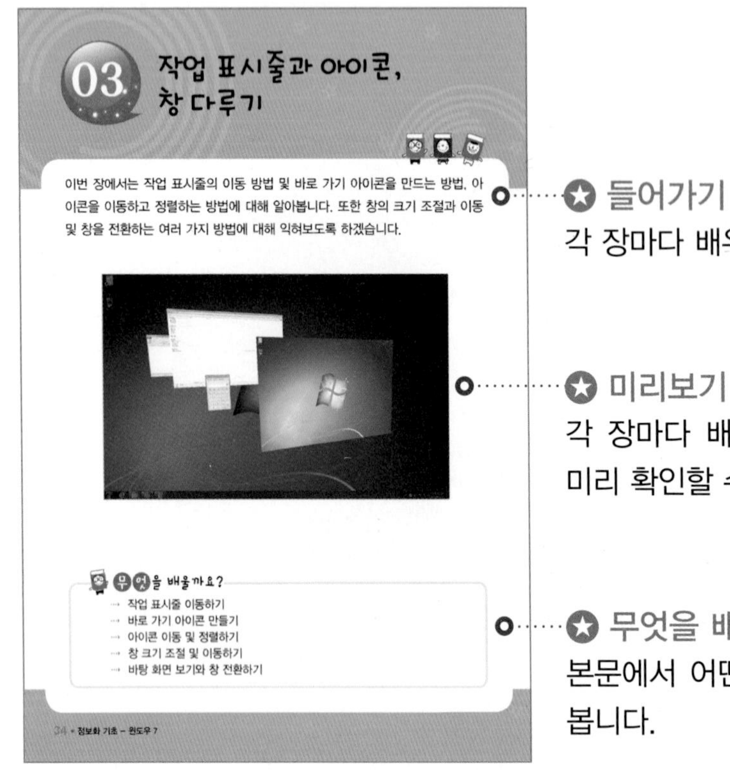

들어가기
각 장마다 배우게 될 내용을 설명합니다.

미리보기
각 장마다 배우게 되는 예제의 완성된 모습을 미리 확인할 수 있습니다.

무엇을 배울까요?
본문에서 어떤 기능들을 배울지 간략하게 살펴 봅니다.

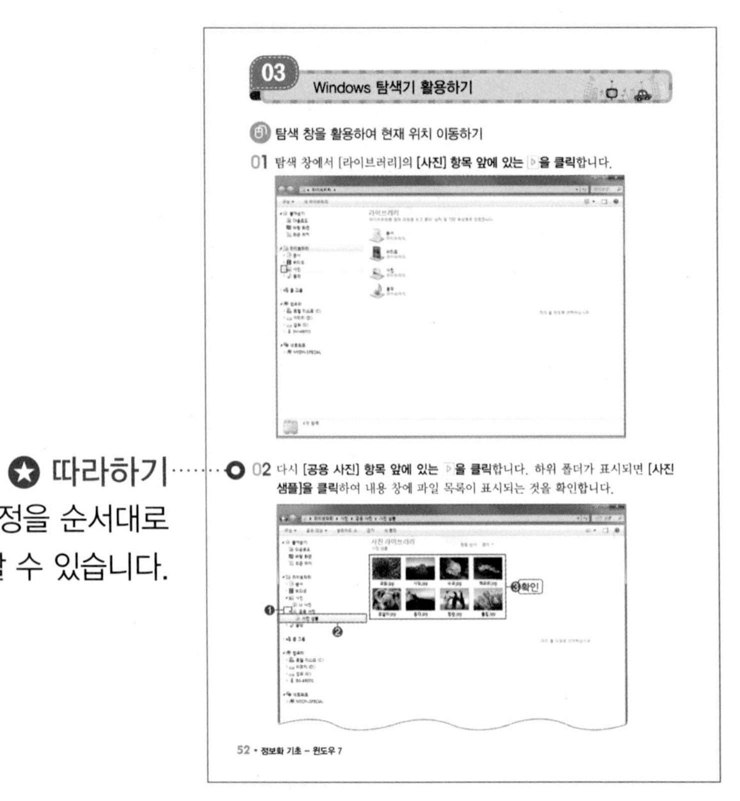

따라하기
예제를 만드는 과정을 순서대로
따라하면서 쉽게 기능을 습득할 수 있습니다.

첫째 마당

윈도우 7

01 컴퓨터 시작하기

이번 장에서는 컴퓨터 사용에 꼭 필요한 기본 장치와 컴퓨터를 보다 편리하게 사용할 수 있도록 도와주는 주변 장치에 대해서 먼저 살펴본 후, 컴퓨터를 안전하고 바르게 켜고 끄는 방법에 대해 알아봅니다. 또한, 윈도우 바탕 화면의 구성과 기능에 대해 알아보고, 마우스의 구성과 사용 방법에 대해서도 익혀보도록 하겠습니다.

무엇을 배울까요?

- 컴퓨터의 기본 장치와 주변 장치 알기
- 컴퓨터 켜기와 끄기
- 컴퓨터 바탕 화면 살펴보기
- 마우스의 생김새와 동작, 사용법 익히기

컴퓨터 구성 장치 알아보기

컴퓨터의 기본 장치

컴퓨터 사용에 꼭 필요한 기본 장치에는 본체, 모니터, 키보드, 마우스 등이 있습니다.

- **본체** : 인간의 머리와 같은 역할을 하는 장치로, 컴퓨터의 모든 동작을 실행하고 관리합니다.

- **모니터** : 본체에서 동작한 실행 결과를 화면으로 보여 줍니다.

- **키보드** : 특정 키를 눌러 컴퓨터가 동작하도록 지시를 하거나 글자를 입력하여 문서를 작성합니다.

- **마우스** : 프로그램을 실행하거나 종료, 이동 등과 같은 작업을 합니다.

컴퓨터의 주변 장치

컴퓨터를 보다 편리하게 사용할 수 있도록 도와 주는 주변 장치에는 프린터, 스피커, 헤드셋, 화상 카메라 등이 있습니다.

• **프린터** : 모니터에서 보이는 그림이나 문서를 종이에 인쇄합니다.

• **스피커** : 컴퓨터에서 표시하는 각종 신호음을 알려주거나 음악 등의 소리를 들을 수 있습니다.

• **헤드셋** : 밴드로 머리에 걸 수 있으며, 스피커 부분은 두 귀를 덮어 소리를 들을 수 있고 마이크 부분으로 소리를 녹음할 수 있습니다.

• **화상 카메라** : 카메라에 비친 모습을 녹화하여 디지털 파일 형태로 변환합니다.

컴퓨터 시작과 종료하기

컴퓨터 켜기와 윈도우 시작

01 컴퓨터를 켤 때에는 **모니터의 전원 단추**를 누른 후, **본체의 전원 단추**를 누릅니다.

배움터 모니터와 본체의 전원 단추의 위치는 기종에 따라 다를 수 있습니다.

02 잠깐 기다리면 '윈도우' 프로그램이 실행되면서 모니터에 바탕 화면이 나타납니다.

배움터 '윈도우(Windows)'는 마이크로소프트에서 개발한 컴퓨터 운영체제로, 모든 하드웨어와 모든 소프트웨어를 관리하는 기본 소프트웨어입니다.

바탕 화면의 구성 살펴보기

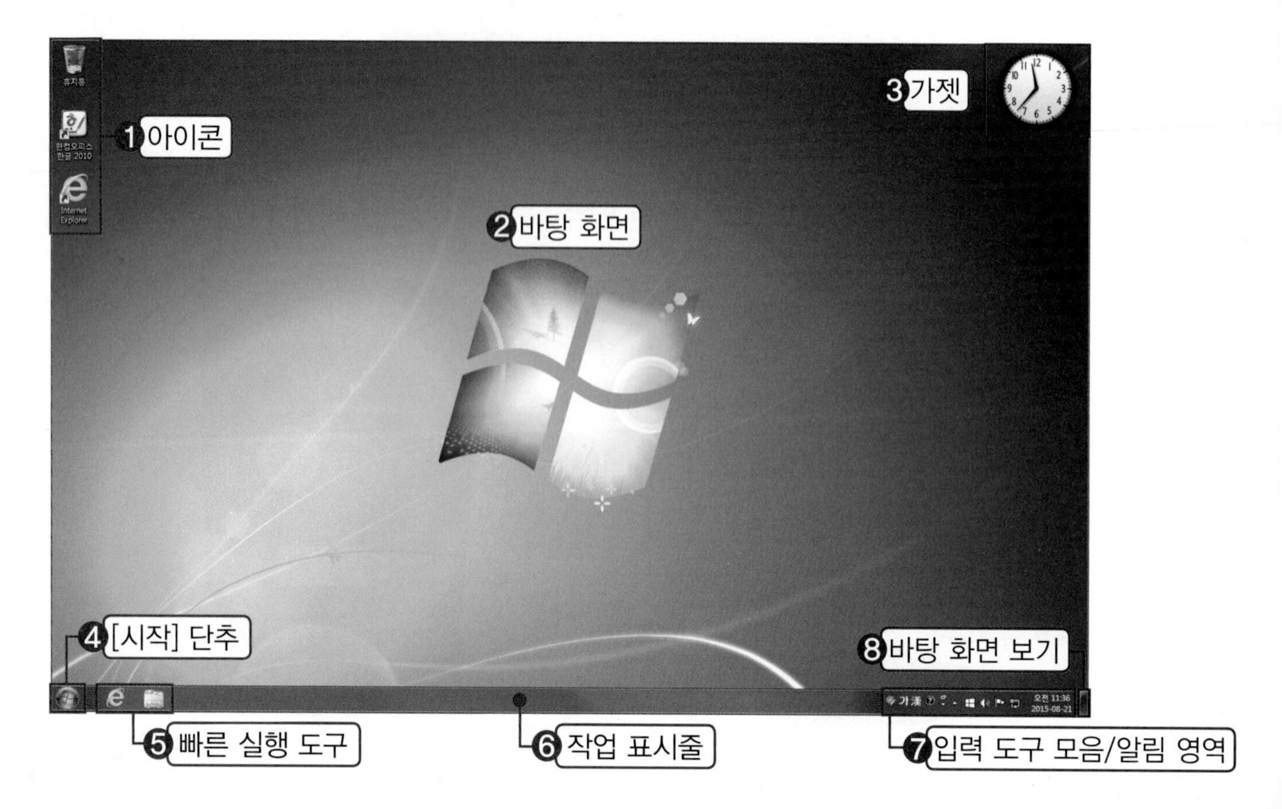

❶ **아이콘** : 파일, 폴더, 프로그램 등을 알기 쉬운 그림으로 표시한 것입니다.

배움터 바로 가기 아이콘

아이콘 왼쪽 하단에 화살표 표시가 있는 것이 '바로 가기 아이콘'입니다. 자주 사용하는 파일이나 프로그램을 좀 더 빨리 실행할 수 있습니다. 바로 가기는 항목 자체가 아니라 항목에 대한 링크를 나타내기 때문에 바로 가기 아이콘을 삭제해도 원래 항목은 삭제되지 않습니다.

❷ **바탕 화면** : 작업을 할 수 있는 화면 전체를 의미합니다.

❸ **가젯** : 단일 목적의 응용 프로그램으로, 기본적으로는 화면에 표시되지 않습니다. 가젯을 추가하면 바탕 화면에 표시되며, 프로그램을 실행하지 않아도 정보를 바로 확인할 수 있습니다.

❹ **[시작] 단추** : 윈도우의 기본 프로그램뿐 아니라 개별적으로 설치한 각종 프로그램과 윈도우 설정을 할 수 있습니다.

❺ **빠른 실행 도구** : 빠른 프로그램 실행을 위해 프로그램을 작업 표시줄에 고정시켜 둔 것입니다. 사용자가 추가하거나 삭제할 수 있습니다.

❻ **작업 표시줄** : 실행 중인 응용 프로그램 목록이 단추 형태로 표시되는 곳입니다.

❼ **입력 도구 모음/알림 영역** : 한글/영문 전환 상황을 확인할 수 있으며, 알림 영역을 통해 볼륨 조절, USB 등의 외부 저장 장치 연결 여부를 확인할 수 있습니다.

❽ **바탕 화면 보기** : 클릭하면 바탕 화면에 열려 있는 모든 창들이 최소화되고, 다시 클릭하면 이전 모습으로 표시됩니다.

컴퓨터 끄기와 윈도우 종료

01 **마우스를 움직여** 화살표 모양(↖)의 마우스 포인터를 바탕 화면 왼쪽 아래에 있는 **[시작( )] 단추로 이동**합니다.

02 **[시작( )] 단추를 클릭**(마우스 왼쪽 단추 누르기)합니다. 시작 메뉴가 나타나면 오른쪽 아래의 **[시스템 종료] 단추를 클릭**합니다.

03 본체의 전원이 꺼지면 **모니터의 전원 단추**를 눌러 컴퓨터를 종료합니다.

배움터 시작 메뉴의 구성

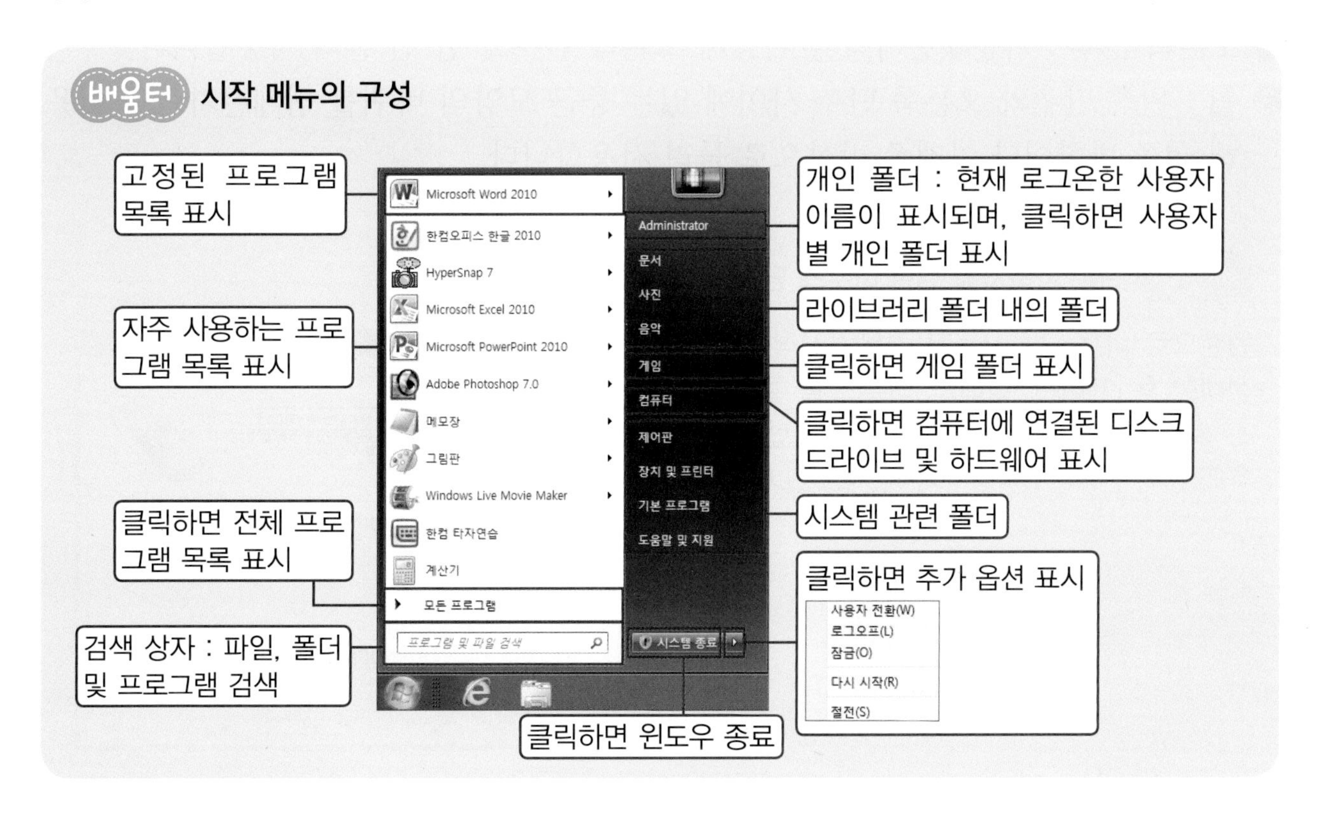

마우스 살펴보기

마우스 생김새 알아보기

마우스의 모양은 제조사나 모델명에 따라 크기와 모양, 색깔 등에 다소 차이가 있으나 일반적인 마우스는 왼쪽 단추와 오른쪽 단추, 휠로 구성되어 있습니다.

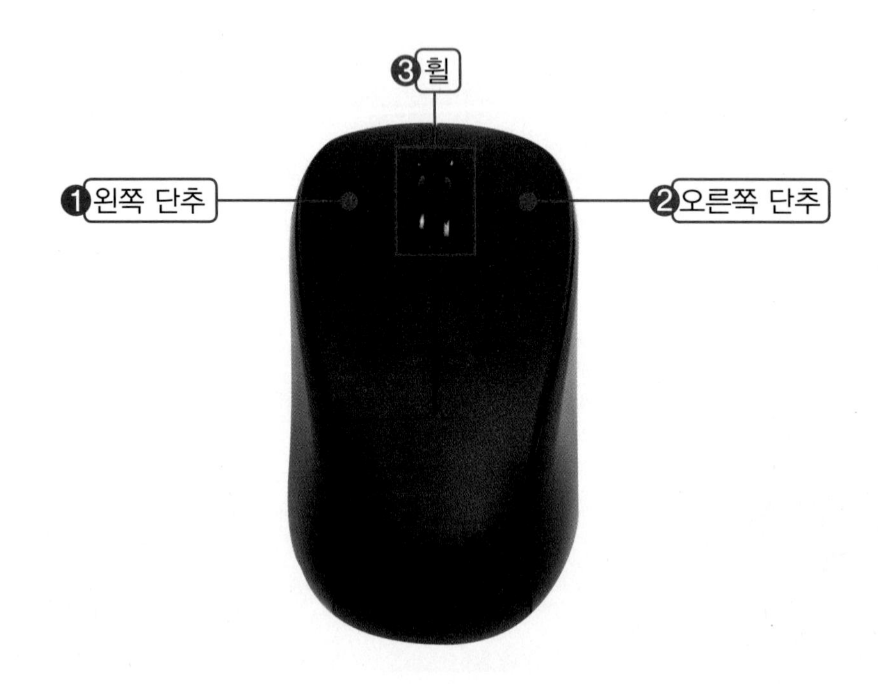

❶ **왼쪽 단추** : 집게손가락을 이용해 왼쪽 단추를 한 번 누르거나 두 번 빠르게 눌러 사용합니다. 또는 왼쪽 단추를 누른 상태에서 마우스를 끌어 사용하기도 합니다.
❷ **오른쪽 단추** : 가운뎃손가락을 이용해 오른쪽 단추를 한 번 눌러 사용합니다.
❸ **휠** : 왼쪽 단추와 오른쪽 단추 사이에 있는 둥근 모양의 바퀴를 집게손가락을 이용해 위쪽 방향이나 아래쪽 방향으로 돌려 사용합니다.

배움터 왼손 사용자를 위한 마우스 단추 기능 바꾸기

왼손으로 마우스를 사용할 경우, [시작( )]–[제어판]을 선택한 후 [제어판] 창에서 '마우스'를 클릭합니다. [마우스 속성] 대화상자가 나타나면 [단추] 탭에서 '오른쪽 단추와 왼쪽 단추 기능 바꾸기'에 체크 표시합니다.

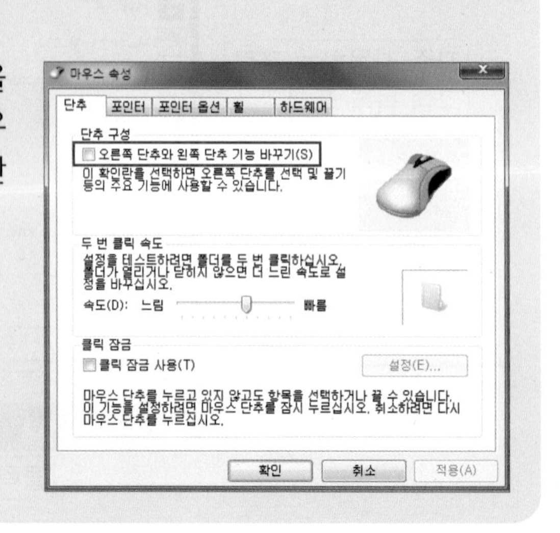

마우스 동작 알아보기

컴퓨터를 편리하게 사용하기 위해 꼭 알아야 하는 마우스 동작에는 클릭, 더블 클릭, 드래그, 휠 동작이 있습니다.

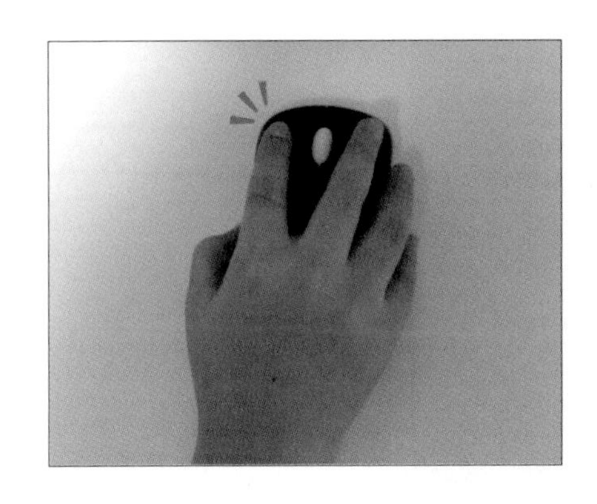

- **클릭** : 마우스 왼쪽 단추를 한 번 누르는 동작으로, 아이콘이나 메뉴를 선택할 때 사용합니다.

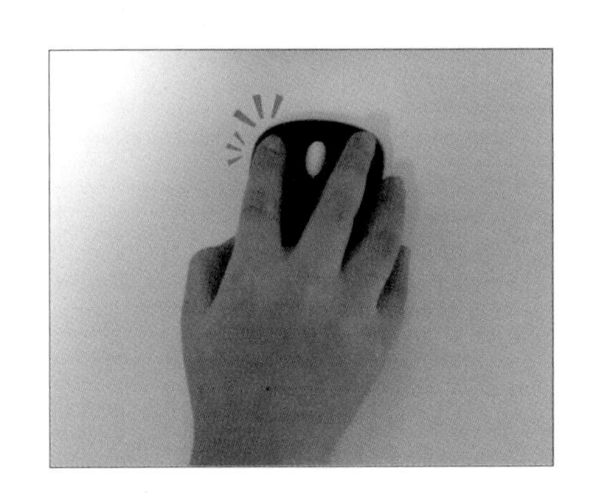

- **더블 클릭** : 마우스 왼쪽 단추를 빠르게 두 번 누르는 동작으로, 아이콘이나 폴더 등을 열어 실행할 때 사용합니다.

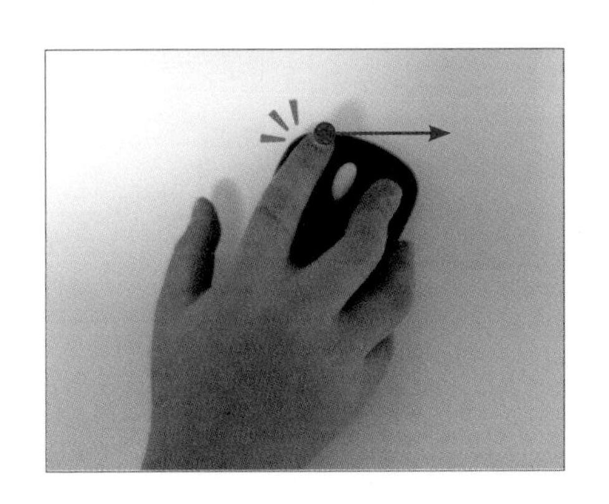

- **드래그** : 마우스 왼쪽 단추를 누른 채 움직이는 동작으로, 이동을 하거나 크기를 변경할 때 사용합니다.

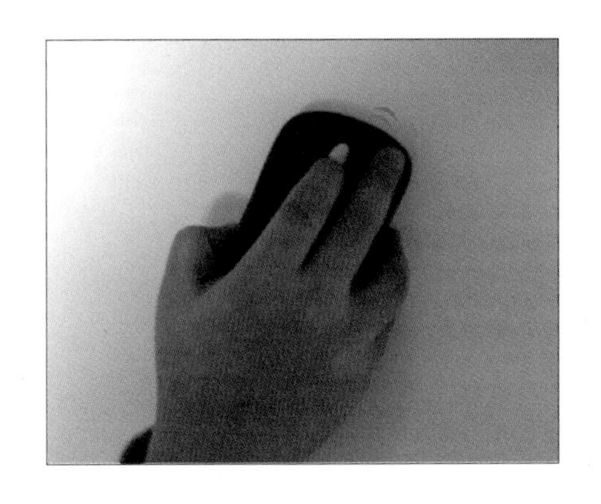

- **휠** : 마우스 왼쪽 단추와 오른쪽 단추 사이의 휠을 위나 아래로 굴리는 동작으로, 화면을 위/아래로 이동할 때 사용합니다.

마우스 사용법 익히기

01 **바탕 화면의 'Internet Explorer( )' 아이콘을 더블 클릭**합니다.

배움터 **'Internet Explorer( )' 아이콘이 보이지 않으면**

[시작( )] 단추 클릭 → 시작 메뉴의 검색 상자에 'internet Explorer' 입력 → 찾은 목록 중 [프로그램]의 'internet Explorer' 클릭

02 '인터넷 익스플로러' 프로그램이 실행되면 **마우스 휠을 아래쪽 방향으로 돌려 봅니다.**

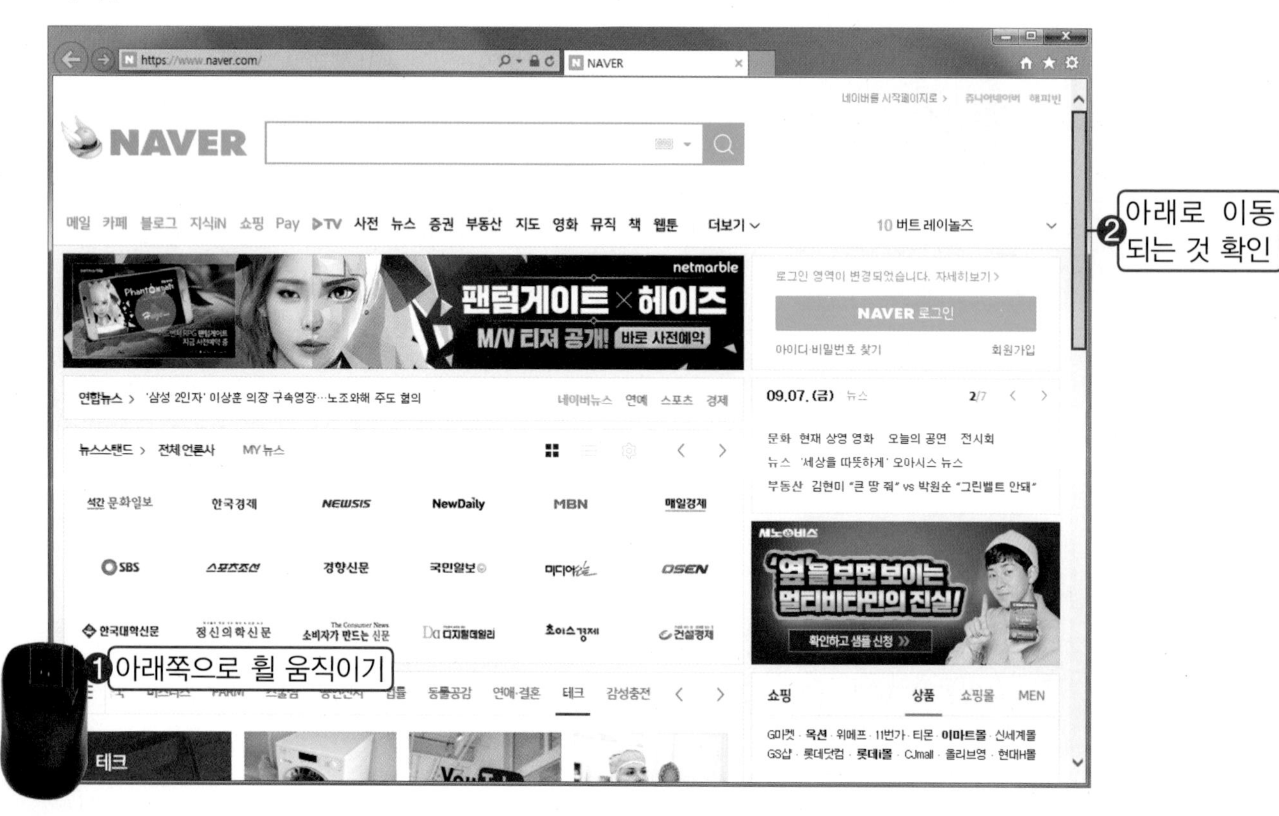

03 화면이 아래쪽으로 이동합니다. 다시 **마우스 휠을 위쪽 방향으로 돌려 봅니다.**

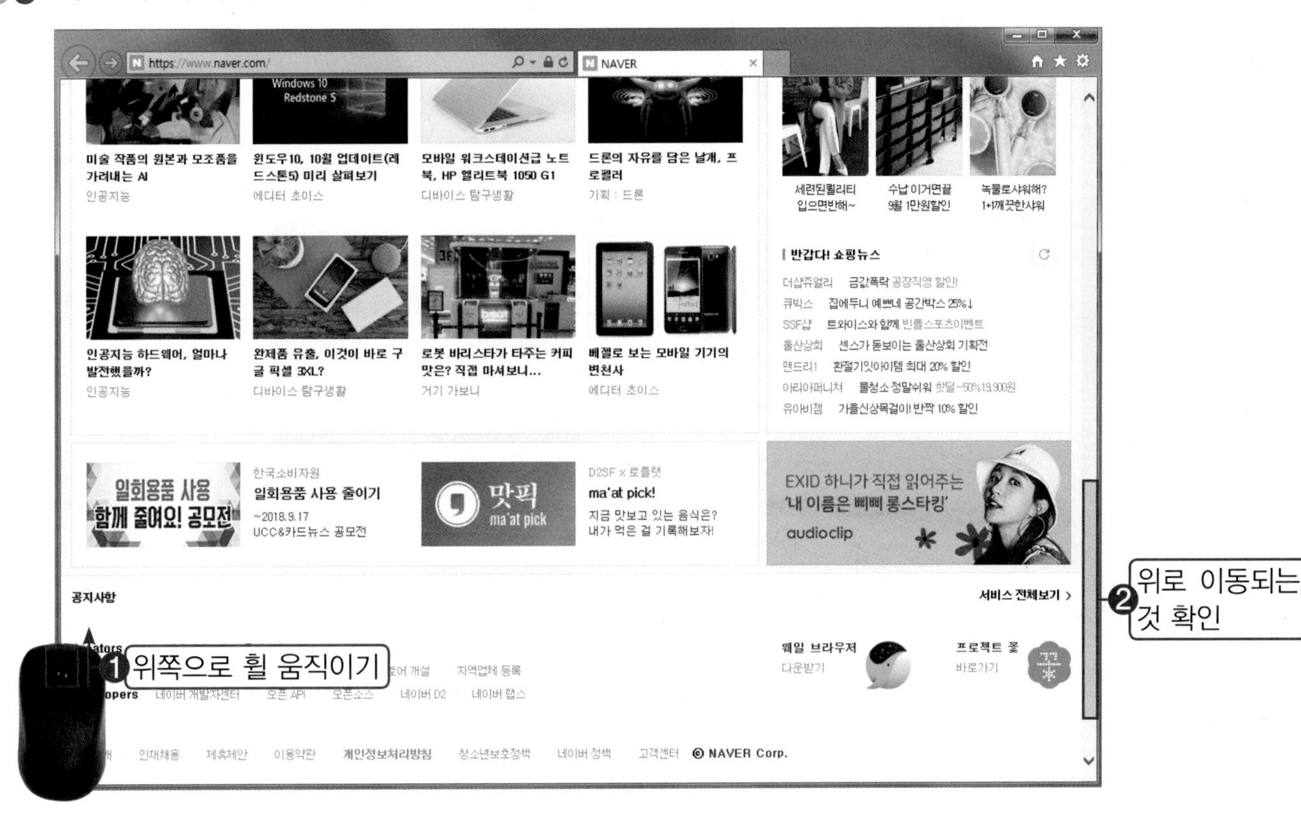

04 화면이 위쪽으로 이동하는 것을 확인합니다. [인터넷 익스플로러] 창의 **[닫기(X)] 단추를 클릭**하여 프로그램을 종료합니다.

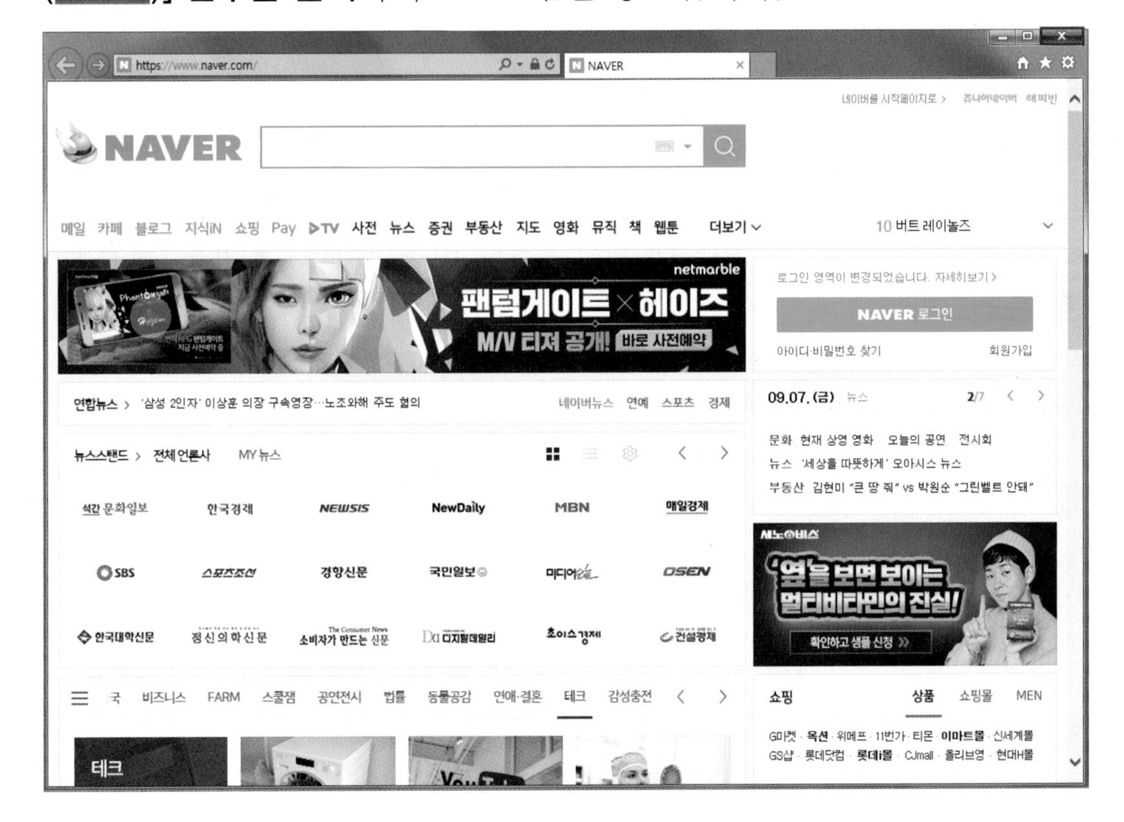

05 바탕 화면의 **빈 공간에서 마우스 오른쪽 단추를 클릭**합니다. 나타난 바로 가기 메뉴에서 **[가젯]을 클릭하여 선택**합니다.

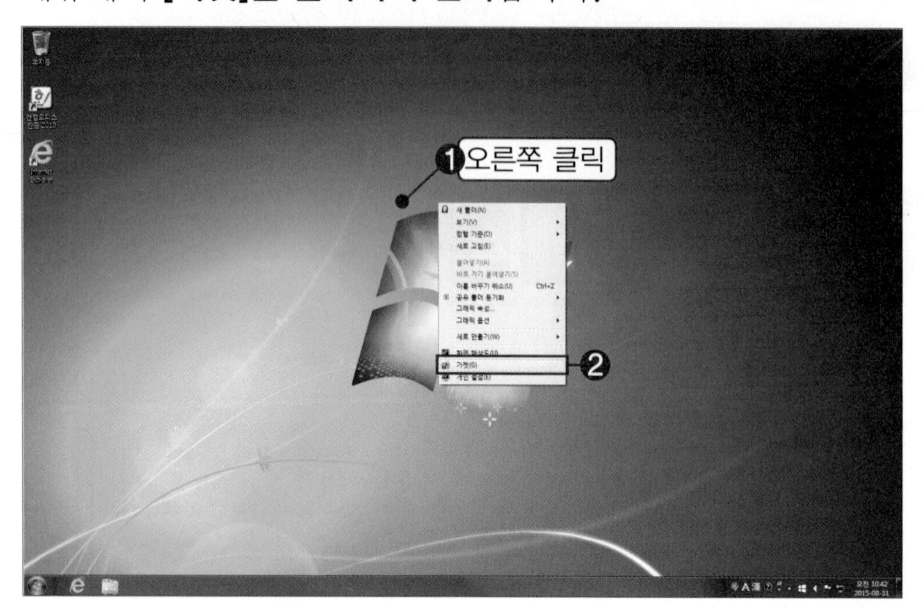

06 [가젯] 창의 목록에서 **'시계'를 더블 클릭**합니다. 바탕 화면에 '시계'가 추가되면 **[닫기(X)] 단추를 클릭**하여 [가젯] 창을 종료합니다.

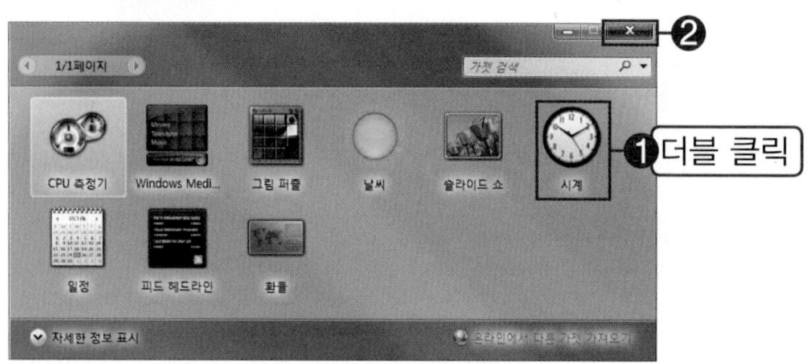

07 마우스를 움직여 마우스 포인터( )를 시계로 이동합니다. **시계를 왼쪽 아래 방향으로 드래그**합니다.

08 시계 위치가 이동된 것을 확인할 수 있습니다.

09 마우스를 움직여 마우스 포인터를 시계로 이동하면 시계 오른쪽에 3가지 단추가 나타납니다. **[닫기(X)] 단추를 클릭**합니다.

10 바탕 화면에서 시계가 사라진 것을 확인할 수 있습니다.

디딤돌학습

1 다음과 같이 바로 가기 메뉴를 이용하여 [개인 설정] 창을 실행하여 살펴본 후, [개인 설정] 창을 종료해 봅니다.

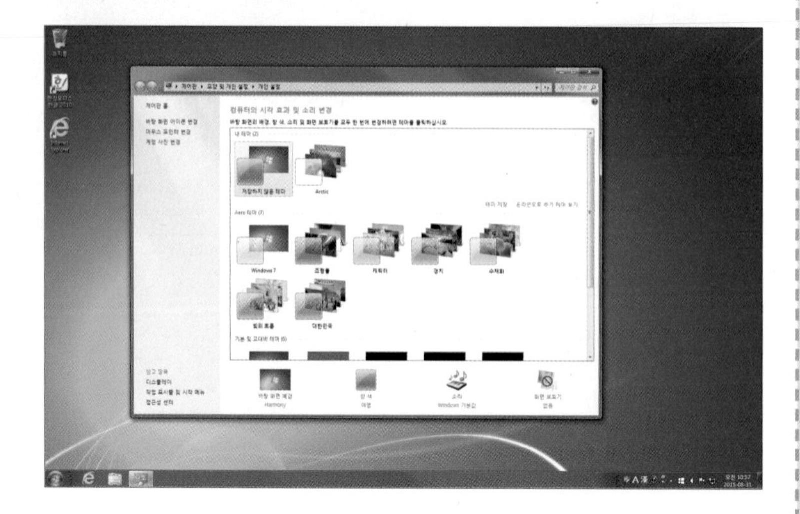

도움터

- **창 열기** : 바탕 화면에서 마우스 오른쪽 단추 클릭 → [개인 설정] 바로 가기 메뉴 선택
- **창 종료** : [개인 설정] 창의 [닫기(x)] 단추 클릭

2 바탕 화면의 아이콘을 '휴지통'으로 드래그해 삭제해 보고, '휴지통'을 더블 클릭하여 휴지통에 보관된 아이콘을 바탕 화면으로 드래그하여 되살려 봅니다.

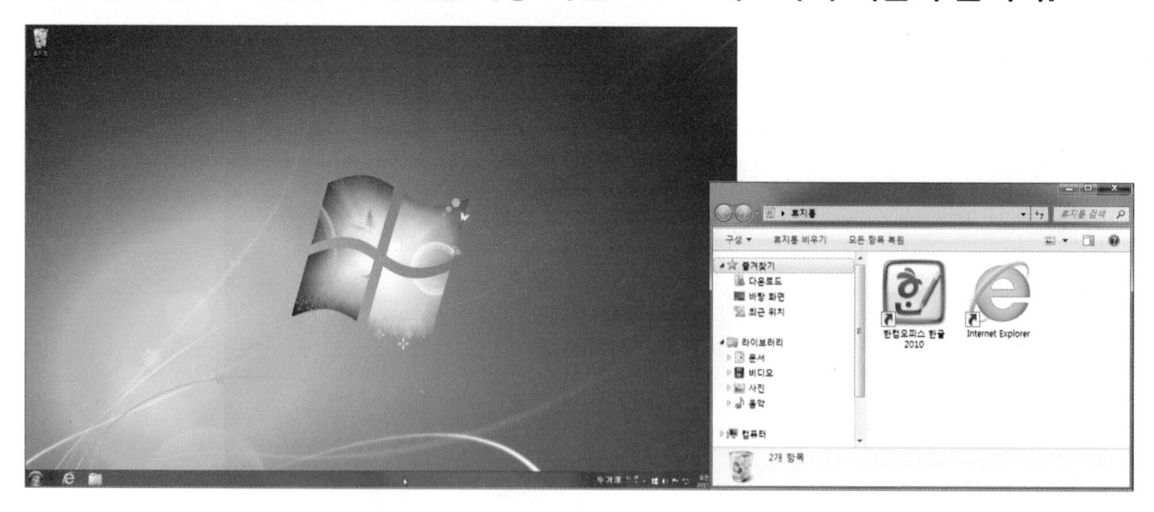

도움터

- 삭제할 아이콘을 '휴지통' 아이콘으로 드래그합니다.
- 휴지통의 이용 방법은 [06장 USB 장치와 휴지통 다루기]에서 설명합니다.

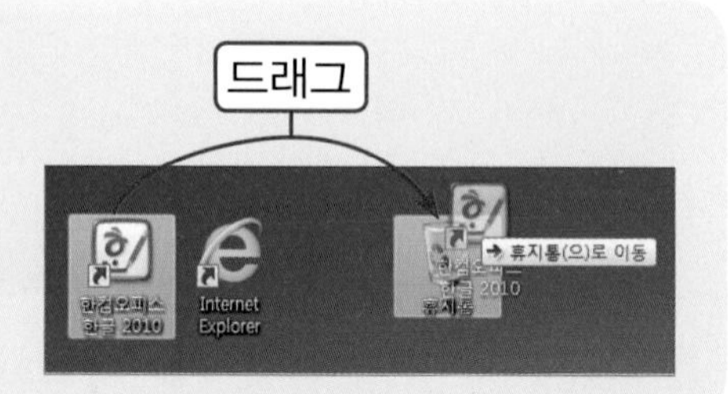

02 키보드 사용법 익히기

이번 장에서는 키보드의 구조 및 각 키들의 특징에 대해 알아보고, '한컴 타자연습' 프로그램을 이용해 키보드의 자리 연습을 해보도록 하겠습니다. 또한 '메모장' 프로그램을 이용해 숫자, 한글, 영어는 물론 한자와 특수문자를 입력하는 방법도 익혀보도록 하겠습니다.

무엇을 배울까요?

- 키보드 구조와 특징 알아보기
- '한컴 타자연습' 프로그램으로 타자연습하기
- '메모장'에서 숫자, 한글, 영어 대소문자 입력하기
- 키보드에 없는 한자와 특수문자 입력하기

01 키보드 살펴보기

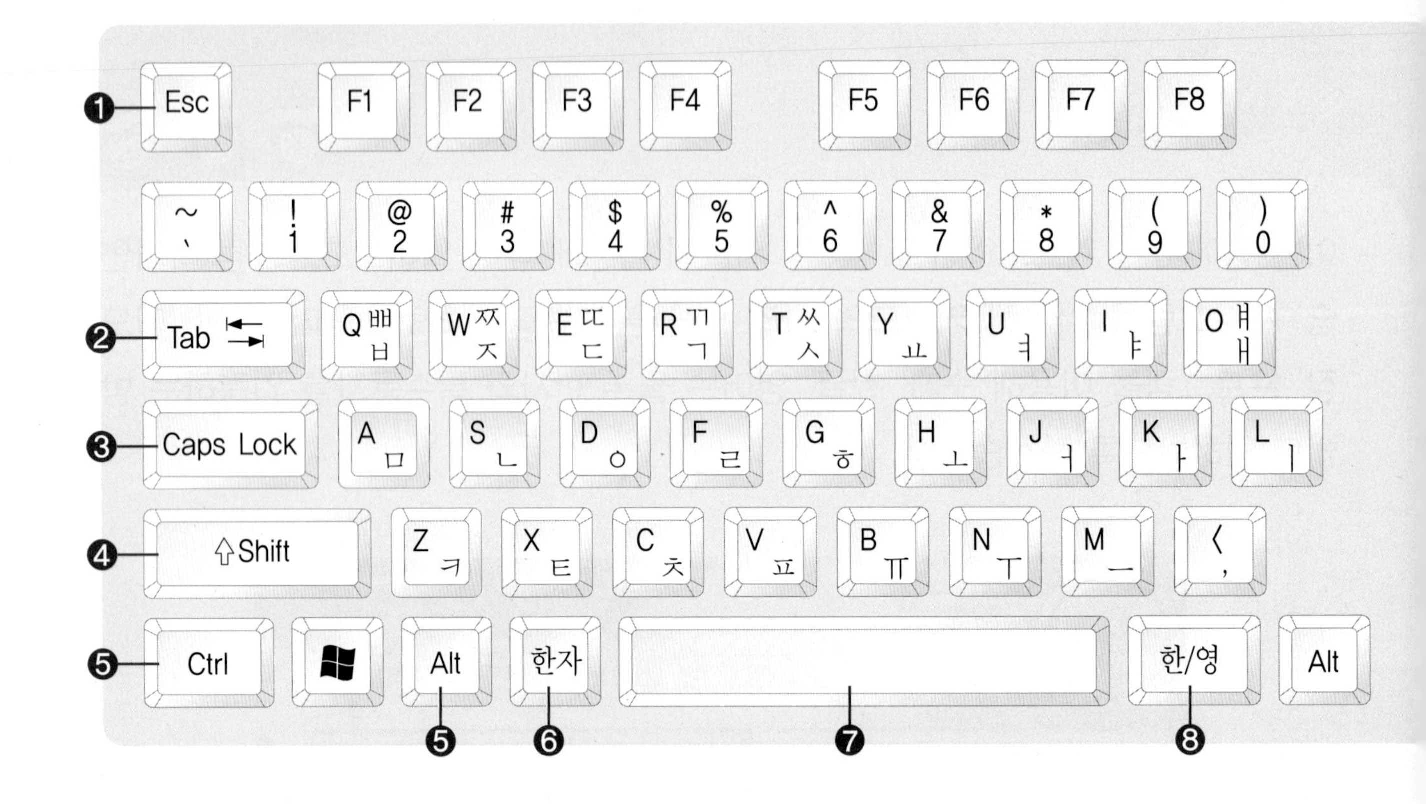

❶ Esc (이에스씨) 키 : 명령이나 선택을 취소할 때 사용합니다.

❷ Tab (탭) 키 : 커서를 일정한 간격으로 이동하거나 대화상자의 다른 항목으로 이동할 때 사용합니다.

❸ Caps Lock (캡스락) 키 : 영문 입력시 대문자가 입력될지, 소문자가 입력될지를 지정합니다.

❹ Shift (쉬프트) 키 : 혼자서는 사용할 수 없는 키(조합키)입니다. 키보드의 윗글쇠(~, !, @, {, }, 〈, 〉, ?, ㅃ, ㅉ, ㅒ, ㅖ, ...) 등을 입력할 때 사용합니다.

❺ Ctrl (컨트롤)/ Alt (알트) 키 : 혼자서는 사용할 수 없는 키로, 다른 키와 조합하여 많은 작업을 할 수 있습니다. (예 Ctrl + A : 모두 선택, Alt + F4 : 닫기)

❻ 한자 키 : 입력한 한글을 한자로 변환합니다.

❼ Space Bar (스페이스바) 키 : 현재 커서의 위치에 공백(띄어쓰기)을 추가합니다.

❽ 한/영 키 : '한글'이나 '영어'로 입력 상태를 변경합니다.

컴퓨터를 사용하기 위해 꼭 알아야 하는 키보드의 키 종류와 사용법에 대해 알아봅니다.

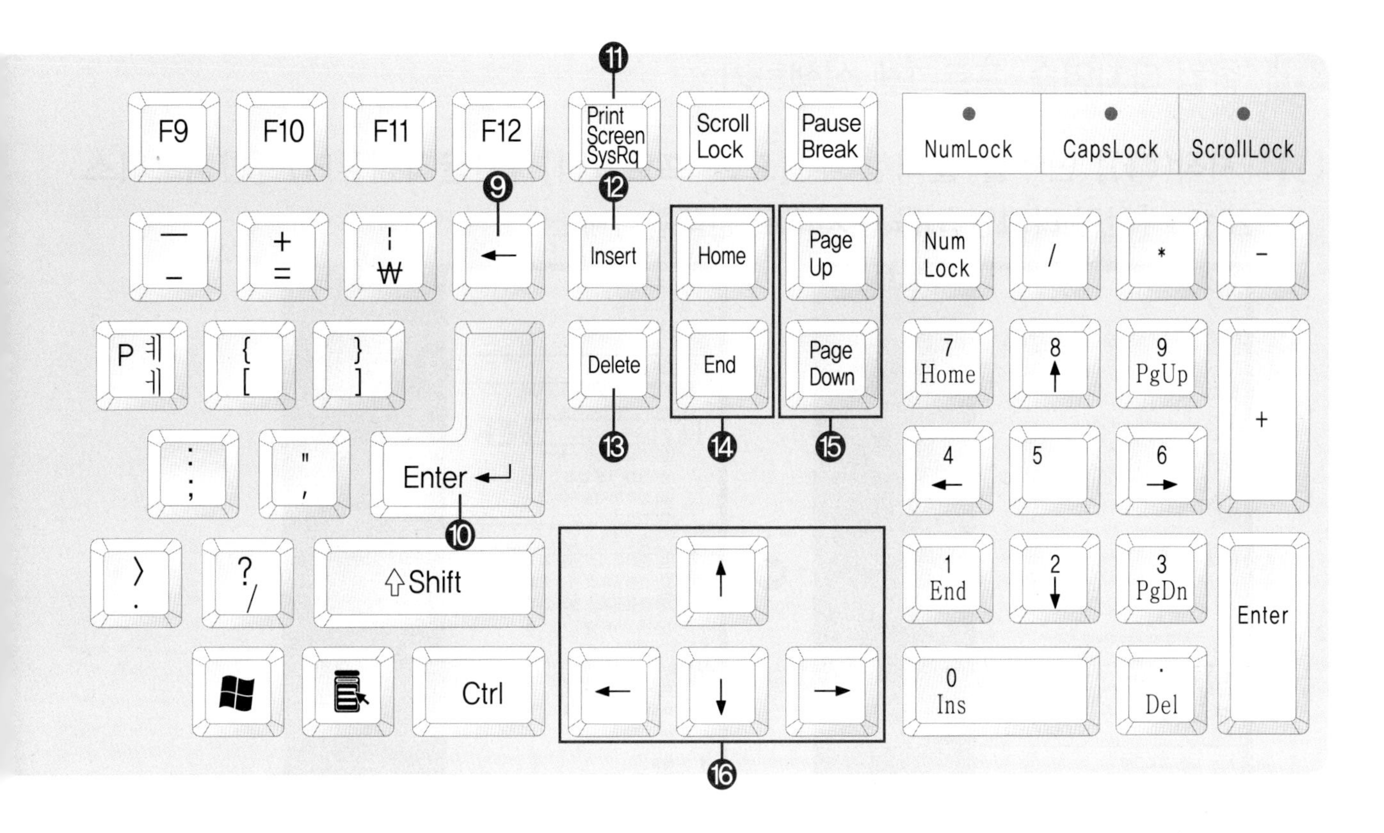

❾ ←(백스페이스) 키 : 커서 앞(왼쪽)에 있는 글자를 지웁니다. 이전 화면으로 이동할 때 사용되기도 합니다.

❿ Enter(엔터) 키 : 명령을 실행하거나 커서를 다음 줄로 이동합니다.

⓫ Print Screen(프린트 스크린) 키 : 컴퓨터의 전체 화면을 이미지 형태로 만듭니다.

⓬ Insert(인서트) 키 : 누를 때마다 입력 상태를 '삽입' 또는 '수정' 상태로 변경합니다.

⓭ Delete(딜리트) 키 : 선택된 대상을 삭제하거나 커서 뒤(오른쪽)에 있는 글자를 지웁니다.

⓮ Home(홈)/End(엔드) 키 : 현재 커서가 위치한 행의 가장 앞으로 이동하거나 가장 뒤로 이동합니다.

⓯ Page Up(페이지 업)/Page Down(페이지 다운) 키 : 커서를 한 화면 위쪽으로 이동하거나 아래쪽으로 이동합니다.

⓰ ←/↑/↓/→(방향키) : 커서를 해당하는 방향으로 한 칸 또는 한 줄씩 이동합니다.

02 타자연습 프로그램으로 키보드 익히기

'한컴 타자연습' 프로그램 실행하기

01 [시작()] 단추를 클릭한 후 [모든 프로그램]–[한글과컴퓨터]–[한컴오피스 2010]–[한컴 타자연습]을 순서대로 선택합니다.

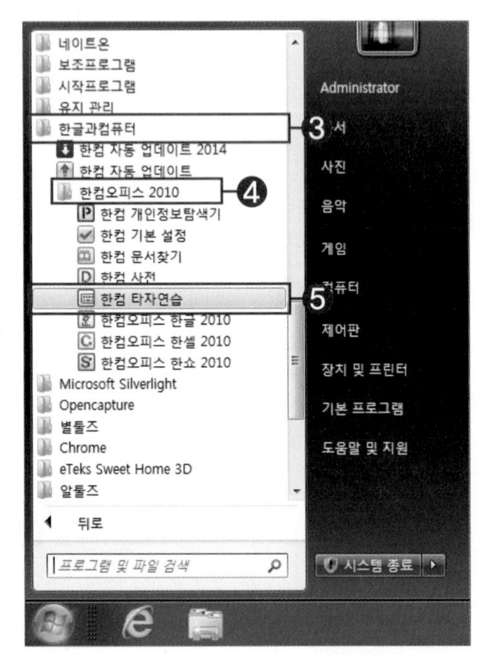

02 '한컴 타자연습' 프로그램이 실행되면 [혼자하기] 단추를 클릭합니다.

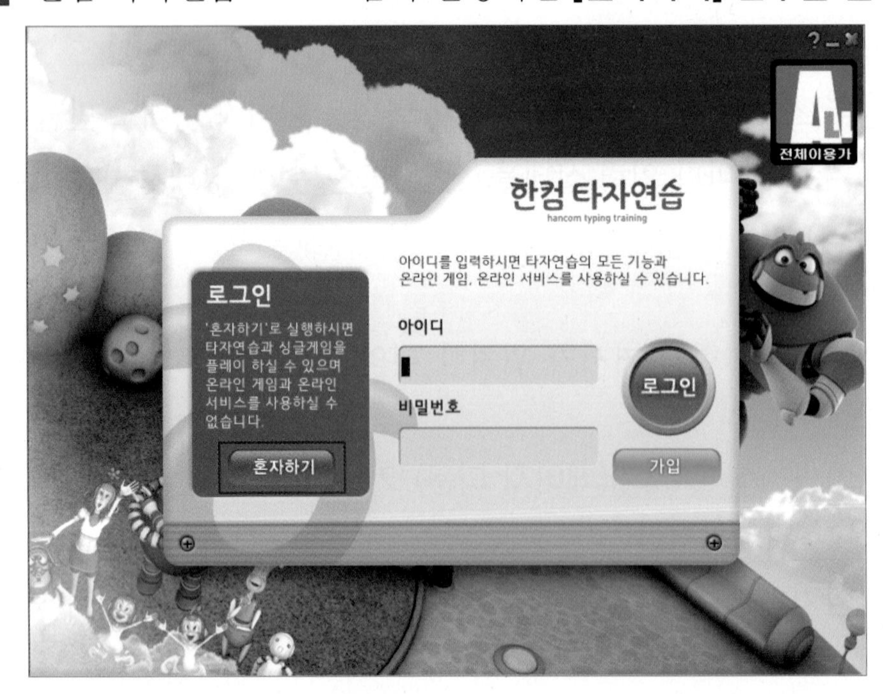

배움터 '한컴 타자연습' 프로그램은 '한컴오피스' 프로그램 설치 시 함께 등록됩니다. 윈도우에서 기본적으로 제공되는 프로그램이 아니므로, 시작 메뉴에 없을 수도 있습니다.

03 사용자 등록 화면이 나타나면 **[등록] 단추를 클릭**해 **정보를 등록**한 후, **[시작] 단추를 클릭**합니다.

04 자리연습 화면이 나타나면 아래쪽의 **단계를 선택**한 후, **[시작] 단추를 클릭**합니다. **표시된 위치에 손가락을 올려놓은 후 해당 키(글쇠)를 눌러 연습을 시작**합니다.

05 단계를 높여 가며 다른 위치의 키(글쇠) 연습도 해봅니다.

배움터 타자연습 화면의 오른쪽 하단에 나타나는 [설정/통계] 또는 [환경설정] 단추를 클릭한 후 [글자판 선택]을 '영어'로 변경하면 영문 자판을 연습할 수도 있습니다.

낱말연습 하기

01 자리 연습이 끝나면 위쪽의 메뉴에서 **[낱말연습]을 클릭**합니다. **단계를 선택**하고 **[시작] 단추를 클릭**합니다.

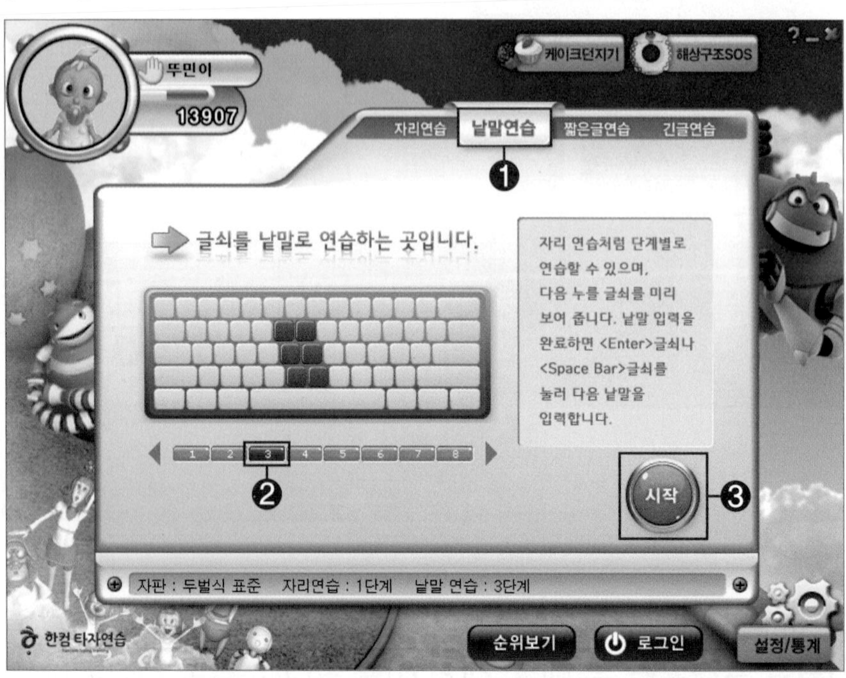

02 선택한 낱말연습 단계의 화면이 나타나면 **단어를 입력**한 후 Space Bar **키를** 눌러 다음 낱말을 연습합니다.

03 화면 오른쪽 위의 **[닫기( )] 단추를 클릭**합니다. '한컴 타자연습을 끝낼까요?'라는 메시지가 나타나면 **[끝냄] 단추를 클릭**해 프로그램을 종료합니다.

메모장에 다양한 문자 입력하기

숫자와 키보드의 특수기호 입력하기

01 **[시작( )] 단추를 클릭**한 후 **[모든 프로그램]-[보조프로그램]-[메모장]을 순서대로 선택**합니다.

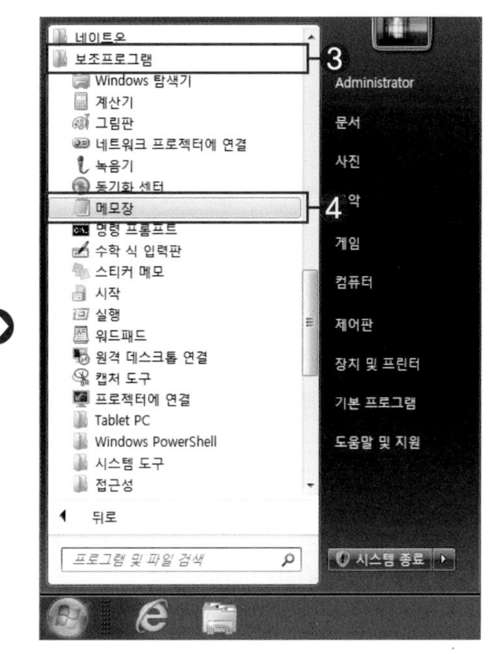

02 '메모장' 프로그램이 실행되면 그림과 같이 **숫자(1234567890)를 입력**합니다.

03 **Enter 키**를 한 번 눌러 커서가 다음 줄로 이동되면, 다시 한 번 **Enter 키**를 눌러 세 번째 줄로 커서를 이동합니다.

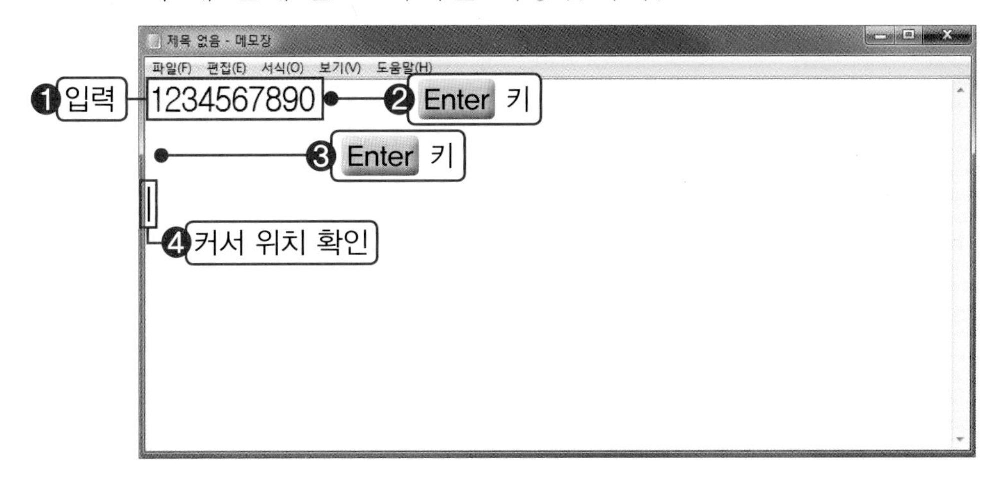

04 Shift **키를 누른 채 키보드 위쪽의 숫자** 4 **키**를 눌러 윗글쇠의 '$' 기호가 입력되면 숫자 **'50000'을 입력**하고 Enter **키를 두 번** 눌러 커서를 이동합니다.

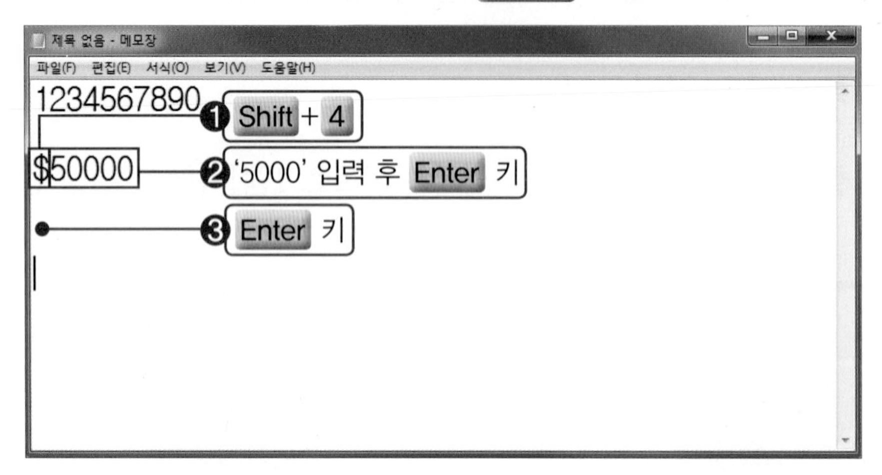

05 숫자 **'10'을 입력**한 후 Shift **키를 누른 채 키보드 위쪽의 숫자** 5 **키**를 눌러 윗글쇠의 '%' 기호가 입력되면 Tab **키**를 한번 눌러 커서를 이동합니다.

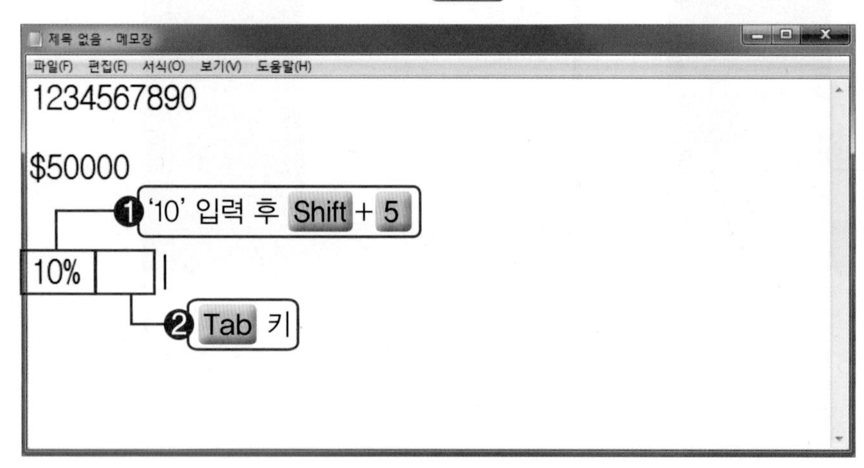

06 같은 방법으로 그림과 같이 **나머지 내용을 입력**합니다.

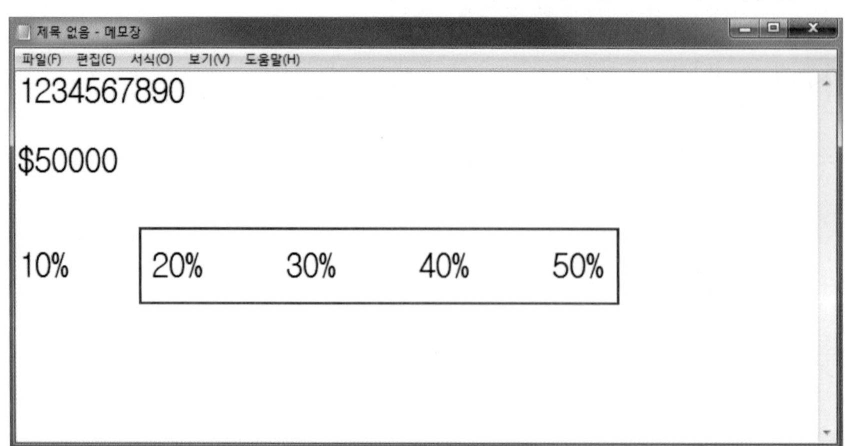

07 Ctrl + A **키**를 누른 후, Delete **키**를 눌러 메모장의 모든 내용을 삭제합니다.

한글 입력하기

01 **'키보드는'을 입력**한 후 Space Bar **키**를 한 번 눌러 한 칸 띄어쓰기를 합니다. 계속해서 **나머지 내용을 입력**합니다.

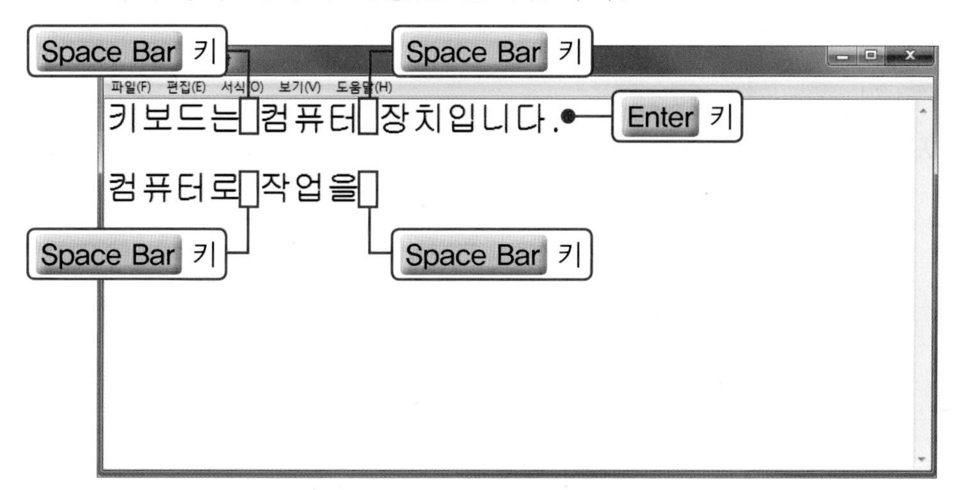

배움터 **메모장의 한/영 입력 상태 확인하기**

작업 표시줄 오른쪽에 표시된 입력 도구 모음의 '한/영 전환' 아이콘이 가 모양이면 한글이 입력되고, A 모양이면 영어로 입력됩니다. 직접 클릭하거나 한/영 키를 눌러 변환할 수 있습니다.

02 Shift **키를 누른 채** ㅂ **키**를 눌러 'ㅃ'을 입력합니다. 그림과 같이 **나머지 내용을 입력**합니다.

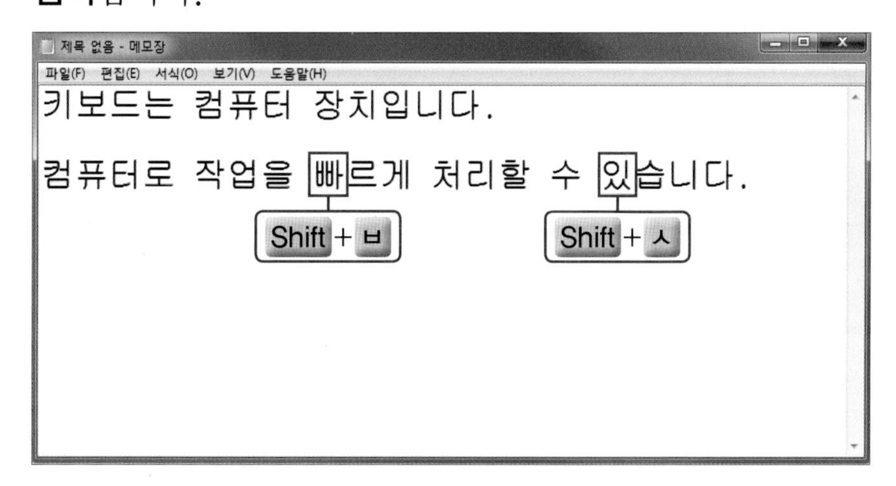

03 Ctrl + A **키**를 누른 후, Delete **키**를 눌러 메모장의 모든 내용을 삭제합니다.

영어 대/소문자 입력하기

01 한/영 **키**를 눌러 영어 입력 상태가 되면 Caps Lock **키**를 눌러 키보드의 표시등에 불이 들어오도록 한 후, 그림과 같이 **대문자를 입력**합니다.

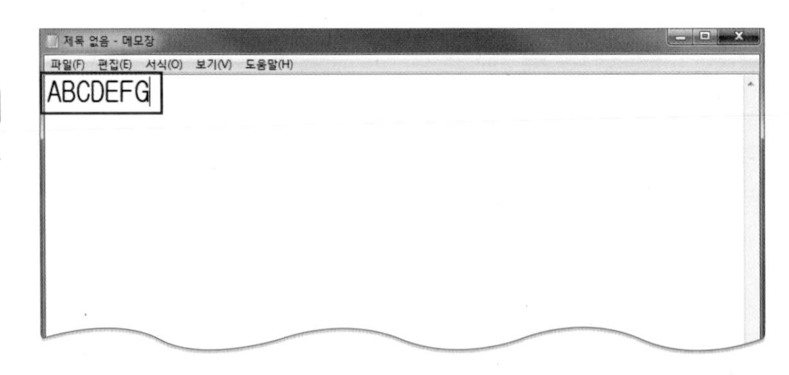

02 Enter **키**를 눌러 줄을 이동한 후, 다시 Caps Lock **키**를 누릅니다. 키보드의 표시등에 불이 없어지면 그림과 같이 **소문자를 입력**합니다.

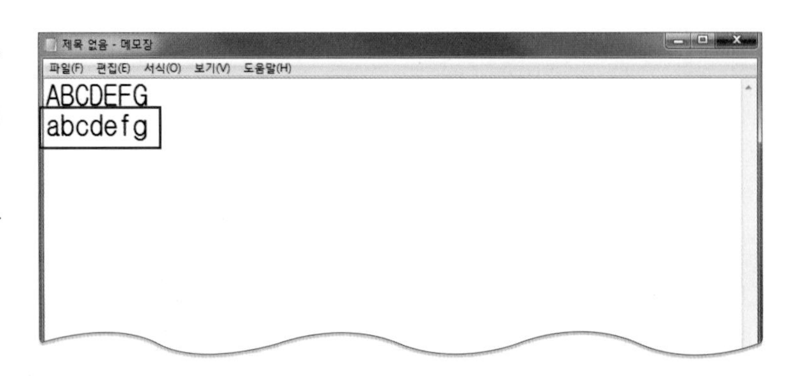

03 Shift **키를 누른 채** A **키**를 눌러 대문자 'A'를 입력하고 **'b'와 'c'는 그냥 눌러 소문자로 입력**되는 것을 확인합니다. **나머지도 같은 방법으로 입력**합니다.

04 Ctrl + A **키**를 누른 후, Delete **키**를 눌러 메모장의 모든 내용을 삭제합니다.

한자 입력하기

01 Enter 키와 Space Bar 키를 이용해 그림과 같이 **내용을 입력**합니다.

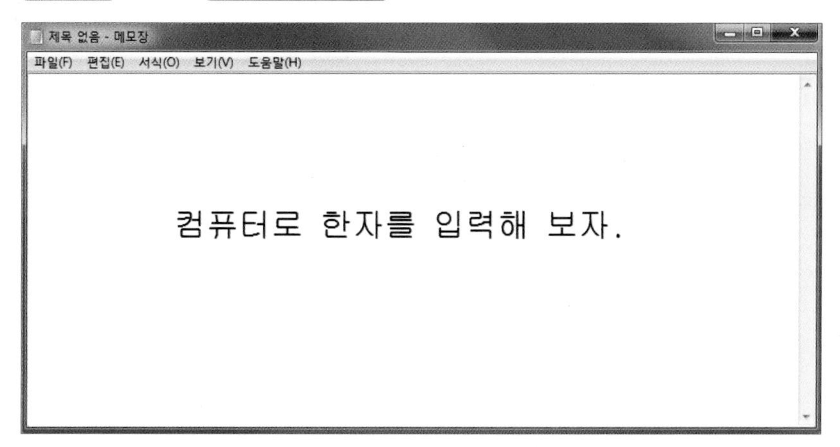

02 **'한' 앞으로 커서의 위치를 이동**한 후 **한자** **키**를 누릅니다. 화면의 오른쪽 아래에 한자 목록이 나타나면 **두 번째 한자(漢)를 선택**합니다.

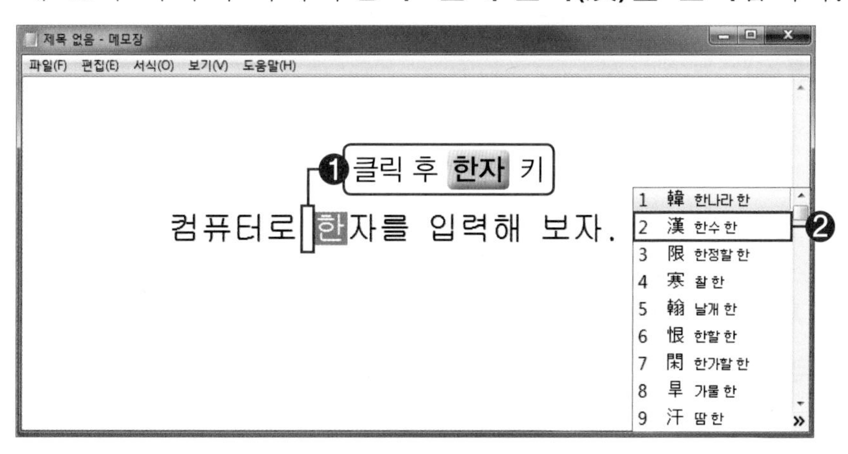

03 **'자' 앞에 커서가 위치**하면 다시 **한자** **키**를 누릅니다. 화면의 오른쪽 아래에 한자 목록이 나타나면 **다섯 번째 한자(字)를 선택**하여 '한자'가 '漢字'로 바뀐 것을 확인합니다.

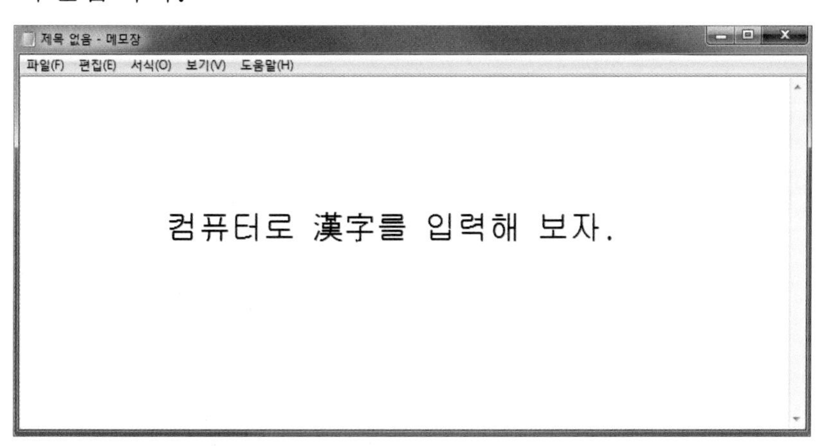

04 Ctrl + A **키**를 누른 후, Delete **키**를 눌러 메모장의 모든 내용을 삭제합니다.

키보드에 없는 특수문자 입력하기

01 Enter 키와 Space Bar 키, Shift 키를 이용해 그림과 같이 **내용을 입력**합니다.

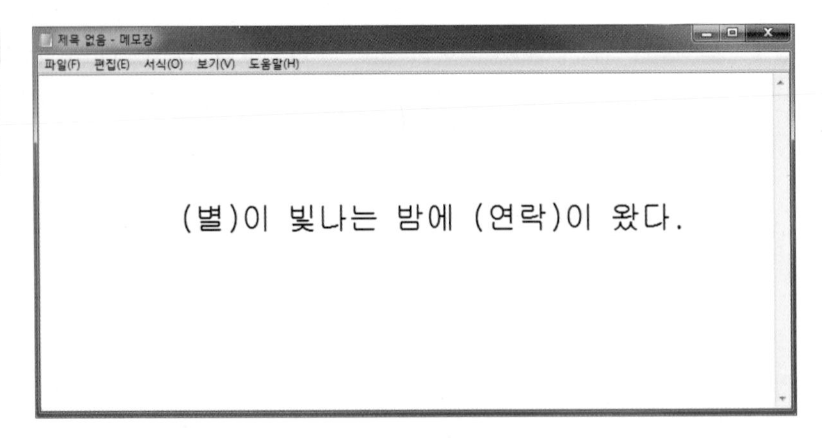

02 **'(별)' 앞으로 커서를 이동**한 후 **'ㅁ'을 입력**하고 **한자 키**를 누릅니다. 화면의 오른쪽 아래에 특수문자 목록이 나타나면 **별 모양(★)의 특수문자를 선택**합니다.

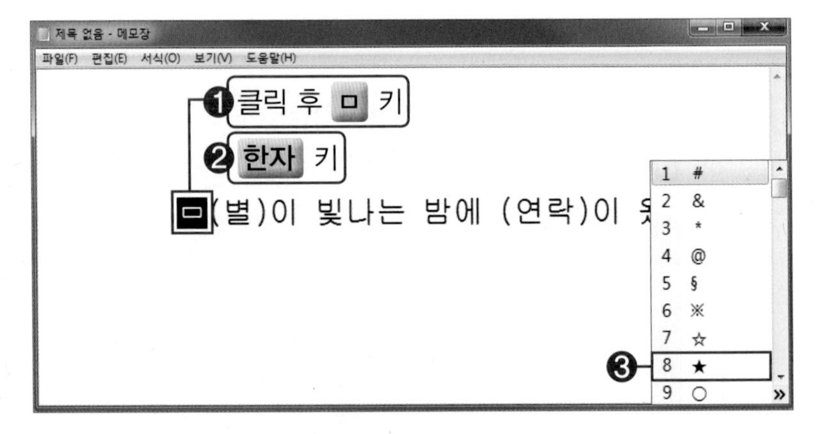

03 다시 **'(연락)' 앞에 커서를 이동**한 후 **'ㅁ'을 입력**하고 **한자 키**를 누릅니다. 화면의 오른쪽 아래에 특수문자 목록이 나타나면 **전화기 모양(☎)의 특수문자를 선택**합니다.

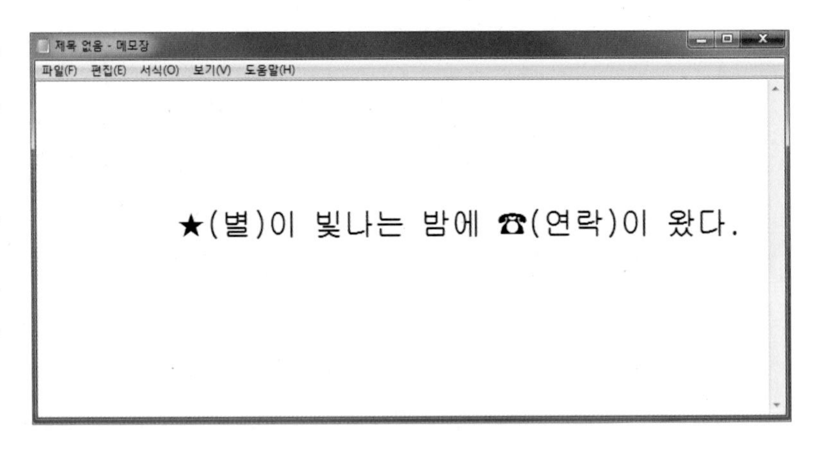

04 [메모장] 창의 **[닫기(X)] 단추를 클릭**합니다. '변경 내용을 제목 없음에 저장하시겠습니까?'라는 메시지가 나타나면 **[저장 안 함] 단추를 클릭**해 프로그램을 종료합니다.

디딤돌학습

1 '한컴 타자연습' 프로그램을 실행한 후, [케이크던지기]의 [과자상자] 게임을 통해 타자연습을 해 봅니다.

도움터 '한컴 타자연습' 프로그램 실행 → [혼자하기] 클릭 → [시작] 클릭 → [케이크던지기] 클릭 → [과자상자] 클릭

2 '메모장' 프로그램을 실행한 후 한글, 영어, 특수기호, 한자를 입력해 그림과 같이 문서를 완성해 봅니다.

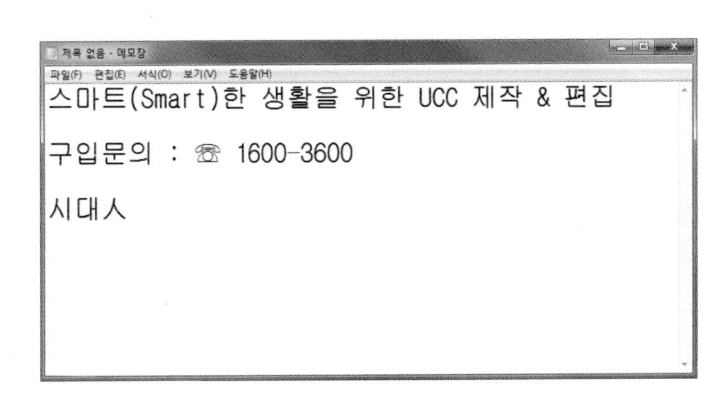

도움터

- ( ) : Shift + 9, Shift + 0
- & : Shift + 7
- ☎ : 'ㅁ' 입력 → 'ㅁ'만 블록 설정 → 한자 키 → PageDown 키로 목록 이동 → 목록에서 선택
- –(하이픈) : 키보드 자판의 0 키 오른쪽에 위치함
- 人 : '인' 입력 → '인'만 블록 설정 → 한자 키 → 한자 목록에서 선택

03 작업 표시줄과 아이콘, 창 다루기

이번 장에서는 작업 표시줄의 이동 방법 및 바로 가기 아이콘을 만드는 방법, 아이콘을 이동하고 정렬하는 방법에 대해 알아봅니다. 또한 창의 크기 조절과 이동 및 창을 전환하는 여러 가지 방법에 대해 익혀보도록 하겠습니다.

무엇을 배울까요?

- 작업 표시줄 이동하기
- 바로 가기 아이콘 만들기
- 아이콘 이동 및 정렬하기
- 창 크기 조절 및 이동하기
- 바탕 화면 보기와 창 전환하기

작업 표시줄 이동하기

01 바탕 화면 아래쪽에 있는 **작업 표시줄로 마우스 포인터(⇖)를 이동**합니다.

02 **작업 표시줄을 바탕 화면의 위쪽으로 드래그**하여 이동합니다.

03 다시 **작업 표시줄을 바탕 화면의 아래쪽으로 드래그**하여 이동합니다.

배움터 **작업 표시줄이 이동되지 않는 경우**

작업 표시줄의 빈 공간을 마우스 오른쪽 단추로 클릭한 후, 바로 가기 메뉴가 나타나면 [작업 표시줄 잠금]의 체크 표시를 해제합니다.

02 바로 가기 아이콘 만들기

01 **[시작(🔘)]–[모든 프로그램]–[보조프로그램]–[계산기]를 마우스 오른쪽 단추로 클릭**합니다. 바로 가기 메뉴가 나타나면 **[보내기]–[바탕 화면에 바로 가기 만들기]를 선택**합니다.

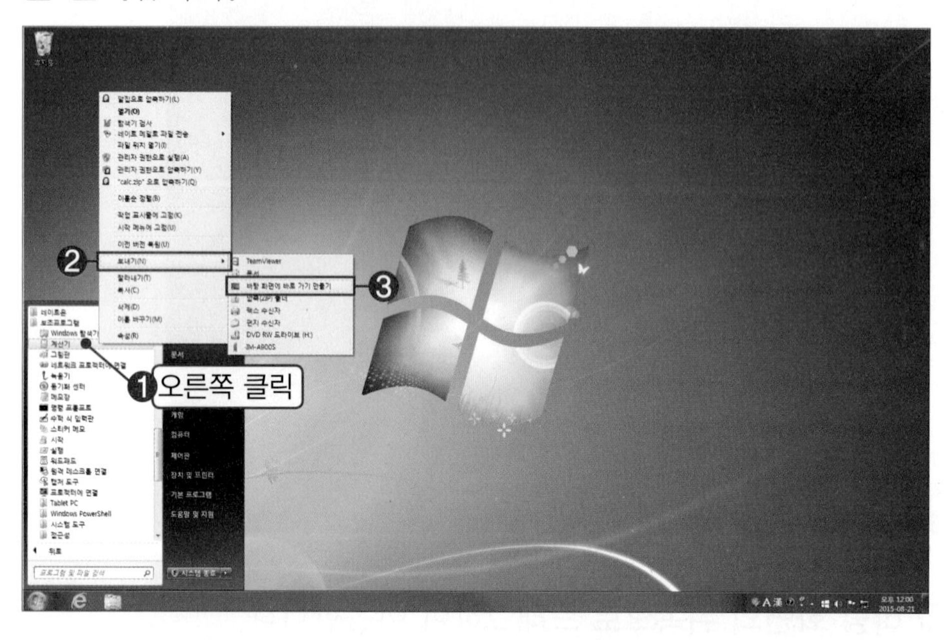

02 바탕 화면에 **'계산기( )' 바로 가기 아이콘**이 만들어집니다. **더블 클릭**하여 '계산기' 프로그램을 실행해보고, [계산기] 창의 **[닫기(X)] 단추를 클릭**해 프로그램을 종료합니다.

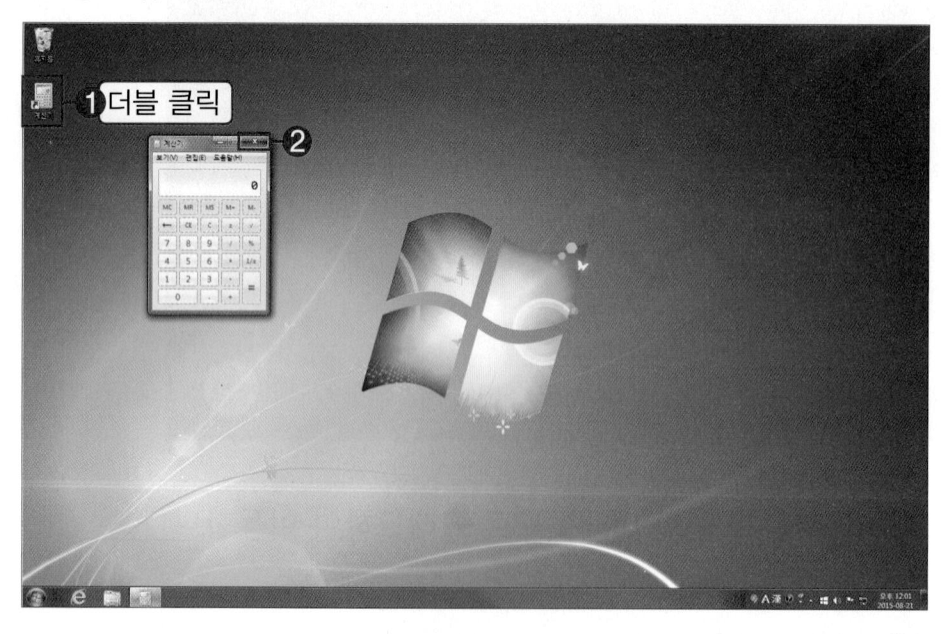

배움터 시작 메뉴에서 바로 가기로 만들 항목을 Ctrl + Shift 키를 누른 채 바탕 화면으로 드래그하여 바로 가기 아이콘을 만들 수도 있습니다.

03 아이콘 이동 및 정렬하기

01 **'휴지통( )' 아이콘을 아래쪽으로 드래그**하여 이동합니다.

02 같은 방법으로 **'계산기' 바로 가기 아이콘도 아래쪽으로 드래그**하여 그림과 같이 이동합니다.

배움터 **바탕 화면의 아이콘이 이동되지 않는 경우**

바탕 화면의 빈 공간을 마우스 오른쪽 단추로 클릭한 후, 바로 가기 메뉴가 나타나면 [보기]-[아이콘 자동 정렬]의 체크 표시를 해제합니다.

03 바탕 화면의 **빈 공간을 마우스 오른쪽 단추로 클릭**한 후, **[정렬 기준]-[수정한 날짜] 바로 가기 메뉴를 선택**합니다.

04 마지막에 만든 '계산기( )' 바로 가기 아이콘이 다른 아이콘의 위로 정렬되는 것을 확인합니다.

배움터 다시 [정렬 기준]-[수정한 날짜] 바로 가기 메뉴를 선택하면 마지막에 만든 '계산기' 바로 가기 아이콘이 다른 아이콘 보다 아래로 정렬됩니다.

창 사용법 익히기

창 조절 단추 활용하기 : 최대화 / 이전 크기로 복원 / 최소화

01 **[시작( )]-[모든 프로그램]-[보조프로그램]-[그림판]을 선택**합니다.

02 [그림판] 창의 **[최대화( )] 단추를 클릭**합니다.

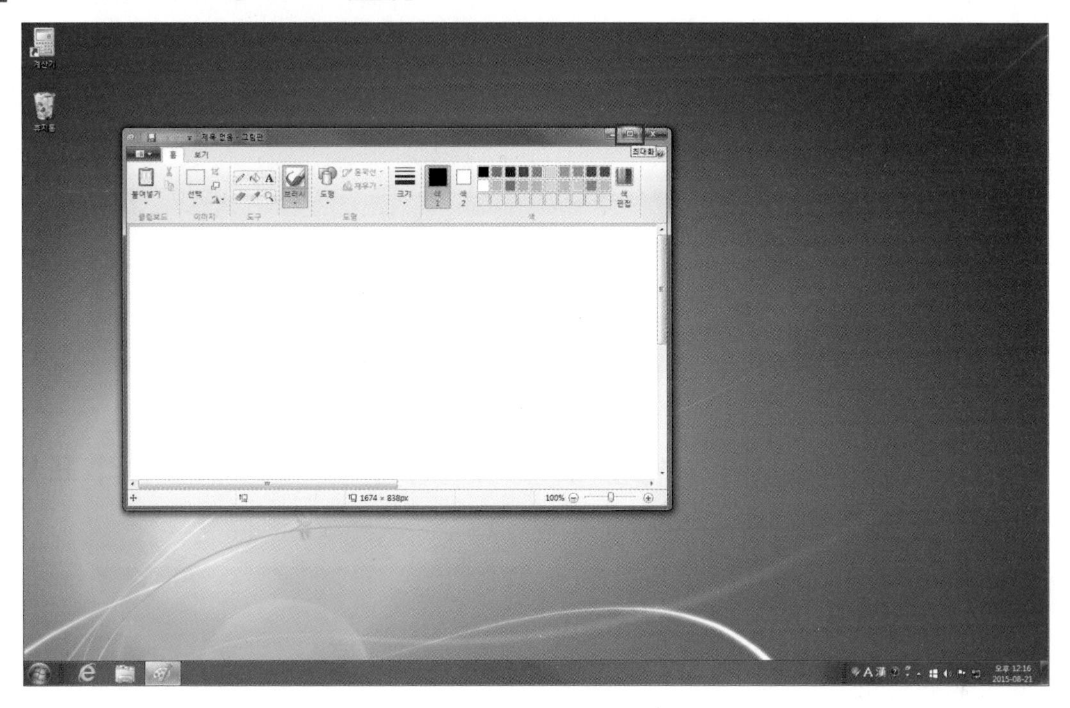

03 [그림판] 창이 전체 크기로 변경됩니다. 이번에는 **[이전 크기로 복원( )] 단추를 클릭**합니다.

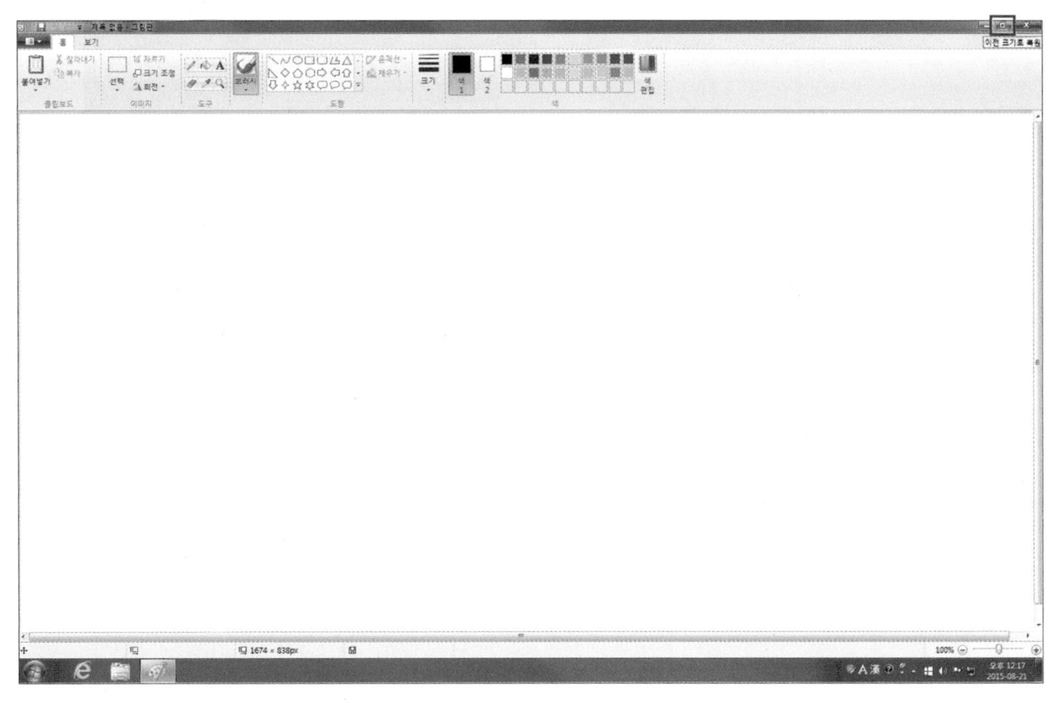

04 [그림판] 창이 최대화 이전 크기로 변경됩니다. 이번에는 **[최소화( )] 단추를 클릭**합니다.

05 [그림판] 창이 숨겨져 보이지 않는 것을 확인합니다. 이번에는 **작업 표시줄의 [그림판( )]을 클릭**합니다.

06 바탕 화면에 [그림판] 창이 나타납니다.

창 크기 조절하기

01 **바탕 화면과 [그림판] 창의 경계선으로 마우스 포인터를 이동**합니다. 마우스 포인터 모양이 **크기 조절 포인터(⇕)로 변경되면 드래그**하여 창의 크기를 변경합니다.

02 **[그림판] 창의 모서리로 마우스 포인터를 이동**합니다. 마우스 포인터 모양이 **크기 조절 포인터(⤢)로 변경되면 대각선 방향으로 드래그**하여 창의 크기를 변경합니다.

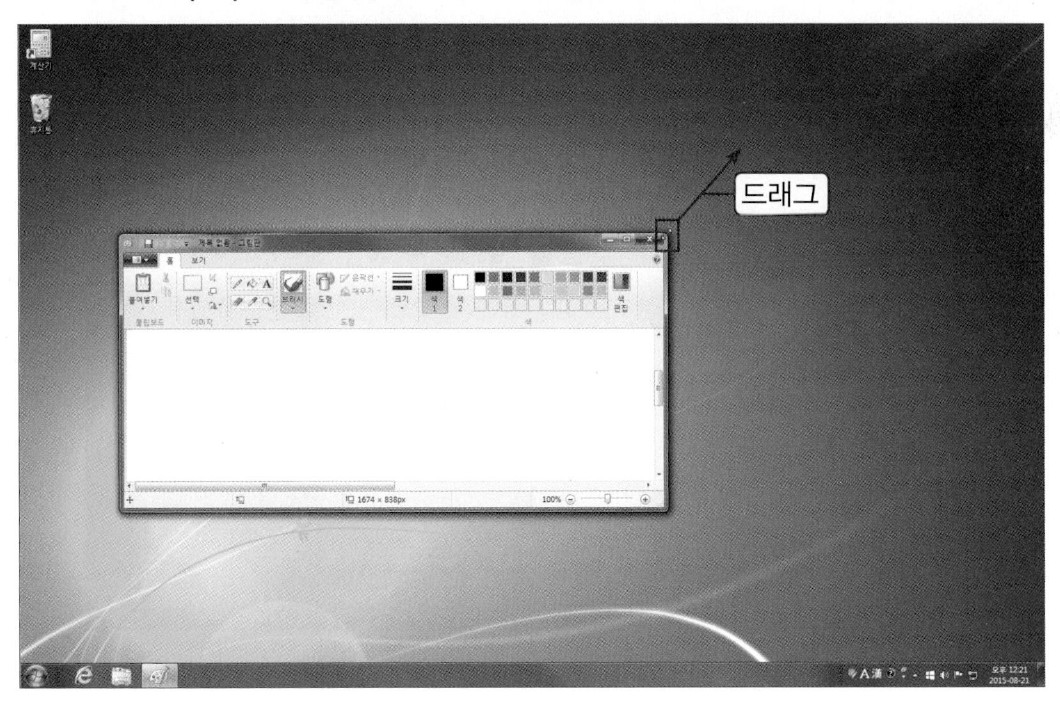

배움터 창의 크기를 조절할 때 창의 중심으로 드래그하면 창의 크기가 작아지고 창의 바깥쪽으로 드래그하면 창의 크기가 커집니다.

창 이동하기

01 **[그림판] 창의 제목 표시줄로 마우스 포인터를 이동**합니다. 마우스 포인터 모양이 **이동 포인터(↖)로 변경되면 아래쪽으로 드래그**합니다.

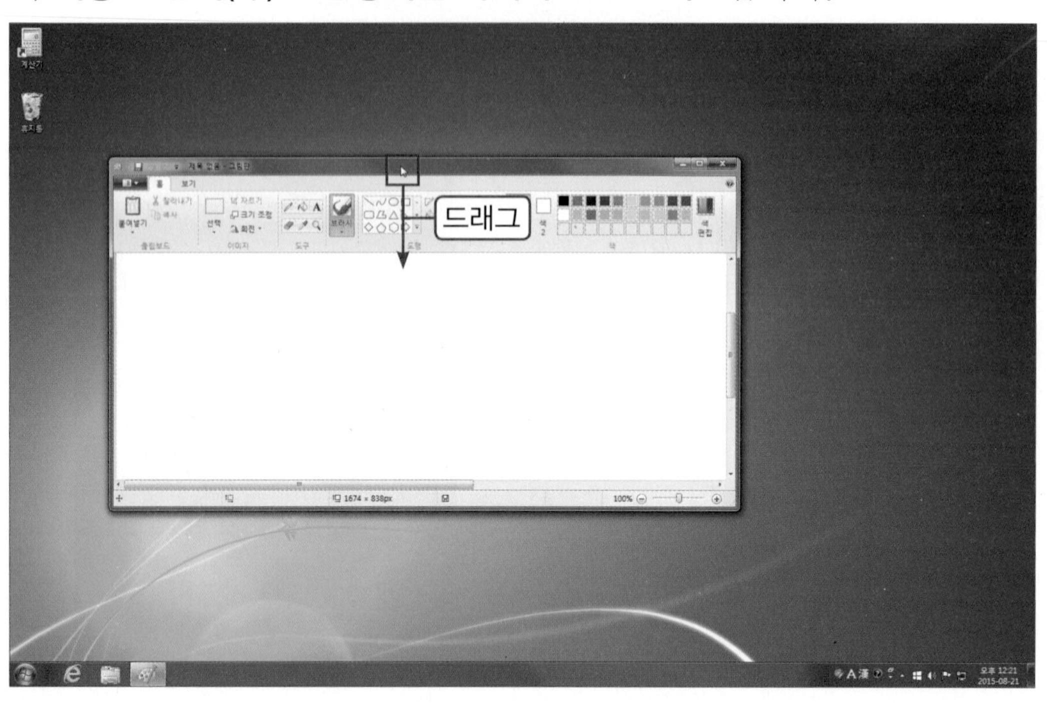

02 [그림판] 창이 드래그한 위치로 이동되는 것을 확인합니다.

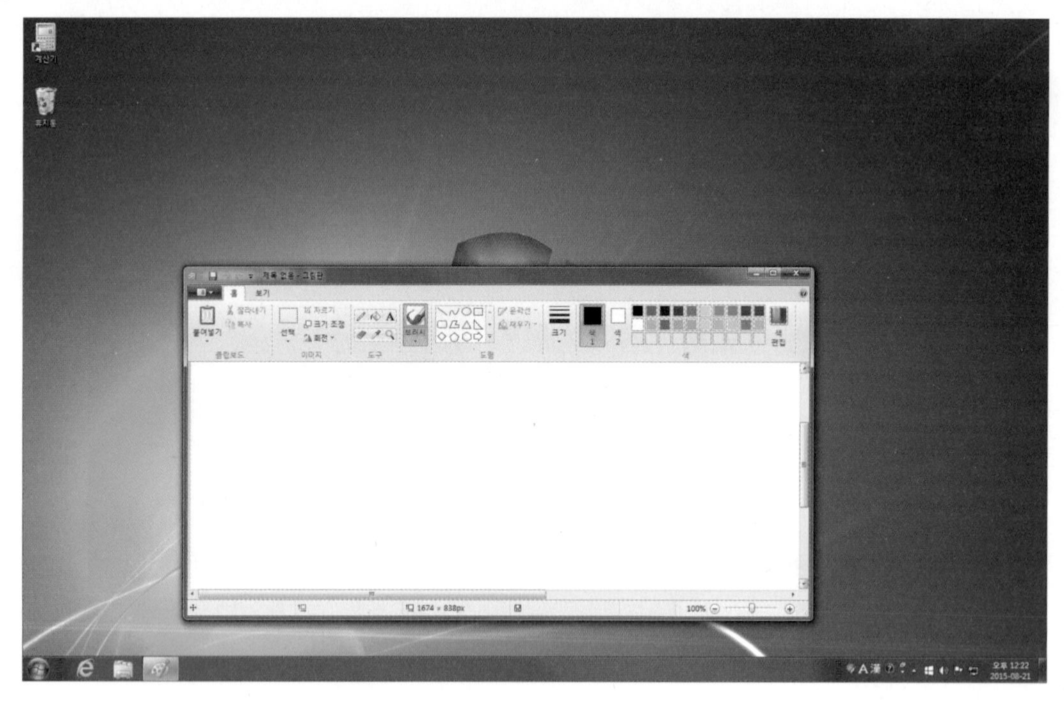

바탕 화면 보기

01 바탕 화면에서 **'휴지통( )' 아이콘과 '계산기( )' 바로 가기 아이콘을 각각 더블 클릭**하여 두 개의 프로그램을 추가로 실행합니다.

02 작업 표시줄의 **[바탕 화면 보기( )]를 클릭**합니다.

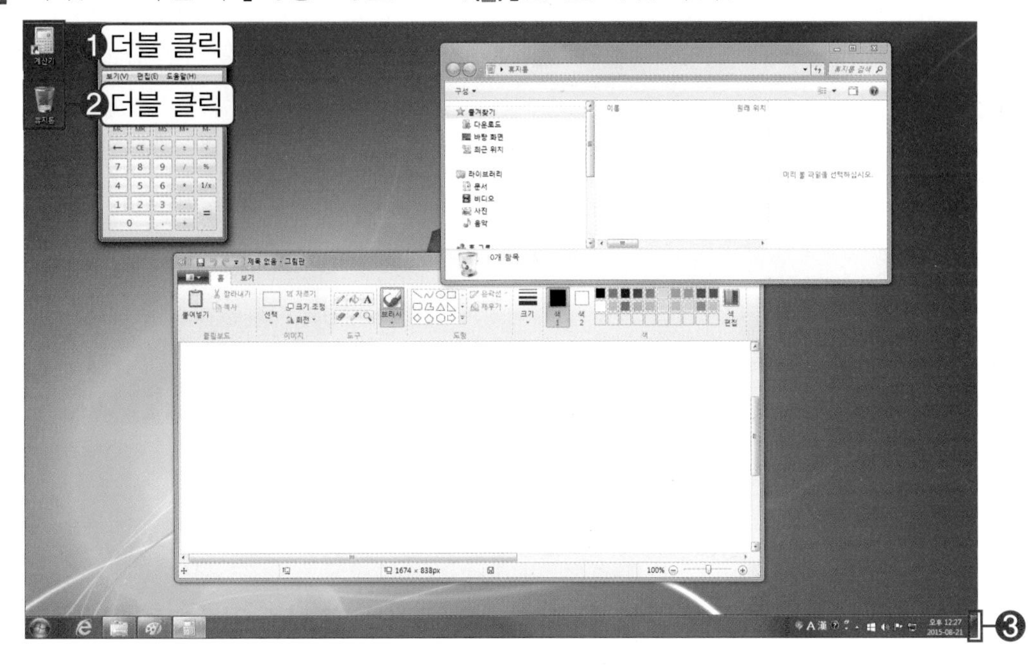

03 바탕 화면 위의 모든 창이 작업 표시줄로 숨겨지는 것을 확인합니다. 다시 **[바탕 화면 보기( )]를 클릭**합니다.

배움터 [바탕 화면 보기( )]를 누를 때마다 실행 중인 창을 작업 표시줄로 숨기거나 반대로 숨겨진 창을 다시 표시합니다.

04 숨겨졌던 창들이 다시 바탕 화면에 표시됩니다.

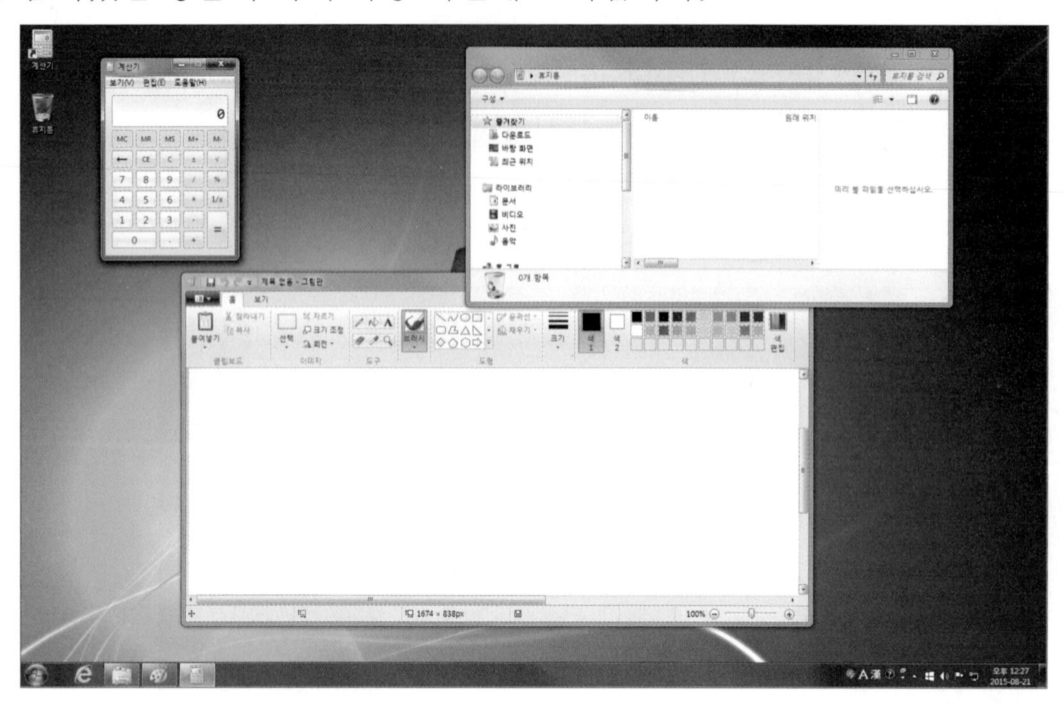

창 전환하기

01 **[휴지통] 창의 [최대화( )] 단추를 클릭**한 후, **작업 표시줄의 [그림판( )]을 클릭**합니다. [그림판] 창이 앞으로 표시되는 것을 확인합니다.

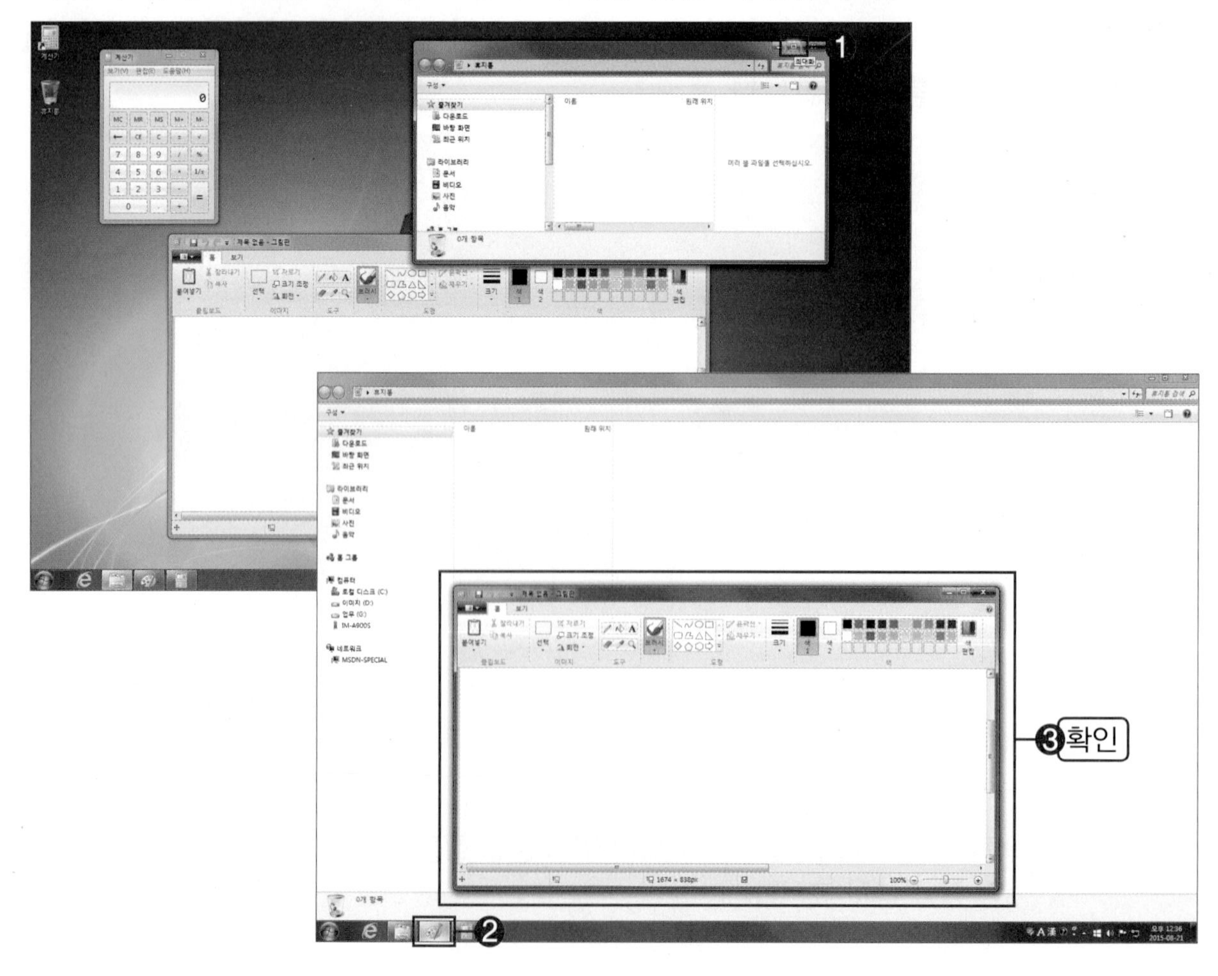

02 **Alt 키를 누른 채 Tab 키**를 누르면 현재 실행 중인 프로그램 목록이 나타납니다. **Alt 키를 누른 채 Tab 키를 반복**하여 눌러 표시 목록 중 **'계산기'가 선택되면 손을 놓습니다.**

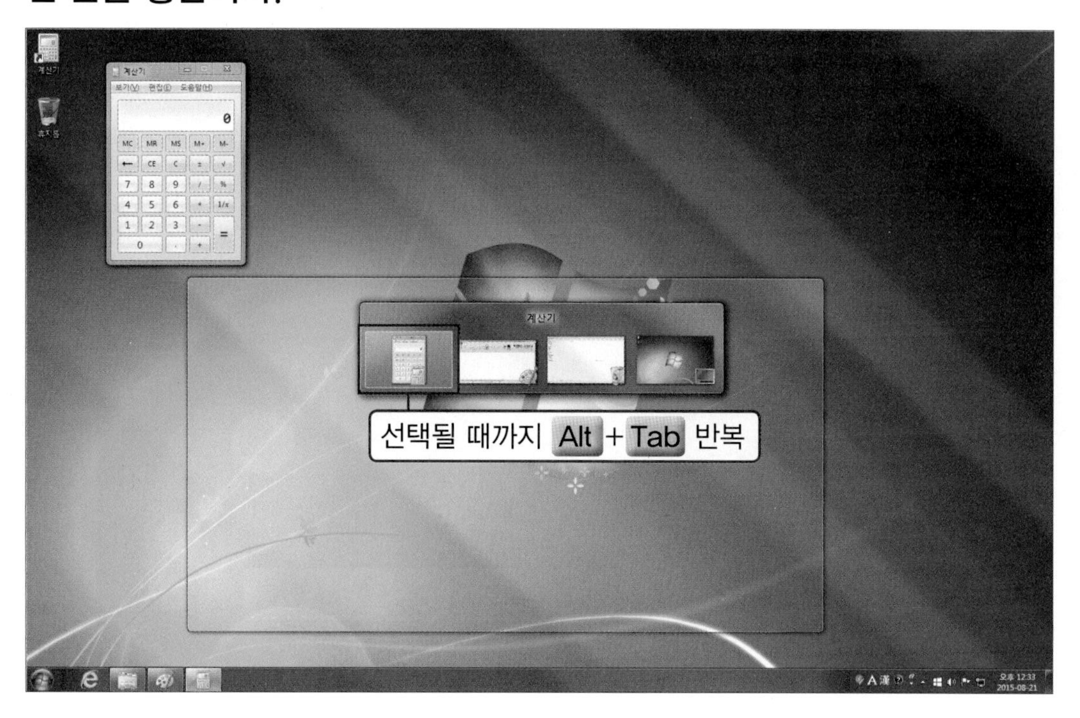

03 [계산기] 창이 가장 앞으로 표시되는 것을 확인합니다.

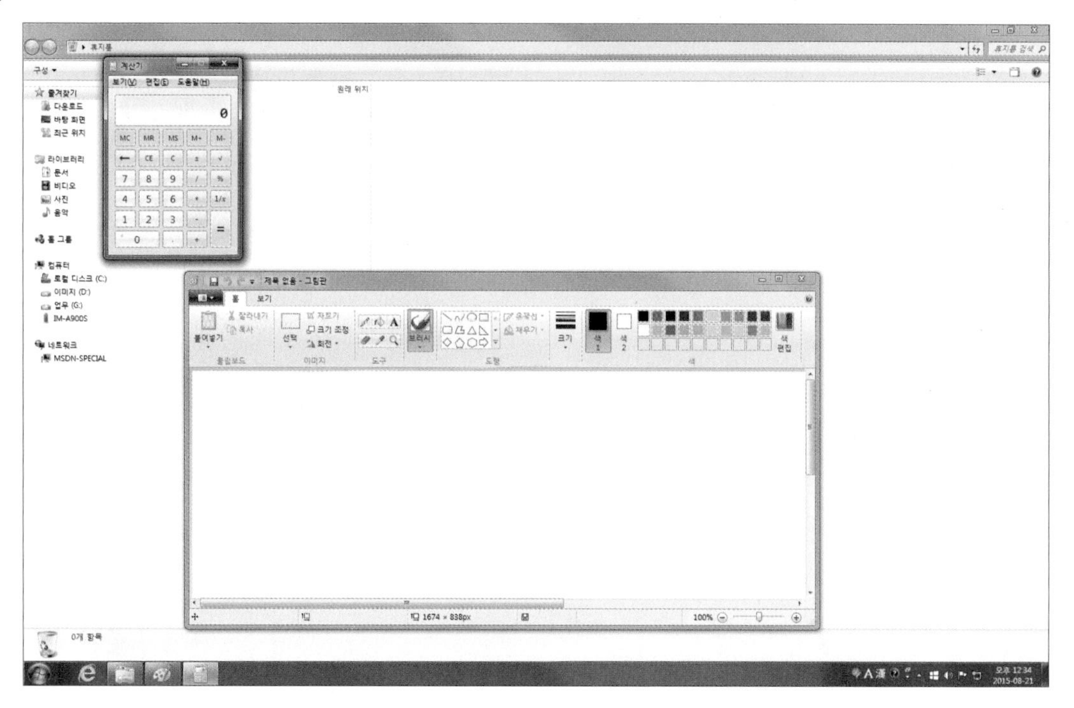

04 [Windows 키] **키를 누른 채** Tab **키**를 누르면 현재 실행 중인 프로그램 목록이 3차원 형태로 나타납니다. [Windows 키] **키를 누른 채** Tab **키를 반복**하여 눌러 **'바탕 화면'이 맨 앞으로 나타나면 손을 놓습니다.**

05 바탕 화면이 표시되는 것을 확인합니다.

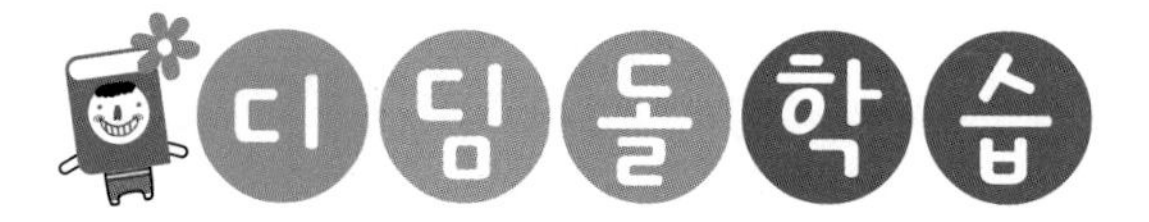

1 메모장과 그림판을 실행하여 그림과 같이 창의 위치와 크기를 변경해 봅니다.

2 'Aero 전환 3D' 형식으로 창을 전환해 봅니다.

도움터 'Aero 전환 3D' 형식으로 창을 전환하는 방법

여러 개의 창이 실행된 상태에서 ⊞ + Tab 키 누르기

Windows 탐색기 살펴보기

이번 장에서는 컴퓨터를 보다 효율적으로 이용하기 위해 꼭 필요한 Windows 탐색기의 구성과 특징 및 Windows 탐색기를 실행하는 방법에 대해 알아봅니다. 또한 특정 기준으로 파일을 정렬하는 방법과 폴더나 파일을 검색하는 방법도 익혀 보도록 하겠습니다.

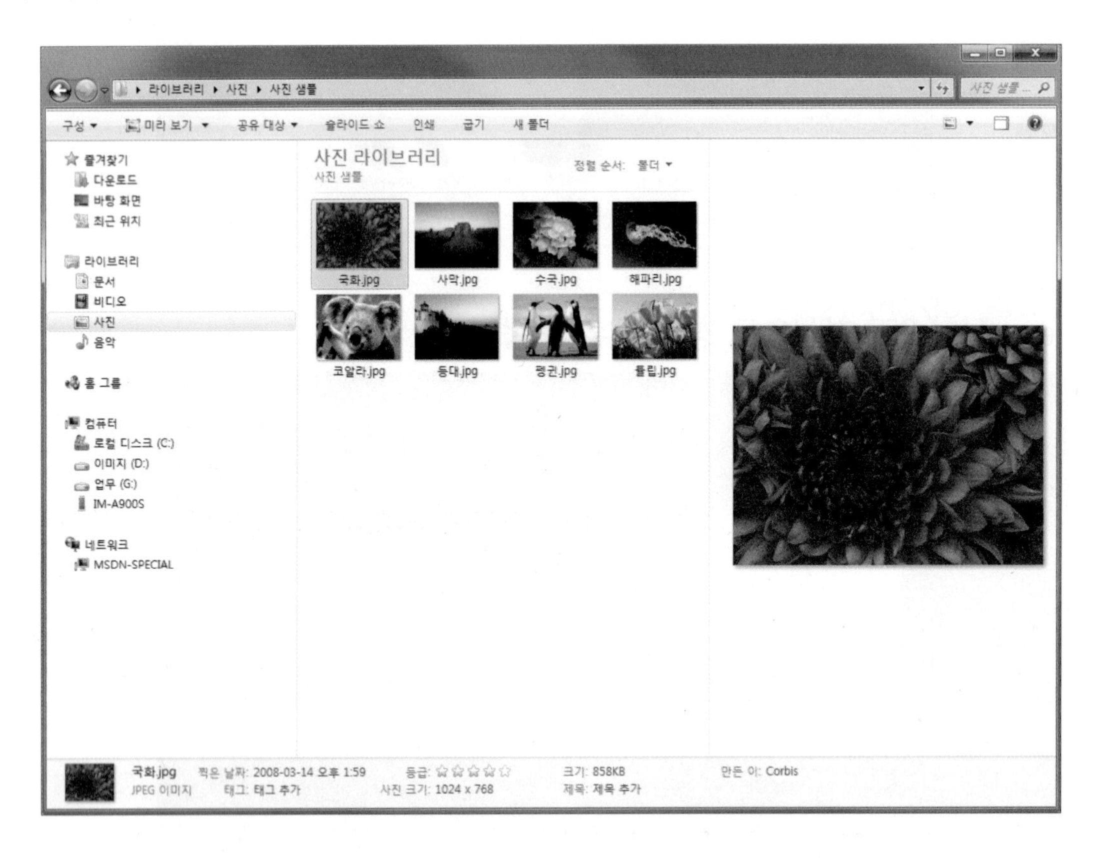

무엇을 배울까요?

- 파일과 폴더의 의미 알기
- Windows 탐색기 실행하기
- Windows 탐색기의 구성 알기
- Windows 탐색기의 보기 형식 지정하기
- 파일과 폴더의 정렬 방법 및 검색 방법 알기

01 파일과 폴더

파일

파일은 데이터의 집합으로, 보조 기억 장치에 저장됩니다. 파일은 '파일명.확장자'로 구성됩니다. 파일의 종류, 연결된 프로그램에 따라 다른 아이콘이 표시됩니다.

동영상-1.mp4 동영상-2.wmv 문서.hwp 문서.pptx 문서.txt 문서.xlsx

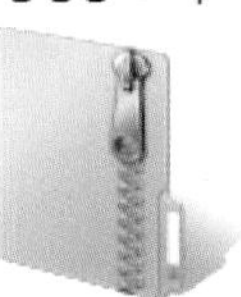

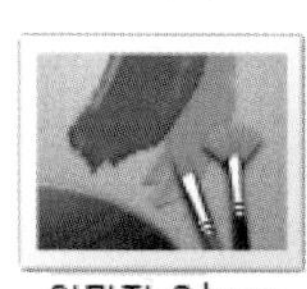

압축-1.zip 압축-2.tar 음악-1.mp3 음악-2.wma 이미지-1.jpg 이미지-2.bmp

배움터 설정에 따라 미리 보기 이미지로 나타나기도 합니다.

폴더

폴더는 노란색 서류철 모양으로 되어 있으며, 파일이나 다른 폴더를 저장할 수 있는 공간입니다. 보통 같은 종류의 파일을 찾기 쉽게 정리하기 위해 사용합니다.

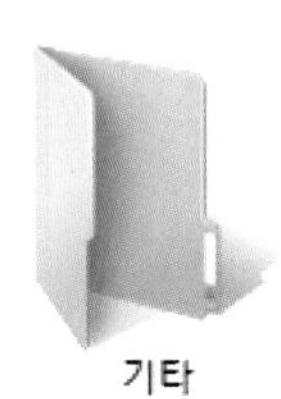

기타 문서 영상및오디오 이미지

배움터 파일 및 폴더의 생성, 이동, 복사 등에 관해서는 [05장 폴더 및 파일 다루기]에서 살펴봅니다.

02 Windows 탐색기 시작하기

Windows 탐색기 실행하기

01 작업 표시줄에서 **[Windows 탐색기( )]를 클릭**합니다.

02 [Windows 탐색기] 창이 나타납니다.

배움터 [시작( )]-[모든 프로그램]-[보조프로그램]-[Windows 탐색기]를 순서대로 선택하여 Windows 탐색기를 실행할 수도 있습니다.

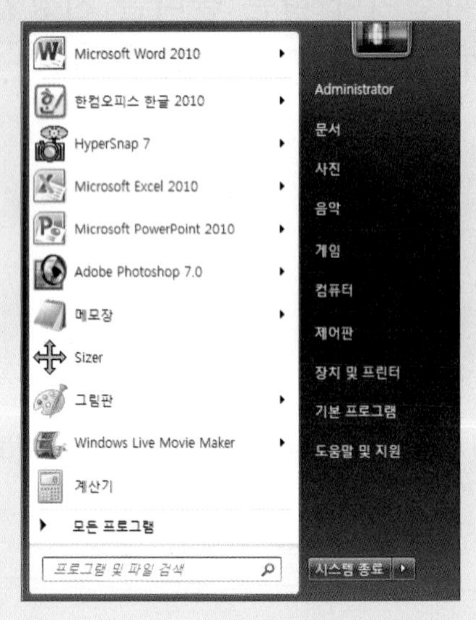

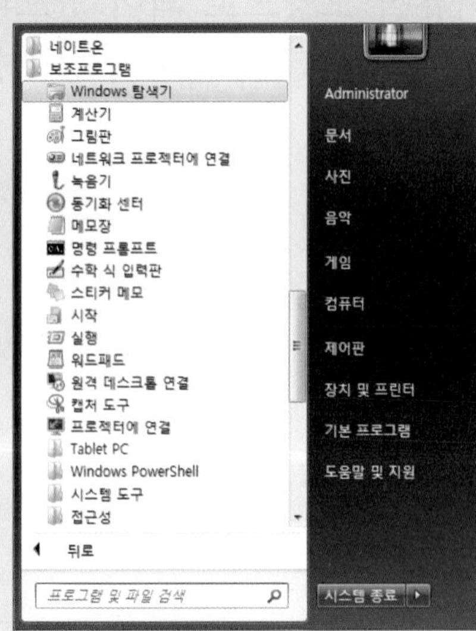

Windows 탐색기의 화면 구성 살펴보기

Windows 탐색기는 탐색 창, 내용 창, 세부 정보 창 등 파일과 폴더에 대한 많은 정보를 하나의 창에 표시합니다.

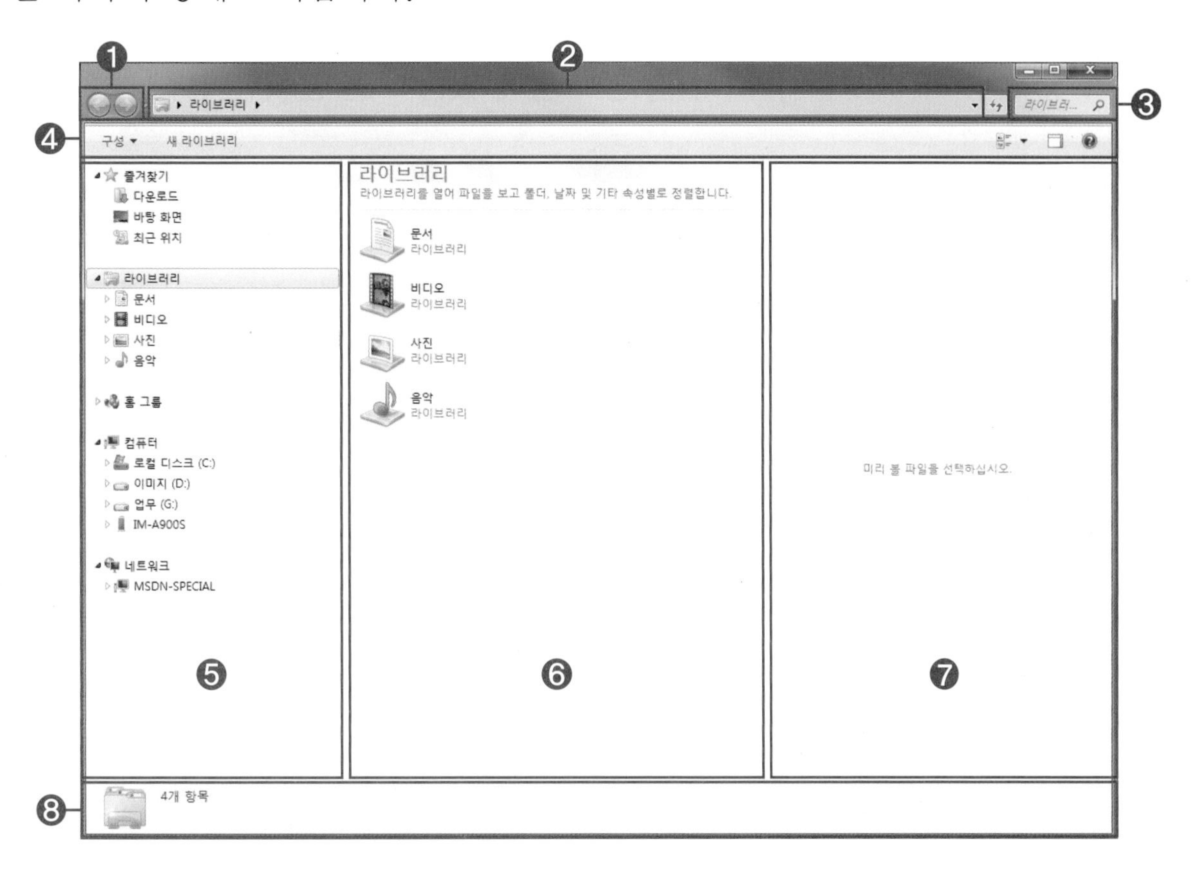

❶ **[뒤로]/[앞으로] 단추** : 현재 표시된 위치를 기준으로 이전 혹은 이후에 표시했던 폴더로 이동합니다.

❷ **주소 표시줄** : 현재 폴더 위치를 나타냅니다. 다른 폴더 또는 라이브러리로 이동하거나 이전 위치로 이동할 수 있습니다.

❸ **검색 상자** : 찾고자 하는 단어나 구를 입력하면 입력한 내용을 포함하고 있는 폴더나 파일을 찾아 내용 창에 표시합니다.

❹ **도구 모음** : 선택한 항목에서 실행할 수 있는 작업을 도구 형태로 표시합니다.

❺ **탐색 창** : 즐겨찾기, 라이브러리, 내 컴퓨터에 존재하는 드라이브의 폴더 등을 확인하고 선택할 수 있습니다.

❻ **내용 창** : 현재 선택한 폴더나 라이브러리에 포함된 항목(폴더 또는 파일 목록)이 표시됩니다.

❼ **미리 보기 창** : 문서 파일이나 그림 파일 등을 열지 않고 선택만으로 미리 내용을 확인할 수 있습니다.

❽ **세부 정보 창** : 선택한 파일에 대한 크기, 만든 이 등과 같은 다양한 정보를 표시합니다.

03 Windows 탐색기 활용하기

탐색 창을 활용하여 현재 위치 이동하기

01 탐색 창에서 [라이브러리]의 **[사진] 항목 앞에 있는 ▷을 클릭**합니다.

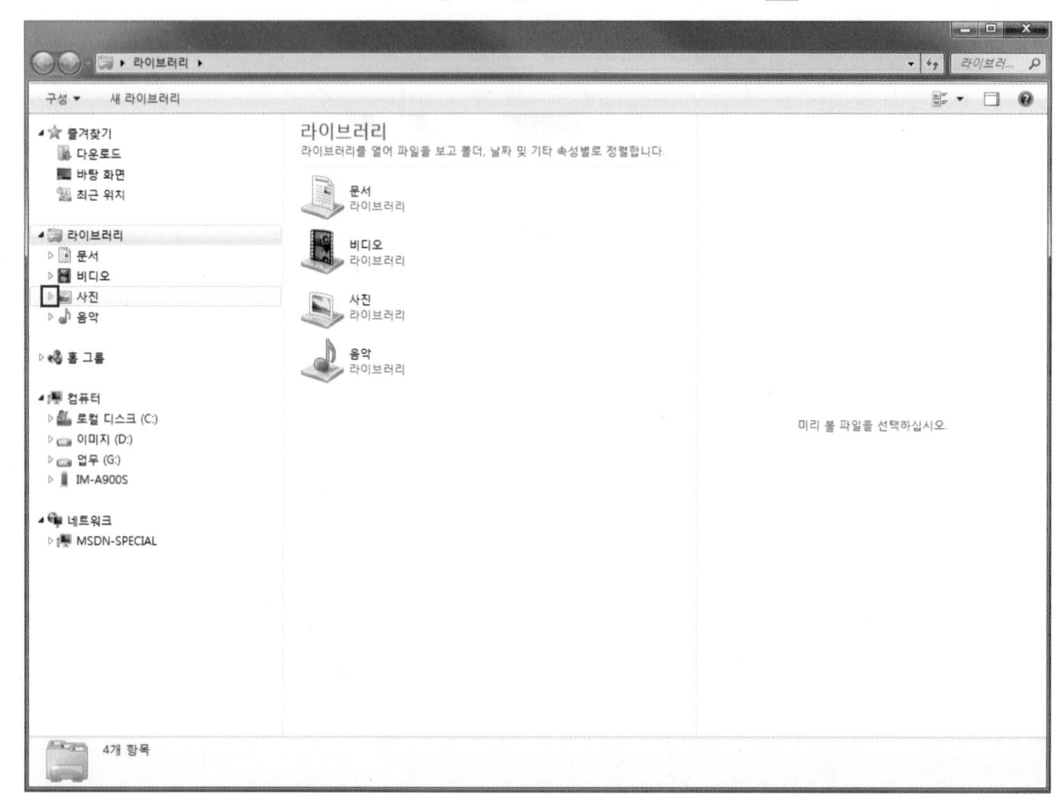

02 다시 **[공용 사진] 항목 앞에 있는 ▷을 클릭**합니다. 하위 폴더가 표시되면 **[사진 샘플]을 클릭**하여 내용 창에 파일 목록이 표시되는 것을 확인합니다.

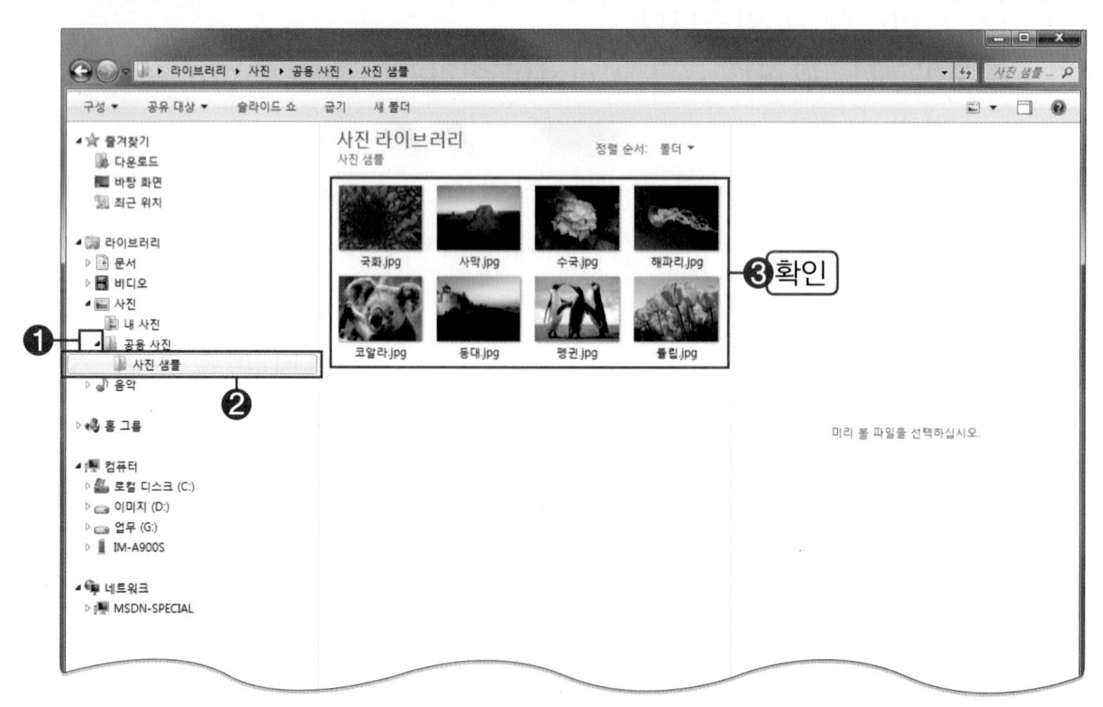

파일 보기 형식 지정하기

01 도구 모음에서 **[기타 옵션(▾)]을 클릭**하여 보기 옵션 목록이 표시되면 **[자세히]를 선택**합니다.

02 파일의 보기 형식이 변경된 것을 확인합니다.

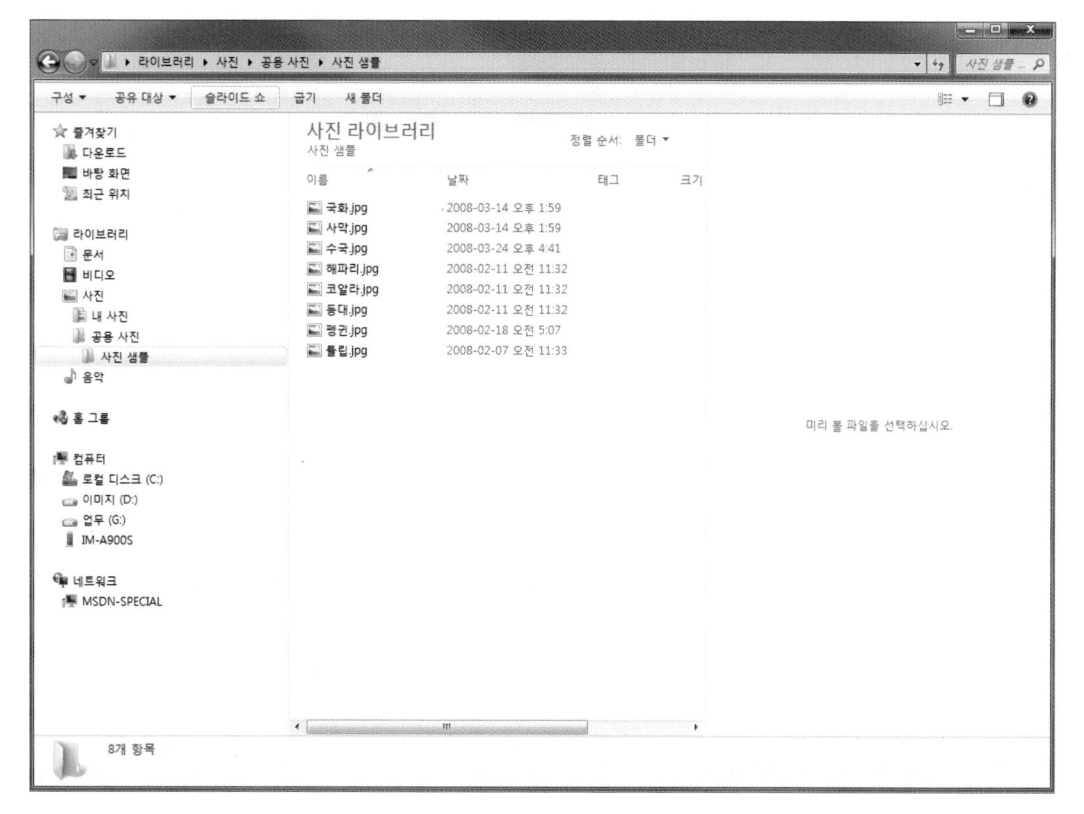

03 도구 모음에서 **[슬라이드 쇼]를 선택**합니다. 현재 폴더의 그림이 하나씩 보여지는 것을 확인합니다.

미리 보기 창 보기/감추기

01 내용 창에서 **'해파리'를 클릭**하면 오른쪽의 미리 보기 창에 해파리 이미지가 보입니다. 도구 모음에서 **[미리 보기 창을 숨깁니다.(□)]를 클릭**합니다.

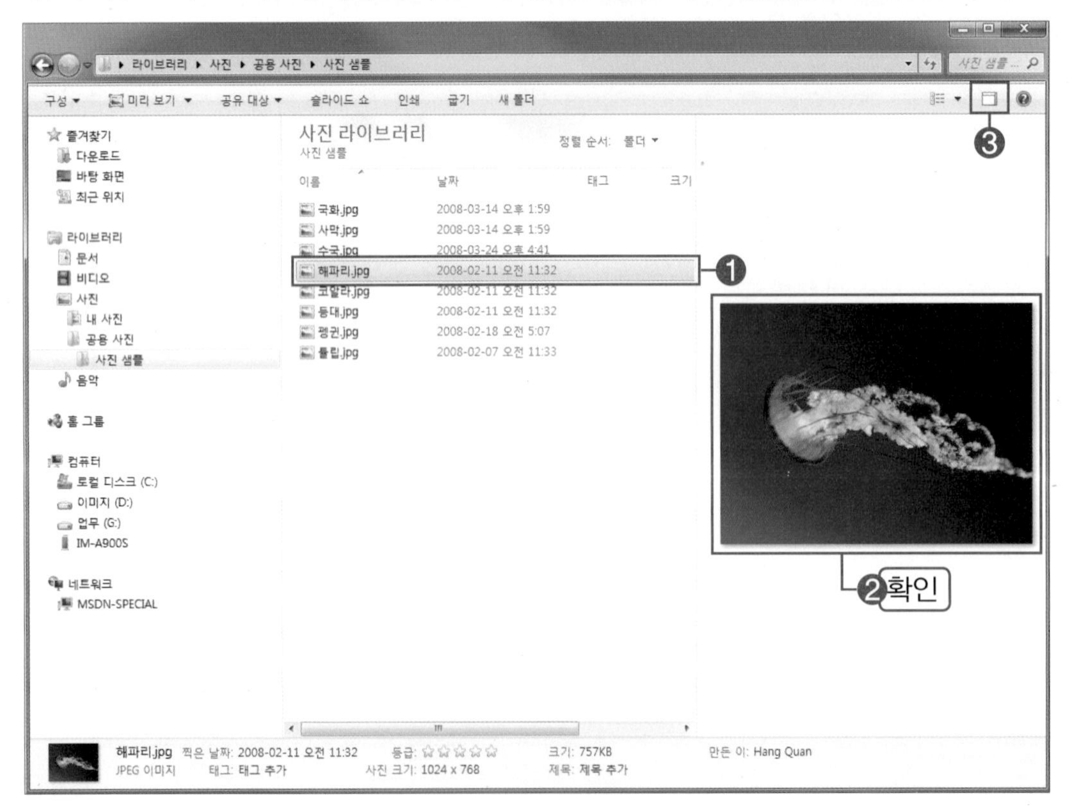

02 오른쪽에 표시된 미리 보기 창이 표시되지 않는 것을 확인합니다.

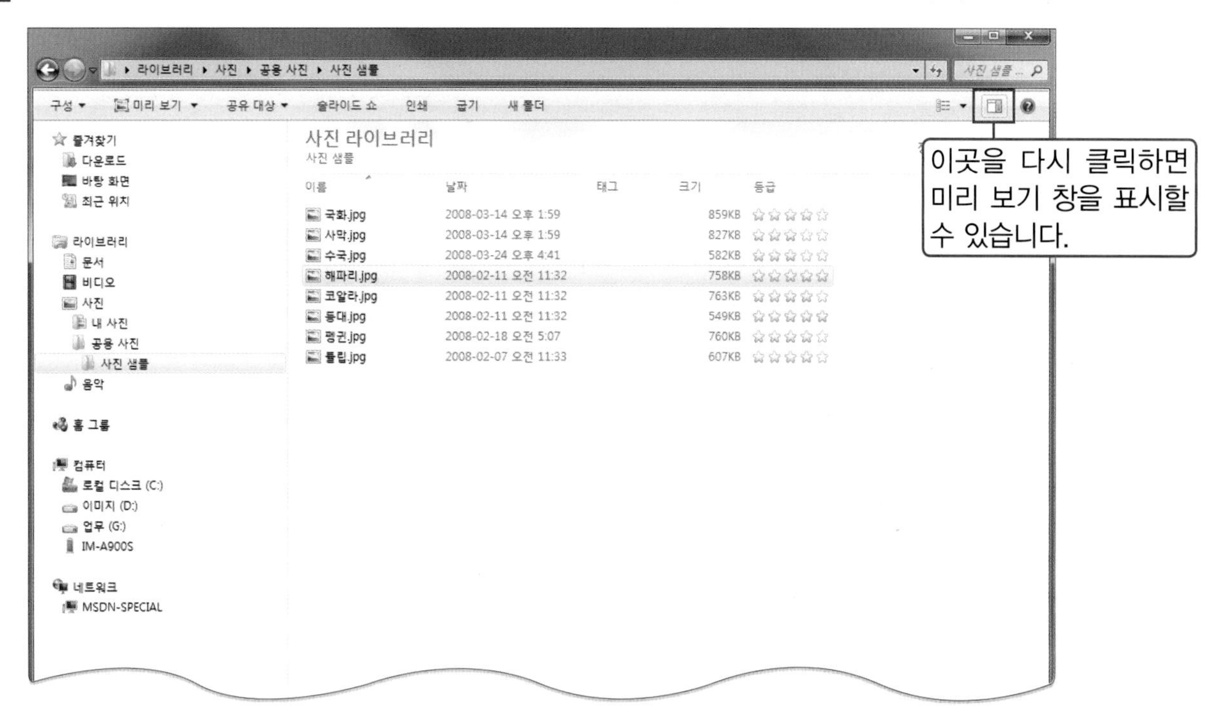

유형별 분류하기

01 탐색 창에서 **[로컬 디스크 (C:)]의 ▷을 클릭**한 후 **[Windows] 폴더를 선택**합니다.

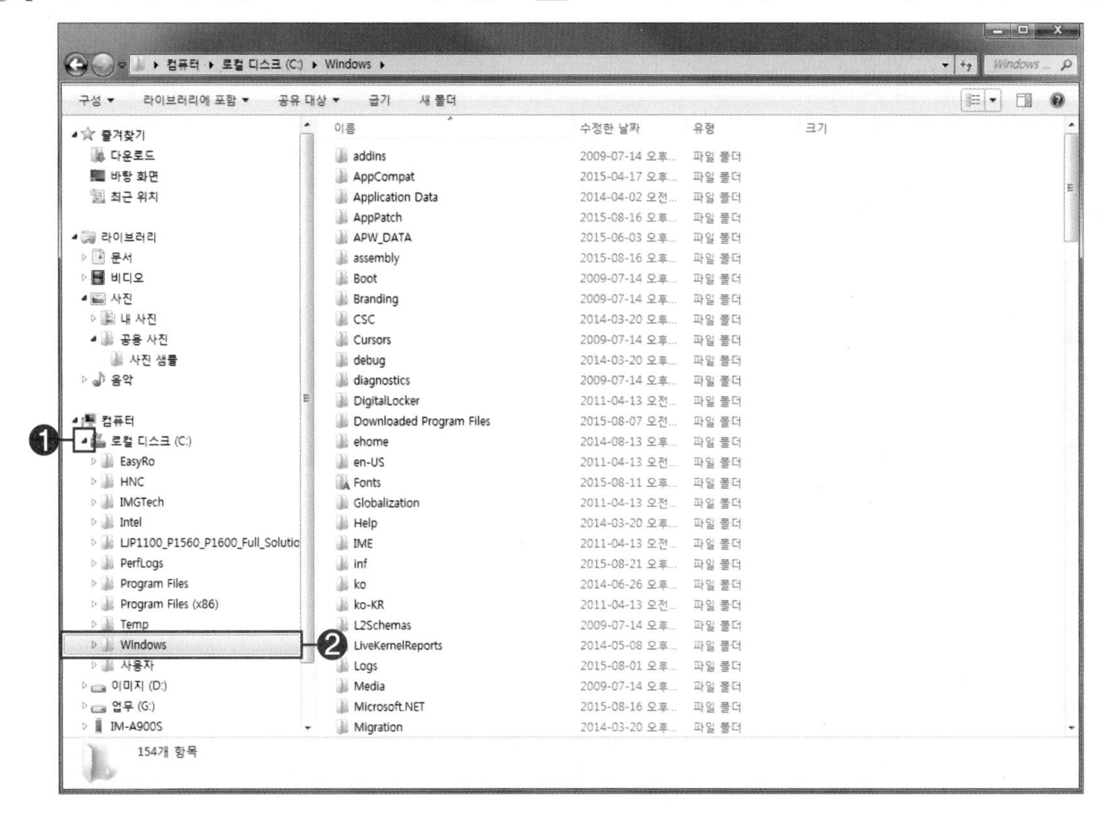

> **배움터** [Windows] 폴더는 시스템 관련 정보를 담은 파일을 가지고 있는 곳이므로, 폴더 및 파일의 이름 변경/삭제/이동 등이 생기지 않도록 주의해야 합니다.

02 [Windows] 폴더에 포함된 폴더와 파일 목록이 표시되면 **[유형]의 ▾를 클릭**하여 **[응용 프로그램]을 선택**합니다.

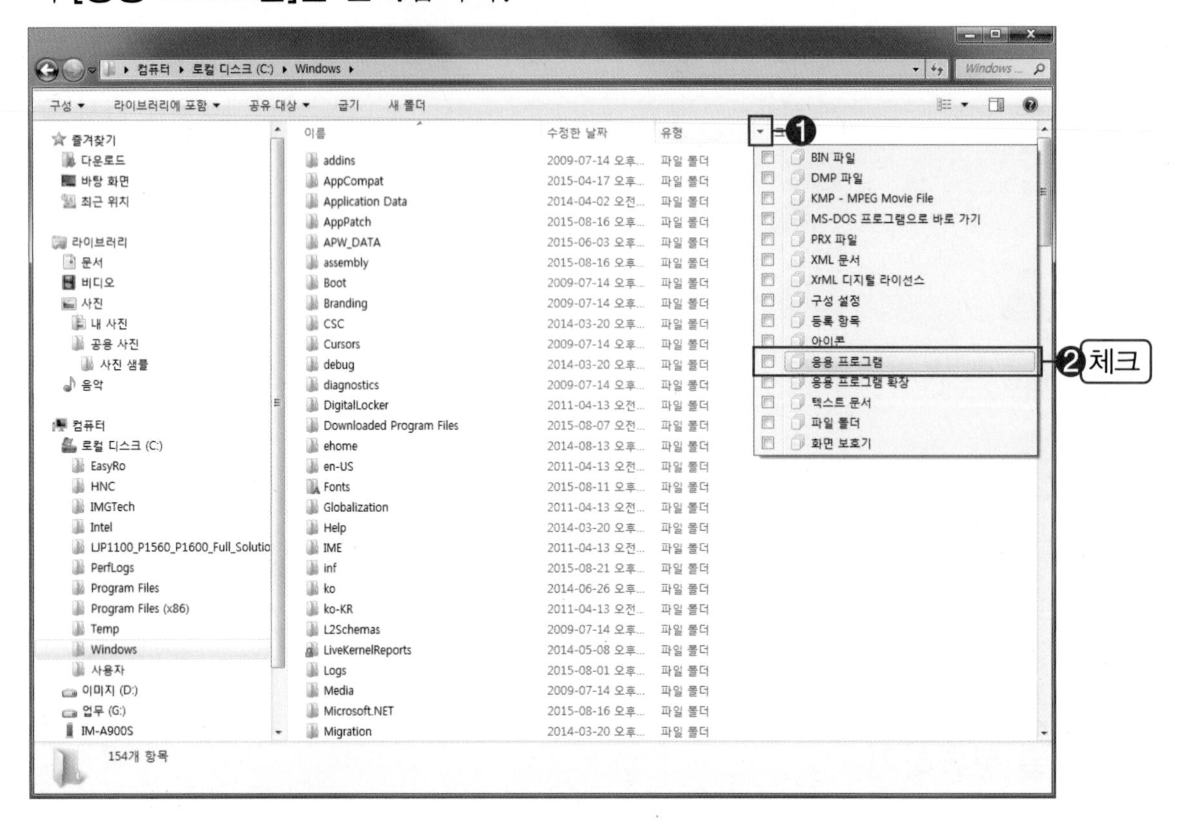

03 응용 프로그램 유형의 자료들만 표시됩니다. **[유형]의 ▾를 클릭**하여 **[응용 프로그램]의 체크를 해제**합니다.

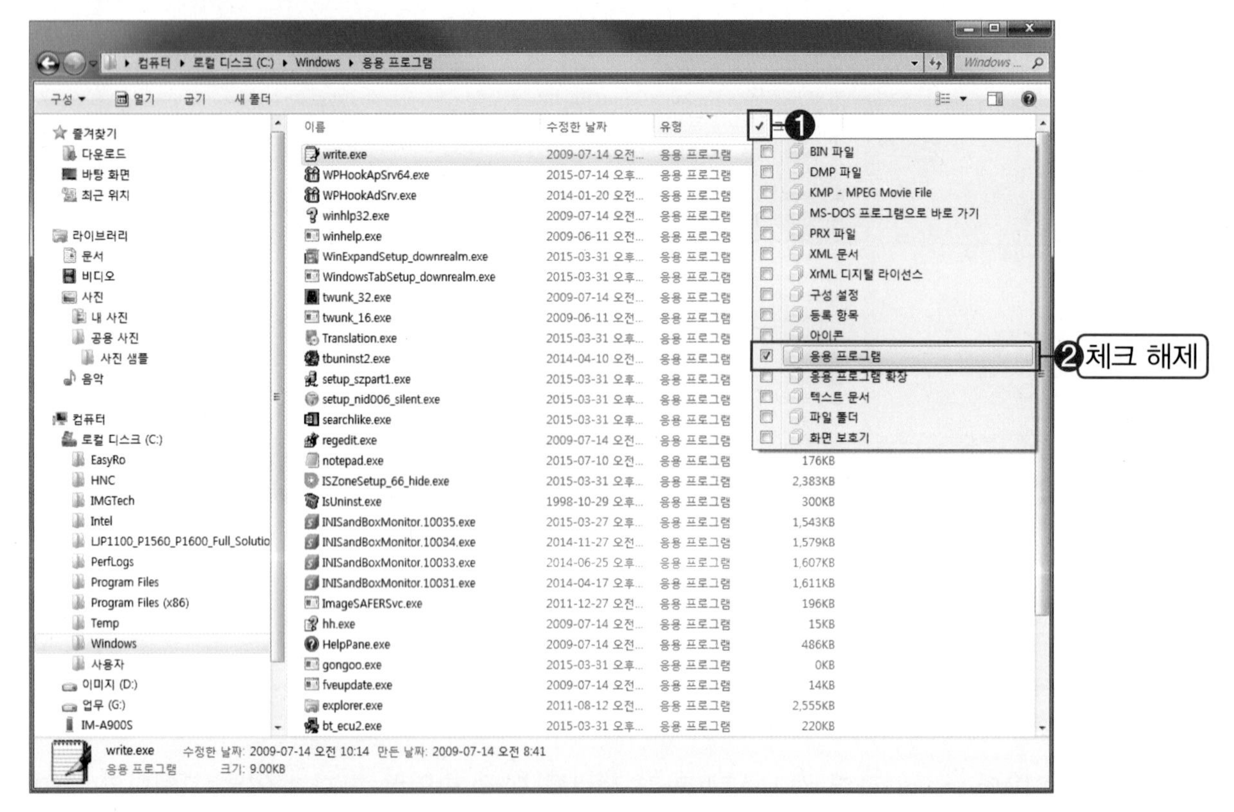

파일과 폴더 정렬하기

01 **[이름] 항목을 클릭**하면 내림차순(z→a)으로 파일이 정리되고, 뒤이어 내림차순(z→a)으로 폴더가 정리되어 표시됩니다.

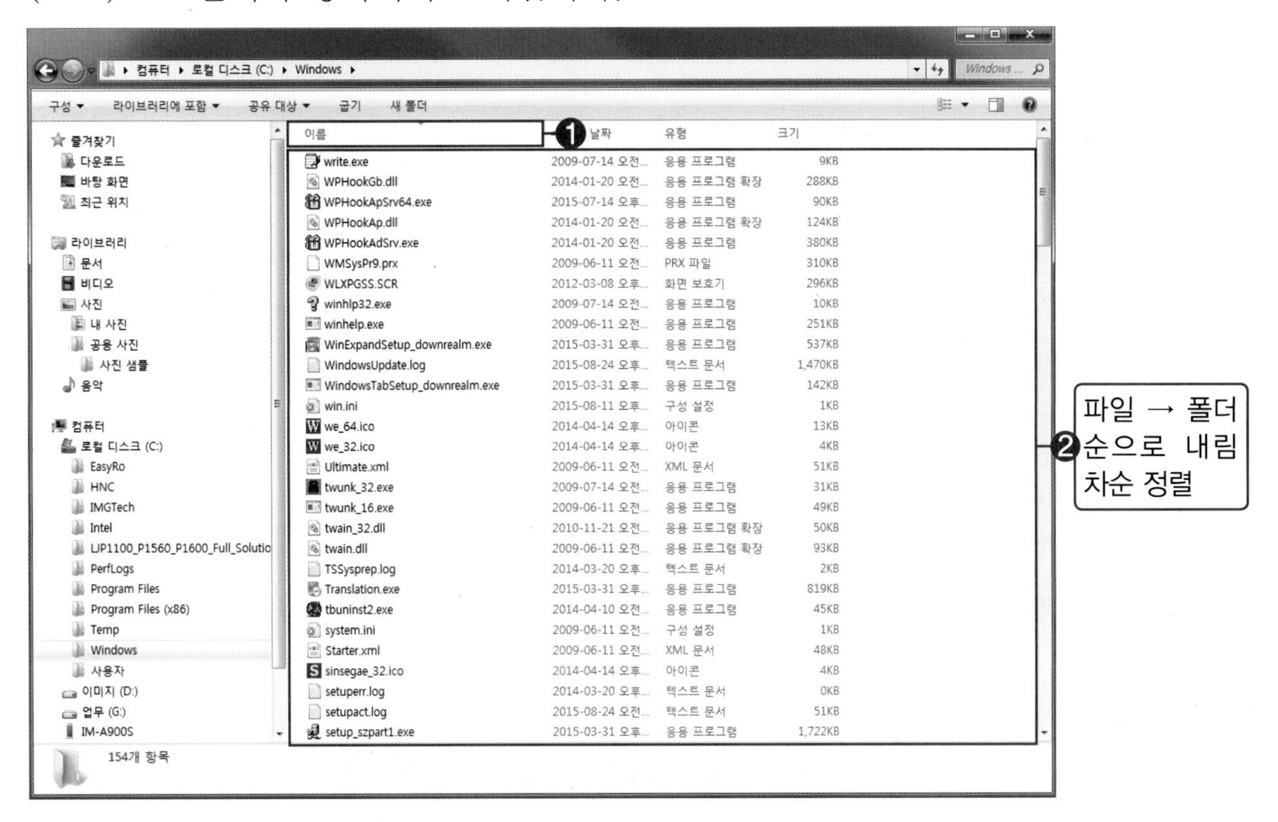

02 다시 **[이름] 항목을 클릭**하면 오름차순(a→z)으로 폴더가 정리되고, 뒤이어 오름차순(a→z)으로 파일이 정리되어 표시됩니다.

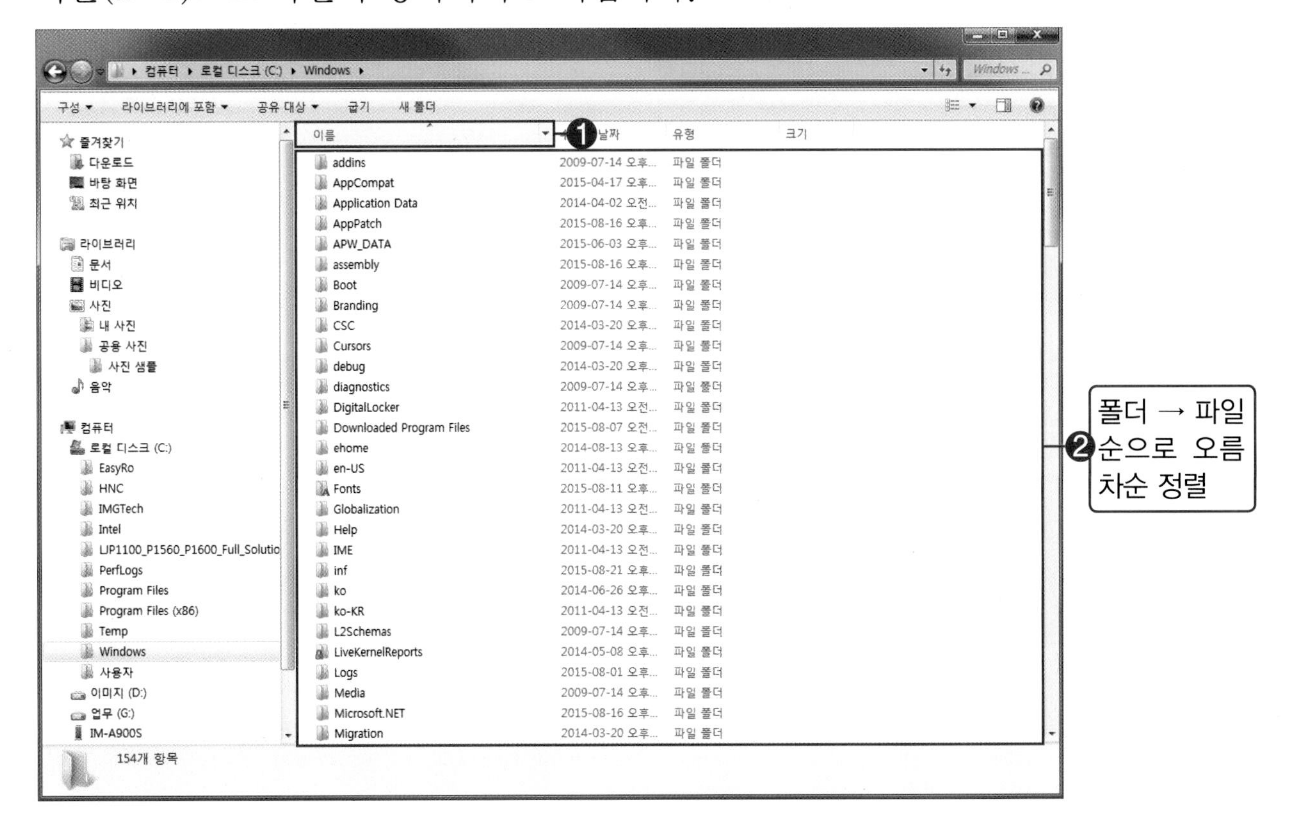

폴더 및 파일 검색하기

01 탐색 창에서 **[로컬 디스크 (C:)]를 선택**한 후, [Windows 탐색기] 창의 **검색 상자에 'flower'를 입력**합니다. 선택한 위치(C:)에서 'flower'를 포함하는 파일 및 폴더를 찾아 표시합니다.

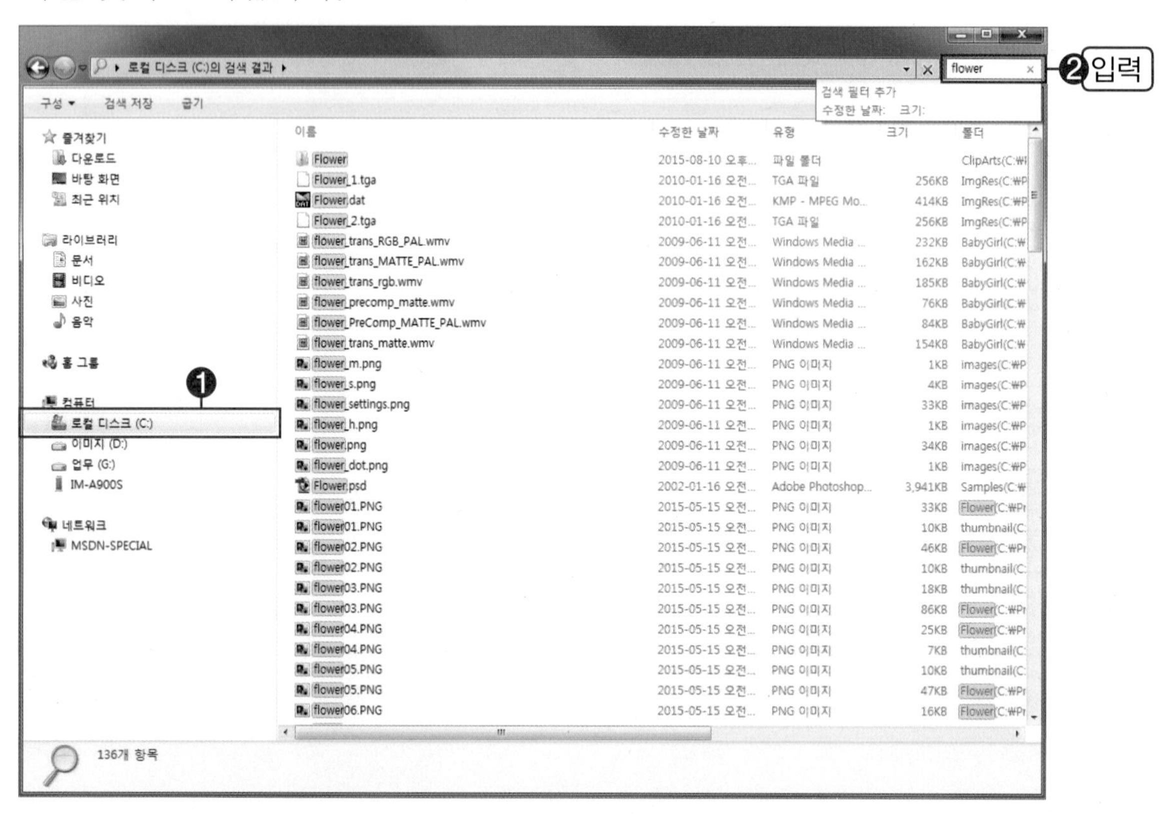

02 유형이 **'PNG'인 이미지 파일을 더블 클릭**하여 실행된 결과를 확인합니다.

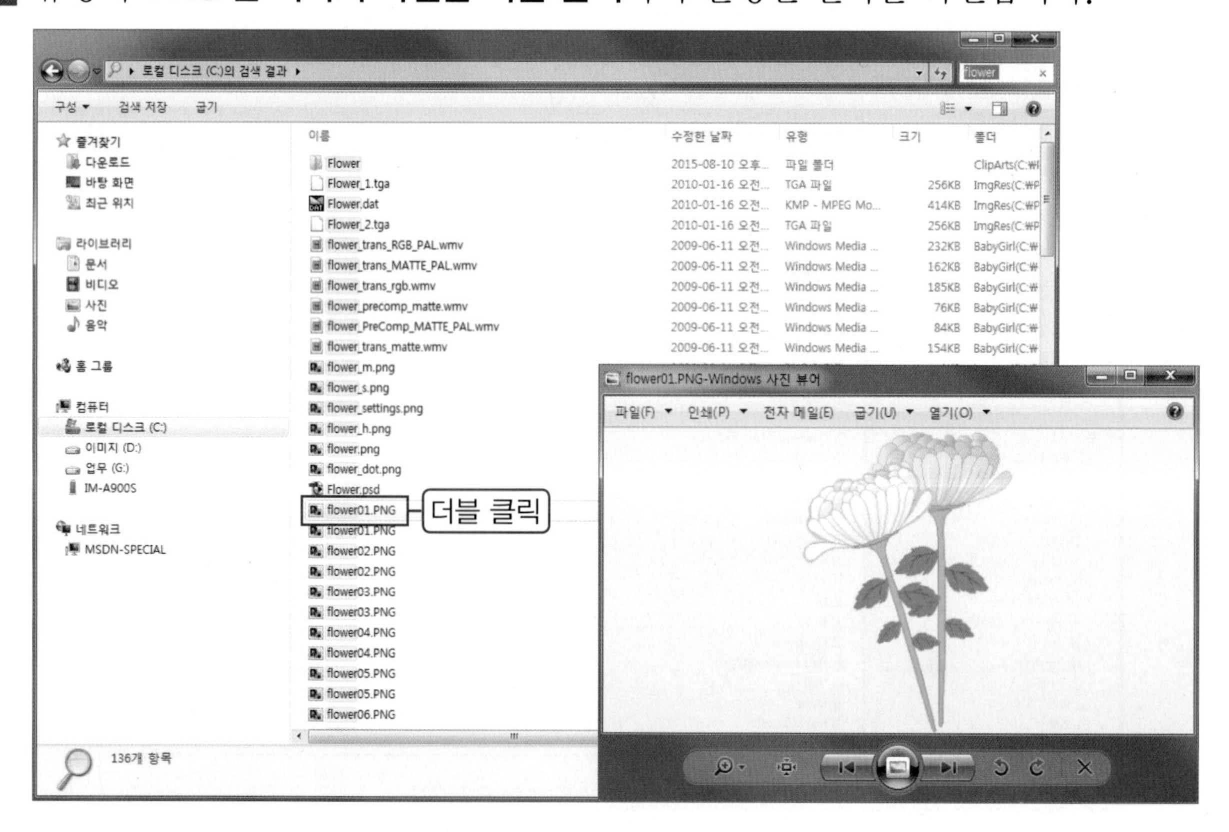

1 Windows 탐색기에서 [비디오 샘플] 폴더의 '야생.wmv' 파일을 실행해 봅니다.

도움터 [Windows 탐색기] 실행 → [라이브러리]의 [비디오] 선택 → [비디오 샘플] 폴더 더블 클릭 → '야생.wmv' 파일 더블 클릭

2 [로컬 디스크(C:)]에서 '펭귄'을 검색한 후, 'JPEG 이미지' 파일을 실행해 봅니다.

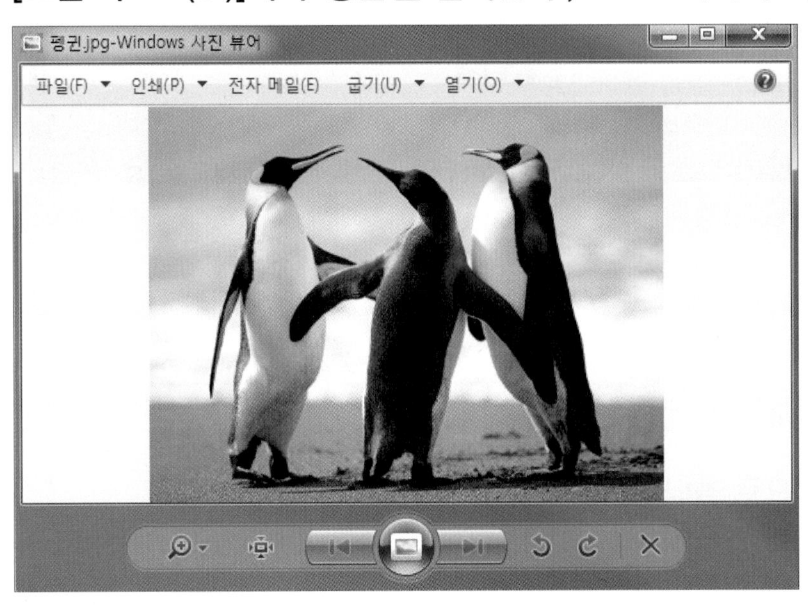

도움터 [Windows 탐색기] 실행 → [로컬 디스크(C:)] 선택 → [검색 상자] 입력란에 '펭귄' 입력 → 검색 결과에서 '펭귄.jpg' 파일 더블 클릭

05 폴더 및 파일 다루기

이번 장에서는 폴더 및 파일의 선택 방법과 폴더를 만드는 방법, 파일을 저장하는 방법, 폴더 및 파일의 이름을 변경하는 방법에 대해 알아봅니다. 또한 폴더 및 파일의 복사/이동하는 방법도 익혀보도록 하겠습니다.

무엇을 배울까요?

- 여러 가지 방법으로 폴더 및 파일 선택하기
- 폴더와 하위 폴더 만들기
- 특정 폴더에 파일 저장하기
- 파일 이름 변경하기
- 여러 가지 방법으로 폴더 및 파일 복사/이동하기

01 폴더 및 파일 선택하기

비연속된 파일 선택하기

01 작업 표시줄의 **[Windows 탐색기( )]를 클릭**합니다. [Windows 탐색기] 창이 나타나면 탐색 창에서 **[라이브러리]-[사진]-[공용사진]-[사진 샘플] 폴더를 선택**합니다.

02 오른쪽에 파일 목록이 나타나면 **'사막.jpg' 파일을 선택**한 후 **Ctrl 키를 누른 채 나머지 파일을 각각 클릭**합니다.

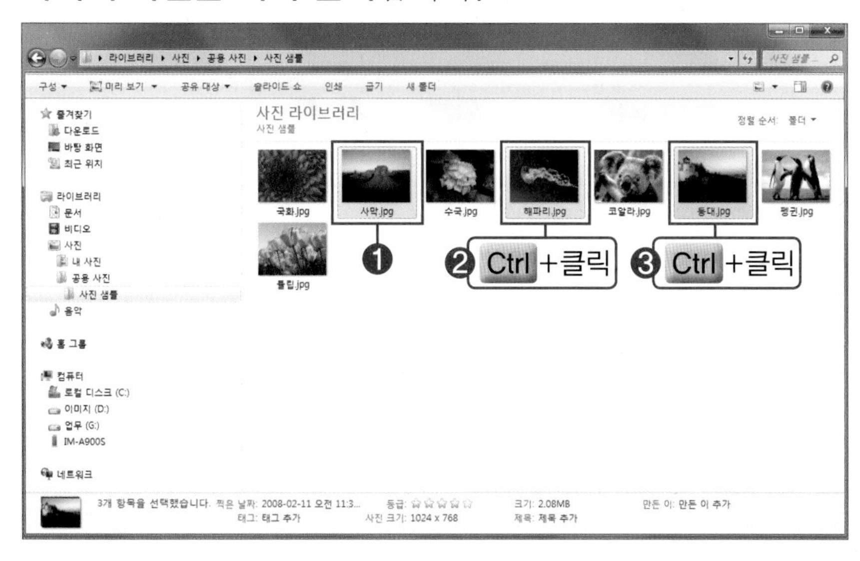

03 **선택되지 않은 빈 공간을 클릭**하여 선택을 해제합니다.

> **배움터** 도구 모음의 [보기( )]에서 [기타 옵션( )]을 클릭하여 보기 옵션 목록이 표시되면 원하는 보기 형식을 선택합니다.(실습에서는 '큰 아이콘'으로 지정했습니다.)

연속된 파일 선택하기

01 **'사막.jpg' 파일을 선택**한 후 **Shift** **키를 누른 채 '등대.jpg' 파일을 클릭**합니다. 중간의 파일들도 자동으로 선택된 것을 확인할 수 있습니다.

> **배움터** 마우스 포인터가 ↖모양일 때 선택할 파일이 포함되도록 드래그하여 연속된 파일을 선택할 수도 있습니다.

02 **빈 공간을 클릭**하여 선택을 해제합니다.

모든 파일 선택하기

01 **Ctrl+A 키**를 눌러 현재 위치의 모든 파일을 선택합니다.

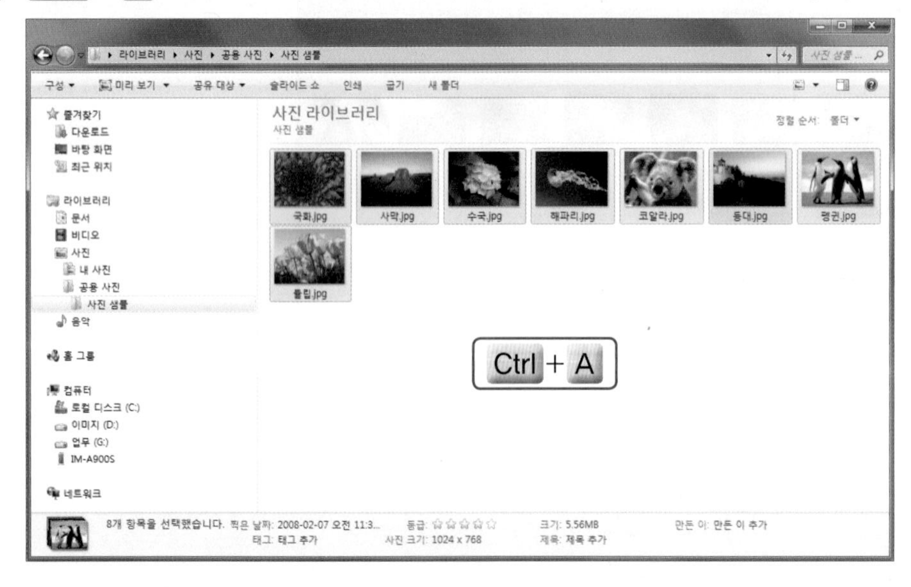

02 **빈 공간을 클릭**하여 선택을 해제합니다.

폴더와 파일 만들기

폴더 만들기

01 [Windows 탐색기] 창의 탐색 창에서 **[로컬 디스크 (C:)]를 선택**한 후 도구 모음에서 **[새 폴더]를 클릭**합니다.

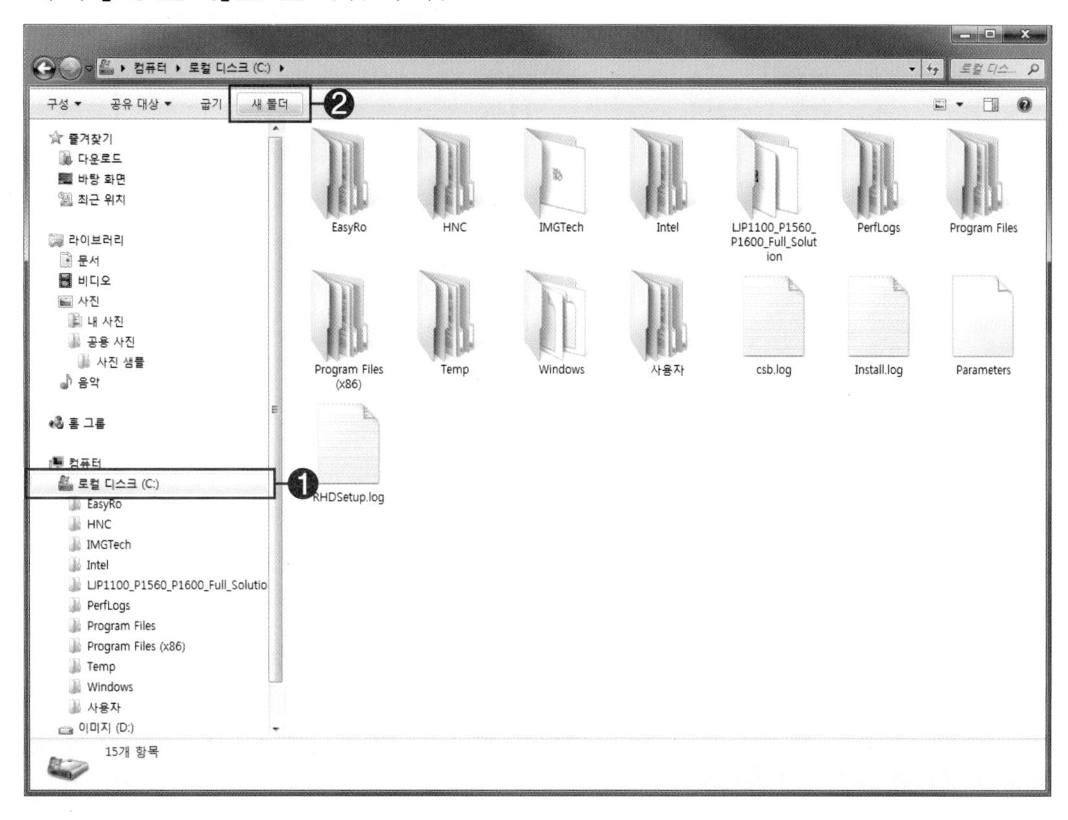

02 [새 폴더]가 만들어지면서 폴더의 이름을 입력할 수 있는 상태가 되면 **'내자료'를 입력**하고 Enter **키**를 누릅니다.

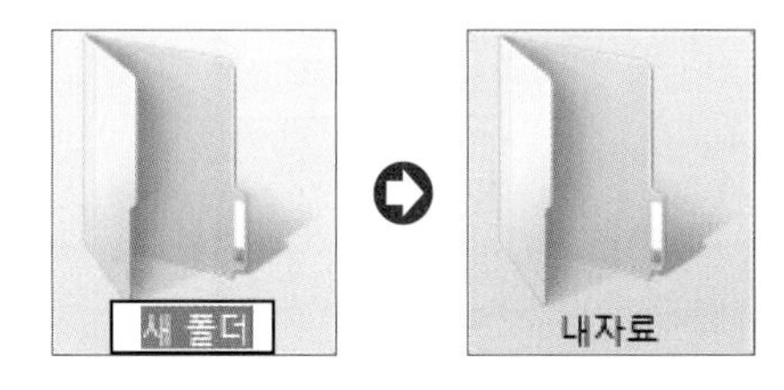

배움터 이름을 변경할 파일이나 폴더에서 마우스 오른쪽 단추를 클릭해 [이름 바꾸기] 바로 가기 메뉴를 선택하거나 F2 키를 눌러 이름을 변경할 수 있습니다.

폴더 안에 폴더 만들기

01 만들어진 **[내자료] 폴더를 더블 클릭**합니다.

02 [내자료] 폴더로 이동됩니다. [내자료] 폴더 안에 새로운 하위 폴더를 만들기 위해 내용 창의 **빈 영역에서 마우스 오른쪽 단추를 클릭**한 후, **[새로 만들기]-[폴더] 바로 가기 메뉴를 선택**합니다.

03 [새 폴더]가 만들어지면 **폴더의 이름을 '이미지'로 입력**하고 Enter 키를 누릅니다.

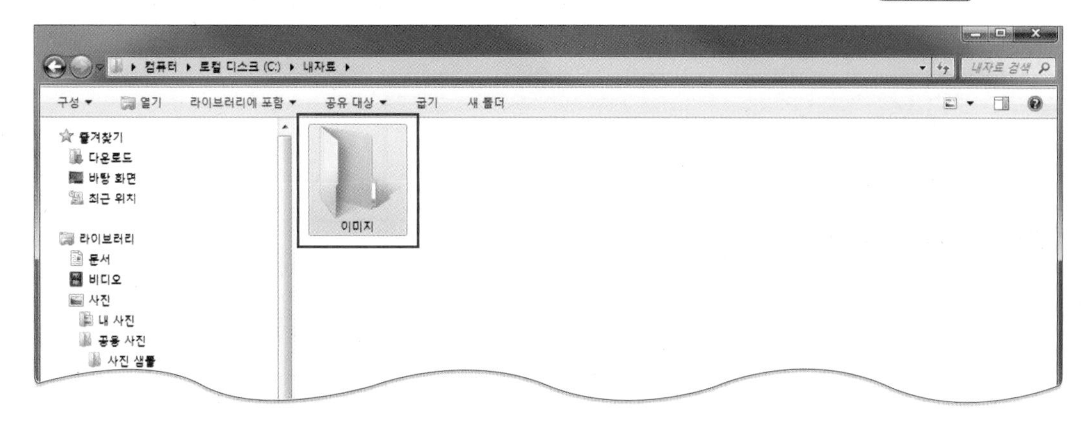

04 같은 방법으로 **[기타]와 [문서] 폴더를 각각 만듭니다.**

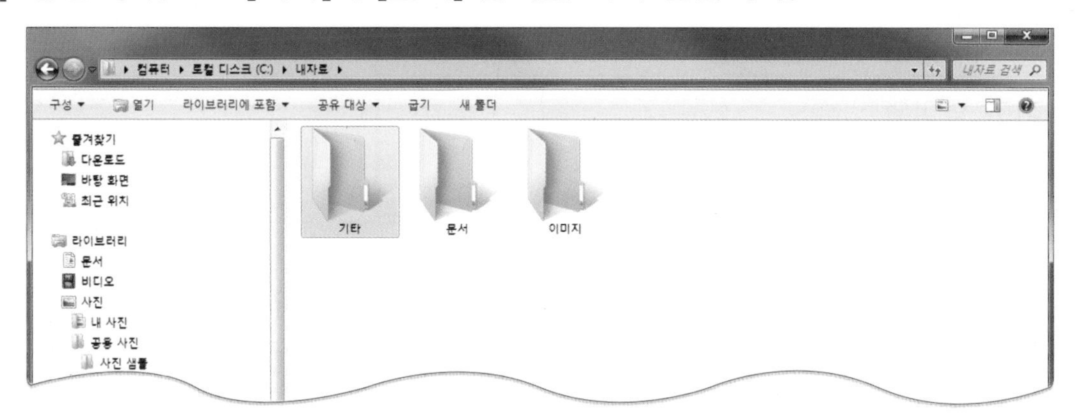

폴더에 파일 저장하기

01 **[시작( )]–[모든 프로그램]–[보조프로그램]–[메모장]을 순서대로 선택**하여 '메모장' 프로그램이 실행되면 그림과 같이 **내용을 입력**합니다.

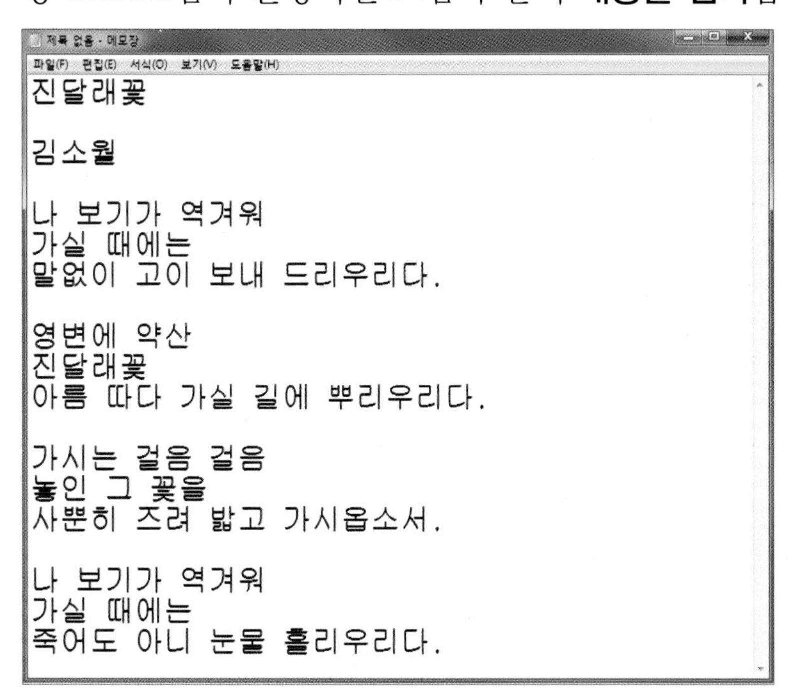

02 메모장 내용을 [문서] 폴더에 저장하기 위해 **[파일]–[다른 이름으로 저장] 메뉴를 선택**합니다.

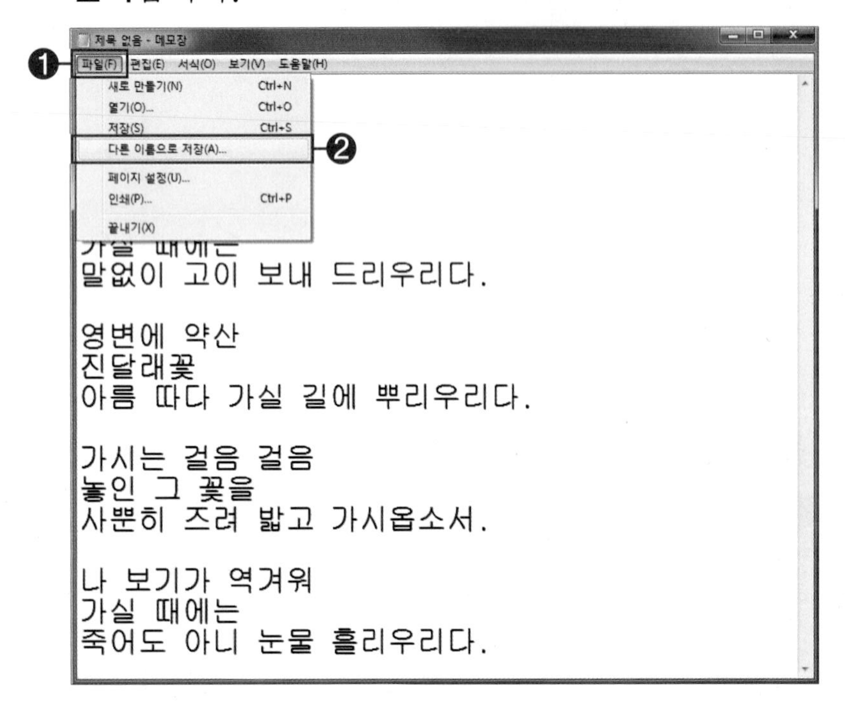

03 [다른 이름으로 저장] 대화상자가 나타나면 **[로컬 디스크(C:)]를 더블 클릭**합니다. 하위 폴더 목록이 나타나면 **[내자료] 폴더를 더블 클릭**하고, [내자료] 안의 폴더 목록이 표시되면 **[문서] 폴더를 선택**합니다. **[파일 이름] 입력란에 '진달래꽃'을 입력**한 후, **[저장] 단추를 클릭**합니다.

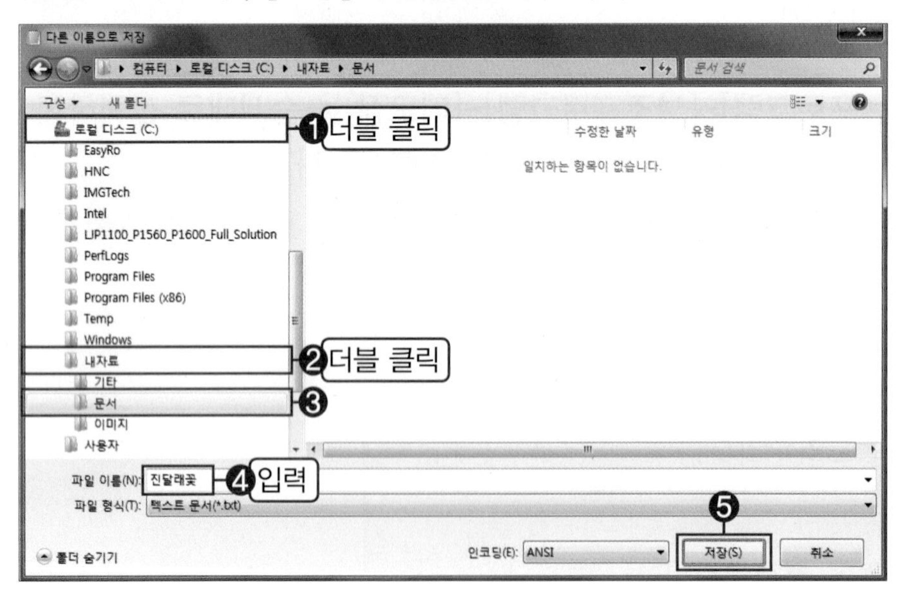

04 저장이 완료되면 [메모장] 창의 **[닫기(X)] 단추를 클릭**해 프로그램을 닫습니다.

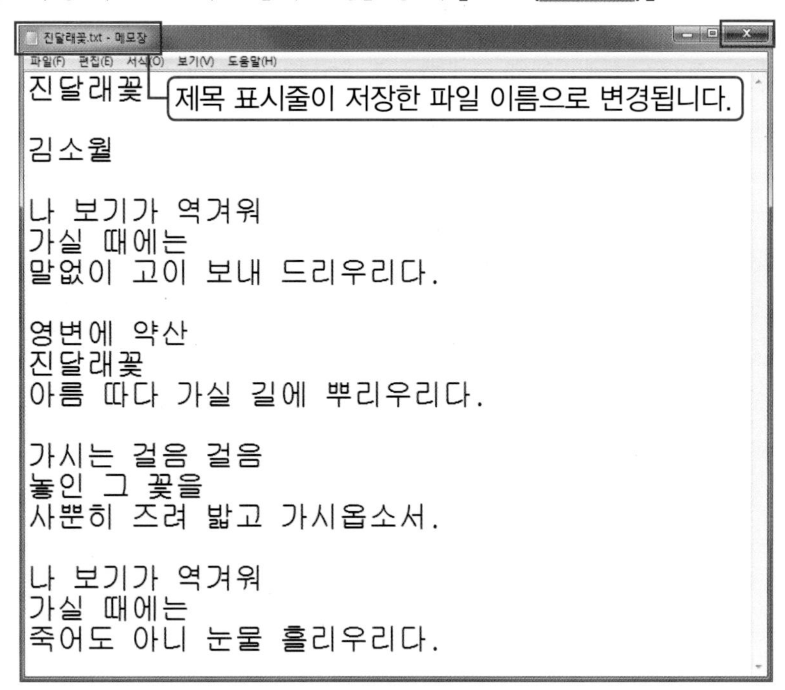

05 탐색 창에서 **[문서] 폴더를 선택**하여 '진달래꽃.txt' 파일이 있는 것을 확인합니다.

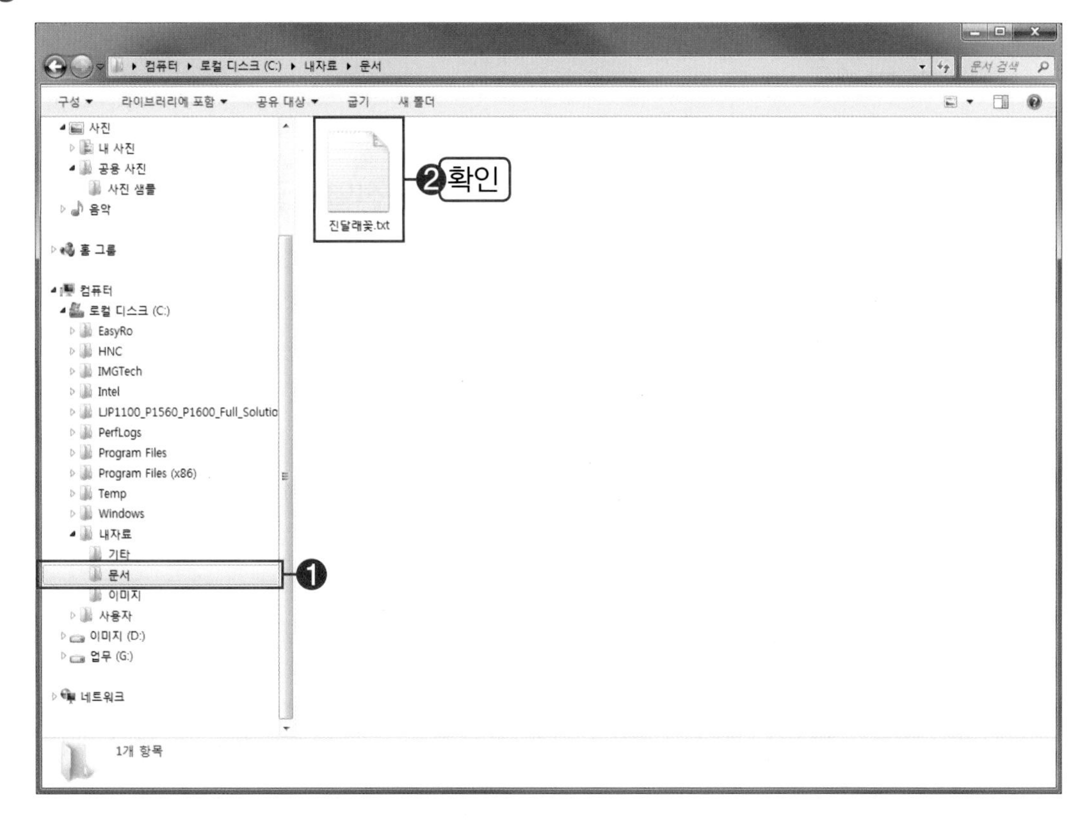

배움터 '진달래꽃.txt' 파일을 더블 클릭하면 '메모장' 프로그램이 실행되면서 파일 내용이 보입니다.

파일 이름 바꾸기

01 **'진달래꽃.txt' 파일을 선택**한 후 도구 모음에서 **[구성]-[이름 바꾸기]를 선택**합니다.

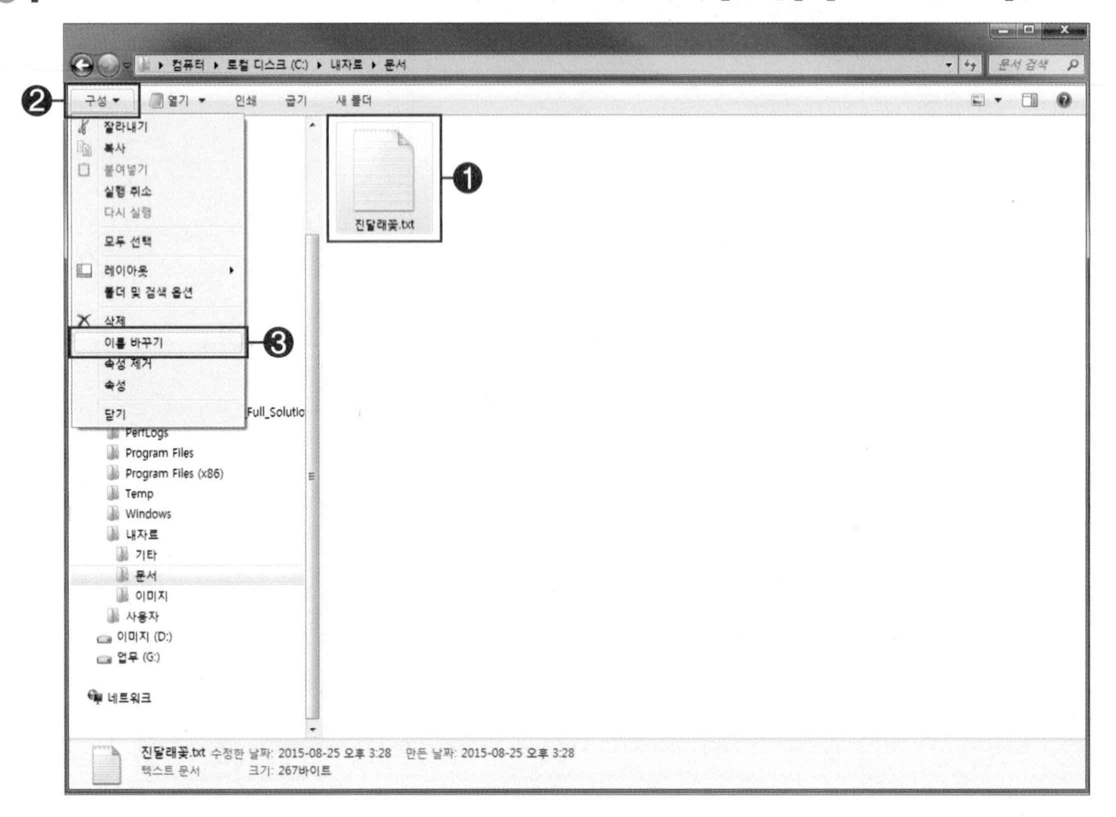

02 파일 이름을 수정할 수 있는 상태가 되면 **'김소월-진달래꽃'을 입력**하고 **Enter 키**를 누릅니다.

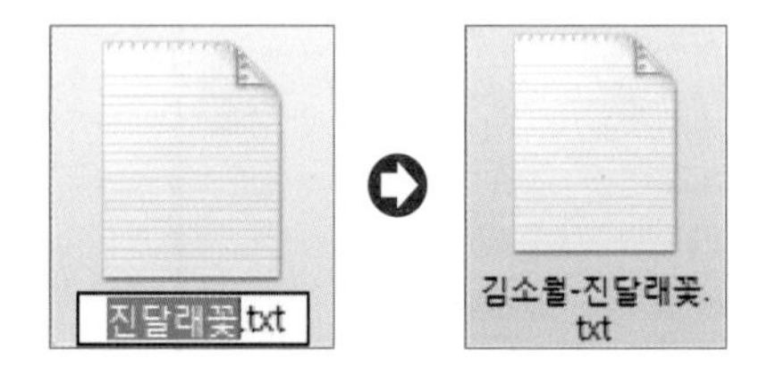

배움터 **파일명 뒤의 '.확장자'가 보이지 않는 경우**

Windows 탐색기의 도구 모음에서 [구성]-[폴더 및 검색 옵션]을 선택합니다. [폴더 옵션] 대화상자의 [보기] 탭을 선택한 후 [고급 설정]에서 '알려진 파일 형식의 파일 확장명 숨기기'의 체크 표시를 해제하면 확장자가 파일명과 함께 표시됩니다.

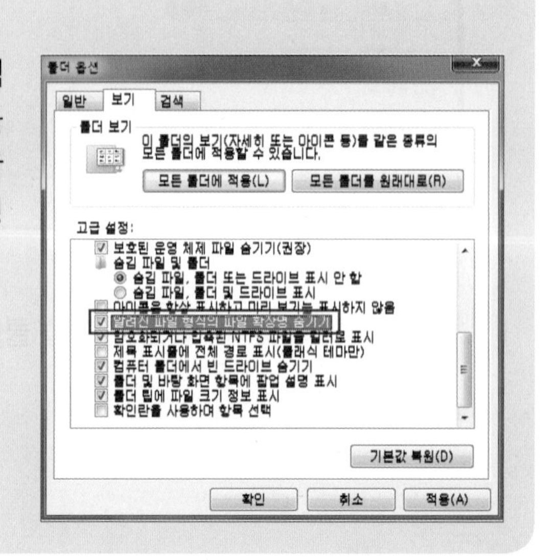

03 복사와 이동하기

두 개의 윈도우 탐색기 실행하기

01 **사용 중인 [Windows 탐색기] 창**을 그림과 같이 **크기를 조절**한 후, **오른쪽으로 이동**합니다. 작업 표시줄에서 **[Windows 탐색기( )]를 마우스 오른쪽 단추로 클릭**하고, **[Windows 탐색기] 바로 가기 메뉴를 선택**합니다.

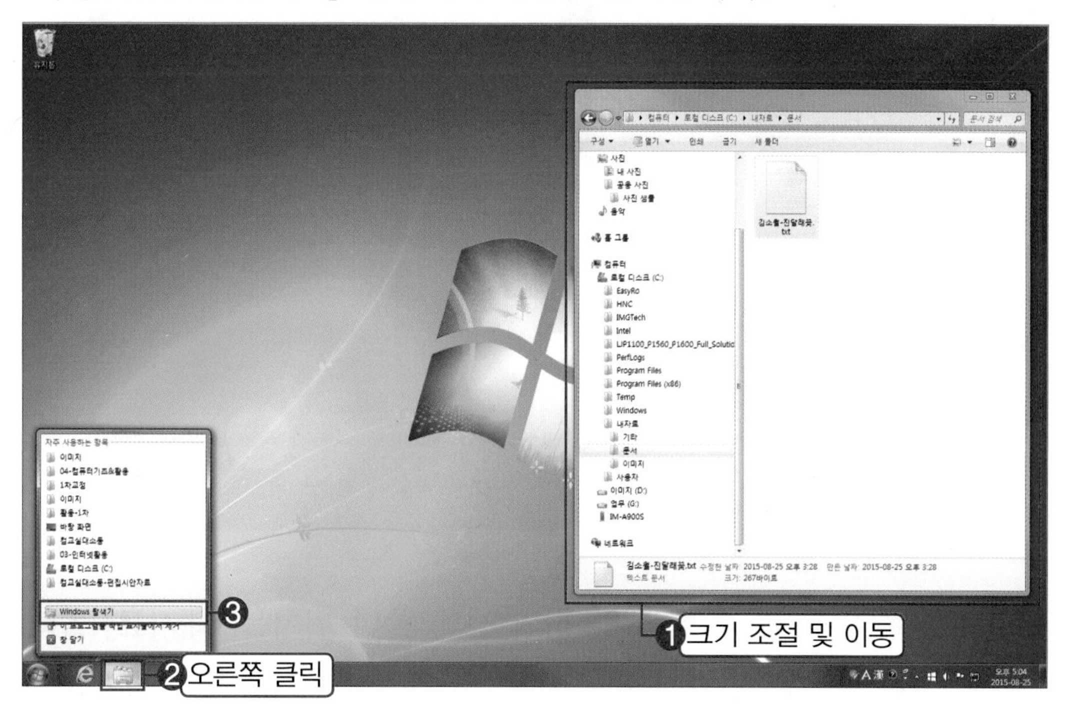

02 **새로운 [Windows 탐색기] 창**이 실행되면 그림과 같이 **크기와 위치를 지정**합니다.

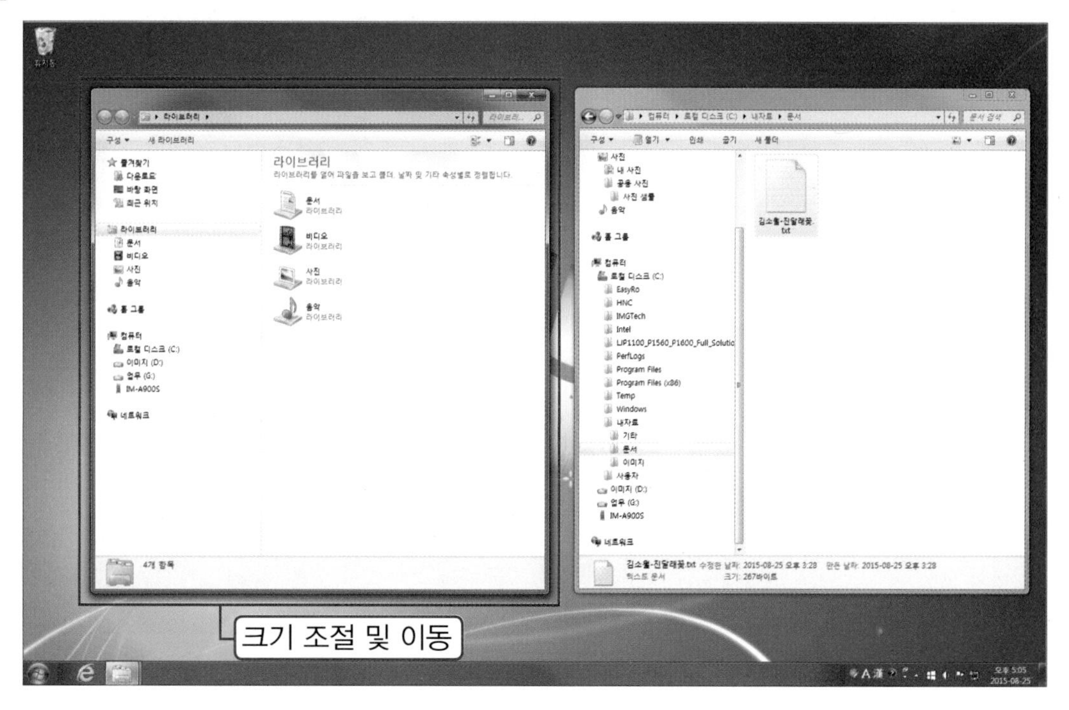

폴더 복사하기

01 **왼쪽 [Windows 탐색기] 창**의 선택 폴더 위치를 **[라이브러리]-[사진]-[공용 사진]-[사진 샘플]로 지정**합니다. **[사진 샘플] 폴더를 마우스 오른쪽 단추로 클릭**해 **[복사] 바로 가기 메뉴를 선택**합니다.

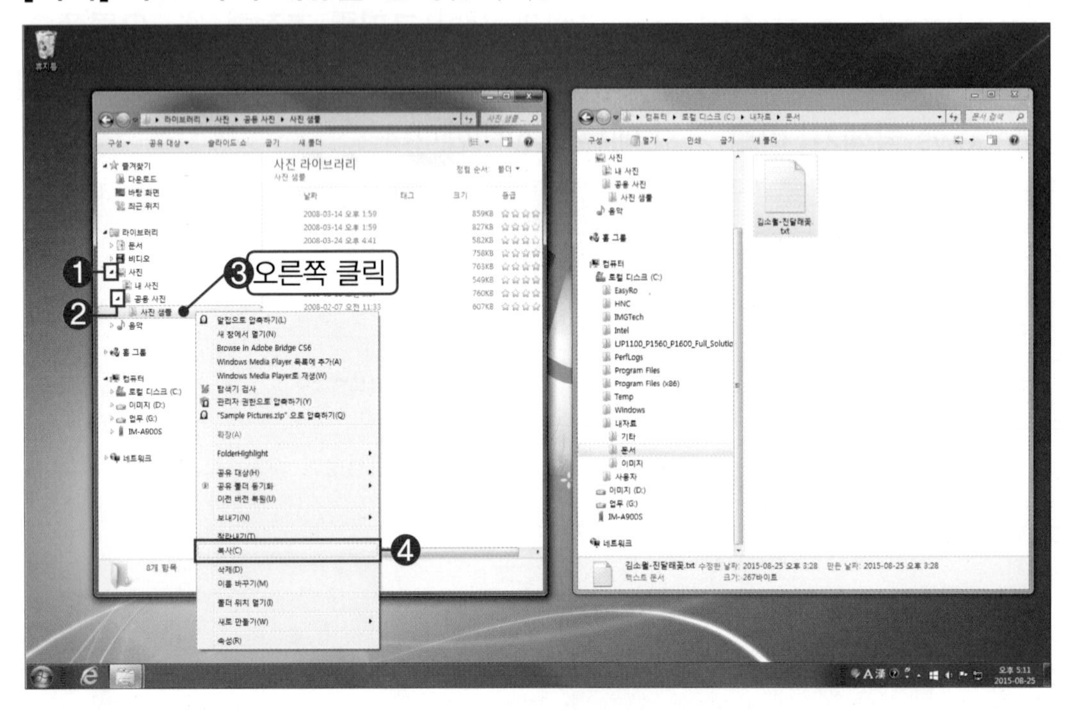

02 이번에는 **오른쪽 [Windows 탐색기] 창**의 선택 폴더 위치를 **[내자료] 폴더로 지정**합니다. 내용 창의 **빈 영역에서 마우스 오른쪽 단추를 클릭**한 후, **[붙여넣기] 바로 가기 메뉴를 선택**합니다.

03 왼쪽의 [사진 샘플] 폴더와 포함된 파일 모두가 [내자료] 폴더에 복사된 것을 확인합니다.(여기서는 '큰 아이콘' 보기 형식으로 변경하여 비교하였습니다.)

파일 복사하기

01 **오른쪽 [Windows 탐색기] 창**에서 **[내자료]–[이미지] 폴더를 선택**합니다.

02 **왼쪽 [Windows 탐색기] 창**의 [사진 샘플] 폴더에서 **'국화.jpg' 파일을 선택**한 후 **Ctrl 키를 누른 채 오른쪽 [Windows 탐색기] 창으로 드래그**합니다.

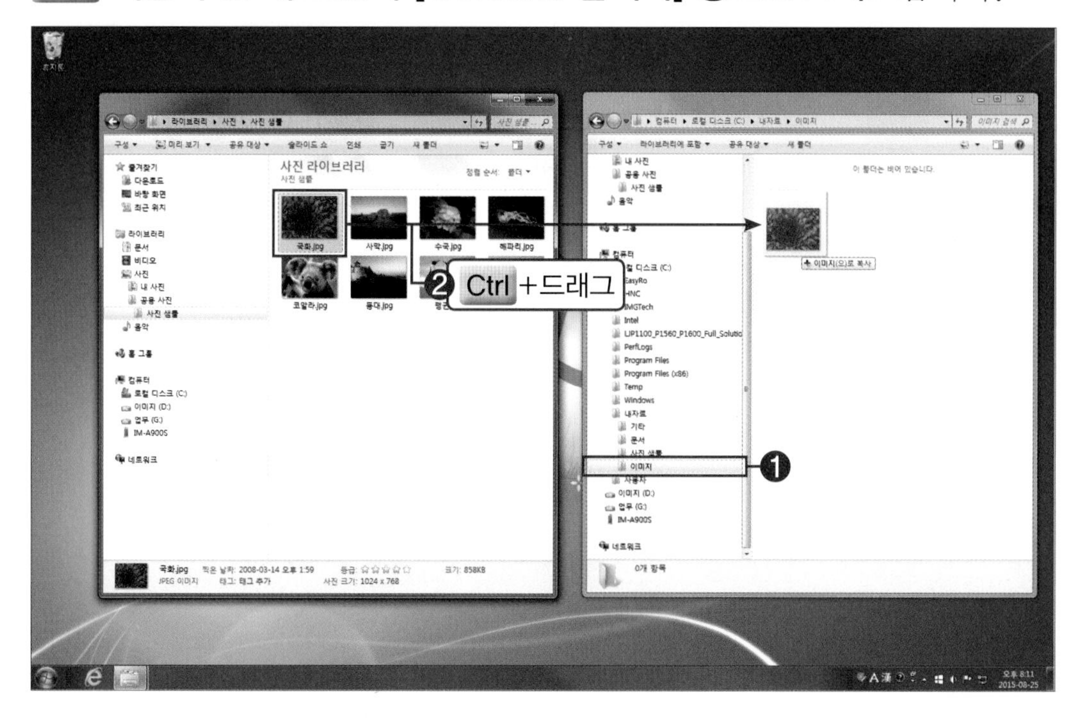

03 '국화.jpg' 파일이 오른쪽 [Windows 탐색기] 창의 [이미지] 폴더에 나타난 것을 확인합니다. 왼쪽 [Windows 탐색기] 창의 [사진 샘플] 폴더에도 그대로 있는 것을 확인합니다.

04 이번에는 **왼쪽 [Windows 탐색기] 창**의 [사진 샘플] 폴더에서 **'해파리.jpg'와 '튤립.jpg' 파일을 선택**한 후, **마우스 오른쪽 단추를 클릭한 채 오른쪽 [Windows 탐색기] 창으로 드래그**합니다.

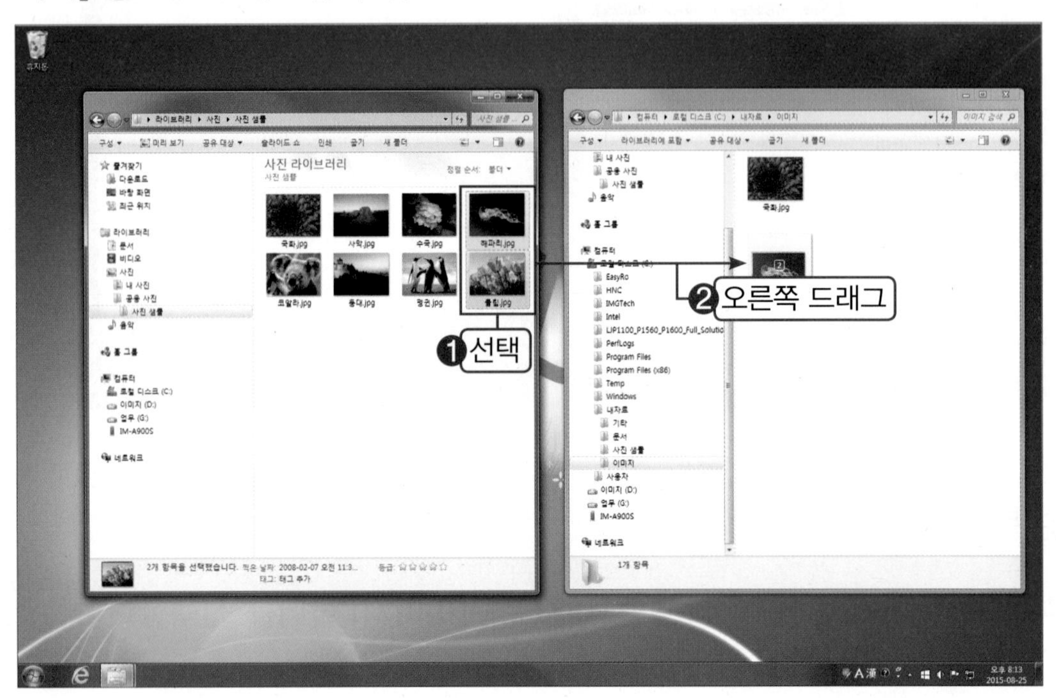

05 **[여기에 복사] 바로 가기 메뉴를 선택**하여 선택한 파일이 복사된 것을 확인합니다.

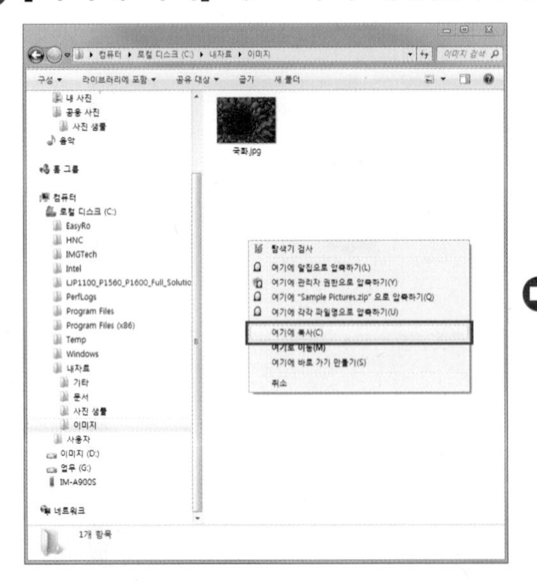

배움터 복사할 파일을 선택한 후 Ctrl + C 키를 누르고 붙여넣기 할 위치에서 Ctrl + V 키를 눌러 복사할 수도 있습니다.

파일 이동하기

01 **왼쪽 [Windows 탐색기] 창**에서 **[내자료]–[사진 샘플] 폴더를 선택**합니다. **'등대.jpg'와 '사막.jpg' 파일을 선택**한 후, **선택 영역을 마우스 오른쪽 단추로 클릭**하고 **[잘라내기] 바로 가기 메뉴를 선택**합니다. 파일이 흐리게 표시됩니다.

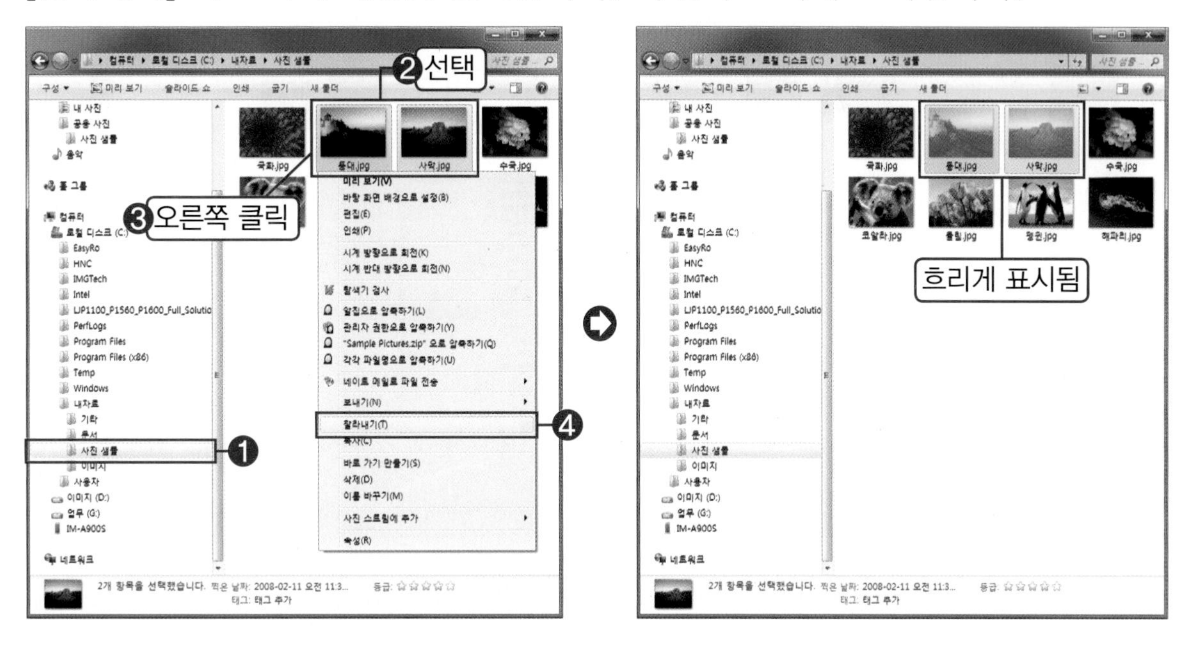

02 **오른쪽 [Windows 탐색기] 창**에서 내용 창의 **빈 영역을 마우스 오른쪽 단추로 클릭**한 후, **[붙여넣기] 바로 가기 메뉴를 선택**합니다. '등대.jpg'와 '사막.jpg' 파일이 [이미지] 폴더에 나타난 것을 확인합니다.

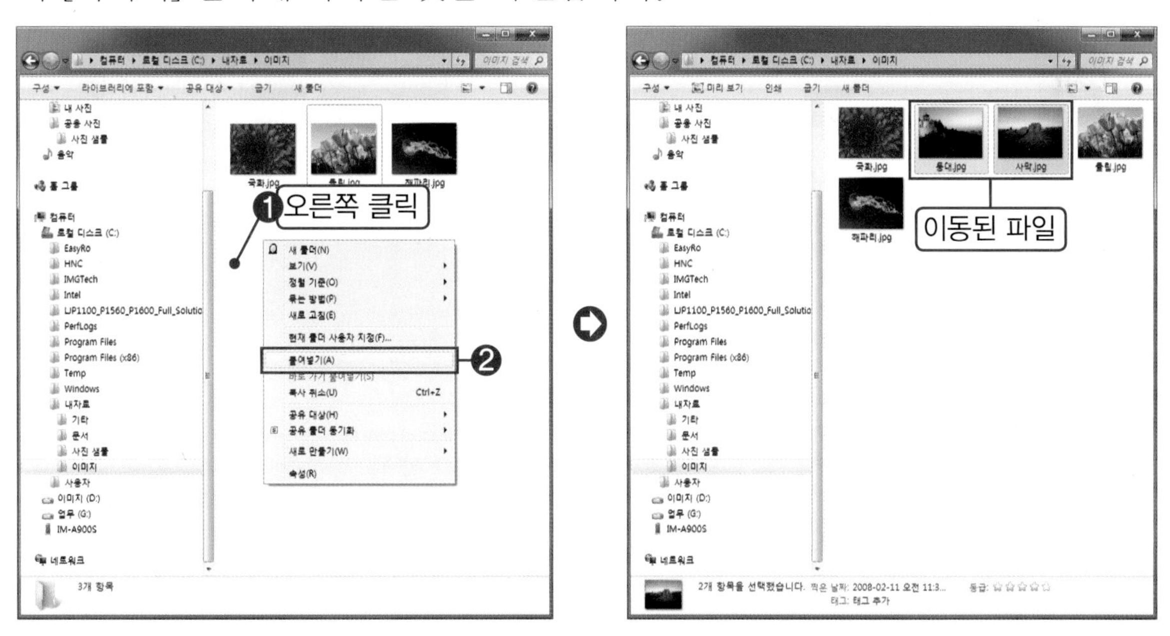

03 왼쪽 [Windows 탐색기] 창의 [사진 샘플] 폴더에서 '등대.jpg', '사막.jpg' 파일이 사라진 것을 확인합니다.

04 이번에는 **왼쪽 [Windows 탐색기] 창**의 [사진 샘플] 폴더에서 **'코알라.jpg' 파일을 선택**한 후, **오른쪽 [Windows 탐색기] 창으로 드래그**합니다.

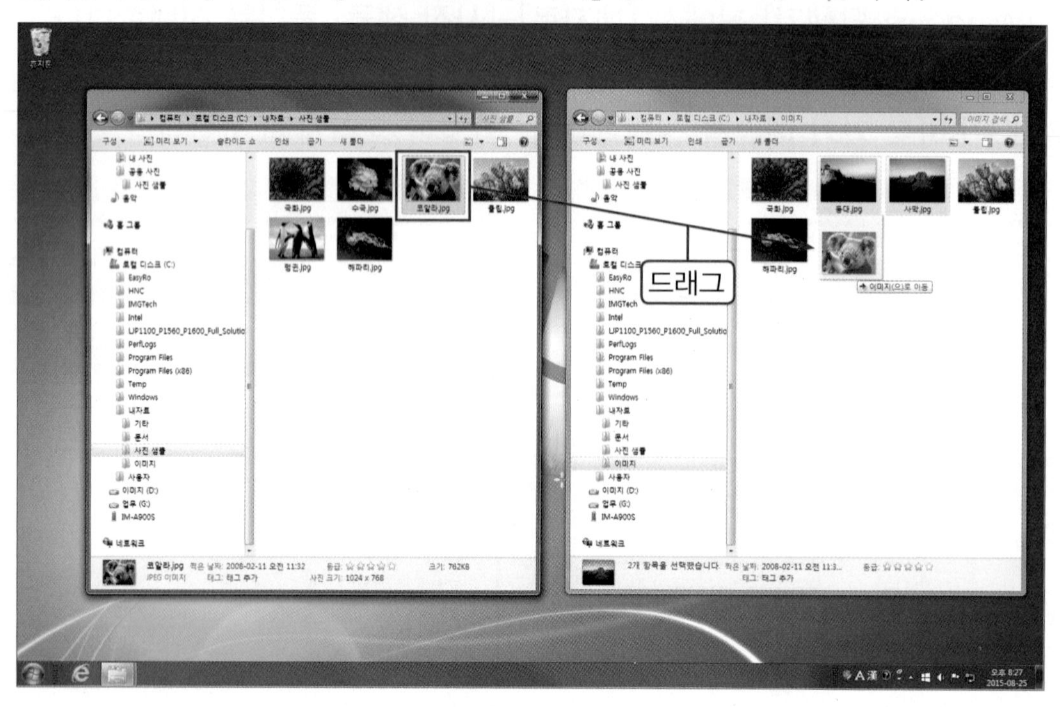

05 '코알라.jpg' 파일이 오른쪽 [Windows 탐색기] 창의 [이미지] 폴더로 이동된 것을 확인합니다.

배움터 이동할 파일을 선택한 후 Ctrl + X 키를 누르고 붙여넣기 할 위치에서 Ctrl + V 키를 눌러 이동할 수도 있습니다.

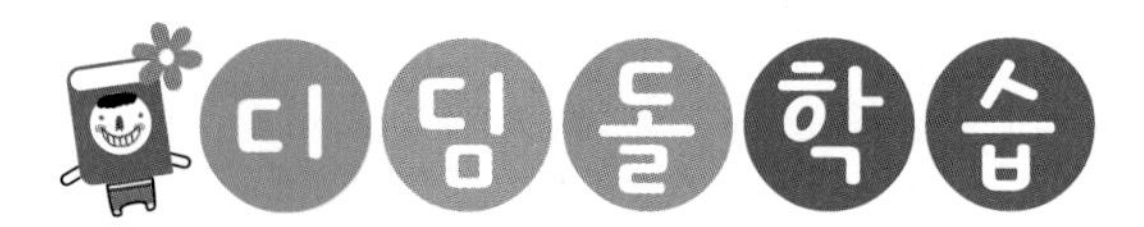

1 [라이브러리]–[비디오]–[공용 비디오]–[비디오 샘플] 폴더의 '야생.wmv' 파일을 [내자료]–[기타] 폴더로 복사해 봅니다.

2 [내자료]–[기타] 폴더의 '야생.wmv' 파일을 [내자료]–[문서] 폴더로 이동해 봅니다.

06 USB 장치와 휴지통 다루기

이번 장에서는 USB 메모리의 특징과 연결 방법 및 USB 메모리의 이용 방법에 대해 알아봅니다. 또한, 파일이나 폴더를 삭제하고 삭제된 폴더와 파일을 다시 원래 위치로 복원하는 방법도 익혀보도록 하겠습니다.

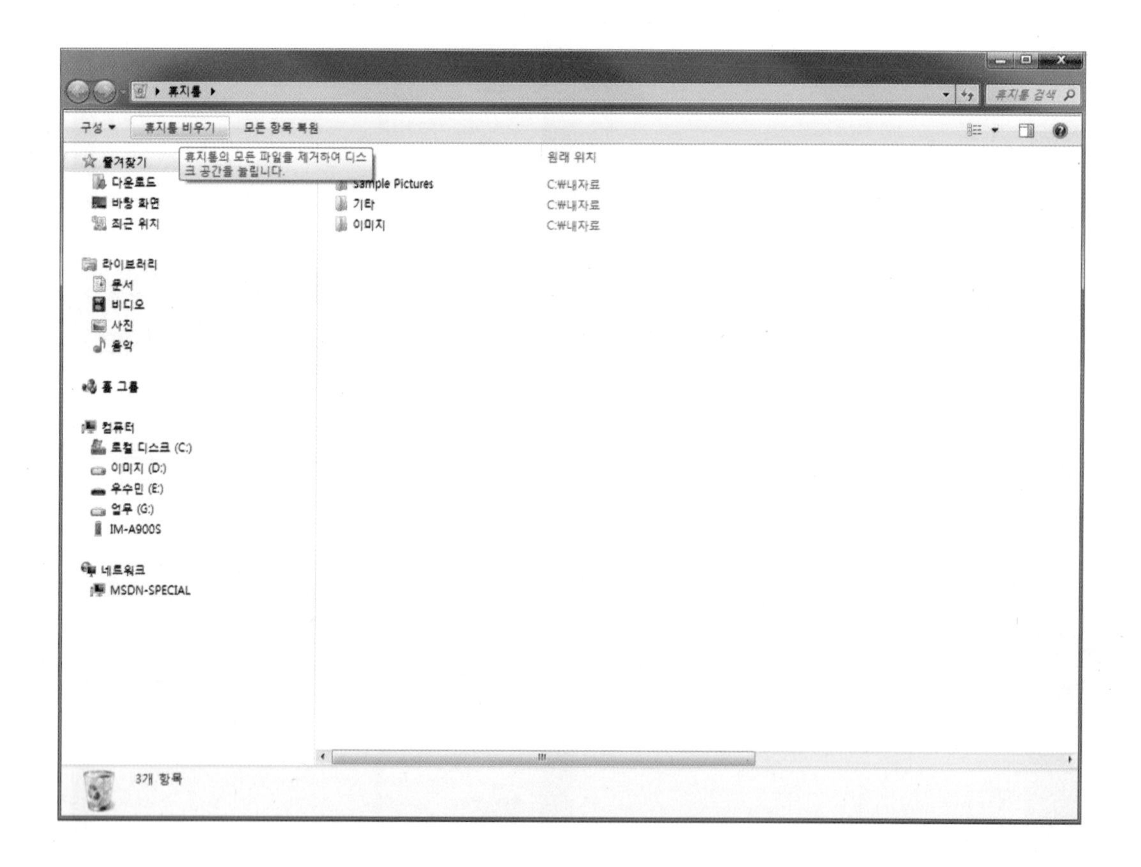

무엇을 배울까요?

- USB 메모리의 특징과 연결 방법 알기
- USB 메모리의 이름 변경 및 용량 확인하기
- USB 메모리에 복사 및 저장, 삭제하기
- 휴지통 복원과 휴지통 비우기

01 USB 메모리 살펴보기

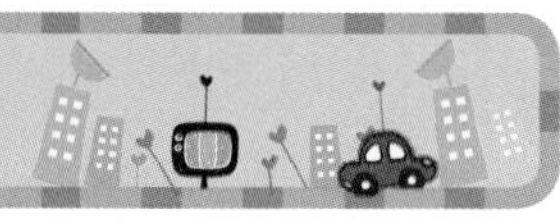

USB 메모리의 특징

컴퓨터의 데이터를 백업용으로 보관하거나 별도의 저장 장치로 복사하여 다른 컴퓨터로 데이터를 쉽게 옮길 수 있는 USB 메모리의 특징에 대해 알아봅니다.

- 컴퓨터가 켜진 상태에서 USB 메모리를 쉽게 꽂고 뺄 수 있습니다.
- 자유롭게 데이터의 저장, 이동, 삭제가 가능합니다.
- 전원이 꺼져도 저장된 데이터는 그대로 사용할 수 있습니다.
- 가볍고 작아서 휴대가 간편합니다.

USB 메모리의 생김새

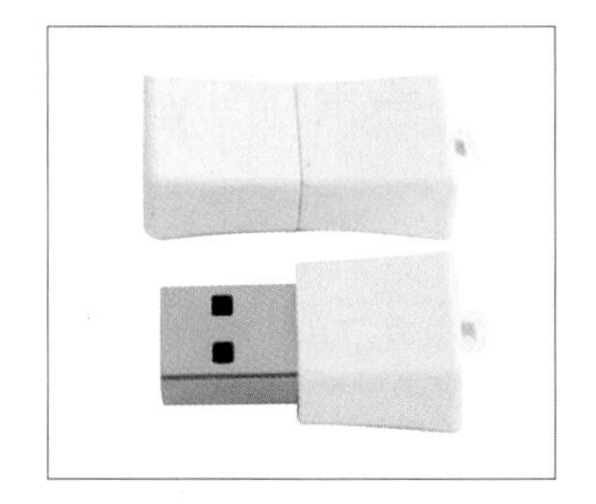

- **캡형** : 뚜껑으로 USB 커넥터를 감싸는 형태입니다.

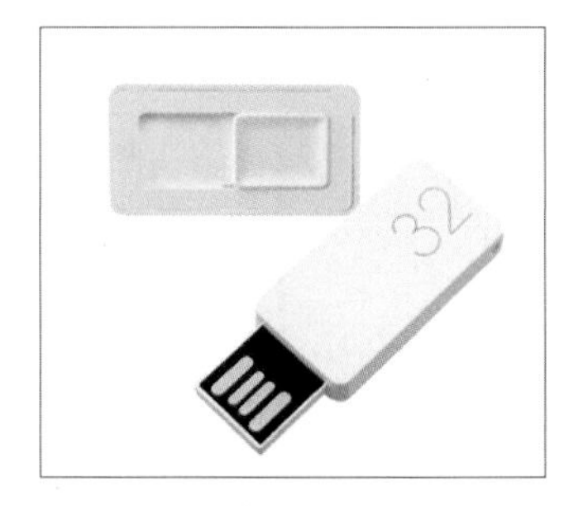

- **슬라이드형** : 스위치를 밀어 USB 커넥터를 빼거나 감추는 형태입니다.

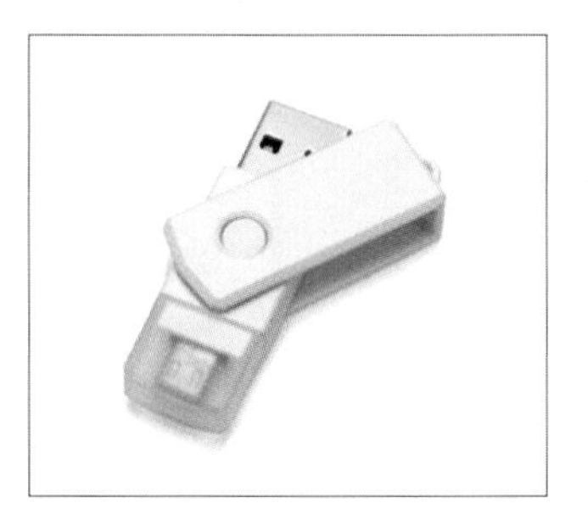

- **스윙형** : USB 커넥터 부분을 회전시켜 사용하는 형태입니다.

USB 메모리 연결하기

01 USB 메모리의 커넥터 부분을 컴퓨터의 **USB 포트에 끼웁니다.**

02 작업 표시줄의 **[Windows 탐색기( )]를 클릭**합니다. 탐색 창의 목록에서 [컴퓨터] 항목 아래에 이동식 디스크가 연결된 것을 확인합니다.

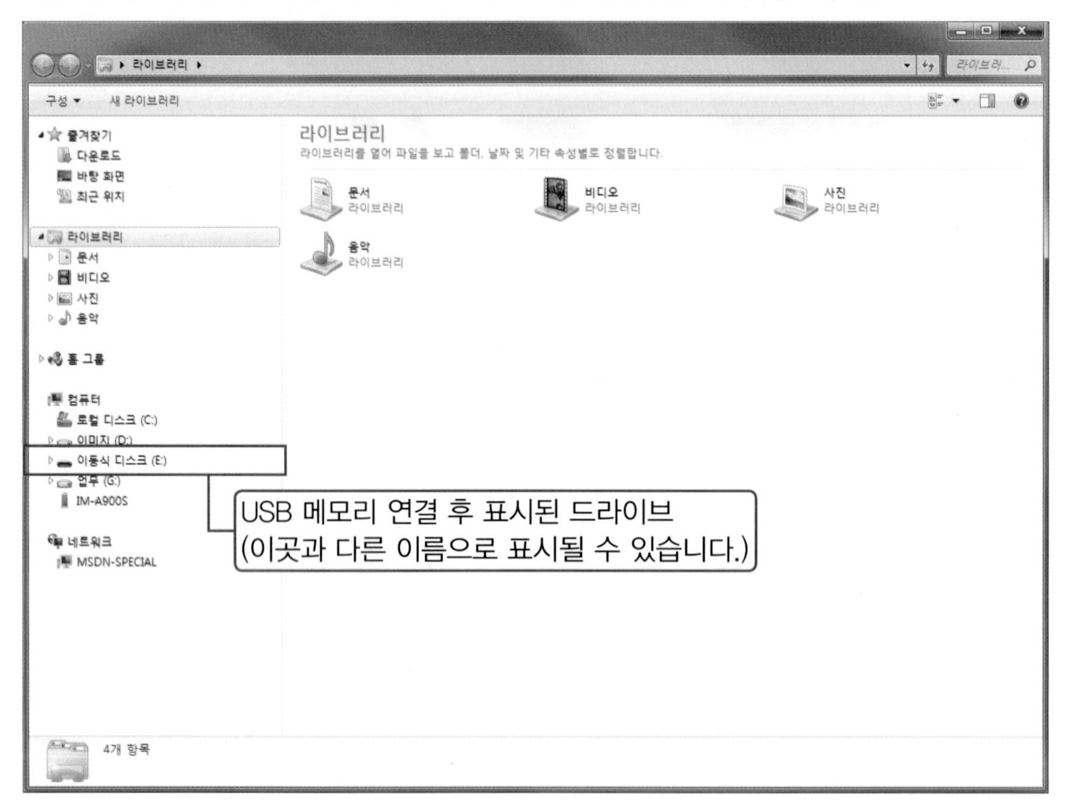

배움터 작업 표시줄 알림 영역에도 이동식 디스크 아이콘이 생성된 것을 확인할 수 있습니다.

USB 메모리 이름 변경하기

01 탐색 창에서 **이동식 디스크 드라이브를 마우스 오른쪽 단추로 클릭**한 후, **[이름 바꾸기] 바로 가기 메뉴를 선택**합니다.

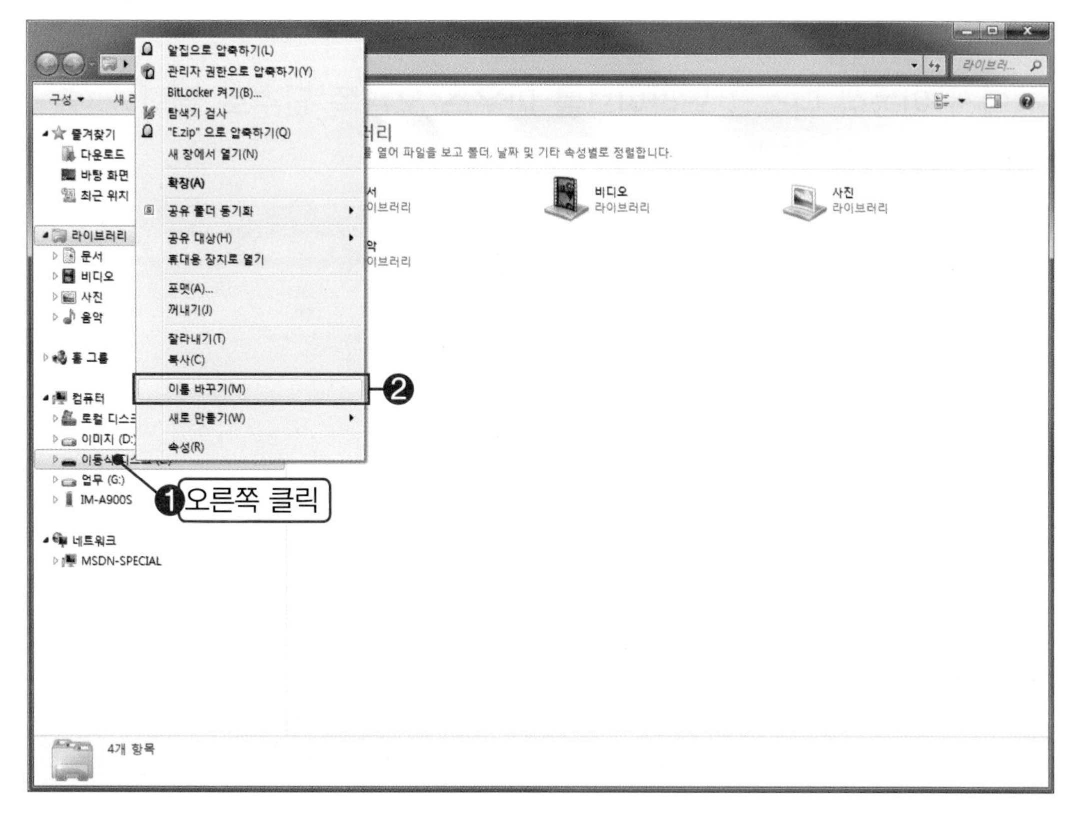

02 이름을 변경할 수 있는 상태가 되면 **자신의 이름을 입력**하고 Enter **키**를 누릅니다.

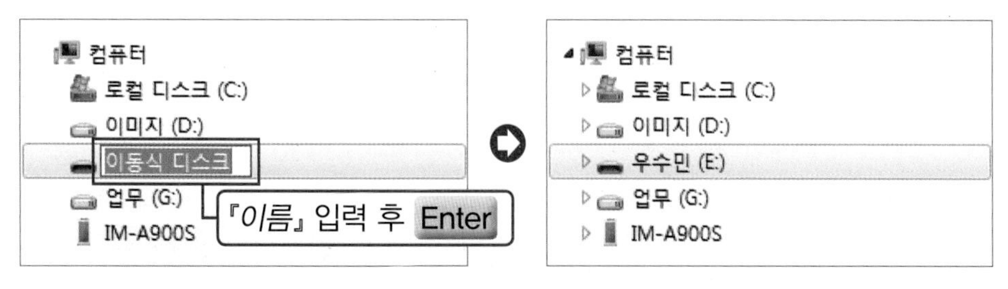

배움터 USB 메모리의 경우 휴대용이기 때문에 분실하는 경우가 많습니다. 저장된 데이터가 없거나 데이터만으로 주인을 찾기 어려울 수 있으므로 디스크 이름을 지정해 두는 것이 좋습니다.

USB 메모리 해제하기

01 **이동식 디스크 드라이브를 선택**합니다. 이동식 디스크 안의 내용을 확인할 수 있습니다.

02 탐색 창에서 **이동식 디스크 드라이브를 마우스 오른쪽 단추로 클릭**한 후, **[꺼내기] 바로 가기 메뉴를 선택**합니다.

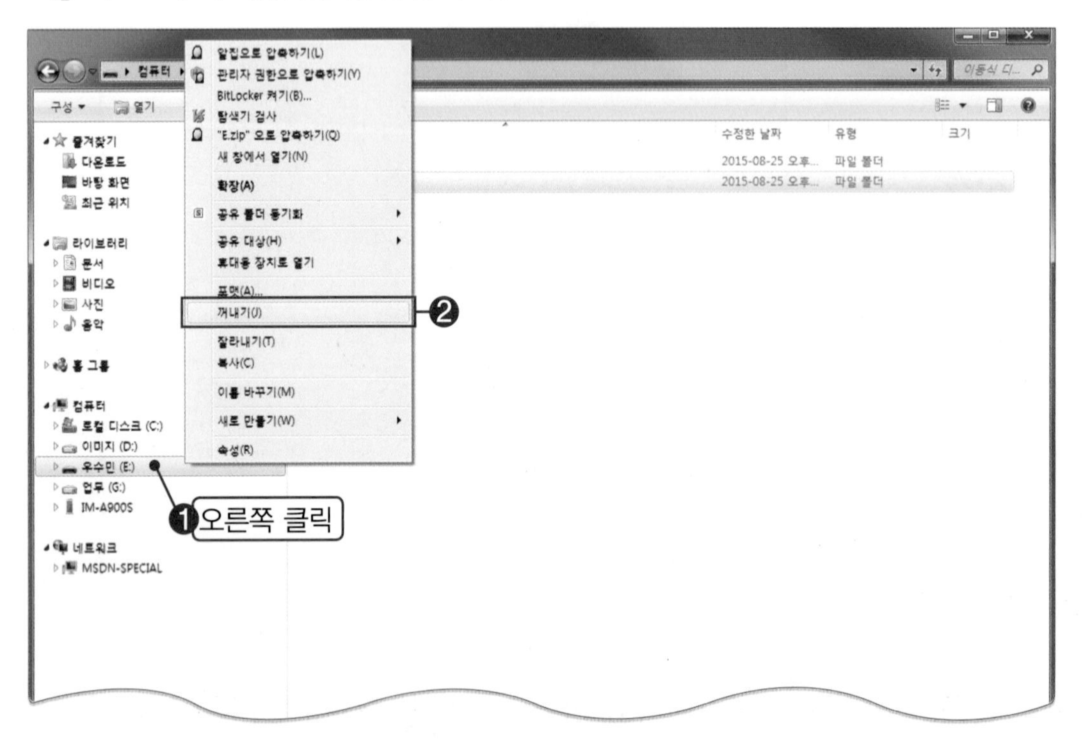

03 '하드웨어 안전 제거' 메시지가 표시되면 컴퓨터의 USB 포트에서 **USB 메모리를 뽑습니다.**

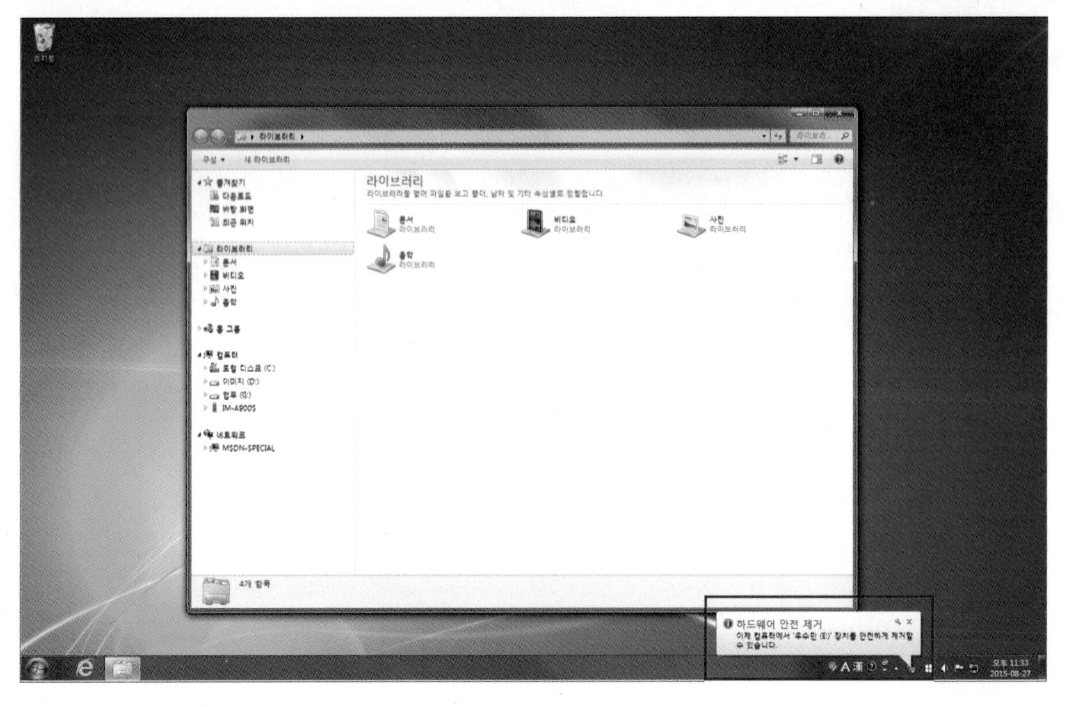

USB 메모리 활용하기

USB 메모리의 용량 확인하기

01 **USB 메모리를 컴퓨터에 연결**합니다. [Windows 탐색기] 창의 탐색 창 목록에서 **이동식 디스크 드라이브를 마우스 오른쪽 단추로 클릭**한 후, **[속성] 바로 가기 메뉴를 선택**합니다.

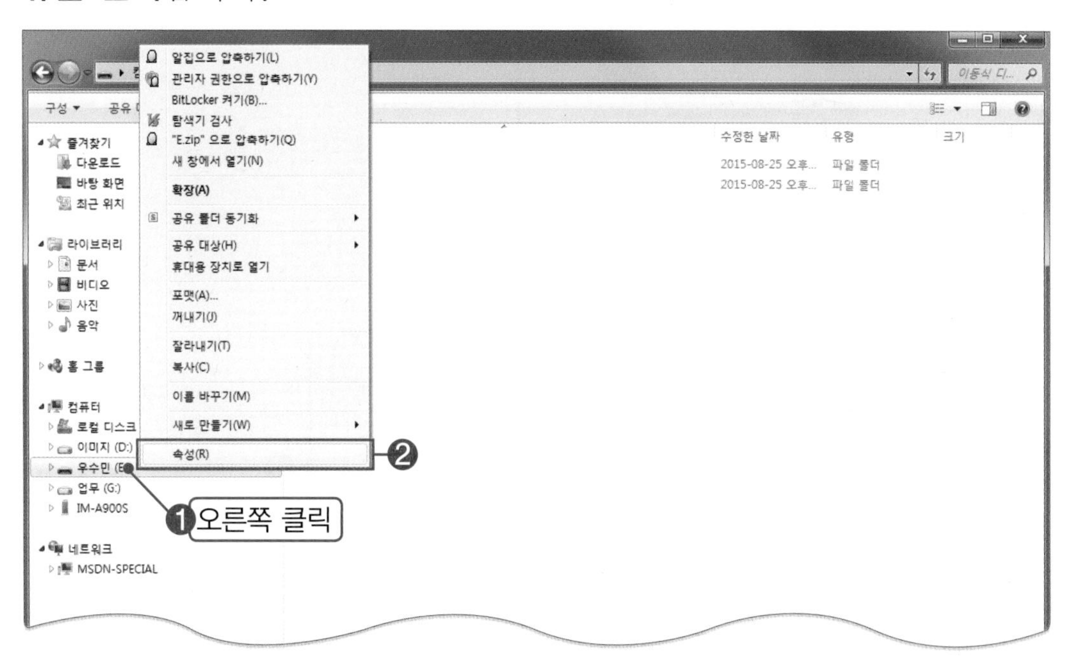

02 [속성] 대화상자가 나타나면 사용 중인 공간과 사용 가능한 공간을 확인하고, **[확인] 단추를 클릭**합니다.

배움터 USB 메모리 용량은 2GB, 4GB, 16GB, 32GB, 64GB, 128GB…로 이루어지며, 숫자가 클수록 많은 데이터를 저장할 수 있습니다. USB 메모리의 용량이 가득 찬 경우 다른 USB 메모리를 이용하거나 저장된 데이터를 삭제해야 합니다.

내 컴퓨터의 자료 USB 메모리에 복사하기

01 **[라이브러리]–[사진] 폴더를 선택**합니다. **[사진 샘플] 폴더를 마우스 오른쪽 단추로 클릭**한 후, **[보내기]–[*자신의 이동식 디스크 드라이브*(여기서는 '우수민')]를 선택**합니다.

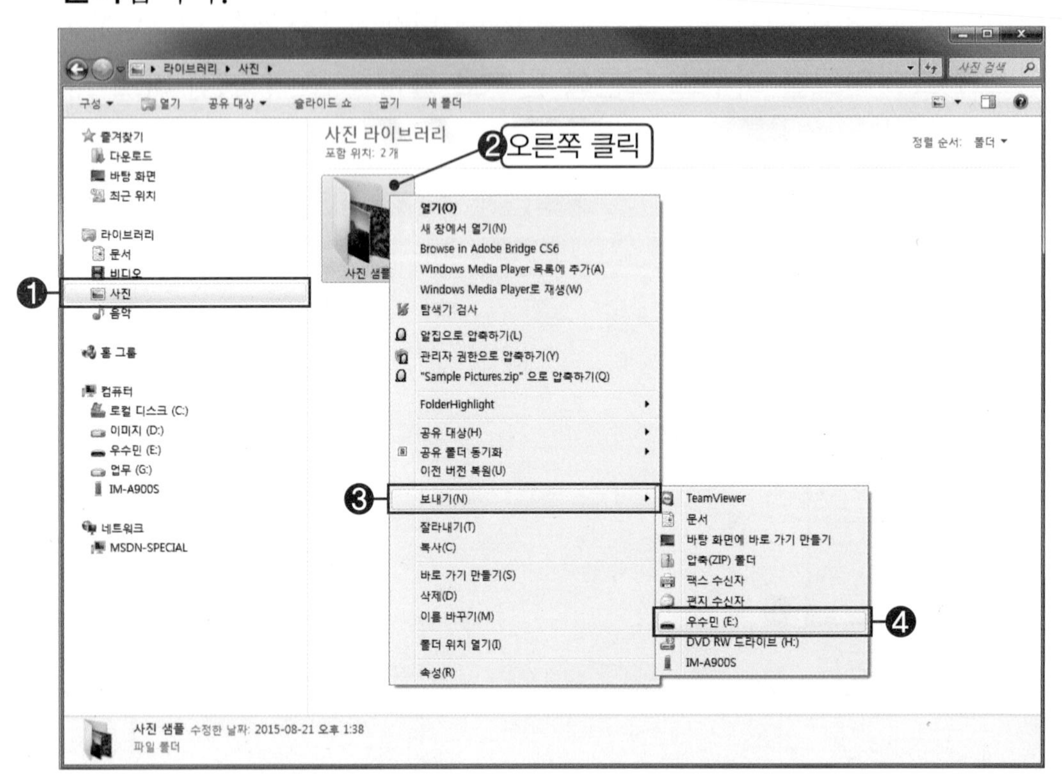

02 복사 진행 과정이 표시된 후 완료되면 **이동식 디스크 드라이브를 클릭**하여 [사진 샘플] 폴더와 파일이 복사된 것을 확인합니다.

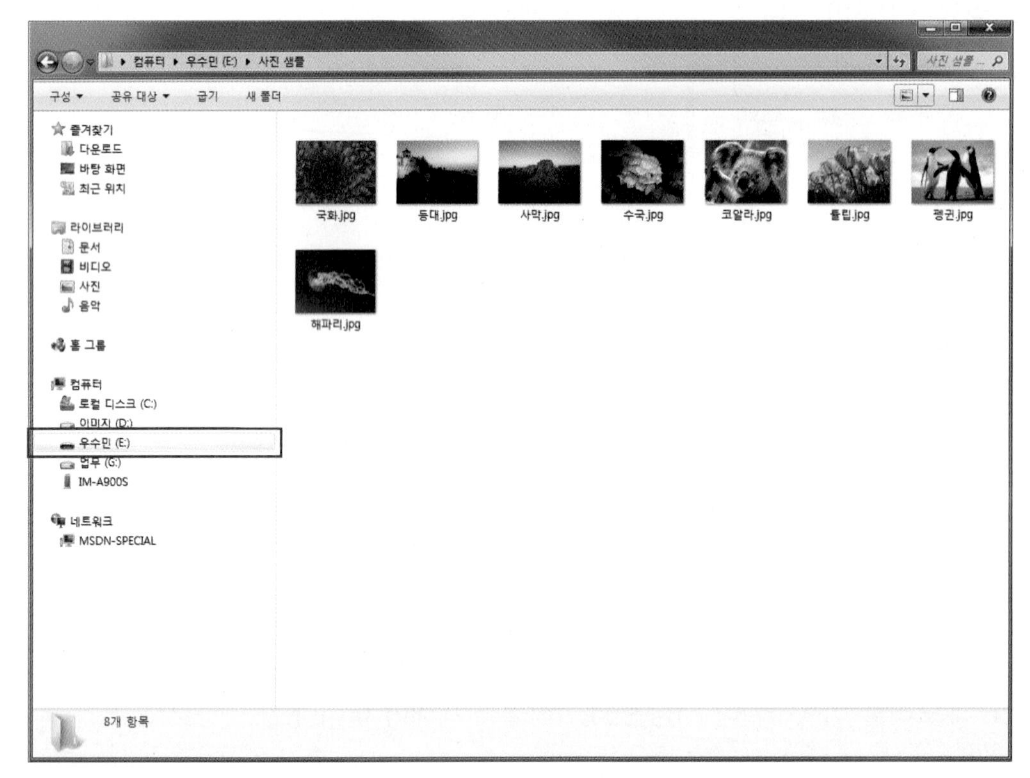

내가 작업한 내용 USB 메모리에 저장하기

01 **[시작( )]-[모든 프로그램]-[보조프로그램]-[그림판]을 순서대로 선택**합니다.

02 [그림판] 창이 나타나면 리본 메뉴의 [홈] 탭-[도형] 그룹에서 **[5각별( )]을 클릭**합니다. [색] 그룹의 **[색1]이 선택된 상태**에서 **색상표의 [옥색]을 클릭**한 후, 그림과 같이 **그리기 영역에 드래그**합니다.

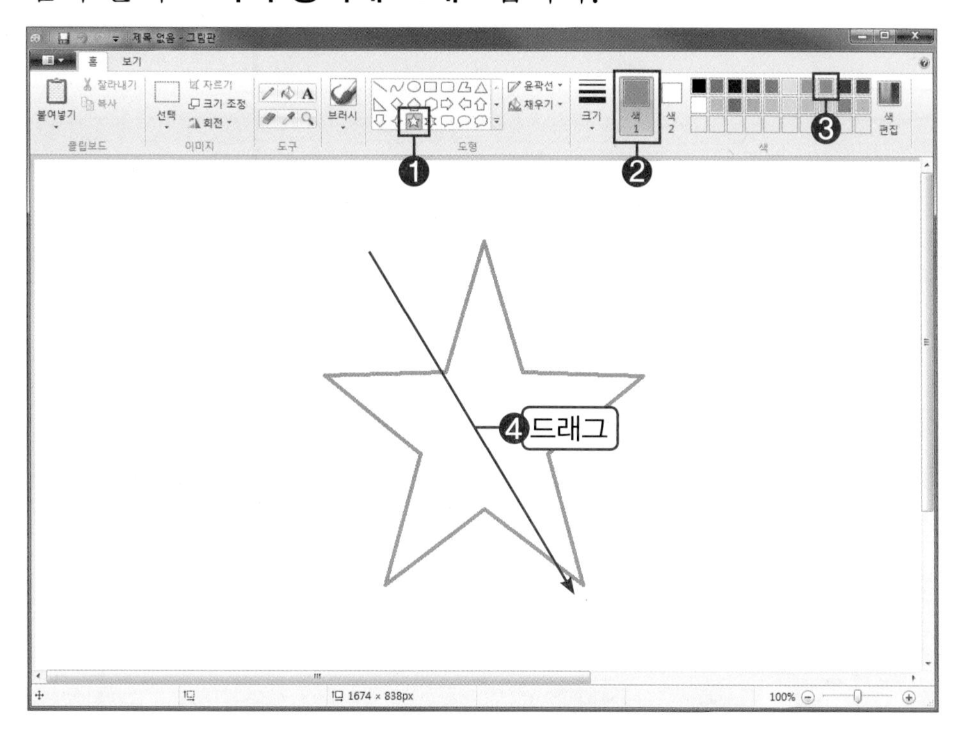

03 저장하기 위해 **[그림판 단추( )]를 클릭**한 후, **[다른 이름으로 저장]-[BMP 그림] 메뉴를 선택**합니다.

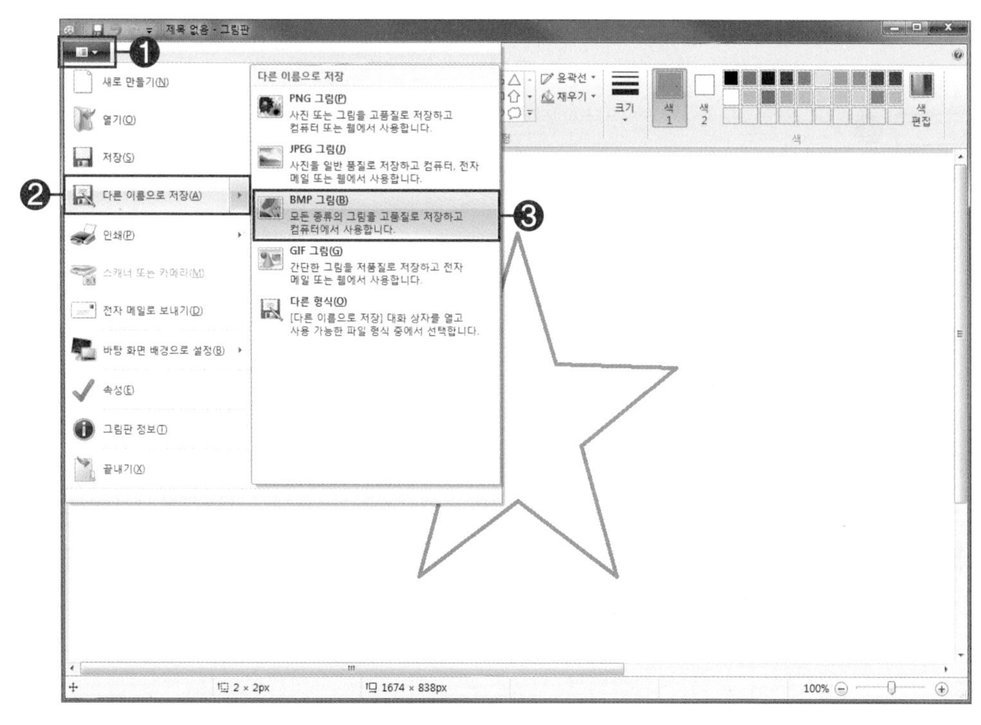

04 [다른 이름으로 저장] 대화상자가 나타나면 **이동식 디스크 드라이브를 선택**한 후, [파일 이름]을 **'별'로 입력**하고 **[저장] 단추를 클릭**합니다.

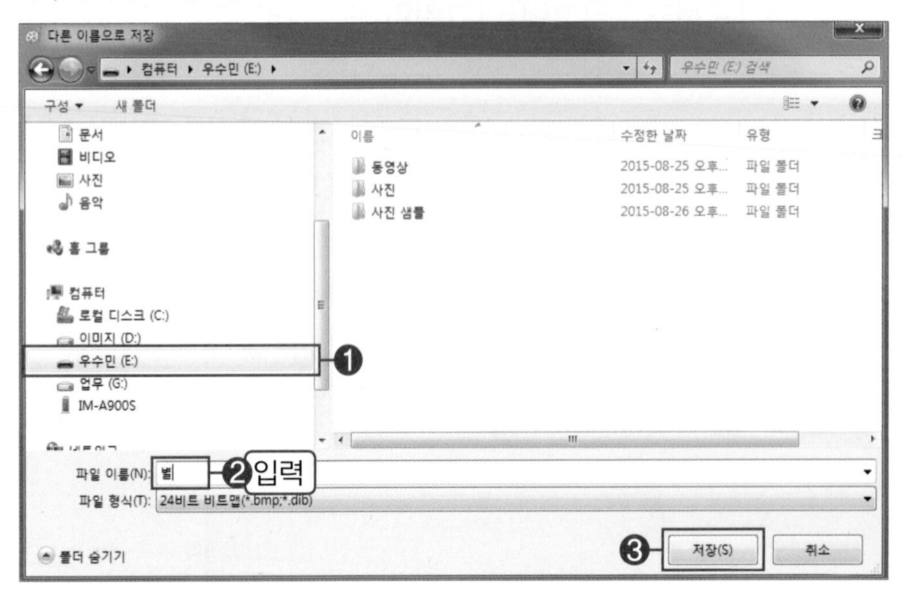

05 저장이 완료되면 [그림판] 창의 **[닫기(X)] 단추를 클릭**하여 프로그램을 닫습니다. [Windows 탐색기] 창의 탐색 창에서 **이동식 디스크 드라이브를 선택**하여 '별.bmp' 파일이 있는 것을 확인합니다.

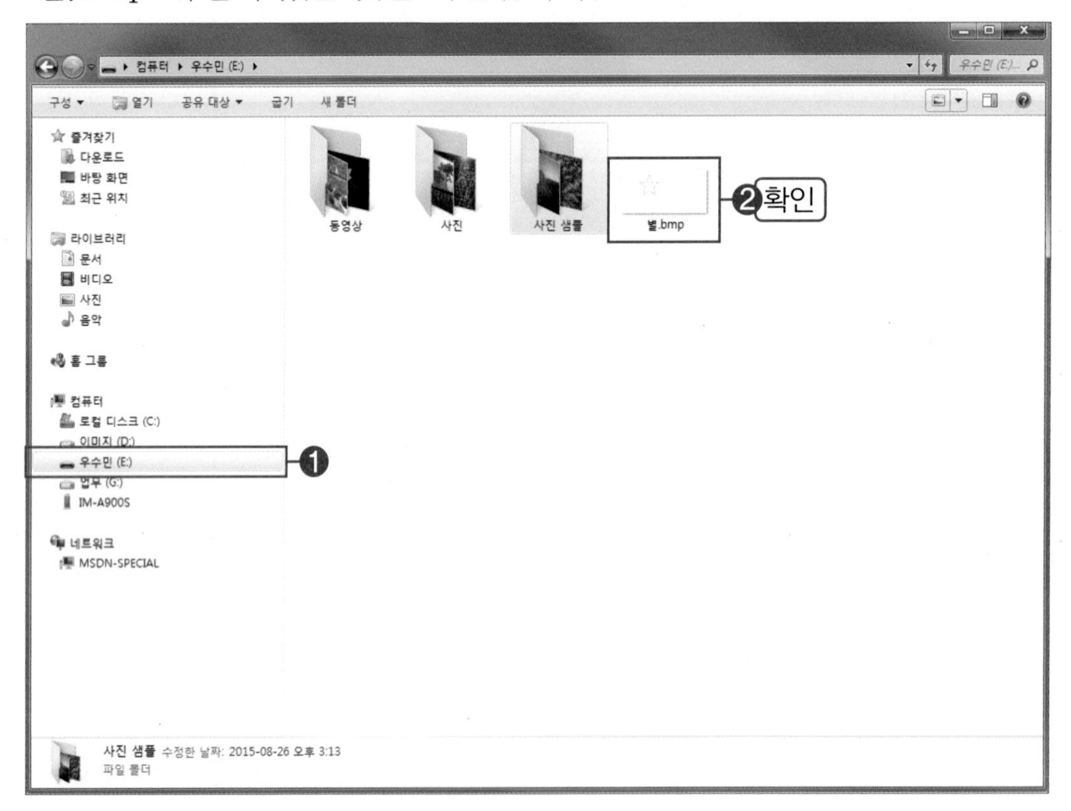

배움터 작업한 내용을 내 컴퓨터에 저장한 후, USB 메모리로 복사나 이동할 수도 있습니다.

03 휴지통 이용하기

내 컴퓨터의 파일 삭제하기

01 **[로컬 디스크(C:)]-[내자료] 폴더에서 모든 폴더를 선택**합니다. **선택 영역에서 마우스 오른쪽 단추를 클릭**한 후, **[삭제] 바로 가기 메뉴를 선택**합니다. [여러 항목 삭제] 대화상자가 나타나면 **[예] 단추를 클릭**합니다.

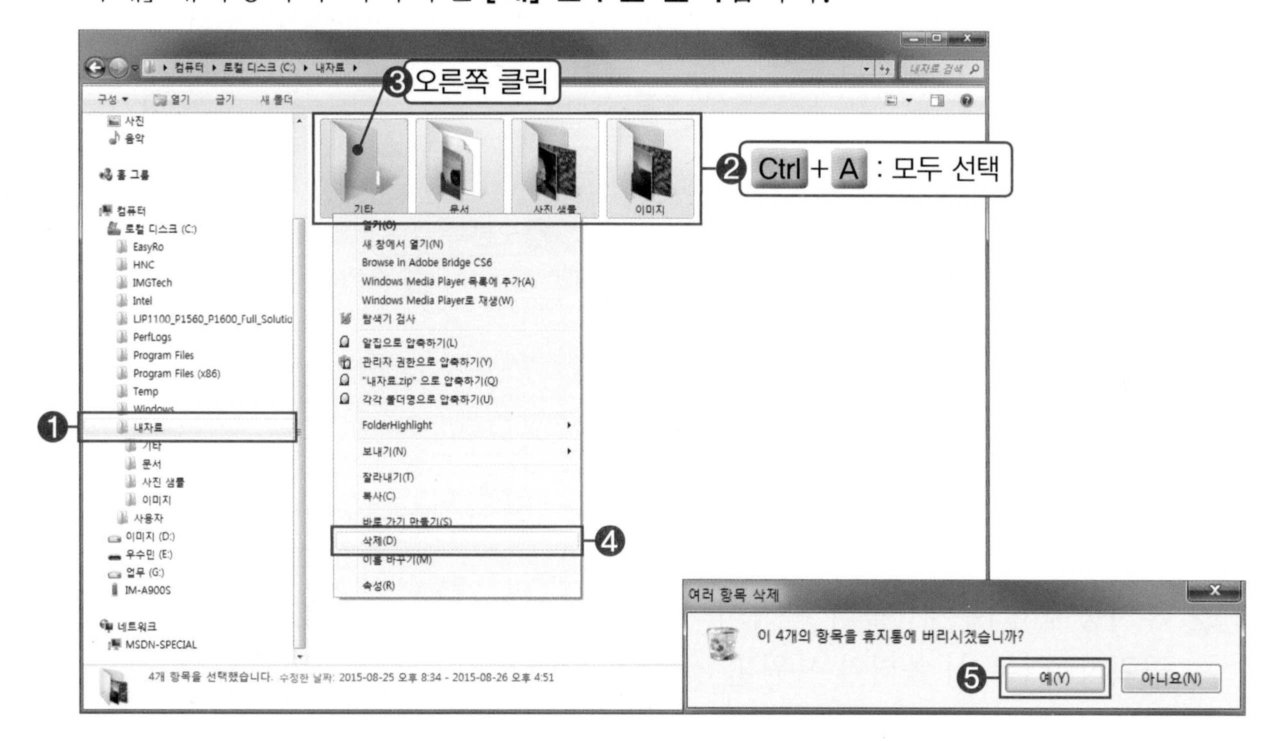

02 [내자료] 폴더의 모든 폴더와 파일이 삭제된 것을 확인합니다.

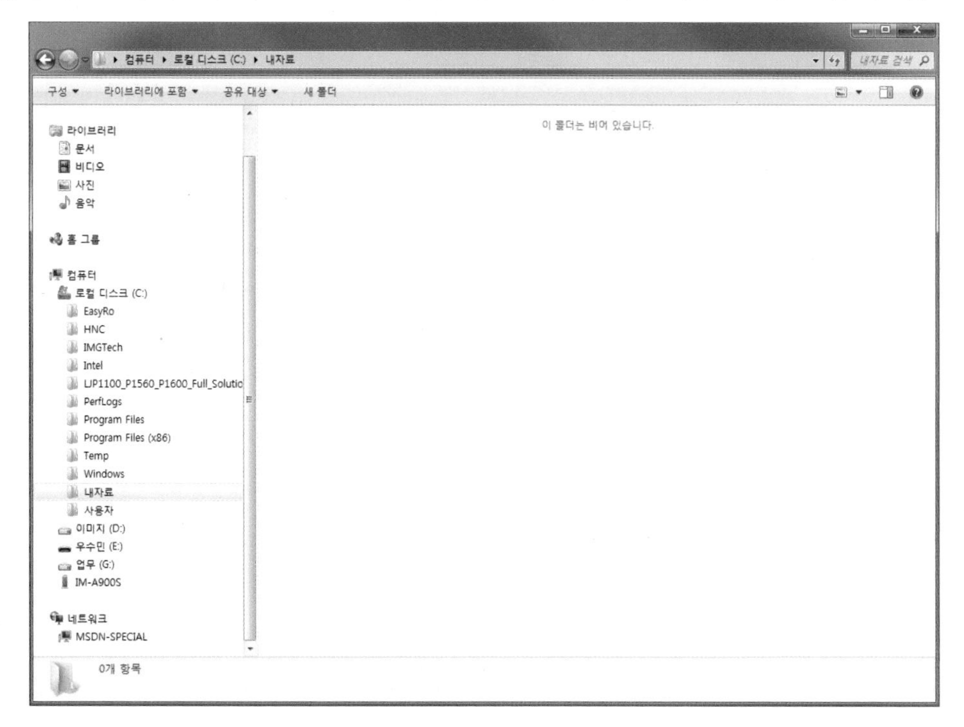

휴지통 파일 복원하기

01 바탕 화면에서 **'휴지통( )' 아이콘을 더블 클릭**합니다. 휴지통에 보관된 **[문서] 폴더를 마우스 오른쪽 단추로 클릭**한 후, **[복원] 바로 가기 메뉴를 선택**합니다.

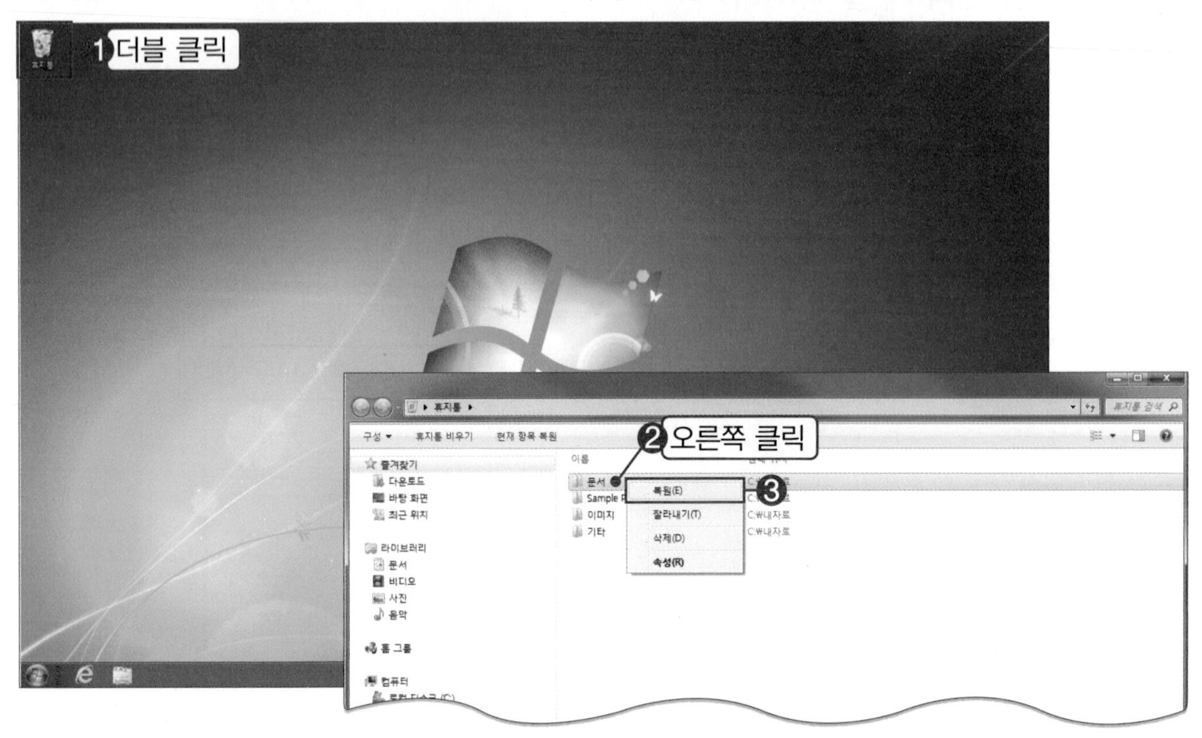

02 휴지통에서 [문서] 폴더 목록이 사라집니다. **[로컬 디스크(C:)]–[내자료] 폴더를 클릭**하여 [문서] 폴더가 복원된 것을 확인합니다.

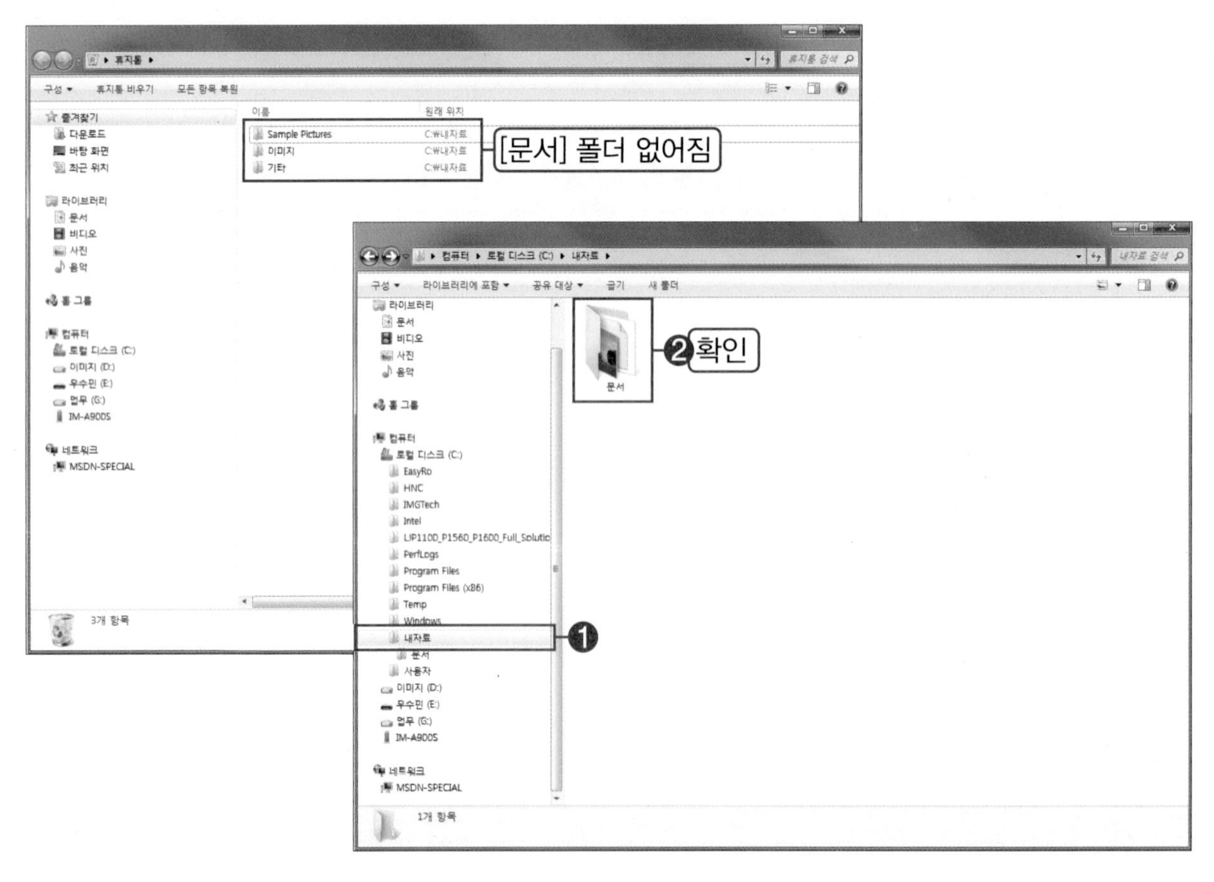

휴지통 비우기

01 [휴지통] 창의 도구 모음에서 **[휴지통 비우기]를 클릭**합니다. [여러 항목 삭제] 대화상자가 나타나면 **[예] 단추를 클릭**합니다.

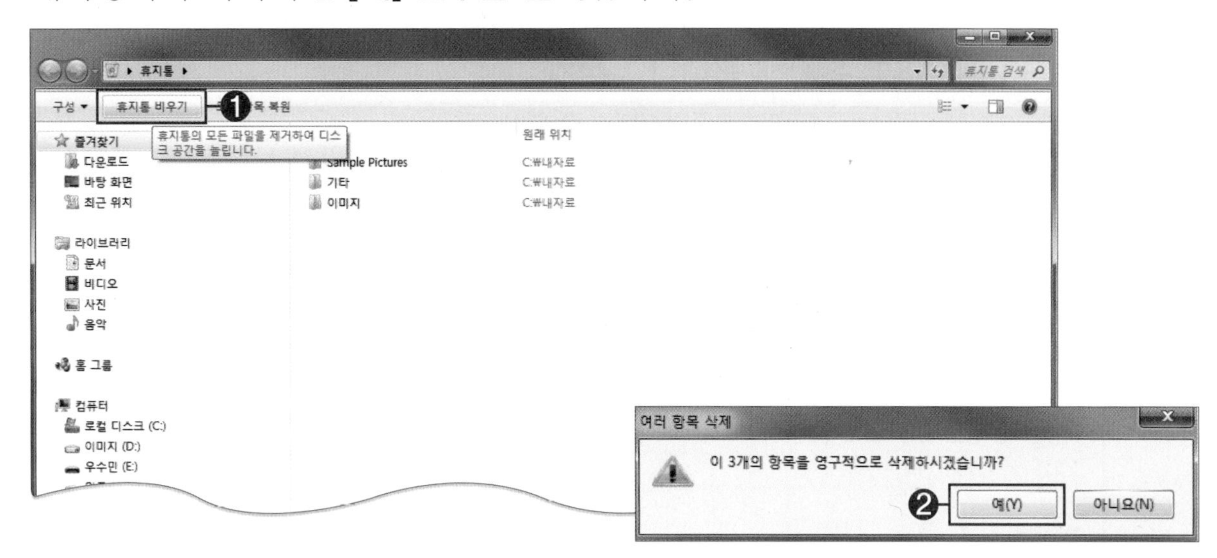

02 휴지통에 보관된 모든 폴더와 파일이 삭제되어 [휴지통] 창이 빈 것을 확인합니다. [휴지통 비우기]를 실행하면 더 이상 삭제된 폴더나 파일은 복구할 수 없습니다.

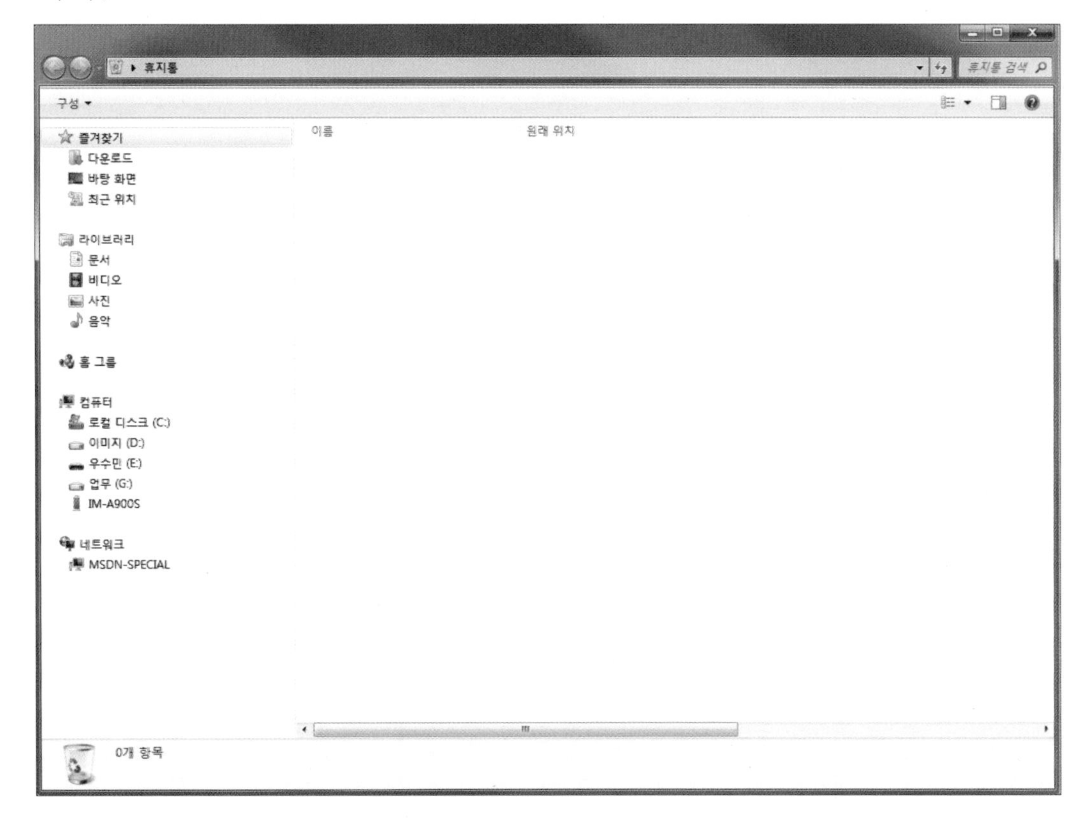

배움터 휴지통에 보관된 폴더나 파일이 있는 경우 '휴지통' 아이콘의 모양은 로 표시되고 비어 있는 경우에는 로 표시됩니다.

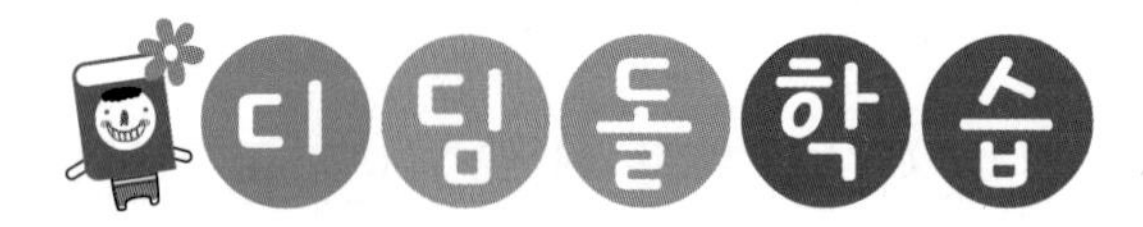

1 [라이브러리]–[사진]–[공용 사진]–[사진 샘플] 폴더의 모든 그림 파일을 자신의 USB 메모리에 복사해 봅니다.

도움터 방법 1 : [사진 샘플] 폴더의 모든 그림 선택 → 복사 → 붙여넣기
방법 2 : [사진 샘플] 폴더의 모든 그림 선택 → [보내기] 바로 가기 메뉴 이용

2 [라이브러리]–[사진]–[공용 사진]–[사진 샘플] 폴더를 삭제한 후, 복원해 봅니다.

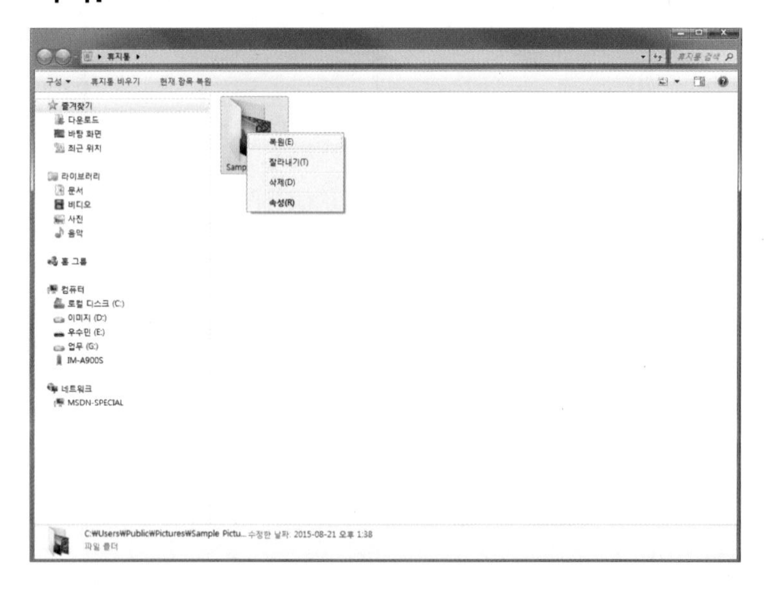

도움터 [사진 샘플] 폴더 삭제 → 휴지통에서 [복원] 선택 → 결과 확인

둘째 마당

인터넷

01 인터넷 익스플로러 다루기

이번 장에서는 인터넷을 활용하기 위해 필요한 인터넷 익스플로러의 실행 방법과 화면 구성에 대해 알아봅니다. 또한 새 탭에서 웹 페이지를 열고 닫는 방법, 단어와 문장으로 정보를 검색하는 방법도 익혀보도록 하겠습니다.

무엇을 배울까요?

- 인터넷 익스플로러 실행과 화면 구성 알기
- '뒤로' 도구와 '앞으로' 도구, '홈' 도구 사용하기
- 새 탭 열기와 닫기
- 정보 검색하기

01 인터넷 시작하기

인터넷 익스플로러 실행하기

01 작업 표시줄의 **[인터넷 익스플로러( )]를 클릭**합니다.

02 인터넷 익스플로러가 실행되면 지정된 시작 페이지 화면이 나타납니다.

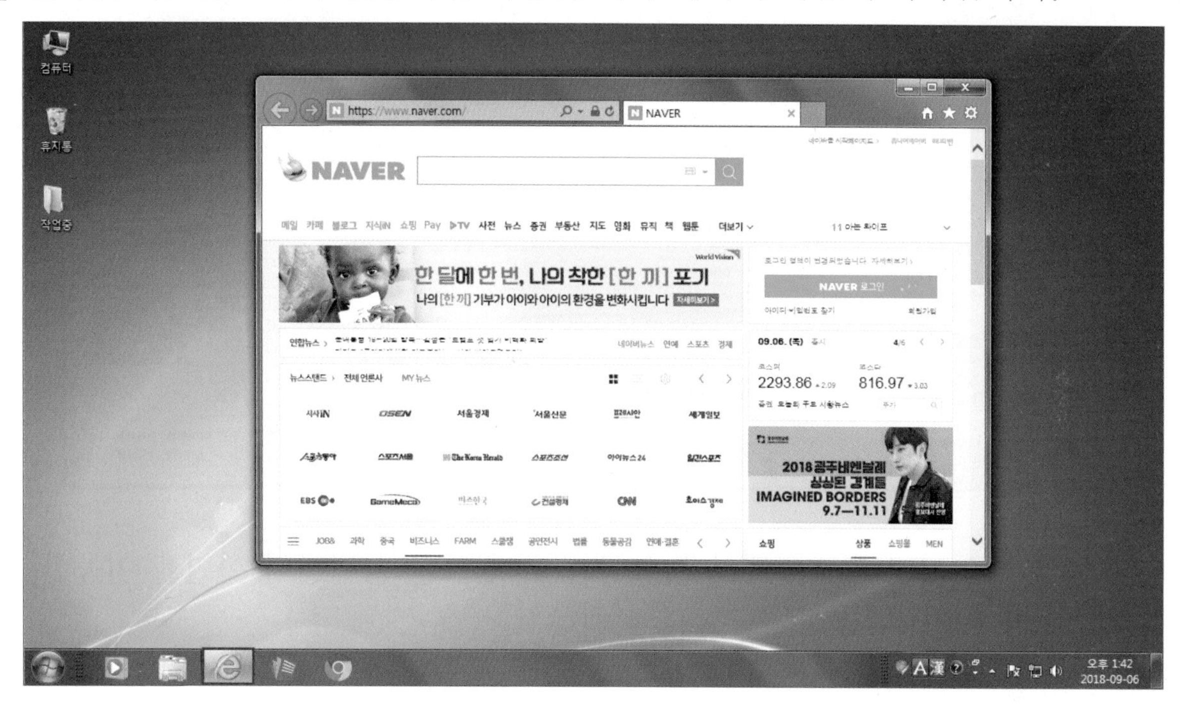

배움터 인터넷 익스플로러의 '메뉴 모음'과 '상태 표시줄' 표시/숨기기

위쪽 빈 영역을 마우스 오른쪽 단추로 클릭하면 바로 가기 메뉴가 나타납니다. 이미 화면에 표시되어 있는 요소는 바로 가기 메뉴에 체크 표시가 되어 있습니다. 인터넷 익스플로러의 화면에 표시 또는 숨기고 싶은 요소를 선택합니다.

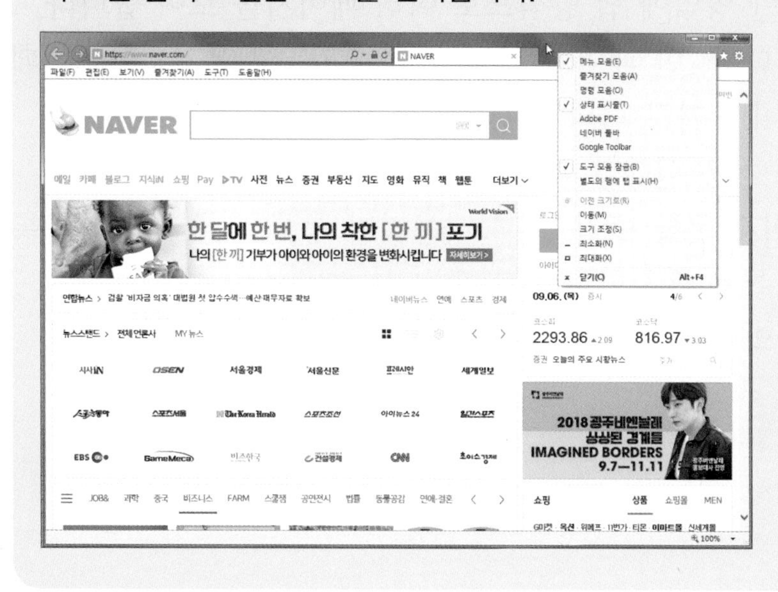

인터넷 익스플로러의 화면 구성 살펴보기

❶ 뒤로(⬅) : 인터넷 익스플로러를 실행한 후 링크를 클릭하여 화면을 이동한 경우, 현재 화면에서 이전 화면으로 이동합니다.

❷ 앞으로(➡) : [뒤로(⬅)]를 클릭하여 이전 화면으로 이동한 경우 이전으로 이동하기 전의 화면으로 다시 되돌립니다.

❸ 주소 표시줄 : 현재 접속 중인 주소를 보여 줍니다. 이곳에 방문하고자 하는 새로운 주소를 입력한 후 Enter 키를 누르면 해당 페이지로 이동합니다.

❹ 새로 고침(↻) : 현재 웹 페이지를 다시 불러와 최신 정보를 보여 줍니다.

❺ 탭 브라우저 : 웹 브라우저 상단 영역에 탭 방식으로 여러 페이지를 보여 줍니다.

❻ 새 탭(▯) : 클릭하면 설정에 따라 '빈 페이지', '새 탭 페이지', '사용자의 첫 홈페이지' 중 선택된 값으로 새 탭이 추가로 나타납니다.

❼ 홈(⌂) : 인터넷 익스플로러를 처음 실행할 때 표시한 웹 페이지로 이동합니다.

❽ 즐겨찾기, 피드 및 열어본 페이지 목록 보기(☆) : 사용자가 등록한 즐겨찾기 목록이나 최근에 열어본 페이지 목록을 표시합니다.

❾ 도구(⚙) : 인터넷 익스플로러의 주요 메뉴들을 표시합니다.

웹 페이지 이동하기

01 **주소 표시줄을 클릭**한 후, '다음(Daum)' 홈페이지의 주소(도메인) **'www.daum.net'을 입력**하고 **Enter 키**를 누릅니다. '다음' 홈페이지로 이동한 것을 확인합니다.

02 '다음' 홈페이지의 메인 화면에서 **[뉴스] 항목을 찾아 클릭**합니다.

03 뉴스 페이지가 나타나면 **[경제] 분야를 클릭**합니다.

04 경제 관련 뉴스 목록이 나타나면 **원하는 뉴스 제목을 클릭**합니다.

05 선택한 기사의 내용이 나타납니다. 이번에는 **[홈] 항목을 클릭**합니다.

06 뉴스 페이지가 나타나면 이번에는 **[사회] 분야를 클릭**합니다.

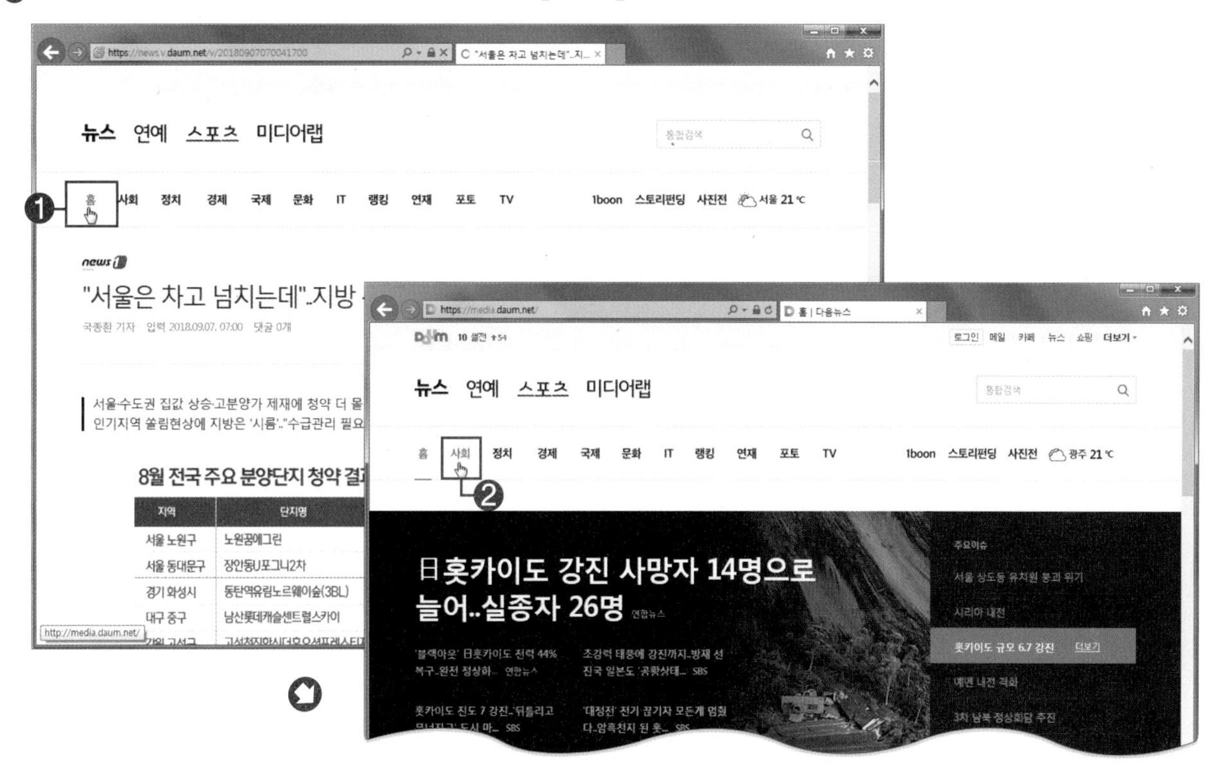

07 사회 관련 뉴스 목록이 나타납니다. **[뒤로(←)]를 클릭**합니다.

08 가장 최근에 읽은 페이지로 이동되는 것을 확인합니다. 다시 **[뒤로(←)]를 클릭**합니다.

09 다시 이전 페이지로 이동되는 것을 확인합니다. Daum을 **클릭**합니다.

10 '다음' 홈페이지의 첫 화면으로 돌아가는 것을 확인합니다. 이번에는 **[홈( )]을 클릭**합니다.

11 인터넷 익스플로러를 처음 실행할 때 나타난 웹 페이지로 이동되는 것을 확인합니다.

웹 페이지 열기와 닫기

새 탭 이용하여 열기

01 [**새 탭**( )]을 **클릭**합니다.

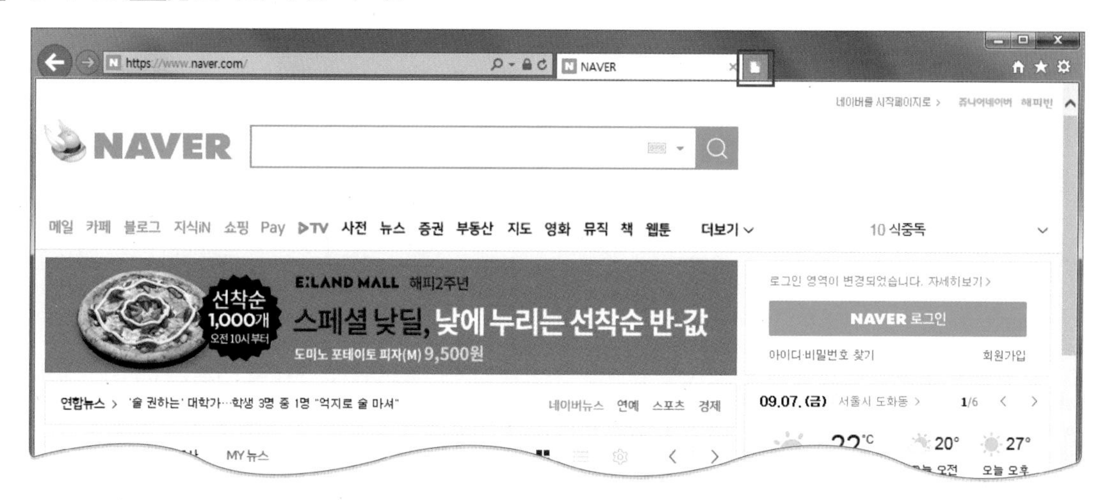

> **배움터** '새 탭( )'의 모습은 '새 탭( )'에 마우스 포인터를 위치시키면 나타납니다.

02 '자주 방문하는 사이트' 링크가 있는 새 탭이 나타나면 **'Daum'을 클릭**합니다. 링크 목록에 없으면 주소 표시줄에 'www.daum.net'을 입력한 후 Enter 키를 누릅니다.

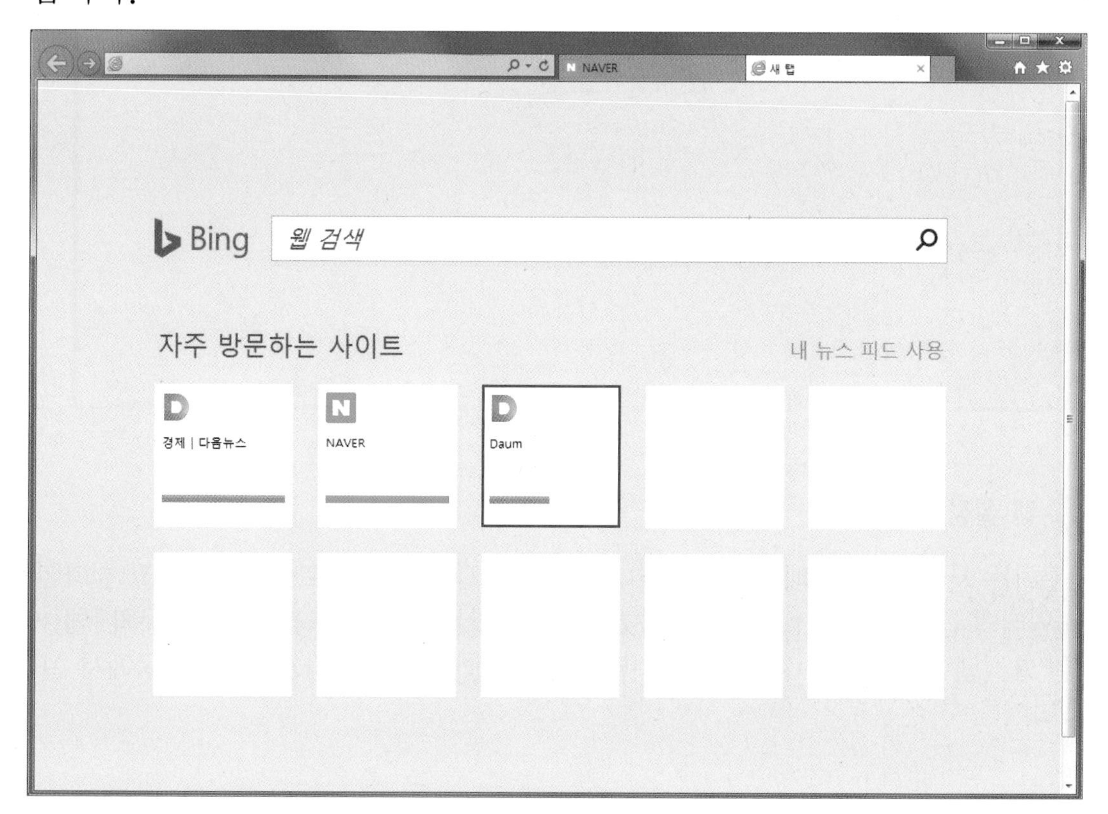

03 '다음' 홈페이지가 새로 생긴 두 번째 탭에서 열리는 것을 확인합니다. 다시 **[새 탭( )]을 클릭**합니다.

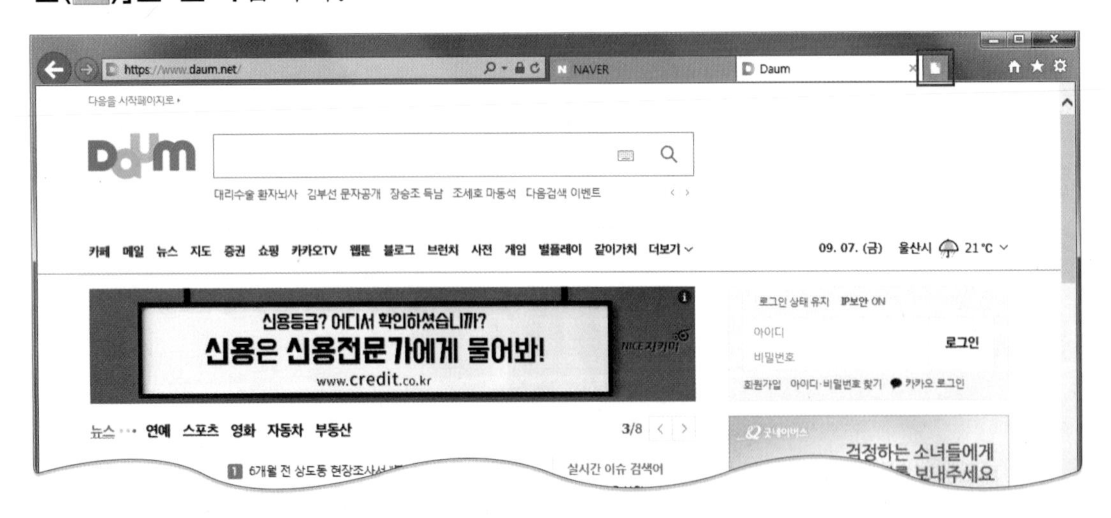

04 주소 표시줄에 **'www.google.co.kr'을 입력**하고 Enter **키**를 누릅니다. 세 번째 탭에 '구글' 홈페이지가 열리는 것을 확인합니다.

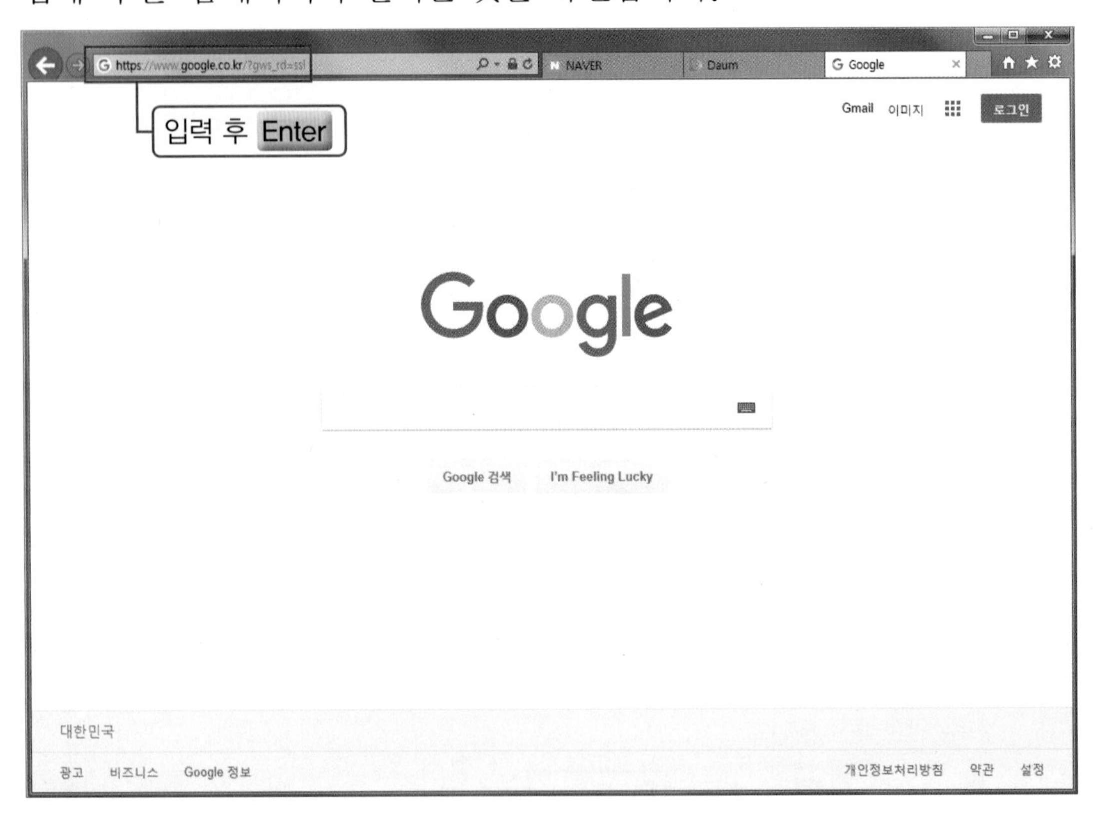

배움터 탭 설정 바꾸기

'자주 방문하는 사이트' 링크 페이지로 나타나지 않거나 다른 방식으로 새 탭을 열고 싶다면 [도구( )]-[인터넷 옵션]을 선택합니다. [인터넷 옵션] 대화상자가 나타나면 [탭] 항목의 [탭] 단추를 클릭한 후, [탭 검색 설정] 대화상자가 나타나면 [새 탭이 열리면 다음 열기] 항목에서 설정을 수정합니다.

탭 닫기/창 닫기

01 **'Daum' 탭을 클릭**하면 선택한 페이지가 나타납니다. 'Daum' 탭의 **[탭 닫기(×)]를 클릭**합니다.

02 'Daum' 탭만 닫힌 것을 확인합니다.

03 [인터넷 익스플로러] 창의 **[닫기(X)] 단추를 클릭**합니다. 모든 탭을 닫을지, 현재 탭만 닫을지 묻는 대화상자가 나타나면 **[모든 탭 닫기] 단추를 클릭**합니다.

04 정보 검색하기

단어로 검색하기

01 작업 표시줄의 **[인터넷 익스플로러( )]를 클릭**하여 인터넷 익스플로러를 실행합니다. '네이버(www.naver.com)' 홈페이지의 **검색어 입력란을 클릭**하여 **'당뇨병'을 입력**한 후 Enter **키**를 누릅니다.

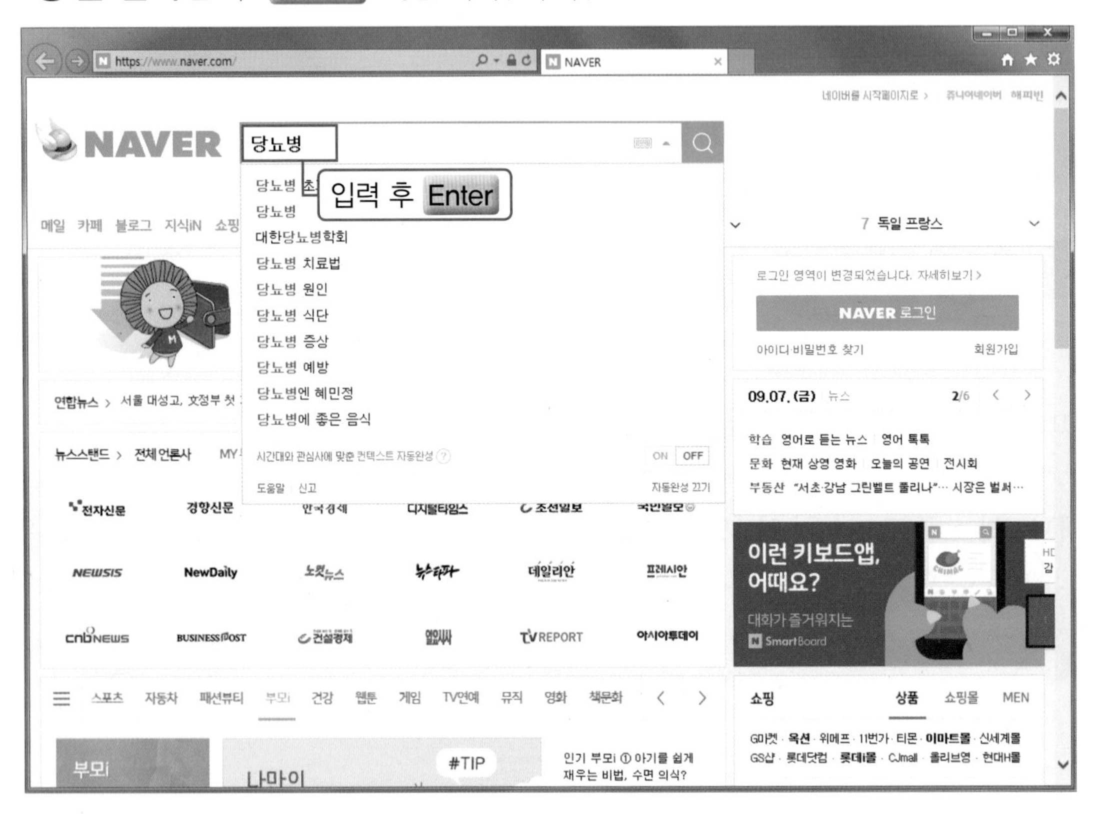

배움터 자동 완성 목록

검색어 입력란에 단어를 입력하면 자동으로 유사 검색어 목록을 표시합니다. 이때 검색어 목록의 오른쪽 끝에 표시된 '자동완성 끄기'를 선택하면 검색어 입력 시 비슷한 검색어를 표시하지 않습니다.

당뇨병 초기증상
당뇨병
대한당뇨병학회
당뇨병 치료법
당뇨병 원인
당뇨병 식단
당뇨병 증상
당뇨병 예방
당뇨병엔 혜민정
당뇨병에 좋은 음식
시간대와 관심사에 맞춘 컨텍스트 자동완성 ON OFF
도움말 신고 자동완성 끄기

02 검색 결과 중 하나를 **선택**합니다.

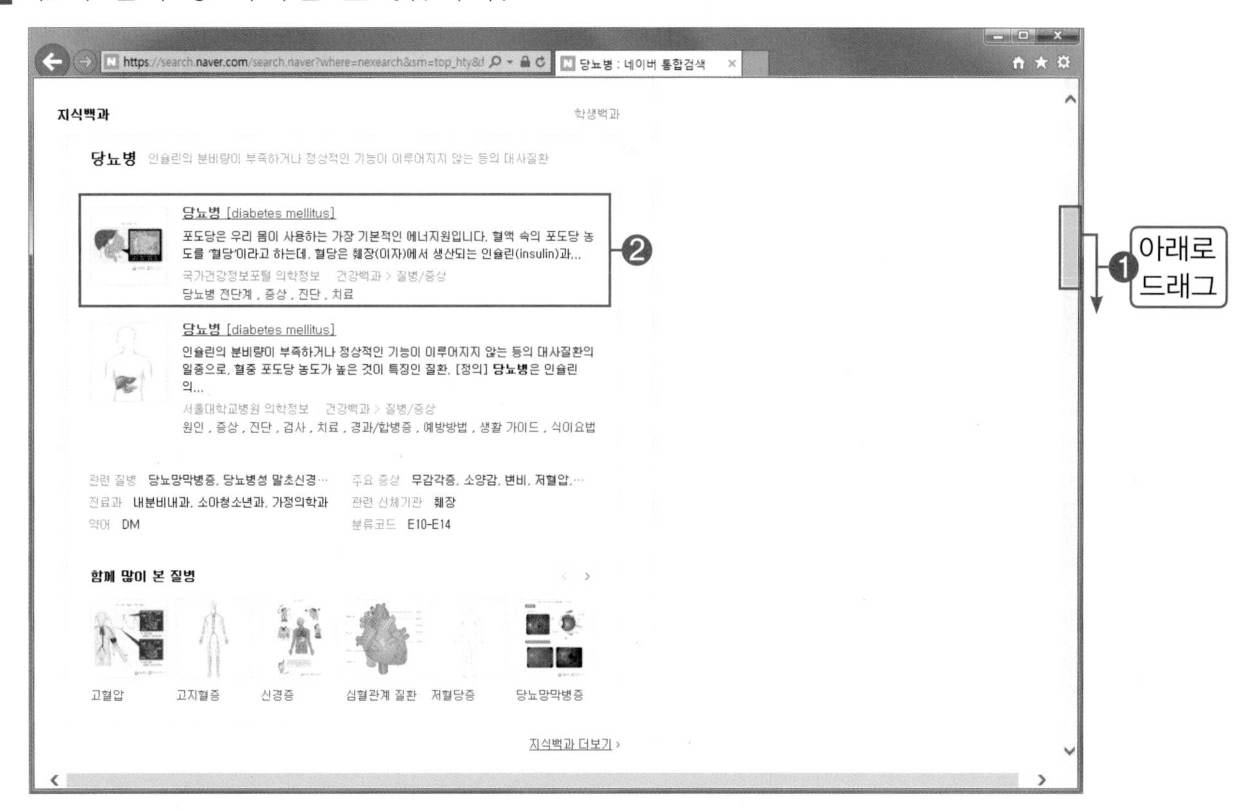

03 당뇨병에 대한 정보를 확인한 후 **[탭 닫기(×)]**를 **클릭**합니다.

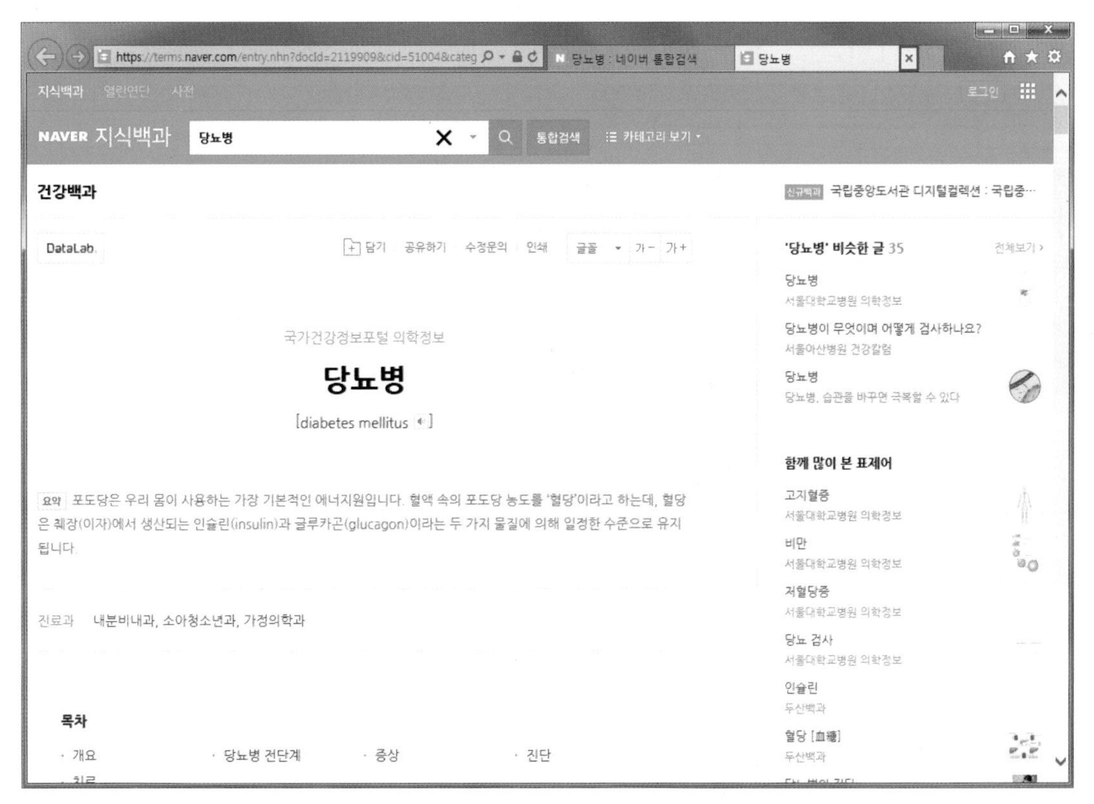

문장으로 검색하기

01 '네이버' 홈페이지의 **검색어 입력란에 '혈압을 낮추는 방법'을 입력**한 후 Enter **키**를 누릅니다. 검색 결과 중 하나를 **선택**합니다.

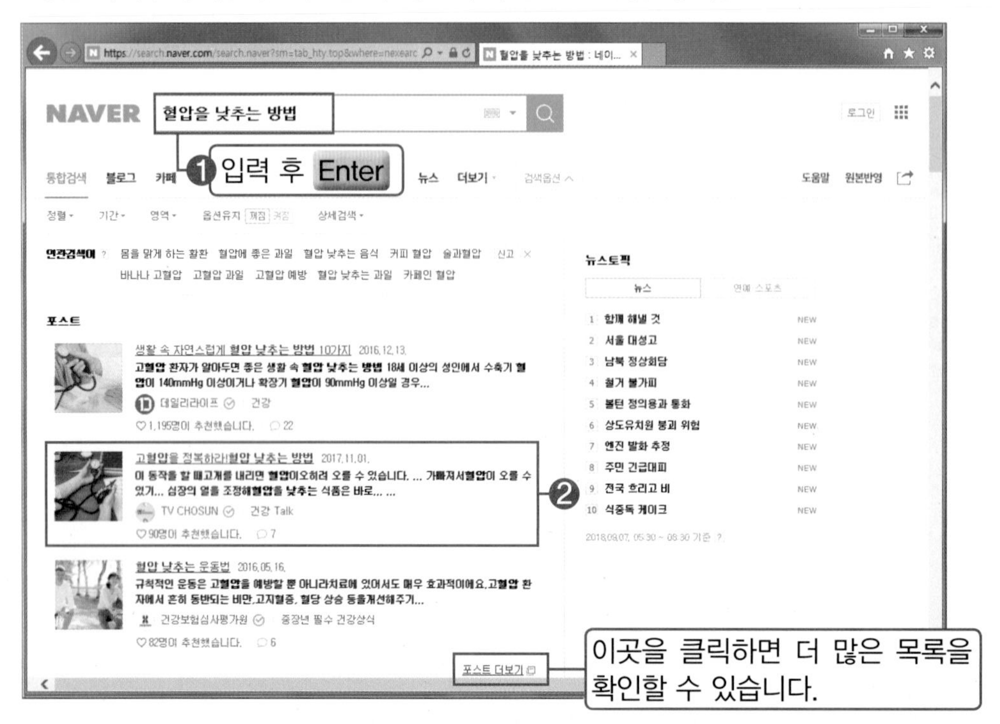

02 내용을 확인합니다.

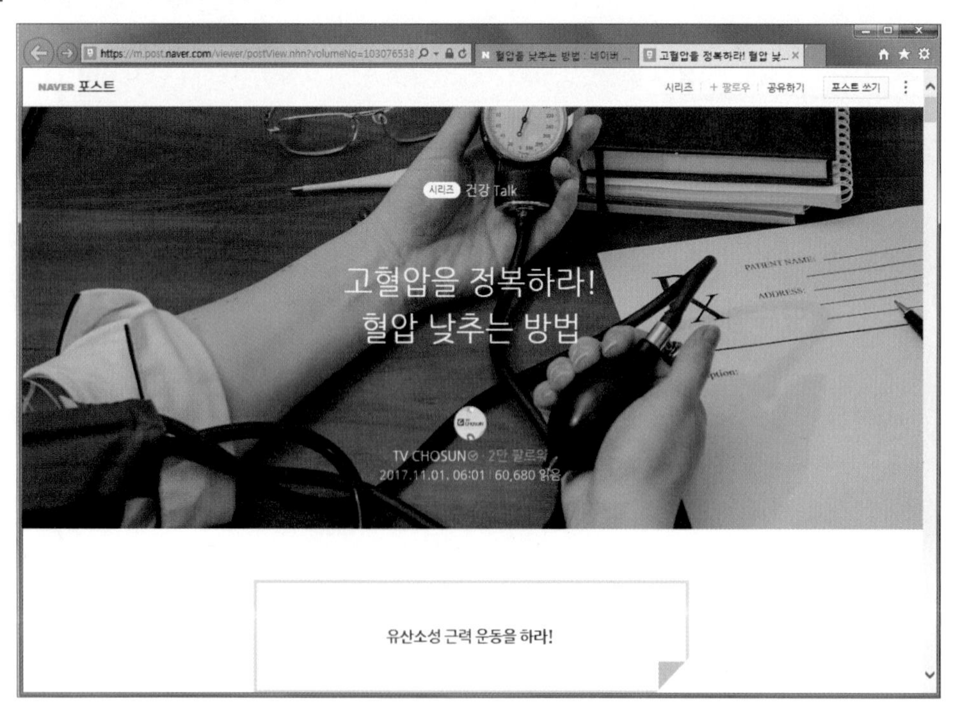

03 [인터넷 익스플로러] 창의 **[닫기(X)] 단추를 클릭**한 후, **[모든 탭 닫기] 단추를 클릭**합니다.

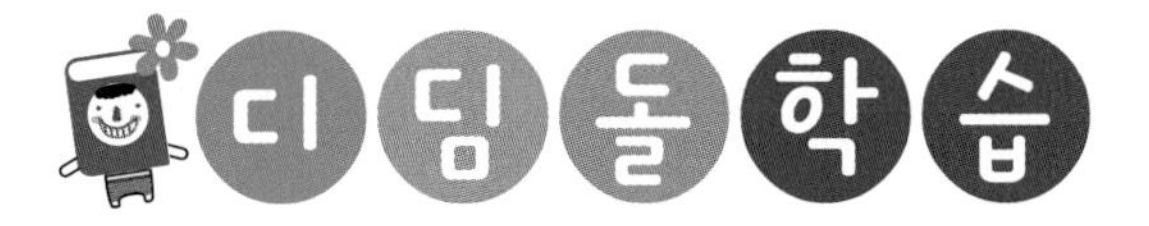

1 [인터넷 익스플로러] 창에서 세 개의 탭을 추가하여 그림과 같이 만들어 봅니다.

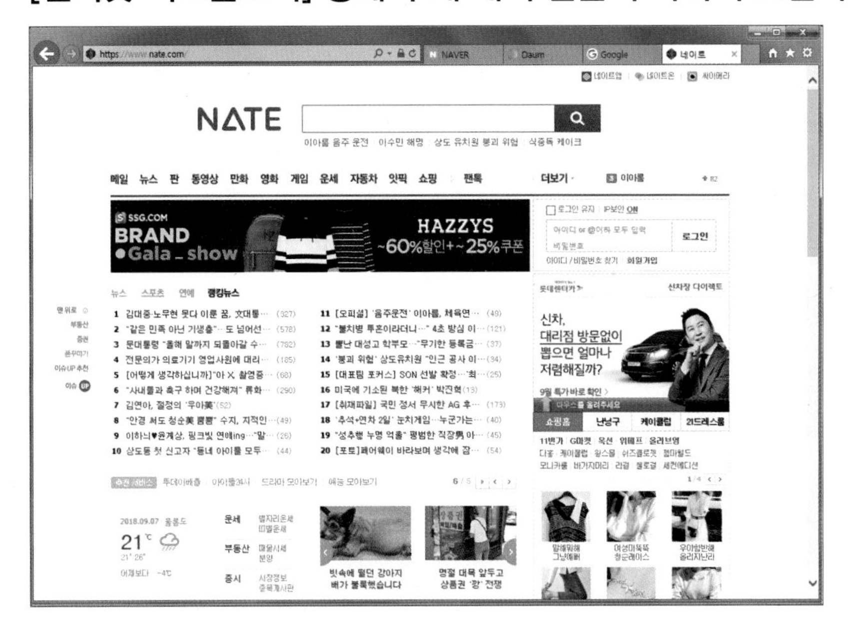

- 네이버(www.naver.com)
- 다음(www.daum.net)
- 구글(www.google.co.kr)
- 네이트(www.nate.com)

2 '시청'으로 검색하여 '서울특별시' 홈페이지에 접속해 봅니다.

도움터 검색어 입력란에 '시청' 입력 후 Enter → [웹 사이트]의 결과 목록 중 '서울특별시청' 클릭(목록에 보이지 않으면 오른쪽 하단의 [웹 사이트 더보기]를 클릭)

02 시작 페이지 및 즐겨찾기 관리하기

이번 장에서는 인터넷 익스플로러를 실행했을 때 나타나는 화면, 즉 시작 페이지를 설정하는 방법에 대해 알아봅니다. 또한 자주 방문하는 홈페이지를 등록하여 관리하는 방법도 익혀보도록 하겠습니다.

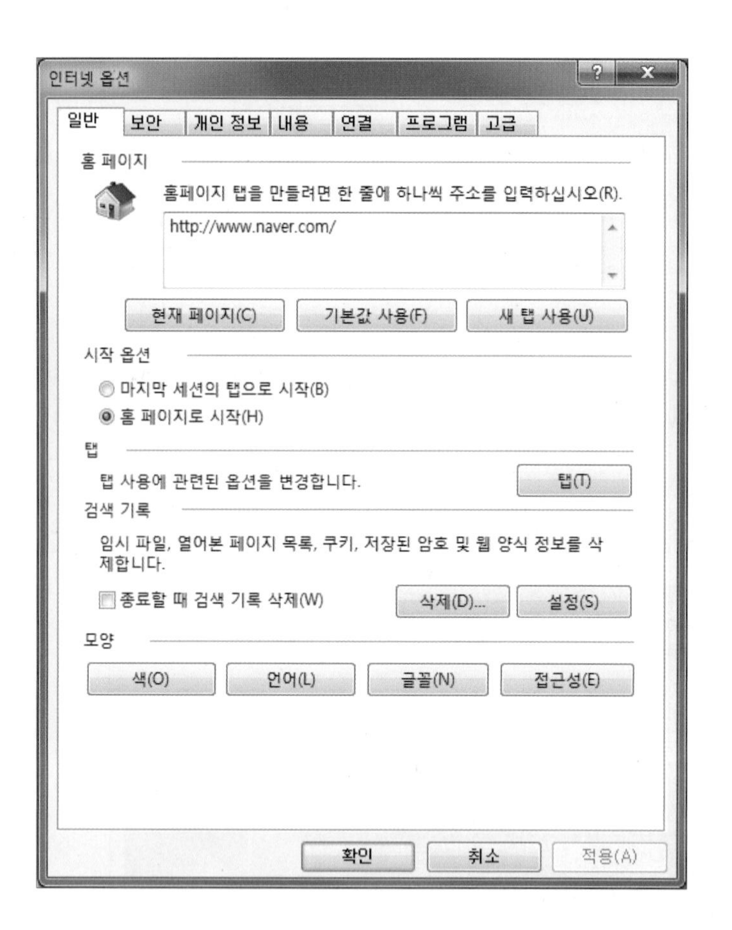

무엇을 배울까요?

- 시작 페이지 설정하기
- 즐겨찾기에 자주 방문하는 홈페이지 추가하기
- 즐겨찾기 모음에 홈페이지 추가하기
- 폴더를 만들어 즐겨찾기 관리하기
- 즐겨찾기 이름을 변경하고 삭제하기

시작 페이지 설정하기

현재 페이지를 시작 페이지로 설정하기

01 인터넷 익스플로러를 실행한 후, **'네이트(www.nate.com)' 홈페이지에 접속**합니다. 화면이 바뀌면 **[도구( )]-[인터넷 옵션]을 선택**합니다.

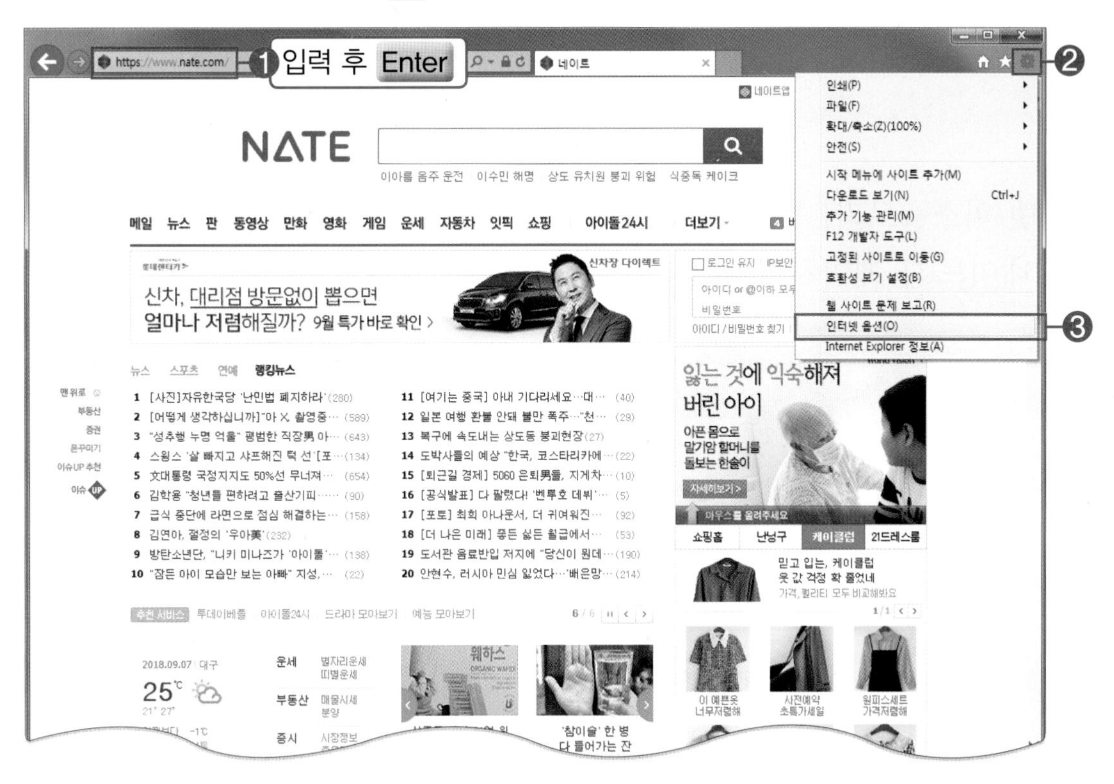

02 [인터넷 옵션] 대화상자가 나타나면 [일반] 탭에서 **[현재 페이지] 단추를 클릭**한 후 **[확인] 단추를 클릭**합니다.

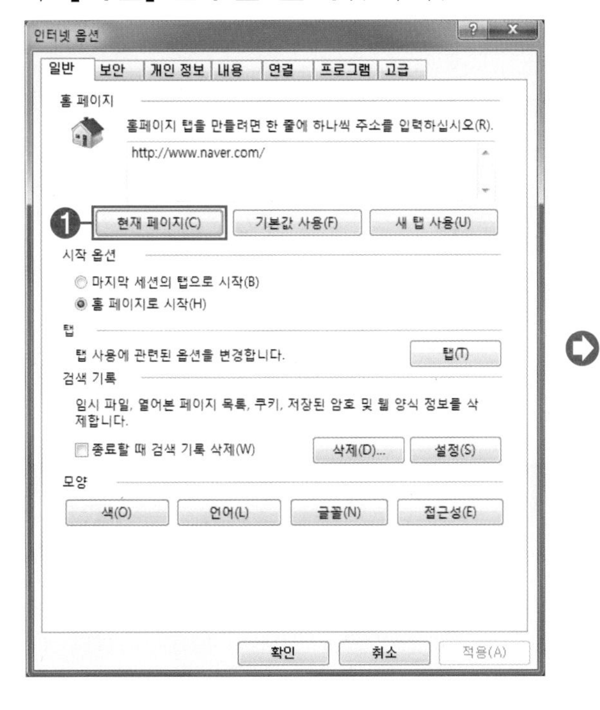

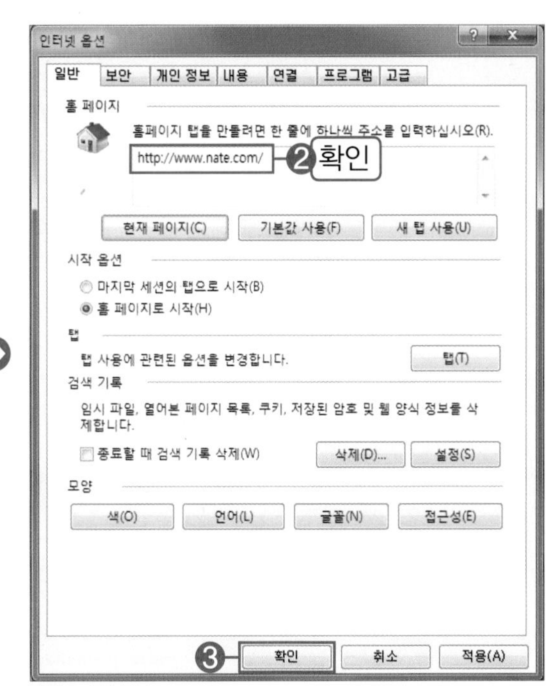

배움터 네이버의 '홈페이지 변경 알림' 메시지가 나타나면 [변경] 단추를 클릭해야 시작 페이지 설정이 바뀝니다.

NAVER 홈페이지 변경 알림

웹 브라우저의 홈페이지가 아래와 같이 변경되려고 합니다.

홈페이지 : http://www.nate.com/

홈페이지를 변경하시겠습니까? 변경

☑홈페이지 변경 자동보호

닫기

03 [인터넷 익스플로러] 창을 닫고, **다시 인터넷 익스플로러를 실행**합니다. '네이버' 대신 '네이트' 홈페이지가 실행되는 것을 확인합니다.

여러 탭을 함께 시작 페이지로 설정하기

01 **[새 탭(□)]을 클릭**한 후 **'다음(www.daum.net)' 홈페이지로 이동**합니다. 화면이 바뀌면 **[도구(⚙)]–[인터넷 옵션]을 선택**합니다.

02 [인터넷 옵션] 대화상자가 나타나면 **[현재 페이지] 단추를 클릭**합니다. 열려 있는 탭이 모두 입력되는 것을 확인할 수 있습니다. **[확인] 단추를 클릭**합니다.

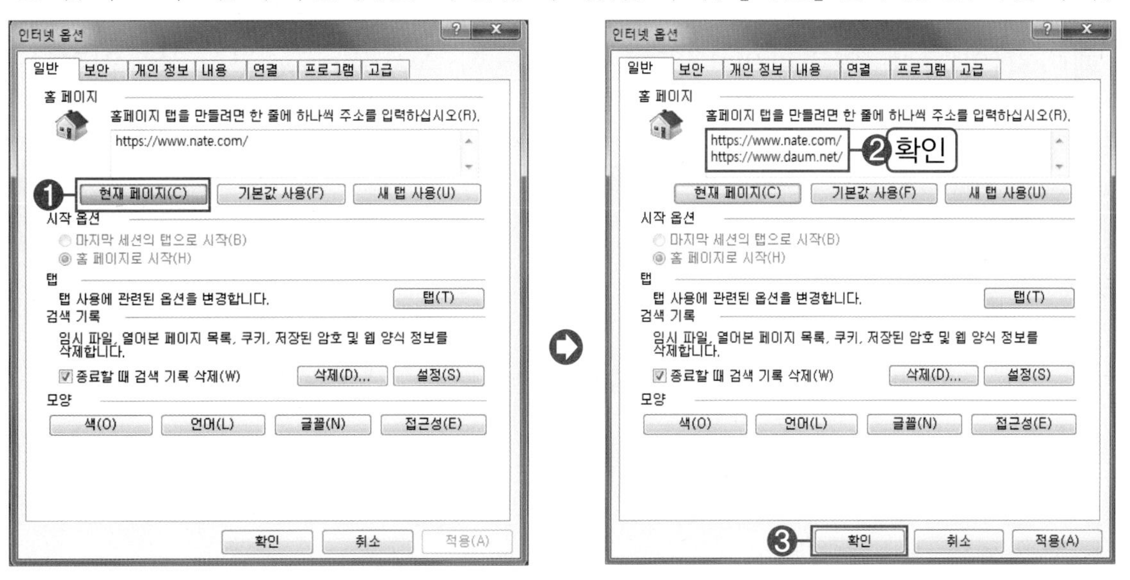

03 [인터넷 익스플로러] 창을 닫고, **다시 인터넷 익스플로러를 실행**합니다. '네이트', '다음' 홈페이지가 함께 실행되는 것을 확인합니다.

주소를 입력하여 시작 페이지 설정하기

01 **[도구( )]-[인터넷 옵션]을 선택**합니다. [인터넷 옵션] 대화상자가 나타나면 [홈 페이지]의 주소 입력란의 **내용을 삭제**한 후, **'www.naver.com'을 입력**하고 **[확인] 단추를 클릭**합니다.

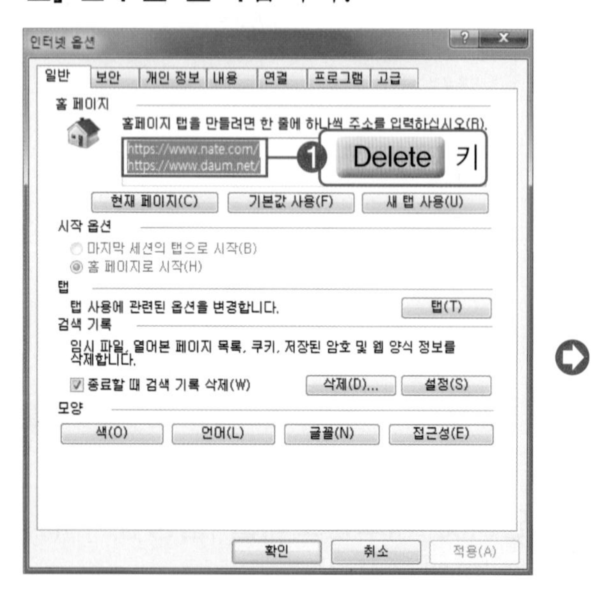

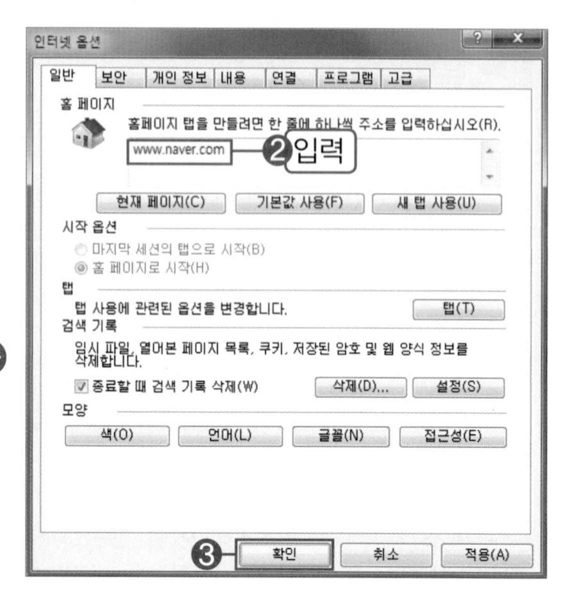

02 [인터넷 익스플로러] 창을 닫고, **다시 인터넷 익스플로러를 실행**합니다. '네이버' 홈페이지만 실행되는 것을 확인합니다.

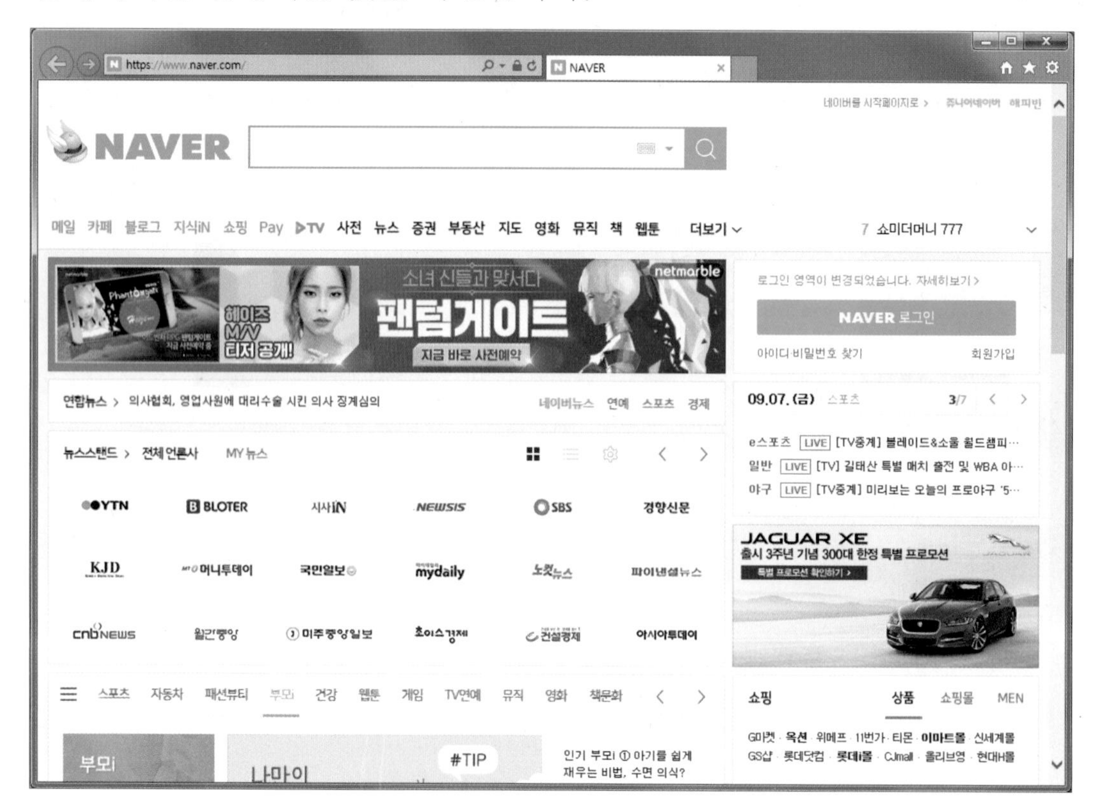

즐겨찾기에 추가하기

즐겨찾기에 홈페이지 추가하기

01 '네이버(www.naver.com)' 홈페이지에서 **검색어 입력란에 'kbs'를 입력**한 후 **Enter 키**를 누릅니다. 검색 결과에서 **'KBS'를 클릭**합니다.

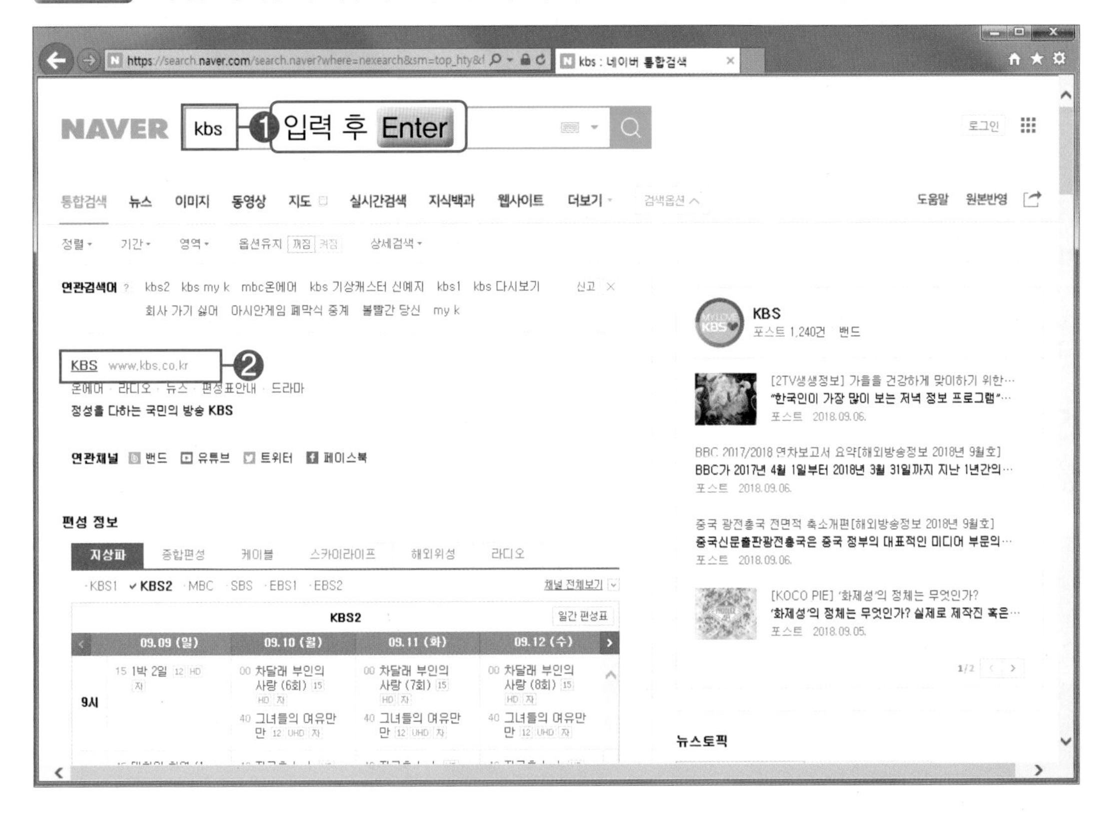

02 'KBS' 홈페이지로 이동되면 **[즐겨찾기(☆)]를 클릭**합니다. [즐겨찾기, 피드, 열어본 페이지 목록 보기] 창이 나타나면 **[즐겨찾기에 추가] 단추를 클릭**합니다.

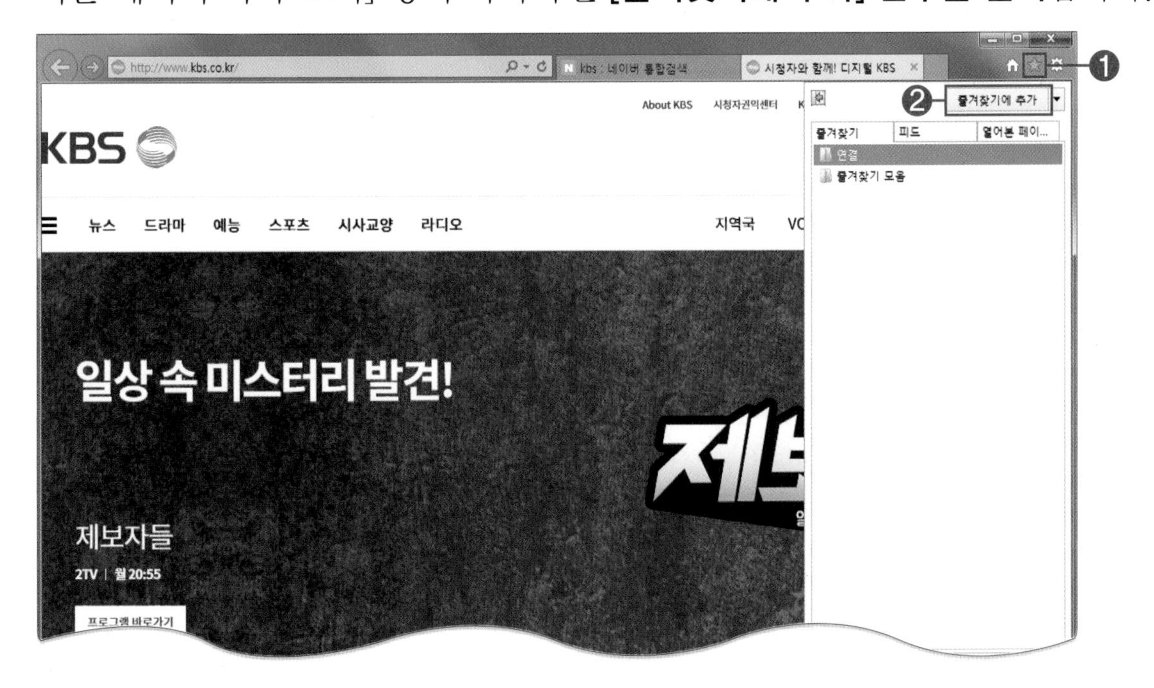

03 [즐겨찾기 추가] 대화상자가 나타나면 **[이름]의 입력란을 클릭**하여 **'kbs 방송국'으로 입력**하고 **[추가] 단추를 클릭**합니다.

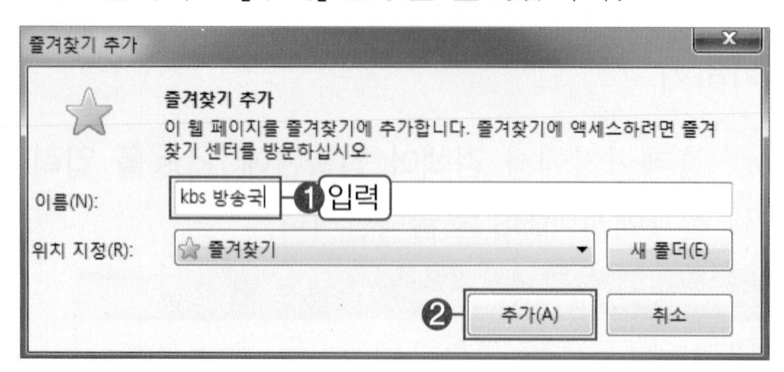

04 **[즐겨찾기(☆)]를 클릭**한 후 **[즐겨찾기] 탭**의 목록에서 **'kbs 방송국'이 추가된 것을 확인**합니다. 'KBS 방송국' 탭의 **[탭 닫기(×)]를 클릭**합니다.

배움터 즐겨찾기를 사용하면 자주 방문하거나 기억시킬 웹 페이지의 기록을 쉽게 관리할 수 있습니다.

즐겨찾기 모음에 추가하기

01 '네이버(www.naver.com)' 홈페이지에서 **'mbc'를 검색**한 후, **'MBC'를 클릭**합니다.

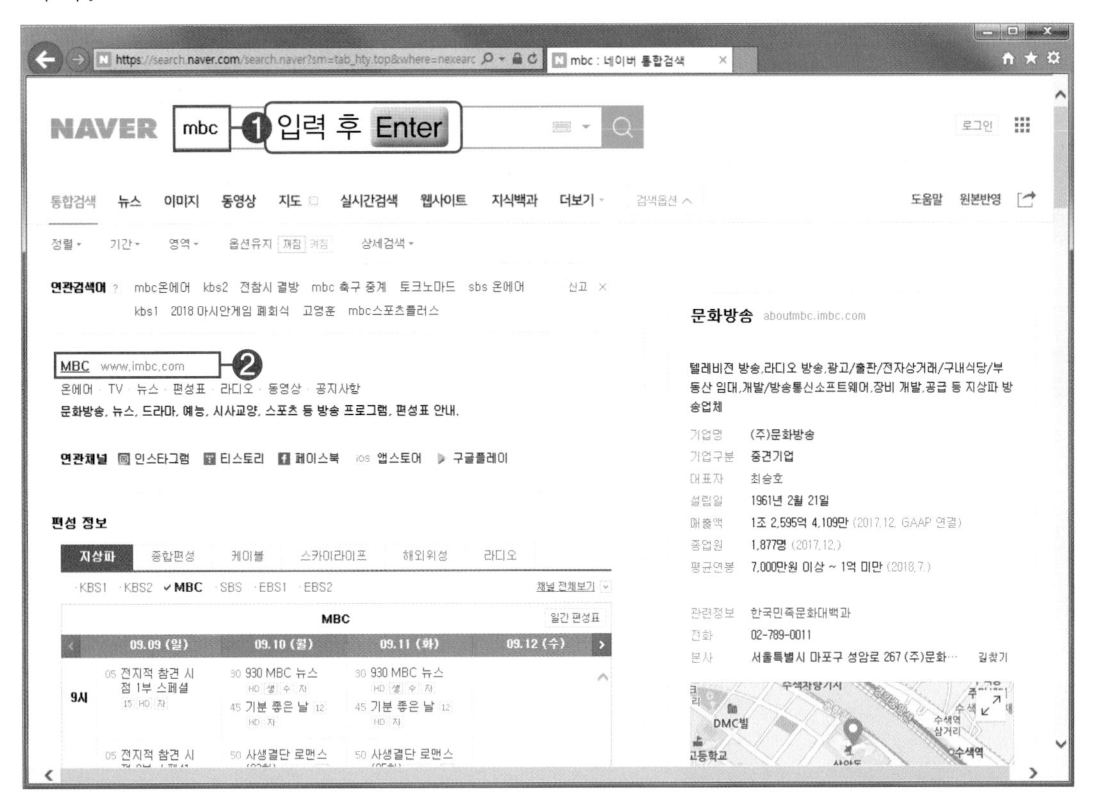

02 'MBC' 홈페이지로 이동되면 **[즐겨찾기(☆)]를 클릭**합니다. **[즐겨찾기에 추가] 옆에 있는 화살표(▼) 단추를 클릭**한 다음 **[즐겨찾기 모음에 추가]를 선택**합니다.

03 즐겨찾기 모음 표시줄이 나타납니다. 추가한 'MBC'가 등록된 것을 확인합니다.

배움터 [즐겨찾기 모음에 추가(☆)]를 클릭하면 현재 실행된 홈페이지가 즐겨찾기 모음에 바로 추가됩니다.

즐겨찾기로 홈페이지 이동하기

01 **[즐겨찾기(☆)]를 클릭**한 후, 즐겨찾기 목록에서 **'kbs 방송국'을 클릭**합니다.

02 'KBS' 홈페이지로 이동되는 것을 확인합니다.

03 즐겨찾기 모음 표시줄에서 **'TV보다 더 큰 세상 iMBC'를 클릭**합니다.

04 'MBC' 홈페이지로 바로 이동되는 것을 확인합니다.

05 **위쪽의 빈 영역을 마우스 오른쪽 단추로 클릭**한 후, 바로 가기 메뉴에서 **[즐겨찾기 모음]을 선택**해 체크를 해제합니다. 즐겨찾기 모음 표시줄이 숨겨집니다.

즐겨찾기 관리하기

폴더에 모아 관리하기

01 **'다음(www.daum.net)' 홈페이지로 이동**한 후 **[즐겨찾기( )]를 클릭**하여 **[즐겨찾기에 추가] 단추를 클릭**합니다.

02 [즐겨찾기 추가] 대화상자가 나타나면 **[이름]을 '다음'으로 입력**하고 **[새 폴더] 단추를 클릭**합니다. [폴더 만들기] 대화상자가 나타나면 **[폴더 이름]을 '검색사이트'로 입력**하고 **[만들기] 단추를 클릭**합니다.

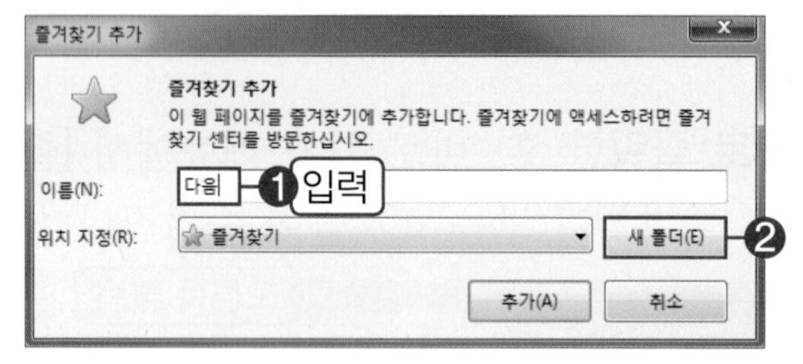

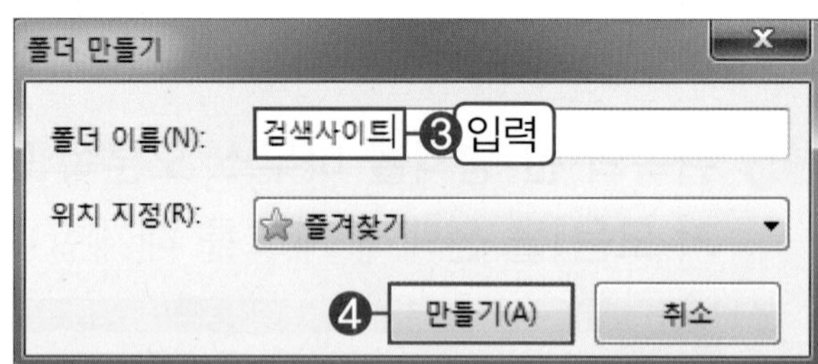

03 [즐겨찾기 추가] 대화상자에서 **[추가] 단추를 클릭**합니다.

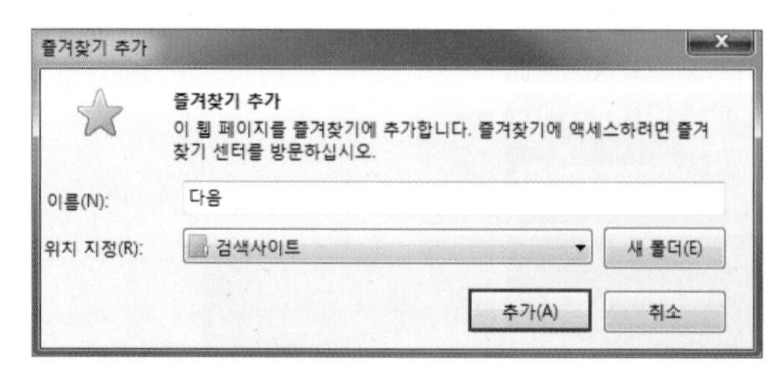

04 '구글(www.google.com)' 홈페이지로 이동한 후 [즐겨찾기(☆)]를 클릭하여 [즐겨찾기에 추가] 단추를 클릭합니다.

05 [즐겨찾기 추가] 대화상자가 나타나면 [이름]은 '구글'로 입력하고 [위치 지정]은 '검색사이트'로 선택한 후 [추가] 단추를 클릭합니다.

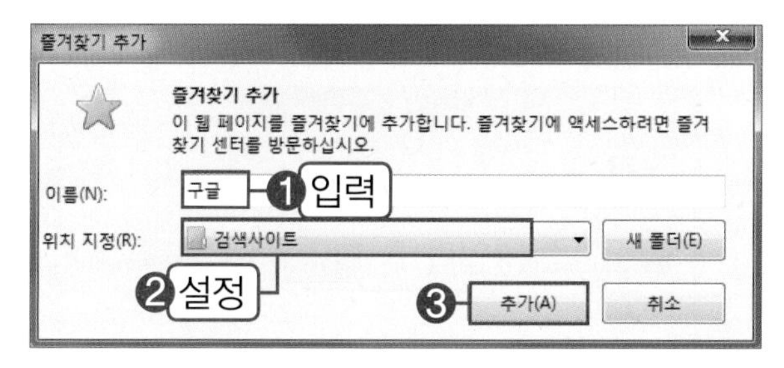

06 [즐겨찾기(☆)]를 클릭한 후, 즐겨찾기 목록에서 [검색사이트] 폴더를 클릭합니다. '구글'과 '다음' 홈페이지가 추가된 것을 확인합니다.

폴더 이름 변경하기

01 **[즐겨찾기(☆)]를 클릭**한 후, **[즐겨찾기에 추가] 옆에 있는 화살표(▼) 단추를 클릭**하고 **[즐겨찾기 관리]를 선택**합니다.

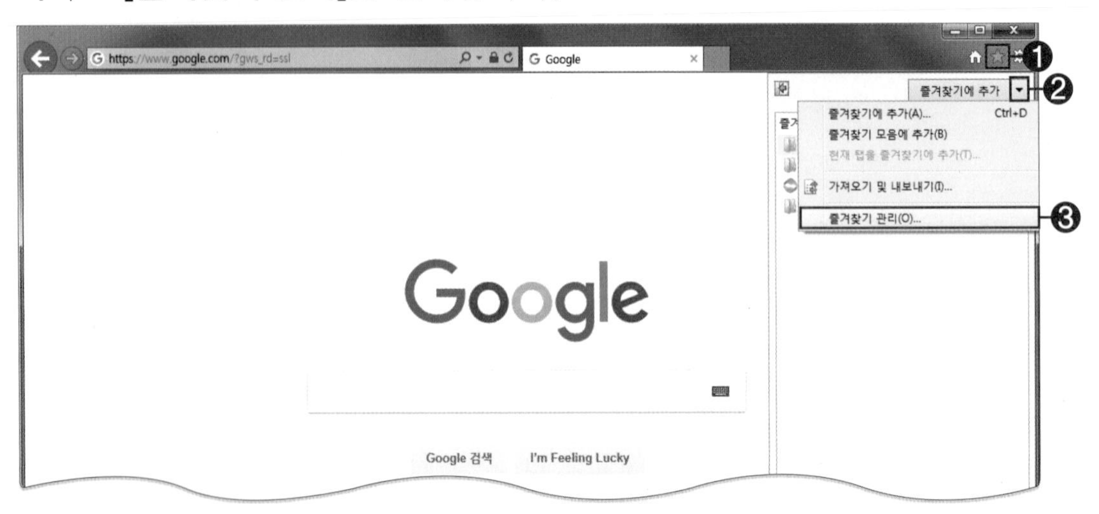

02 [즐겨찾기 관리] 대화상자가 나타나면 **'검색사이트'를 선택**한 후 **[이름 바꾸기] 단추를 클릭**합니다. 이름을 수정할 수 있는 상태로 변경되면 **'자주방문'으로 입력**하고 Enter **키**를 누릅니다.

배움터 이름을 변경할 대상을 선택한 후 F2 키를 누르거나 마우스 오른쪽 단추를 클릭해 바로 가기 메뉴에서 [이름 바꾸기]를 선택해 변경할 수도 있습니다.

즐겨찾기 이동과 삭제하기

01 **'kbs 방송국'을 선택**하여 **[자주방문] 폴더의 '구글'과 '다음' 사이로 드래그**합니다. 'kbs 방송국'이 이동되는 것을 확인합니다.

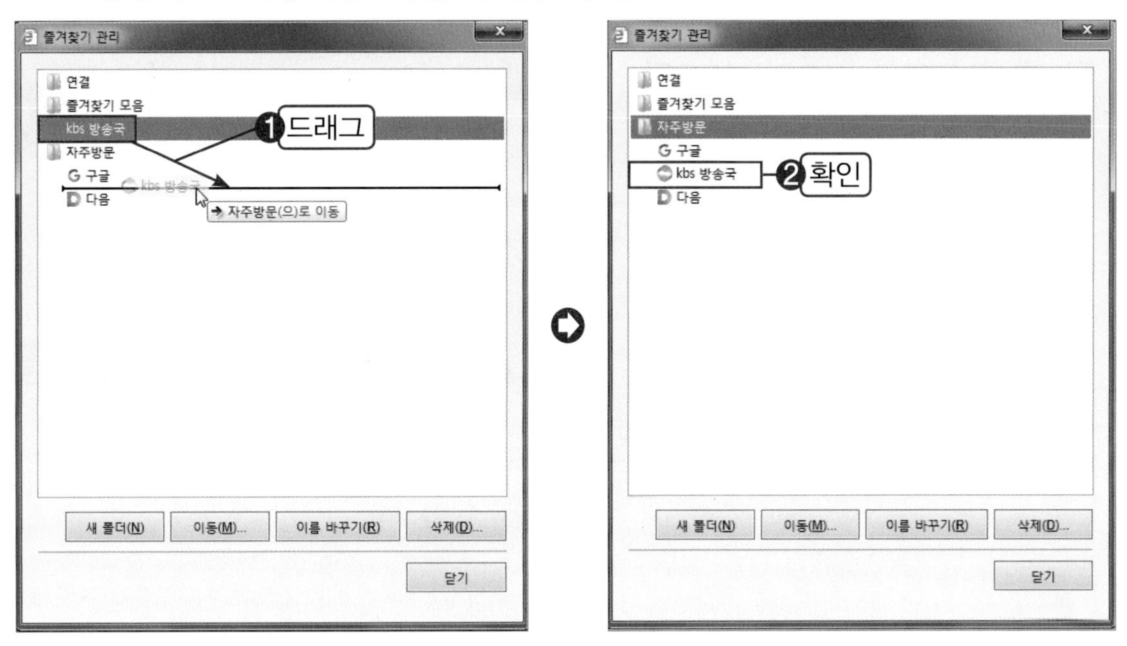

02 **'kbs 방송국'을 선택**한 후 **[삭제] 단추를 클릭**합니다. 즐겨찾기 목록에서 'kbs 방송국'이 삭제된 것을 확인한 후, **[닫기] 단추를 클릭**합니다.

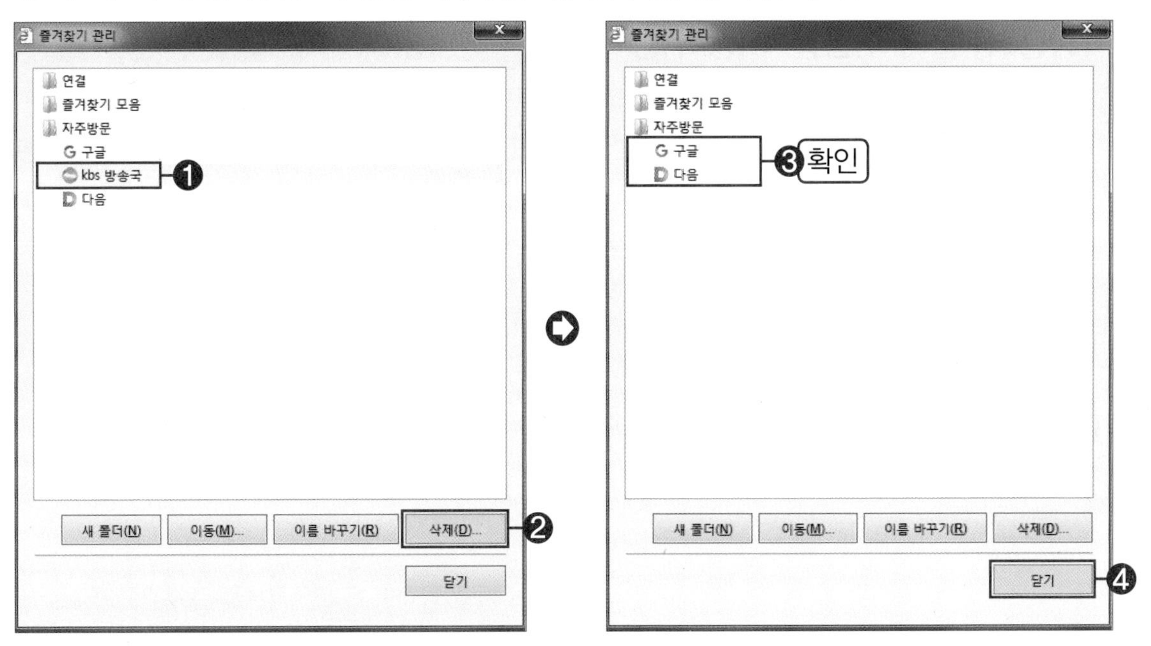

배움터 삭제할 대상을 선택한 후 Delete 키를 누르거나 마우스 오른쪽 단추를 클릭해 바로 가기 메뉴에서 [삭제]를 선택해 항목을 지울 수도 있습니다.

디딤돌학습

1 즐겨찾기에 [방송국] 폴더를 만든 후 'MBC', 'KBS', 'SBS', 'EBS' 홈페이지를 각각 즐겨찾기에 등록해 봅니다.

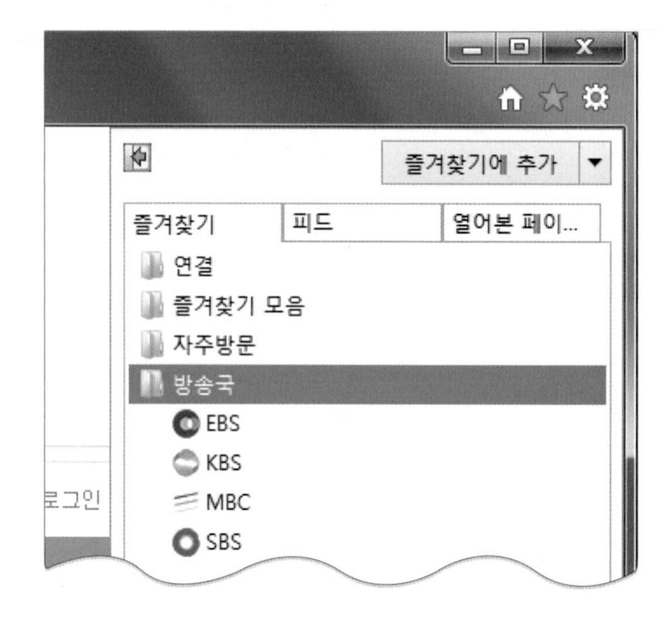

도움터
- MBC(www.imbc.com)
- KBS(www.kbs.co.kr)
- SBS(www.sbs.co.kr)
- EBS(www.ebs.co.kr)

2 [방송국] 폴더 이름을 '지상파 방송국'으로 변경한 후, [자주방문] 폴더와 함께 새로 만든 사용자 이름 폴더로 이동해 봅니다.

도움터 사용자 이름 폴더(여기서는 [홍길동] 폴더)는 [즐겨찾기 관리] 대화상자의 [새 폴더] 단추를 클릭하여 만들 수 있습니다.

03 나만의 메일주소 만들기

이번 장에서는 네이버 회원으로 가입하여 자신만의 메일 주소를 받는 방법에 대해 알아봅니다. 또한 메일 환경을 자신의 취향에 맞도록 설정하는 방법과 메일을 보내고 받은 메일을 읽어 보는 방법도 익혀보도록 하겠습니다.

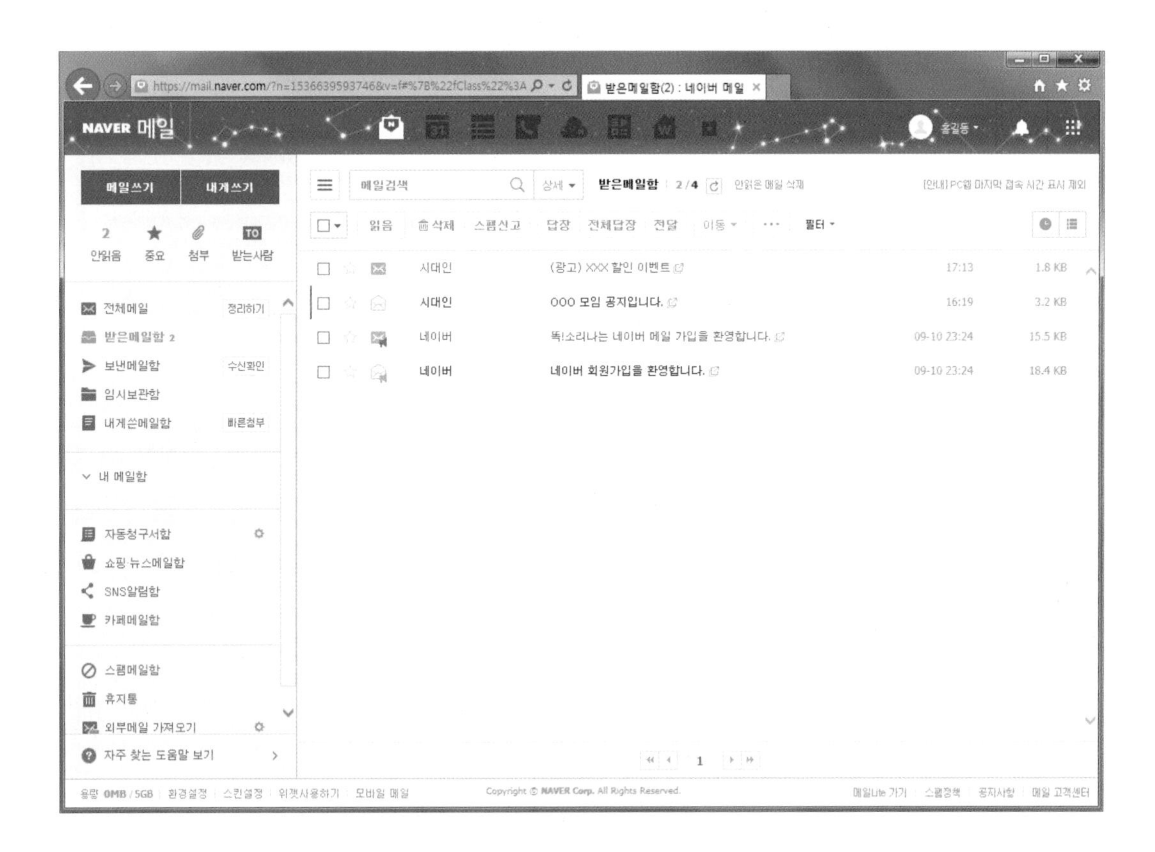

무엇을 배울까요?

- 회원 가입하기
- 로그인/로그아웃 하기
- 메일 환경 설정하기
- 메일 쓰고 확인하기
- 메일 삭제 및 스팸 등록하기

메일 계정 만들기

01 메일 계정을 만들기 위해 '네이버(www.naver.com)' 홈페이지에서 **[회원가입]** 을 **클릭**합니다.

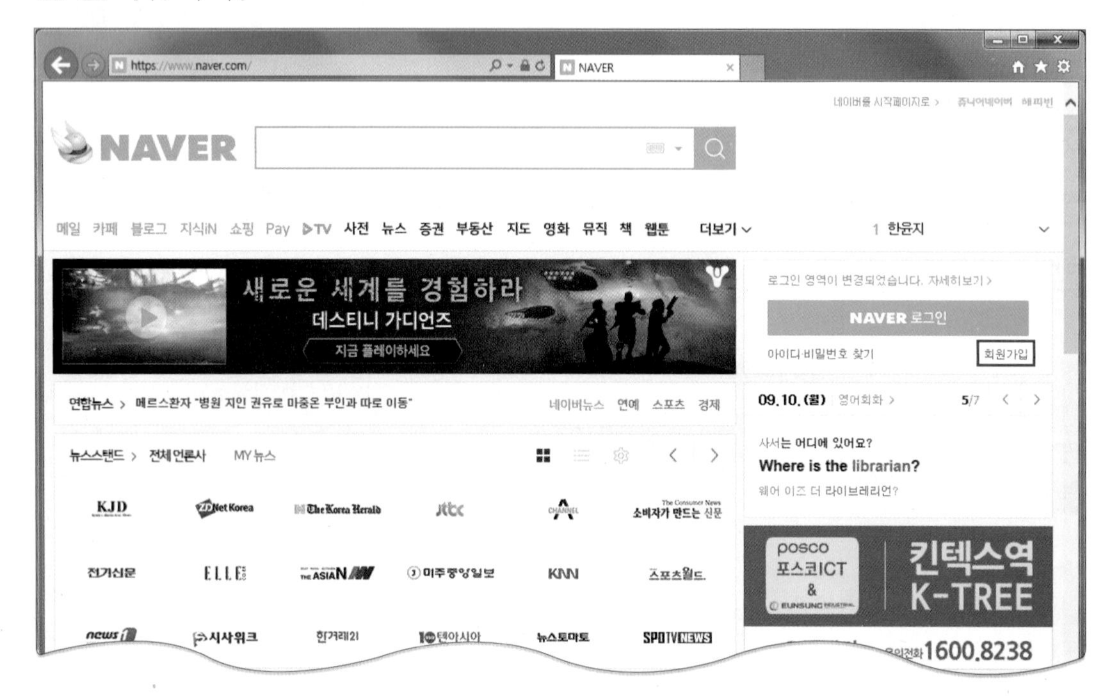

02 '이용 약관 동의'와 관련된 안내 화면이 나타나면 약관을 읽은 후, **'네이버 이용약관 동의(필수)'**와 **'개인정보 수집 및 이용에 대한 안내(필수)' 항목의** ⊘**을 클릭**하여 연두색으로 변경되는 것을 확인합니다. 화면 아래의 **[동의] 단추를 클릭**합니다.

03 '회원정보입력' 화면이 나타나면 **해당 내용을 입력**합니다.

배움터 네이버에서 새로운 아이디를 만들 경우 기존 네이버 사용자가 사용하는 아이디는 사용할 수 없습니다. 회원 가입 입력 화면의 아이디 입력란에 원하는 아이디를 입력하여 '멋진 아이디네요!'라는 메시지가 나와야 해당 아이디를 사용할 수 있습니다.

04 휴대폰으로 인증 번호를 받기 위해 자신의 **휴대폰 번호를 입력**하고 **[인증번호 받기] 단추를 클릭**합니다. '인증번호가 발송되었습니다.'라는 메시지가 나타나면 입력한 휴대폰 문자로 받은 **인증번호를 입력**한 후 **[확인] 단추를 클릭**합니다.

05 '인증이 성공했습니다.'라는 메시지가 나타나면 **[가입하기] 단추를 클릭**합니다.

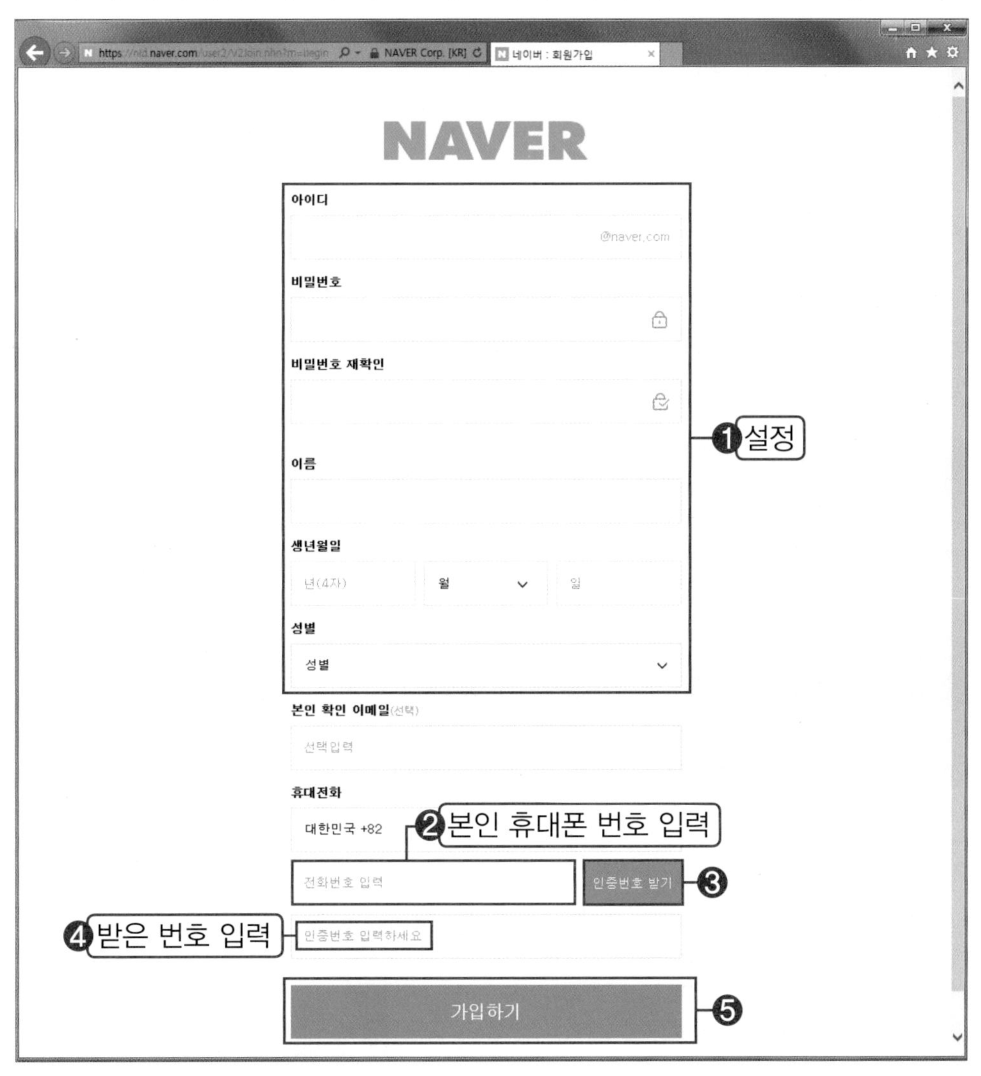

06 '환영합니다!'라는 메시지와 함께 회원가입을 알리는 내용이 나타나면 **[시작하기] 단추를 클릭**합니다.

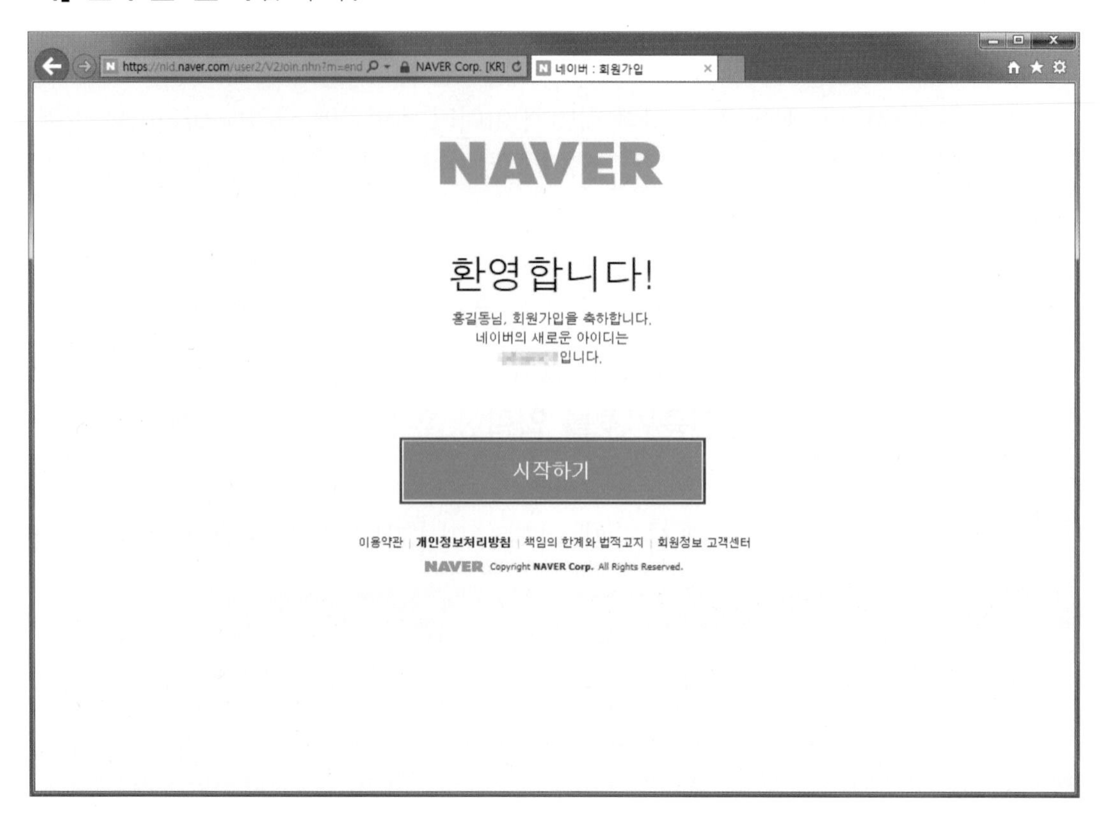

07 '네이버' 홈페이지의 첫 화면으로 이동되면서 오른쪽 위에 자신의 이름과 함께 간단한 정보가 표시됩니다. **[로그아웃] 단추를 클릭**합니다.

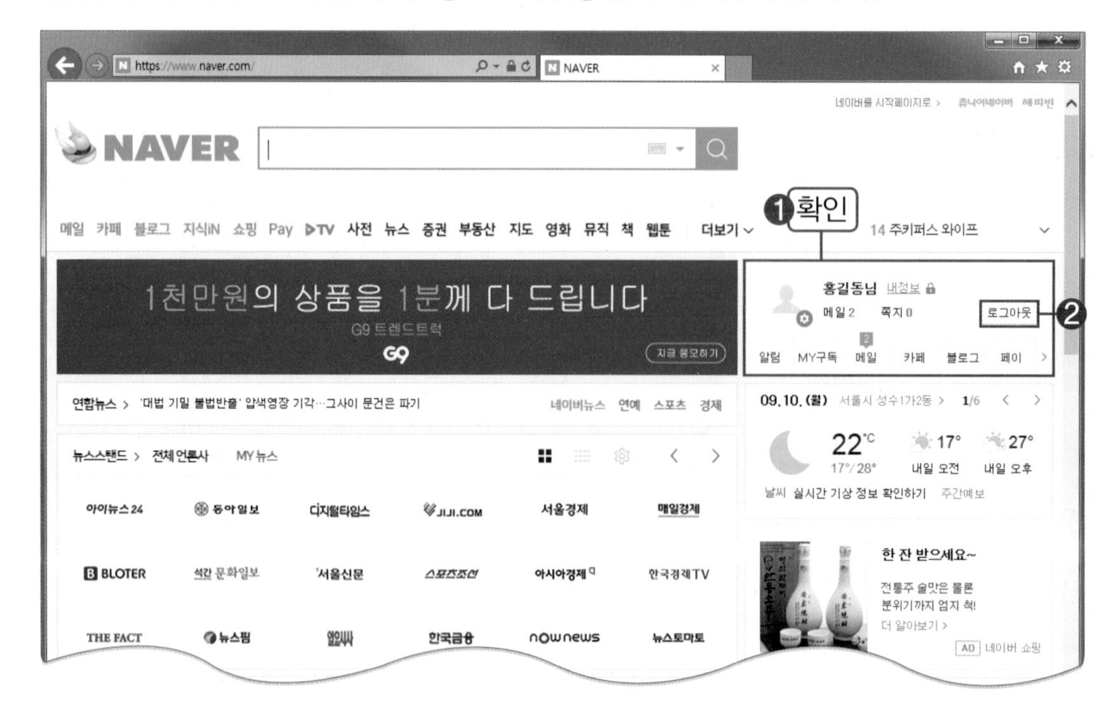

배움터 네이버 홈페이지에서 메일 사용 및 여러 서비스를 이용하기 위해서는 회원으로 로그인해야 하므로 자신이 가입한 아이디와 비밀번호는 꼭 기억해 두도록 합니다.

02 메일 환경 설정하기

01 '네이버' 홈페이지의 첫 화면에서 **[NAVER 로그인]을 클릭**합니다.

02 아이디 입력란과 비밀번호 입력란에 자신의 **아이디와 비밀번호를 각각 입력**한 후 **[로그인] 단추를 클릭**합니다.

03 처음 로그인하면 연락처 정보 업데이트 안내 화면이 나타납니다. 등록하고 [저장] 단추를 클릭하거나 **[다음에 하기]를 클릭**합니다. [다음에 하기]를 클릭하면 한 달 후 다시 안내 화면이 나온다는 메시지가 나타납니다. **[확인] 단추를 클릭**합니다.

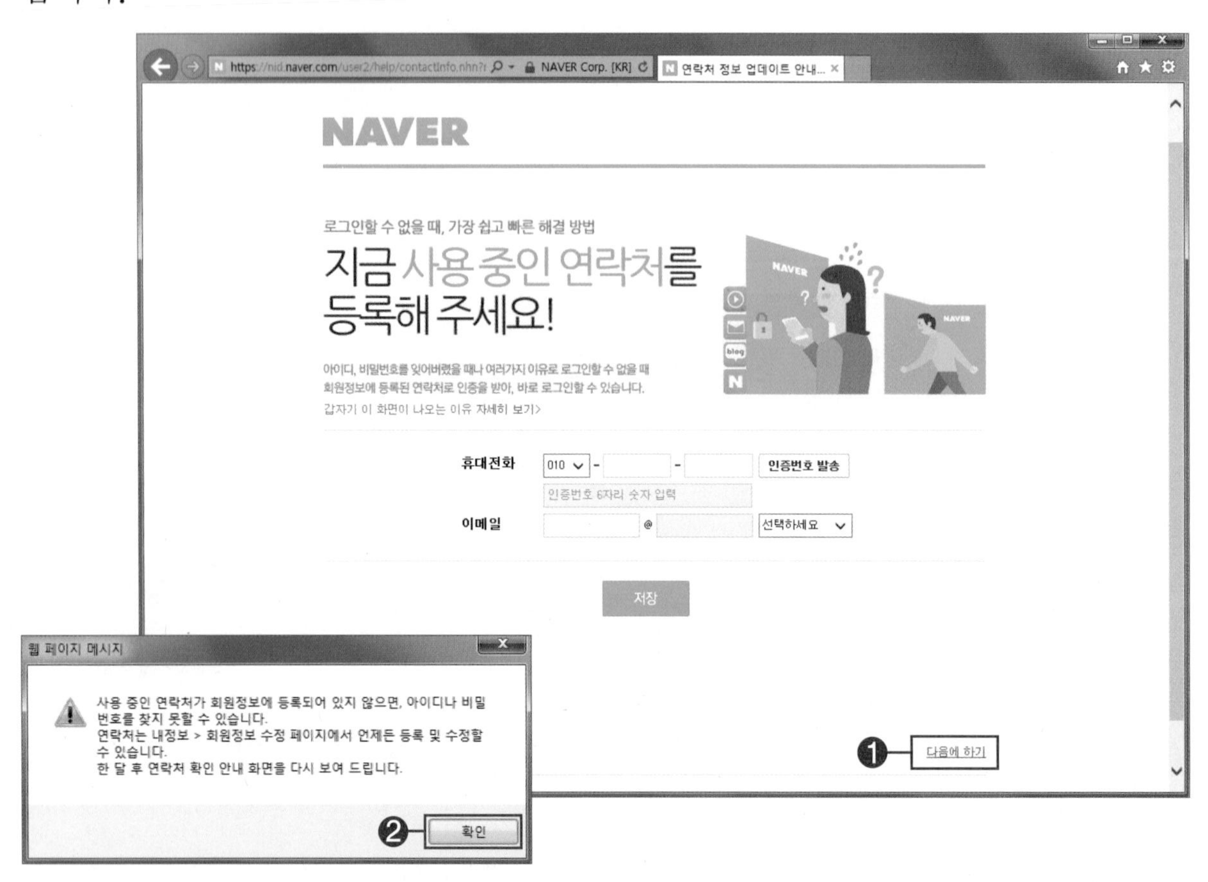

04 화면의 오른쪽 위에 자신의 이름과 함께 나타난 간단한 정보 중 **[메일]을 클릭**합니다.

05 메일함을 처음 열면 네이버 메일의 스킨을 선택하라는 메시지가 나타납니다. 원하는 **스킨 디자인을 선택하고 >를 클릭**합니다.

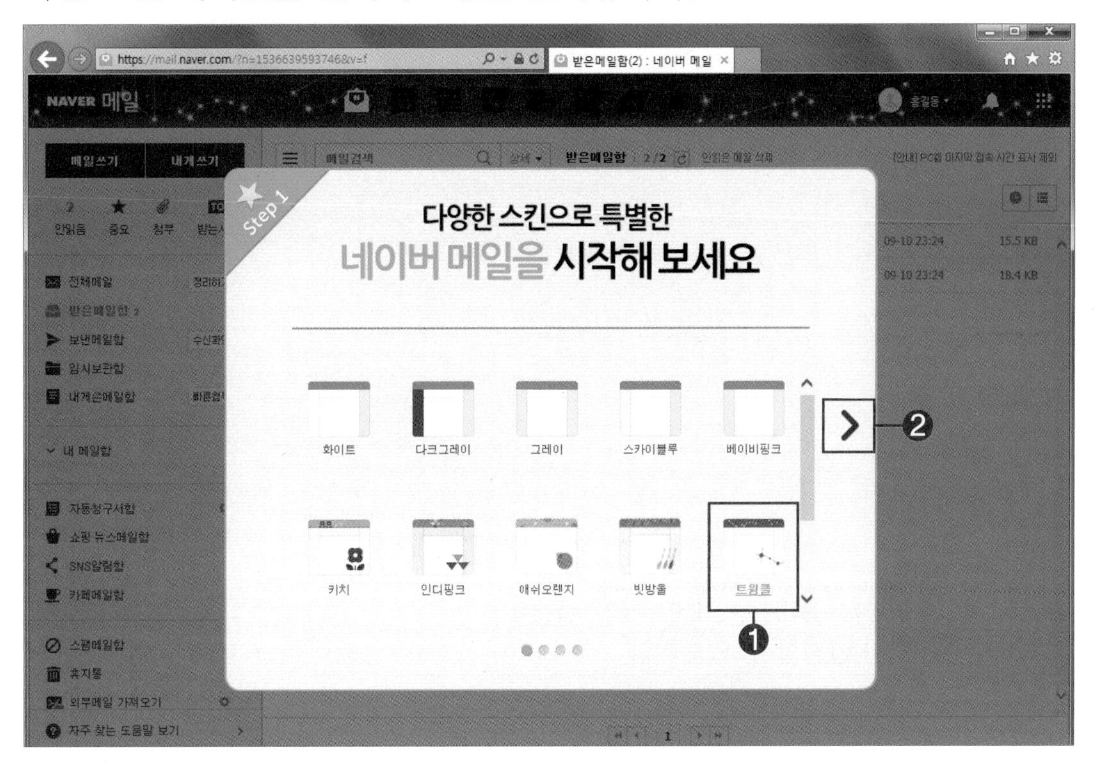

06 계속해서 **>**를 선택하여 'Step 4'까지 환경을 설정한 후 **[받은메일함 가기] 단추를 클릭**합니다.

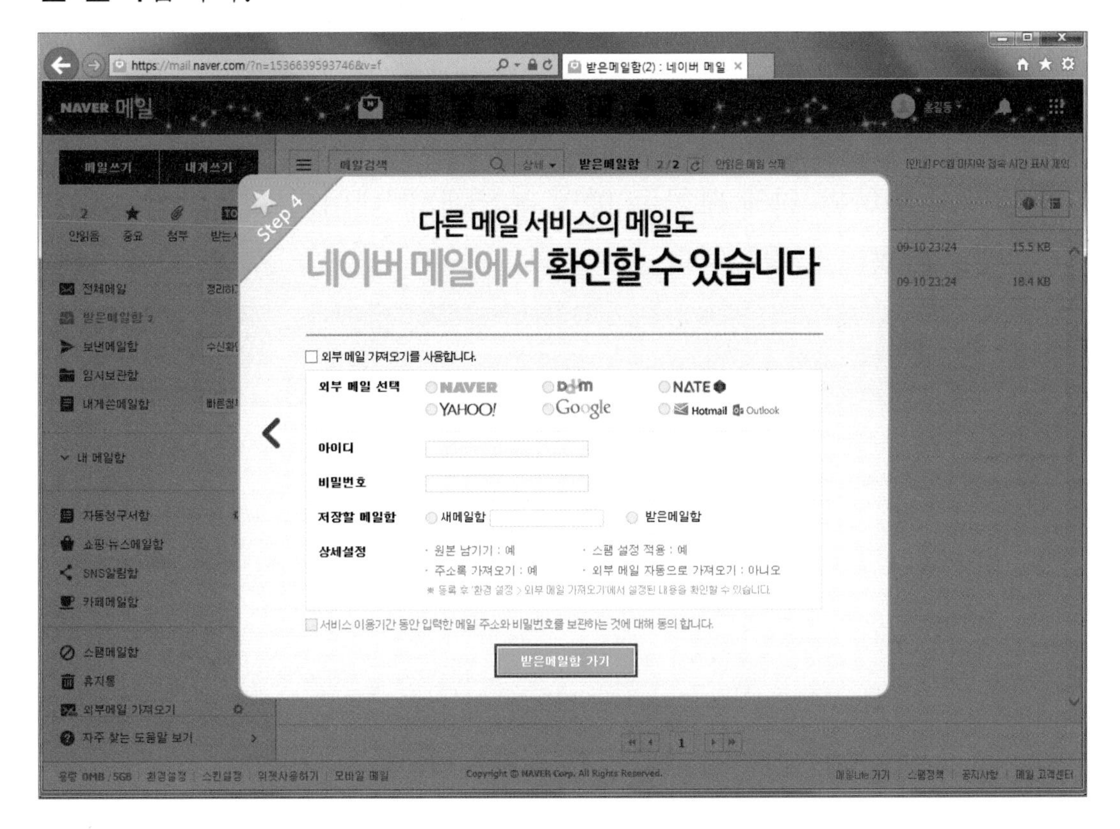

배움터 해당 단계는 한 번만 실행하면 다음부터는 자동 실행되지 않습니다.

07 'NAVER 메일' 페이지가 실행되면 선택한 스킨 설정이 적용된 것을 확인합니다.

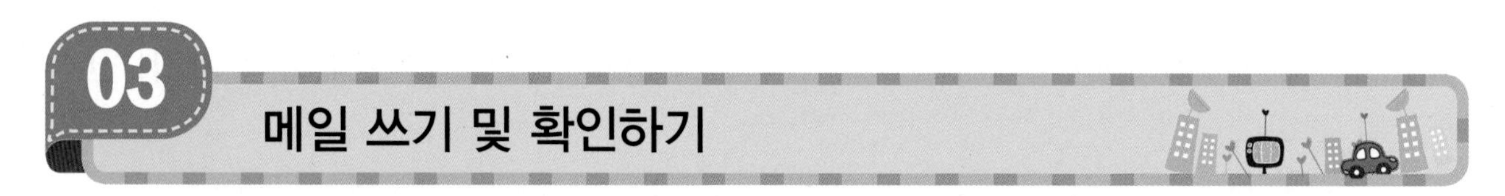

받은 메일 확인하기

01 받은 메일을 확인하기 위해 오른쪽 메일 목록에서 '네이버 회원가입을 환영합니다.'라는 **메일 제목을 클릭**합니다.

02 선택한 메일의 내용을 확인합니다.

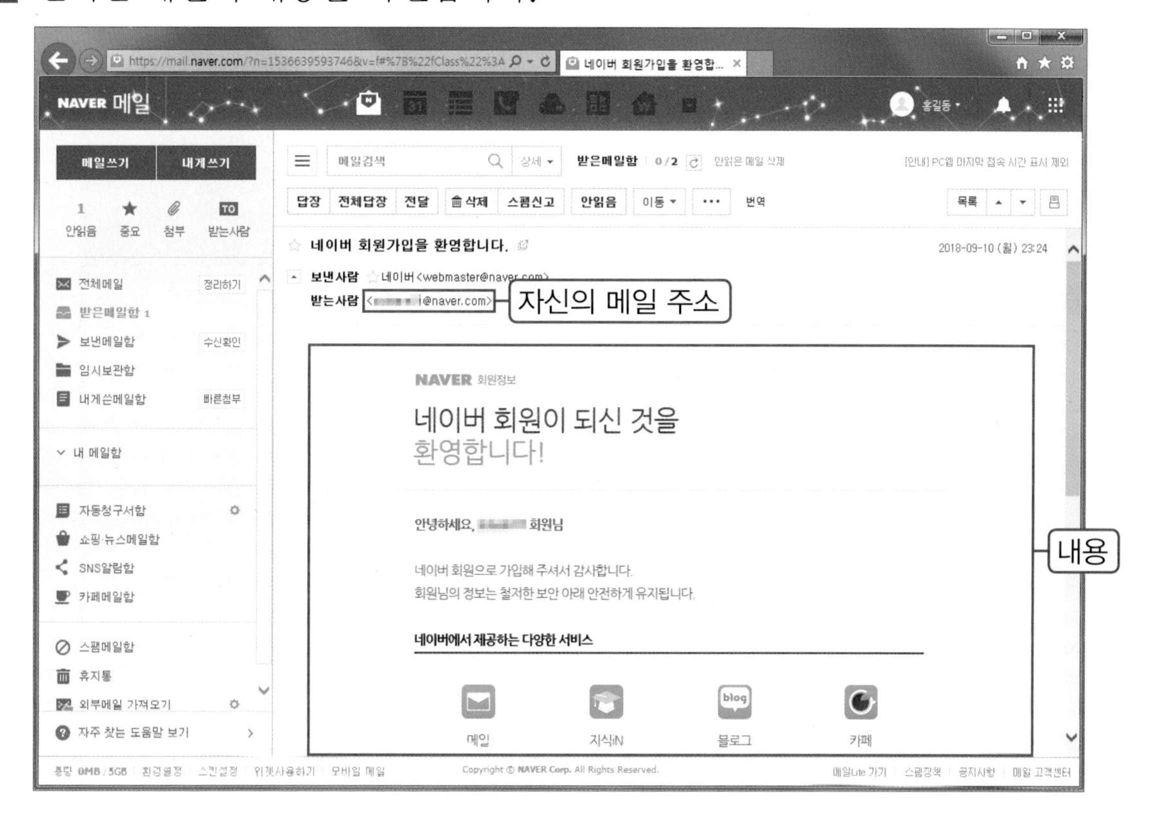

03 왼쪽 메뉴에서 **[받은메일함]을 클릭**해 받은 메일 목록을 확인합니다. 읽은 메일은 열린 봉투 모양( )으로 표시되고 읽지 않은 메일은 닫힌 봉투 모양( )으로 표시됩니다.

다른 사람에게 메일 쓰기

01 왼쪽 메뉴에서 **[메일쓰기]를 클릭**합니다. [받는 사람] 입력란에 메일을 받을 사람의 **메일 주소를 입력**한 후, **제목과 내용을 입력**합니다.

배움터 자신의 메일 주소를 다른 사람에게 알려 주어야 메일을 받을 수 있습니다.
예 네이버 메일 주소 : 자신의 아이디@naver.com

02 Ctrl + A **키**를 눌러 입력한 글자를 모두 선택하고, 내용 입력란 위쪽의 10pt 를 **클릭**한 후 [14pt]로 설정합니다.

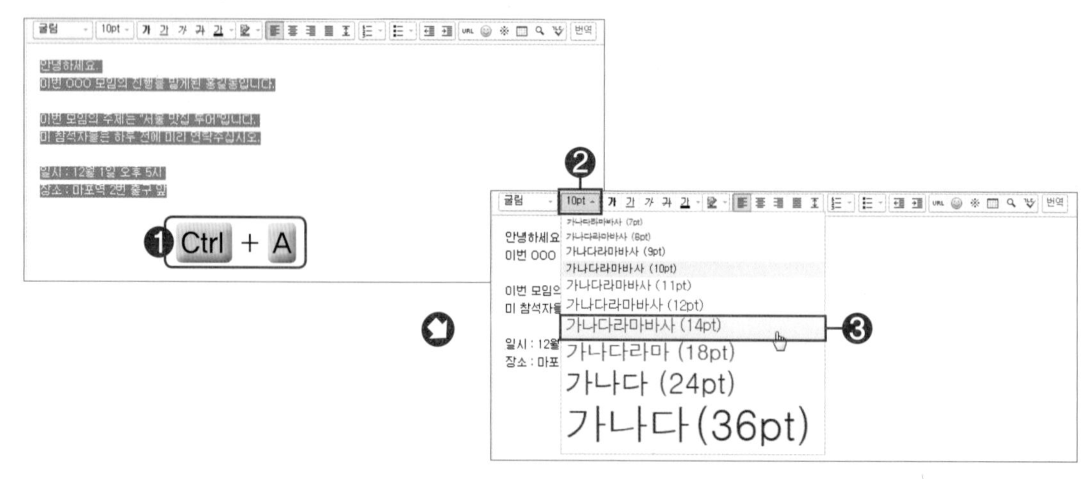

03 이번에는 **마우스로 드래그**하여 글자 일부분만 선택한 후, 내용 입력란 위쪽의 가 ▾**의 ▼를 클릭**한 후 **색상을 지정**합니다.

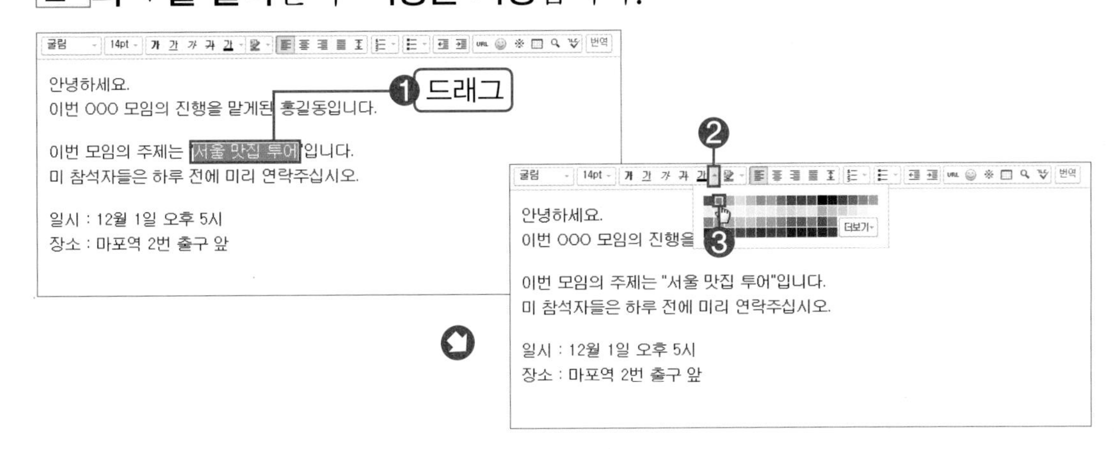

배움터 **설정한 색이랑 달라보여요.**

블록(범위 선택)이 잡힌 상태에서는 글자 색은 반전되어 표시됩니다.

04 클릭하여 **커서의 위치를 이동**한 후, 내용 입력란 위쪽의 ☺를 **클릭**하여 **이모티콘을 선택**합니다.

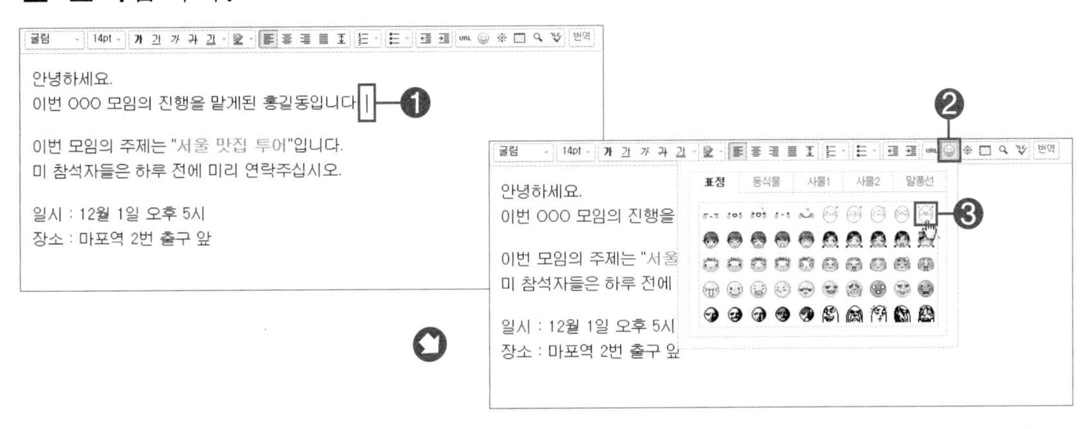

05 메일 내용을 모두 꾸몄으면 **[보내기] 단추를 클릭**합니다.

06 '메일을 성공적으로 보냈습니다.'라는 메시지가 나타납니다.

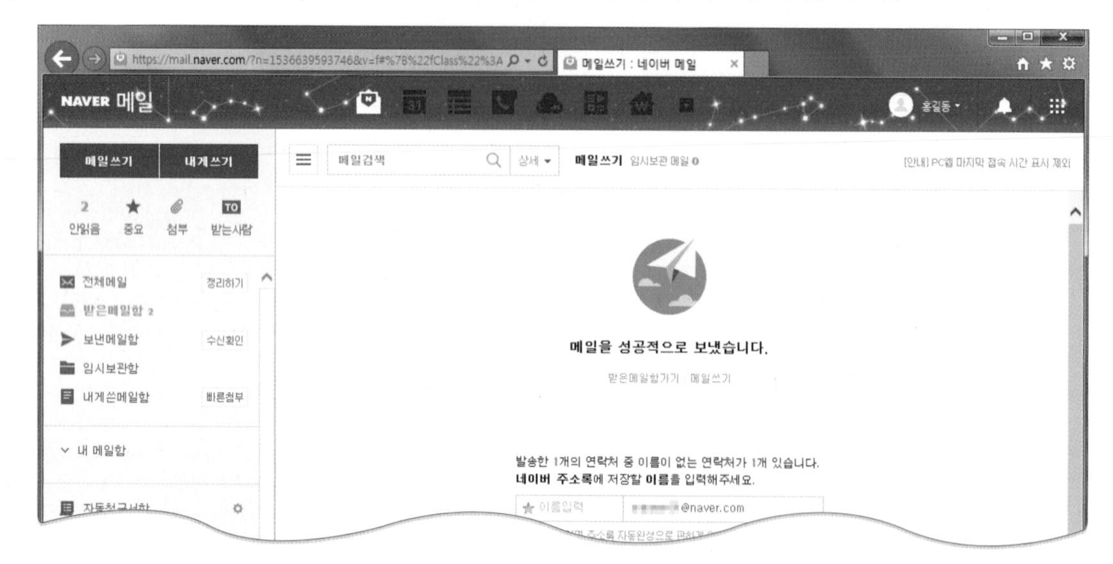

07 왼쪽 메뉴의 **[보낸메일함]을 클릭**해 보낸 메일을 확인합니다.

08 [보낸메일함] 옆의 **[수신확인] 단추를 클릭**하여 받는 사람이 메일을 확인했는지 유무를 확인합니다.

메일함 관리하기

메일 삭제하기

01 [받은메일함]에서 **삭제할 메일 앞의 □를 클릭**하여 체크 표시한 후 **[삭제] 단추를 클릭**합니다.

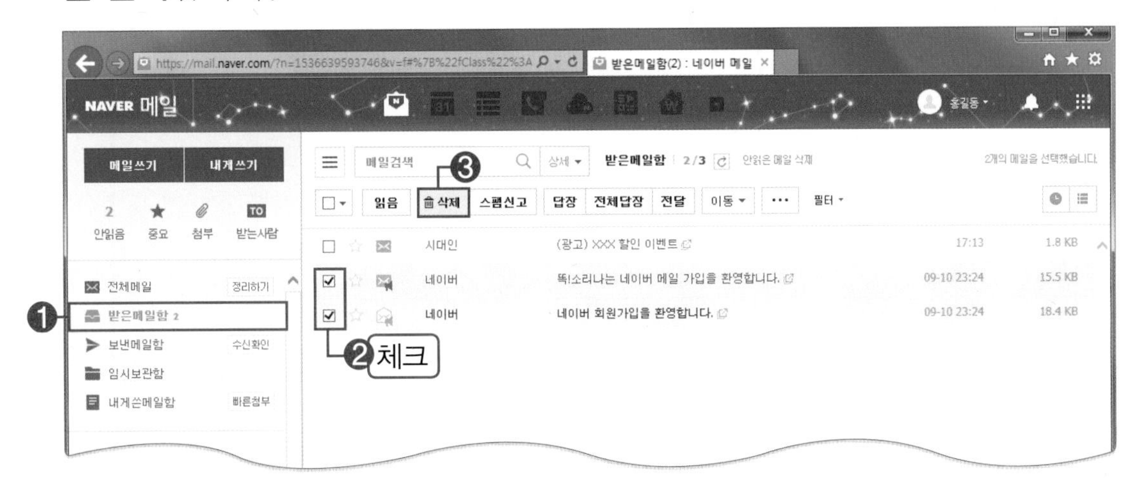

02 선택한 메일이 삭제되면 왼쪽 아래에서 **[휴지통]을 클릭**하여 삭제된 메일이 휴지통에 보관되어 있는 것을 확인합니다. □▾**를 클릭(체크)**하여 모두 선택하고 **[영구삭제] 단추를 클릭**합니다. [웹 페이지 메시지] 대화상자가 나타나면 **[확인] 단추를 클릭**합니다.

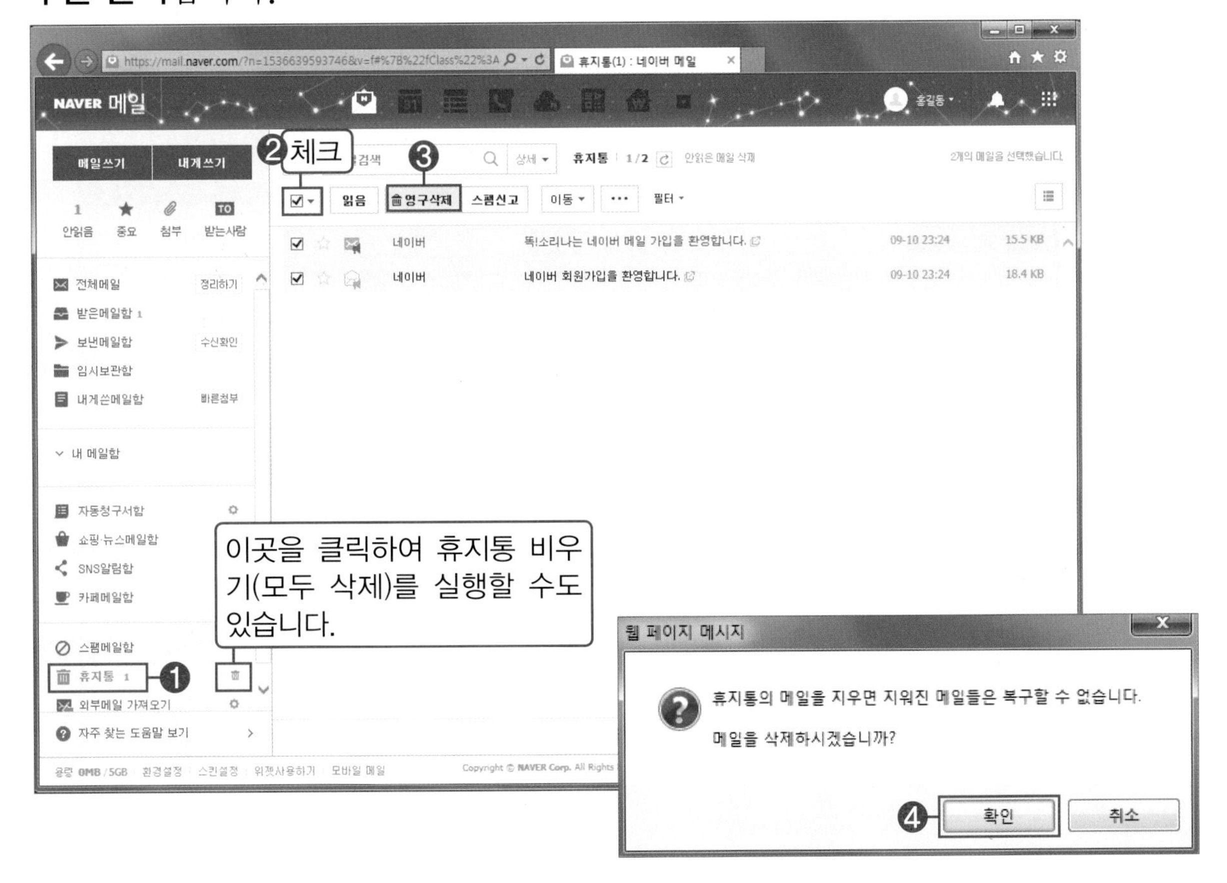

스팸 신고하기

01 [받은메일함]에서 스팸으로 처리할 **메일을 선택**한 후 **[스팸신고] 단추를 클릭**합니다.

> **배움터** 메일 목록에서 [전체 선택(☐▾)]을 클릭하면 메일함의 모든 메일을 한 번에 선택할 수 있습니다.

02 [스팸메일 신고하기] 창이 나타나면 **'선택한 메일주소 수신 차단하기' 항목을 체크 표시**한 후 **[확인] 단추를 클릭**합니다.

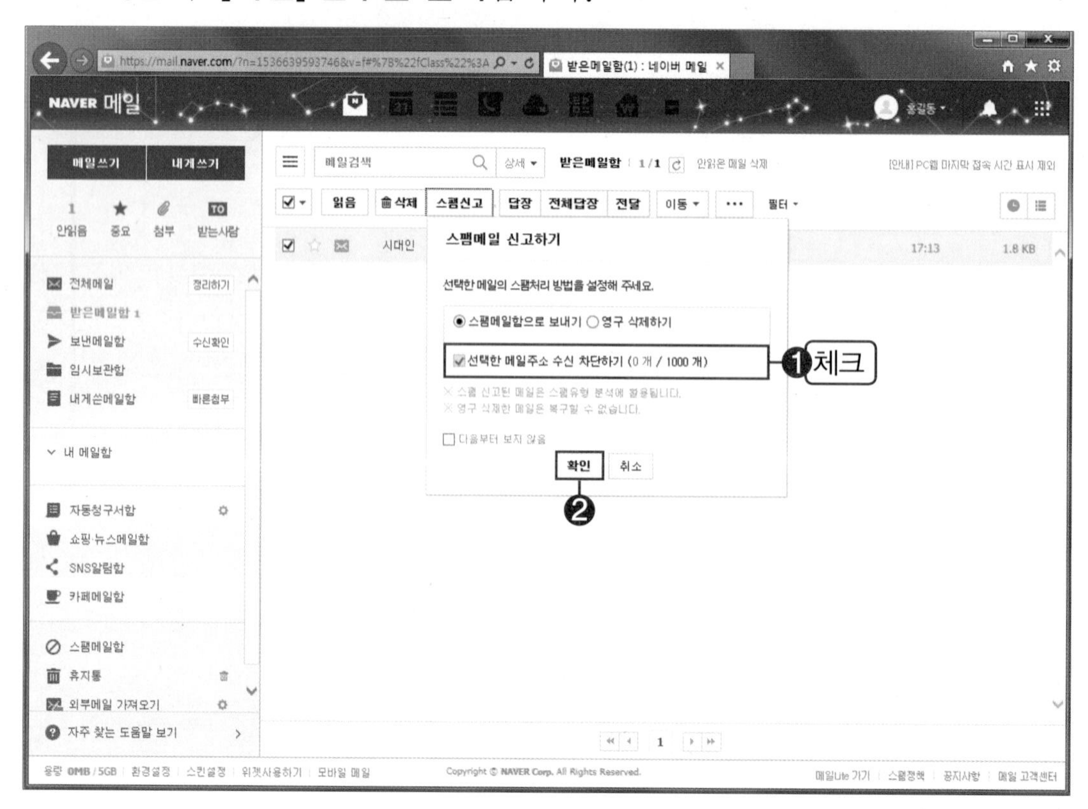

스팸 해제하기

01 왼쪽 메뉴의 **[스팸메일함]을 클릭**해 등록된 메일이 보관되어 있는 것을 확인합니다. **[스팸메일함]에서 스팸 등록을 해제할 메일을 선택**하고 **[스팸해제] 단추를 클릭**합니다. [웹 페이지 메시지] 대화상자가 나타나면 **[확인] 단추를 클릭**합니다.

02 [스팸메일함]에서 선택한 메일이 사라집니다. **[받은메일함]에서 확인**합니다.

03 오른쪽 위의 **사용자 이름(또는 별칭) 부분을 선택**한 후 **[로그아웃] 단추를 클릭**합니다.

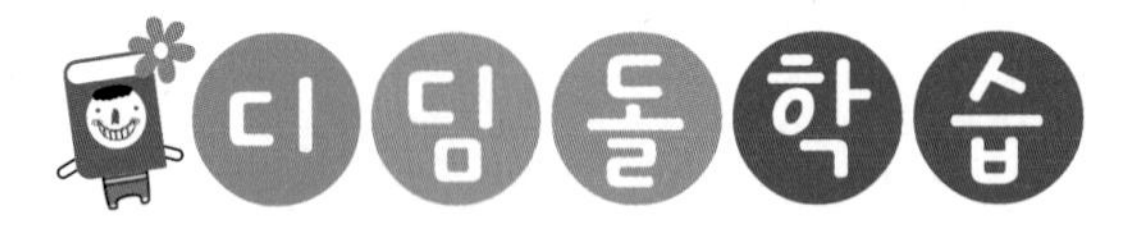

1 '네이트(www.nate.com)' 홈페이지에 접속한 후 회원가입을 해 봅니다.

2 네이트에서 메일을 작성해 보내 봅니다.

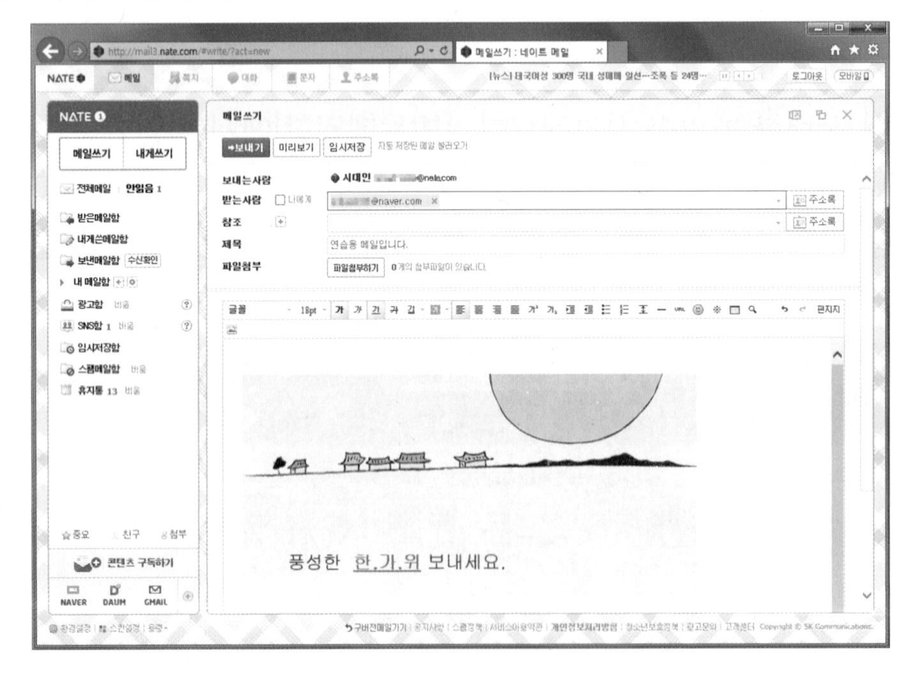

도움터

[메일쓰기]를 클릭한 후 내용 입력란 위쪽의 서식 도구 중 [편지지]를 클릭하면 제공되는 이미지를 내용 입력란의 배경으로 설정할 수 있습니다.

04 인터넷으로 실시간 대화하기

이번 장에서는 인터넷 환경에서 실시간으로 대화를 하거나 파일을 주고받기 위해 네이트온 프로그램을 다운로드 받아 내 컴퓨터에 설치하는 방법에 대해 알아봅니다. 또한 친구를 추가하여 한 명, 혹은 여러 명과 함께 대화하는 방법과 자신의 환경에 맞게 네이트온 프로그램의 환경을 설정하는 방법도 익혀보도록 하겠습니다.

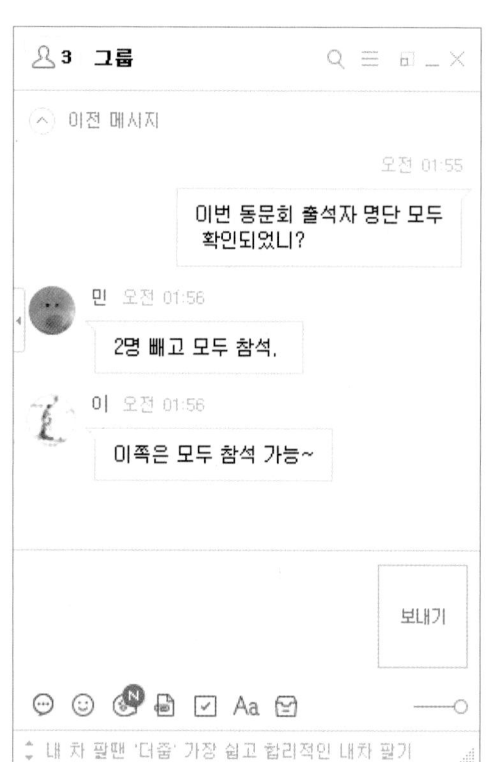

무엇을 배울까요?

- 네이트온 프로그램 다운로드와 설치하기
- 친구 추가하고 대화하기
- 이모티콘과 그림 파일 주고받기
- 네이트온 환경 설정하기

네이트온 다운로드 및 설치

프로그램 다운로드와 설치

01 '네이트(www.nate.com)' **홈페이지에 접속**한 후, 오른쪽 위에서 **[네이트온]을 클릭**합니다.

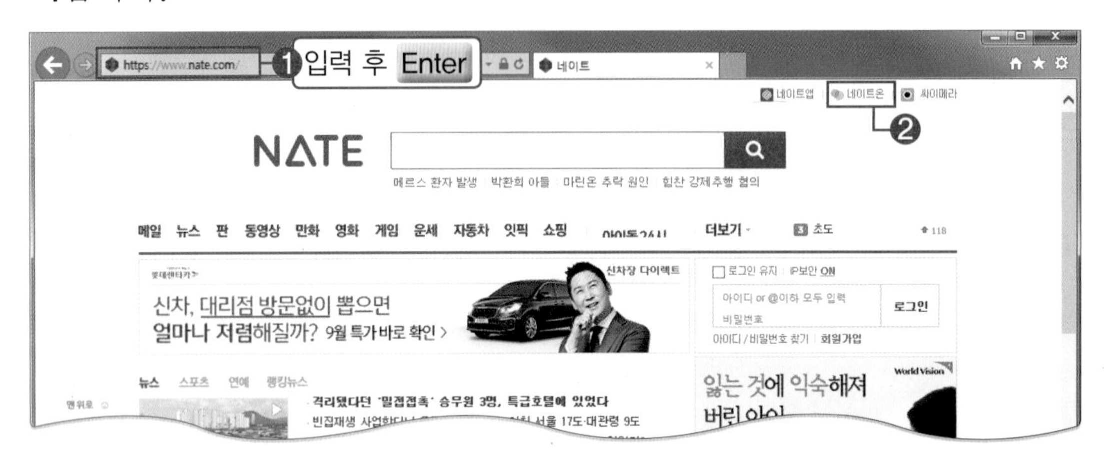

02 'NATE ON' 페이지가 나타나면 Windows **를 클릭**합니다.

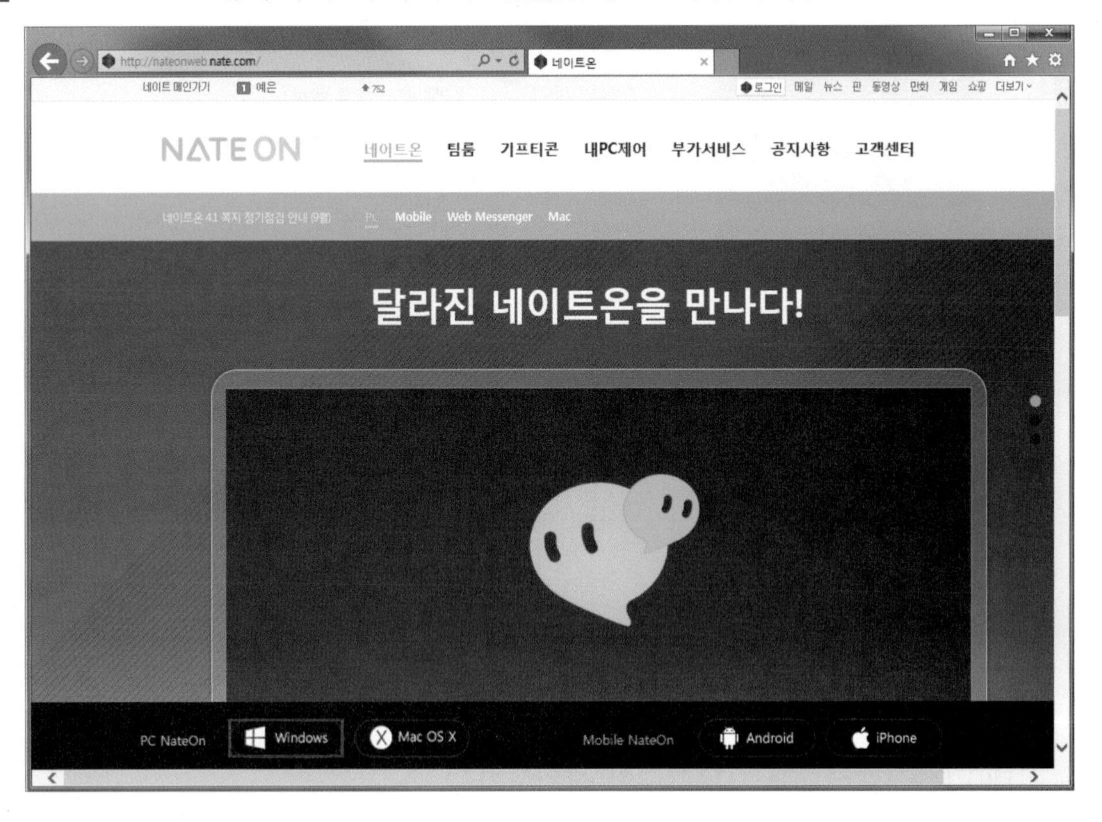

03 화면 아래쪽에 실행하거나 저장할 것인지를 묻는 메시지가 나타나면 **[실행] 단추를 클릭**합니다.

nateondownload.nate.com의 NATEON60.exe(12.3MB)을(를) 실행하거나 저장하시겠습니까? 실행(R) 저장(S) 취소(C)

04 다운로드가 완료되면 [네이트온 설치 프로그램] 창이 나타납니다. 약관을 읽고 **'사용권 계약의 조항에 동의합니다.' 항목을 선택**한 후 **[다음] 단추를 클릭**합니다.

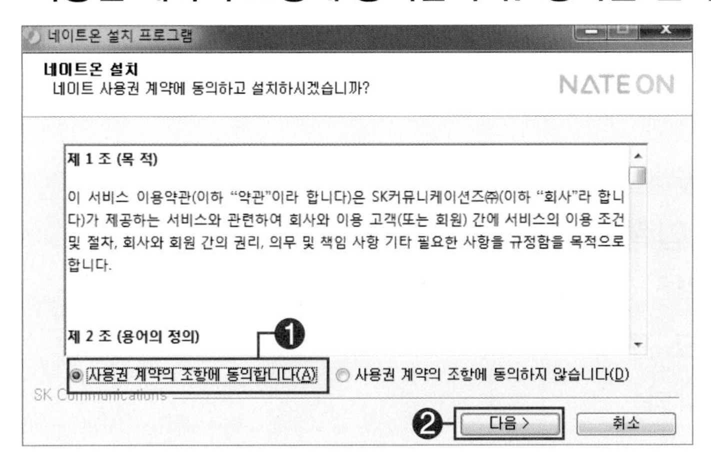

05 설치할 구성 요소 선택 항목에서 **설치할 항목만 체크 표시**한 후 **[설치] 단추를 클릭**합니다.

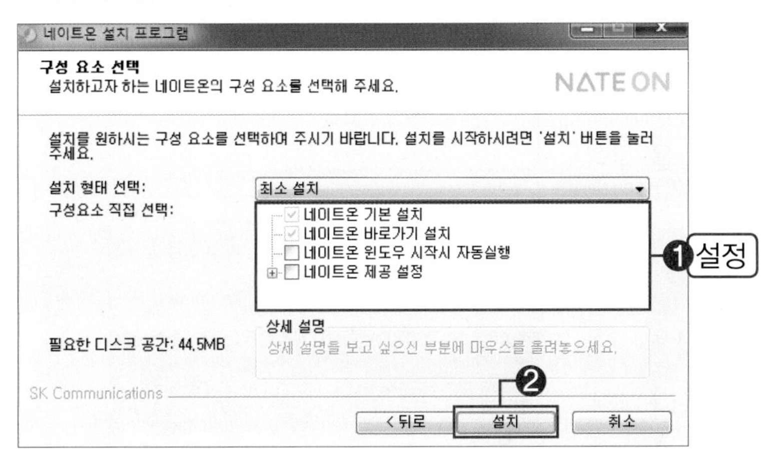

06 설치가 성공적으로 완료되면 **[닫음] 단추를 클릭**하여 네이트온 프로그램이 자동으로 실행되는 것을 확인합니다.

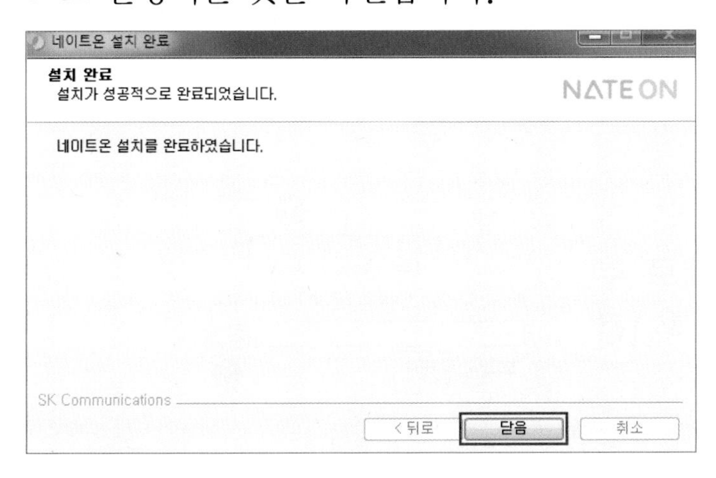

02 친구 추가와 대화하기

친구 추가하기

01 **'네이트온 메신저' 프로그램을 실행**하여 **자신의 아이디(가입 시 입력한 메일 주소)**와 **비밀번호를 입력**한 후 **'자동으로 로그인' 항목을 체크 표시**하고 **[로그인] 단추를 클릭**합니다.

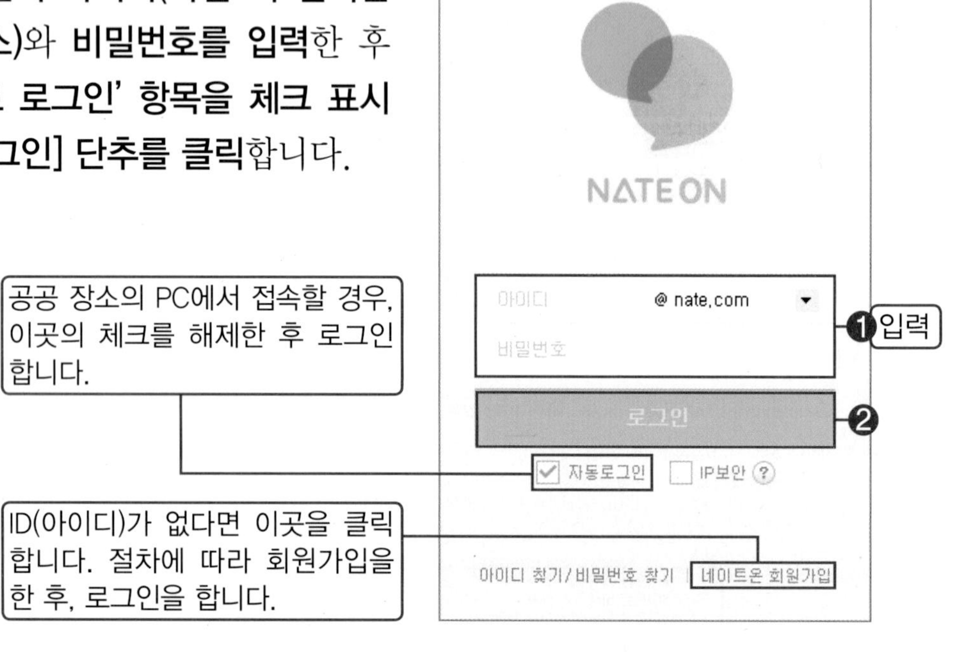

02 프로필을 변경하라는 메시지가 나타나면 ☒를 **클릭**해 닫기합니다. 친구를 추가하기 위해 **[친구 추가하기(+)]를 클릭**합니다.

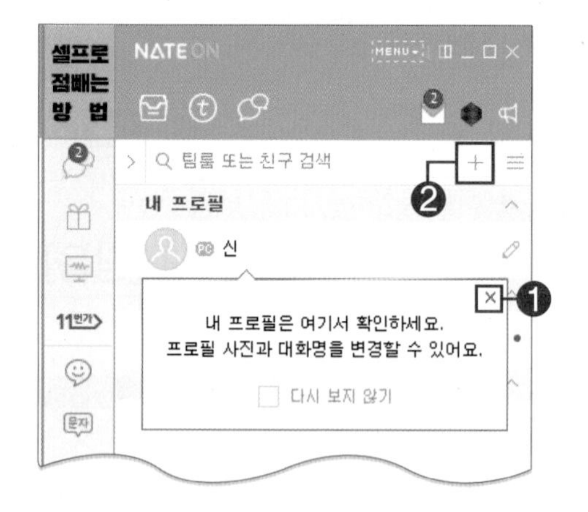

03 [친구 추가] 대화상자가 나타나면 [친구찾기] 탭에서 **대화상대로 추가할 사람의 아이디를 입력**한 후 **[검색] 단추를 클릭**합니다.

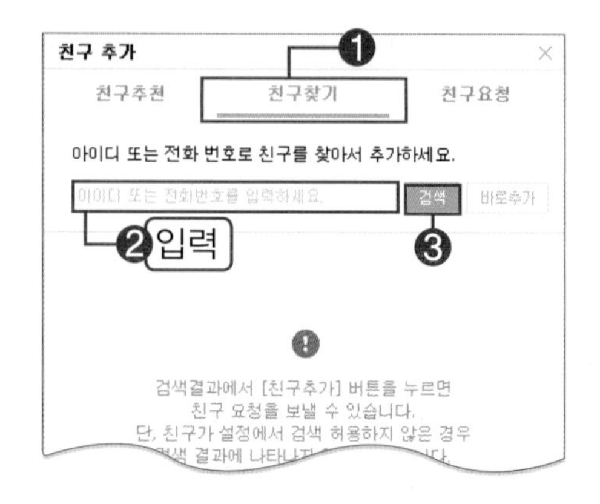

04 검색 결과에서 **[친구 추가] 단추를 클릭**합니다. 새로운 친구 목록에 추가됩니다.

05 상대방에게 보낼 **요청 메시지를 입력**하고 **[친구 추가] 단추를 클릭**합니다. '친구 추가 요청을 완료하였습니다.'라는 메시지가 나타나면 다시 **[확인] 단추를 클릭**합니다.

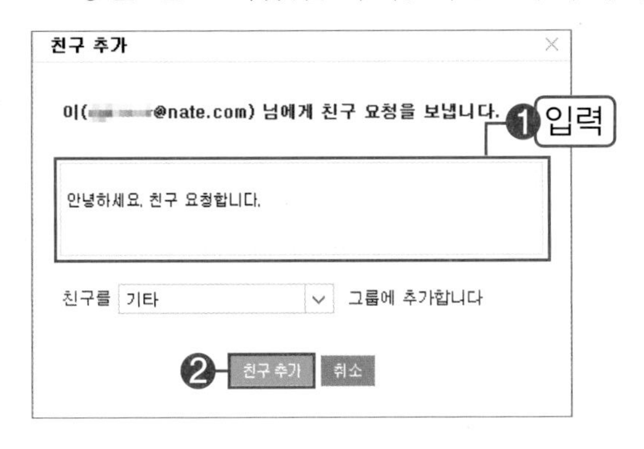

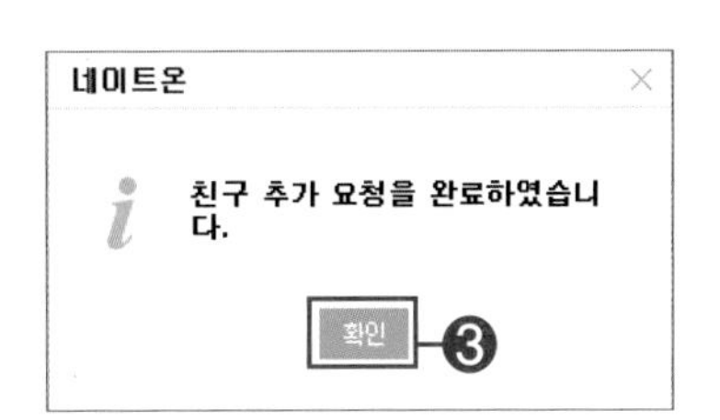

배움터 친구 요청을 받은 상대방의 경우

상대방에게 [친구 요청] 대화상자가 나타납니다. 이때 상대방이 [수락하기] 단추를 클릭하면 대화가 가능해집니다.

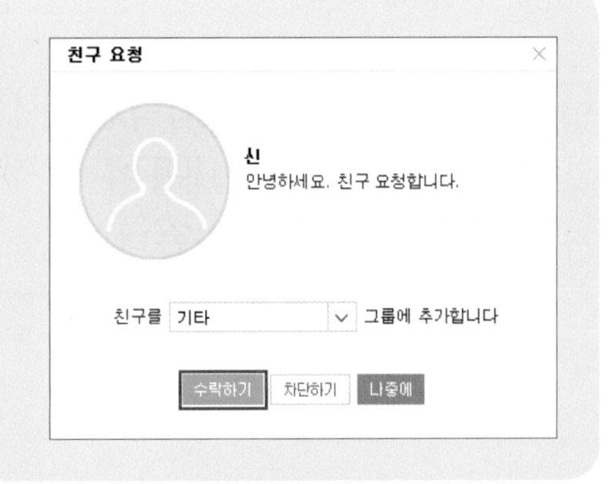

06 [친구 추가] 대화상자를 닫고 네이트온 목록을 살펴봅니다. 추가한 친구가 목록에 표시된 것을 확인할 수 있습니다.

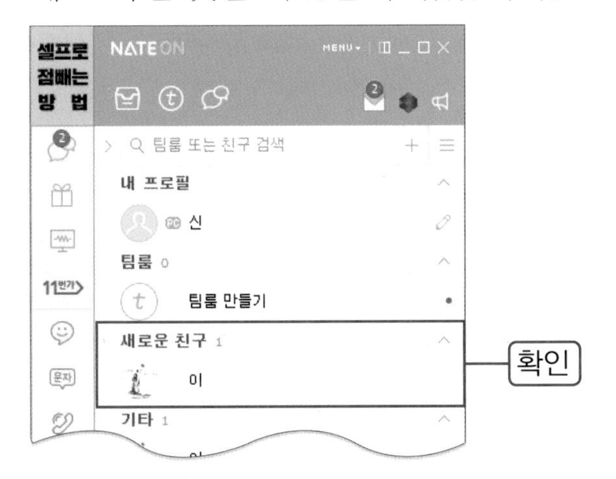

이모티콘으로 감정 표현하기

01 네이트온 목록에서 **대화할 친구를 더블 클릭**하면 대화할 수 있는 별도의 창이 실행됩니다.

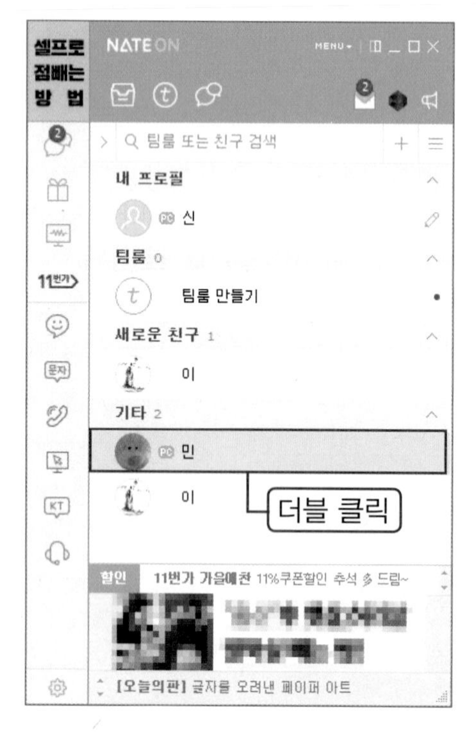

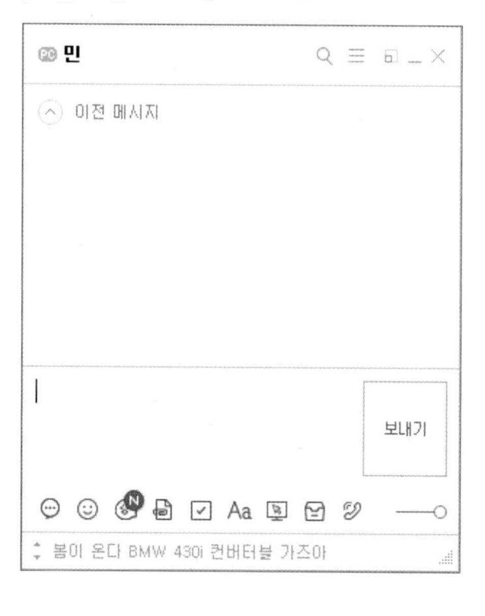

02 대화창 아래쪽의 입력란에서 **내용을 입력**한 후 **[보내기]를 클릭**하거나 Enter 키를 누르면 대화 내용이 표시됩니다. 상대방이 내용을 입력하여 보내면 같은 창에서 확인할 수 있습니다.

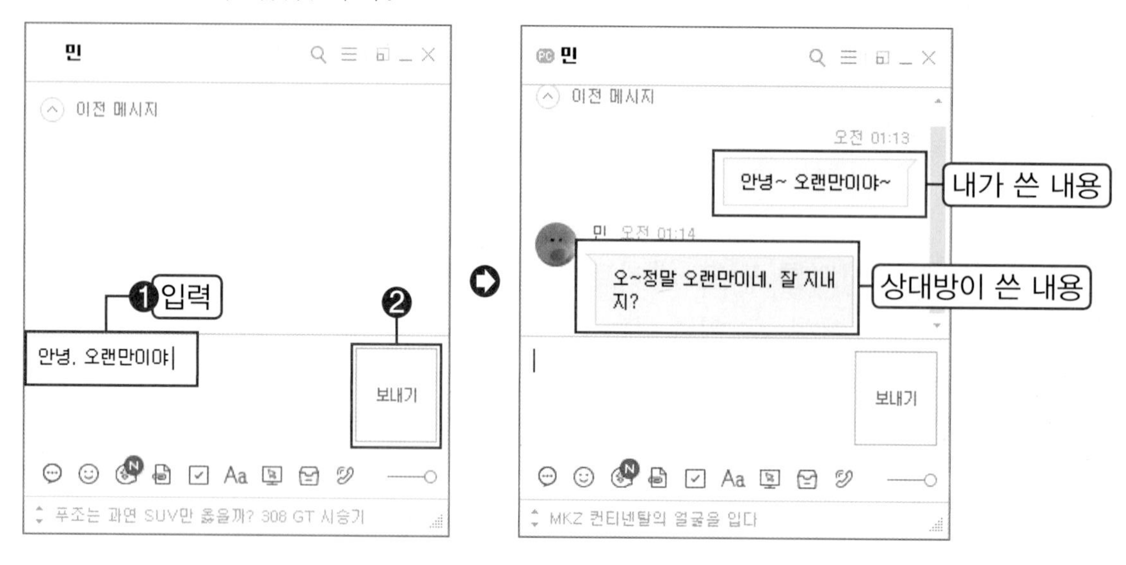

배움터 실시간으로 대화를 하기 위해서는 나와 상대방이 서로 로그인이 되어 있어야 합니다.

03 **[이모티콘(☺)]을 클릭**하여 이모티콘 목록이 표시되면 **원하는 이모티콘을 선택**합니다. 입력란에 선택한 이모티콘이 나타나면 **[보내기]를 클릭**합니다.

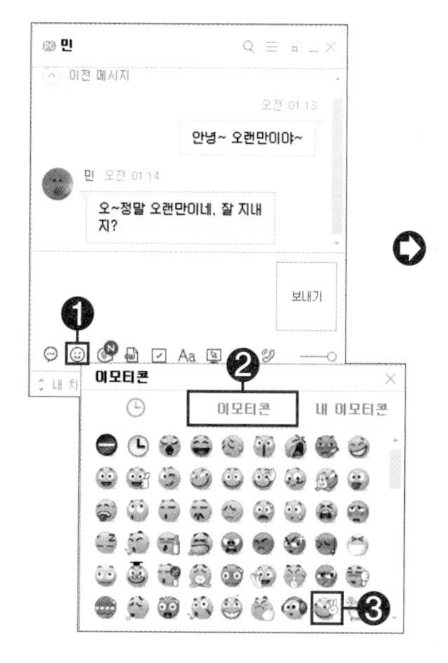

파일 보내고 받기

01 상대방에게 파일을 전송하기 위해 **[파일 전송하기(🗎)]를 클릭**합니다. [열기] 대화상자가 나타나면 **보낼 파일을 선택**한 후 **[열기] 단추를 클릭**합니다.

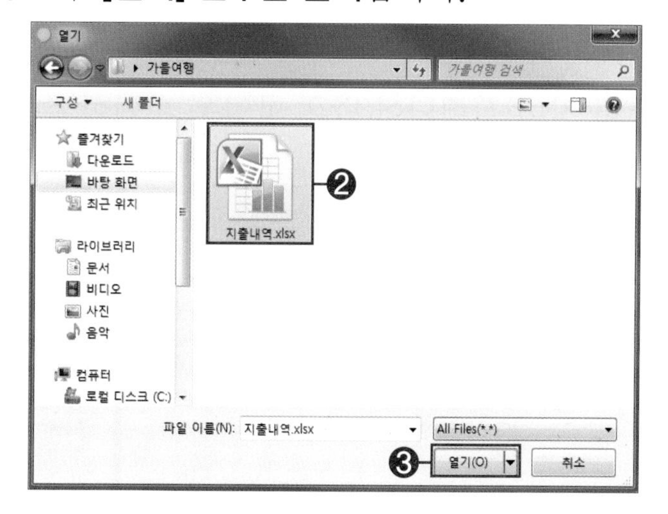

◎ 여기서 사용된 파일은 제공하지 않습니다. 임의의 파일을 사용하여 실습하세요.

02 선택한 파일이 전송됩니다. 이번에는 상대방이 보낸 파일을 내 컴퓨터에 받아 봅니다. 상대방이 보낸 파일이 전송되면 아래쪽의 **[저장]을 클릭**합니다.

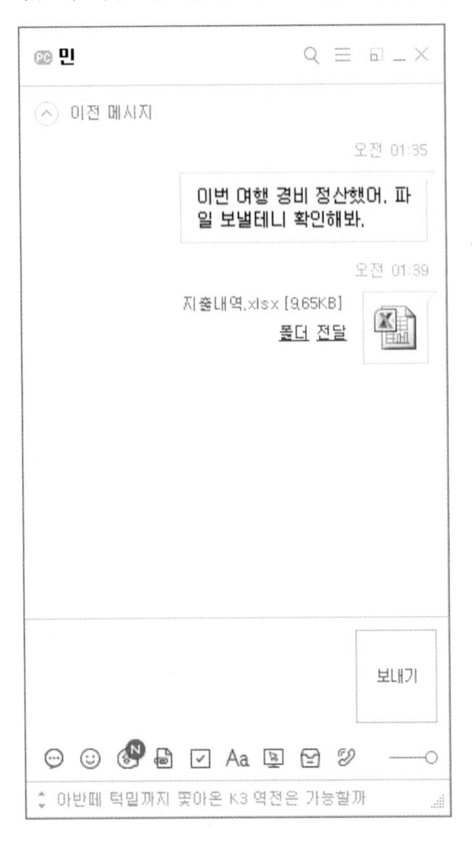

03 저장이 완료되면 결과를 확인하기 위해 **[폴더]를 클릭**합니다. 파일이 저장된 폴더 창이 실행되어 받은 파일을 확인할 수 있습니다.

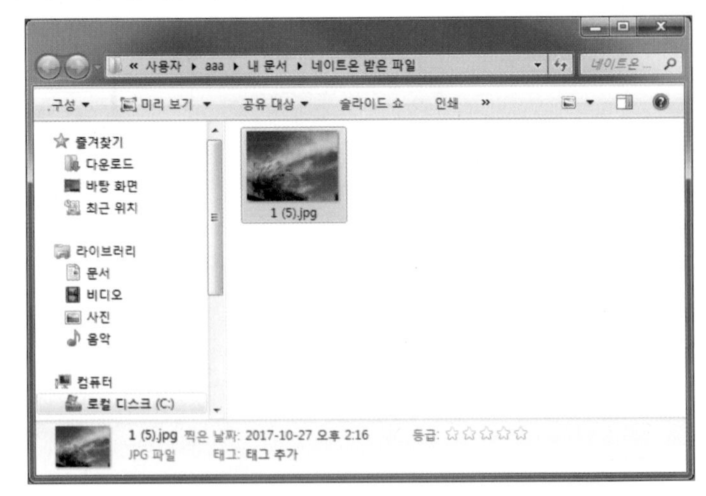

여러 친구와 대화하기

01 네이트온 목록에서 **대화할 친구를 더블 클릭**합니다. 대화할 수 있는 별도의 창이 실행되면 새로운 친구를 초대하기 위해 **[메뉴( )]를 클릭**한 후 **[대화상대 초대]를 선택**합니다.

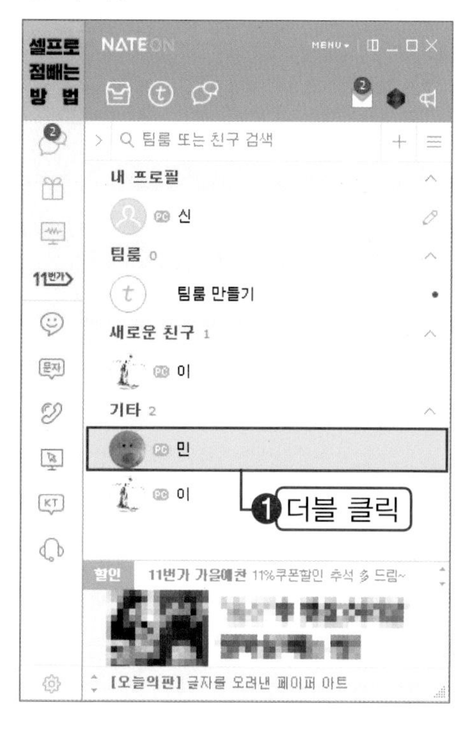

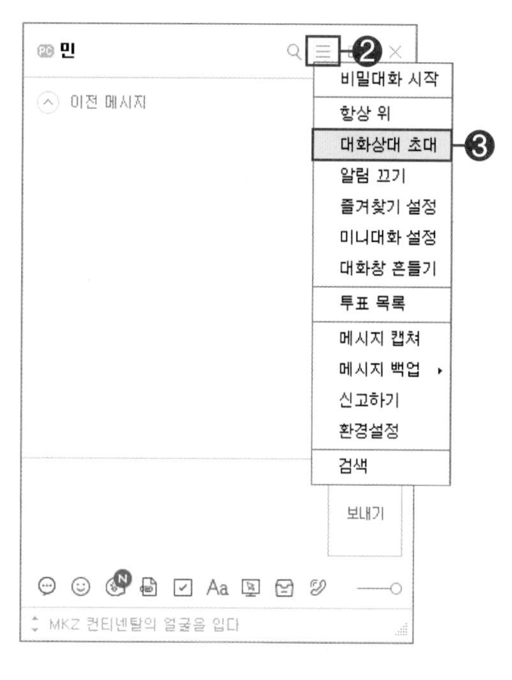

02 [대화상대 선택하기] 대화상자가 나타나면 **추가할 친구를 선택**합니다. [>]를 **클릭**해 오른쪽 목록에 추가되면 **[확인] 단추를 클릭**합니다. [그룹] 창이 실행되면 메시지를 입력하여 대화를 합니다.

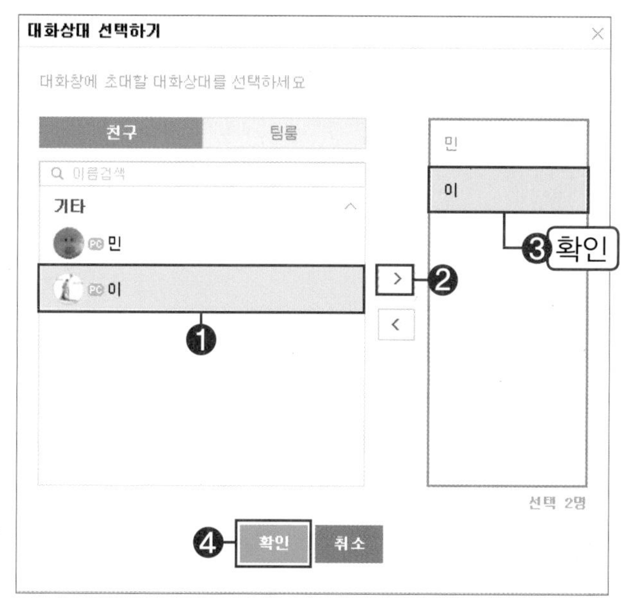

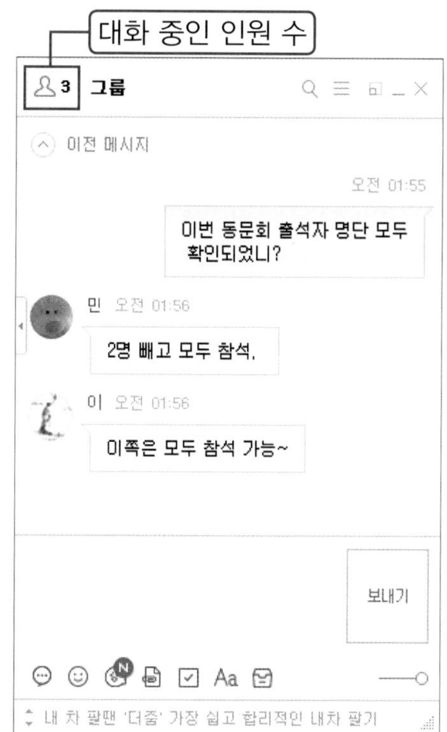

배움터 그룹으로 대화를 진행할 경우 창 왼쪽의 [▶]를 클릭하면 왼쪽에 대화 중인 친구의 목록이 표시되고 같은 위치의 [◀]를 클릭하면 숨겨집니다.

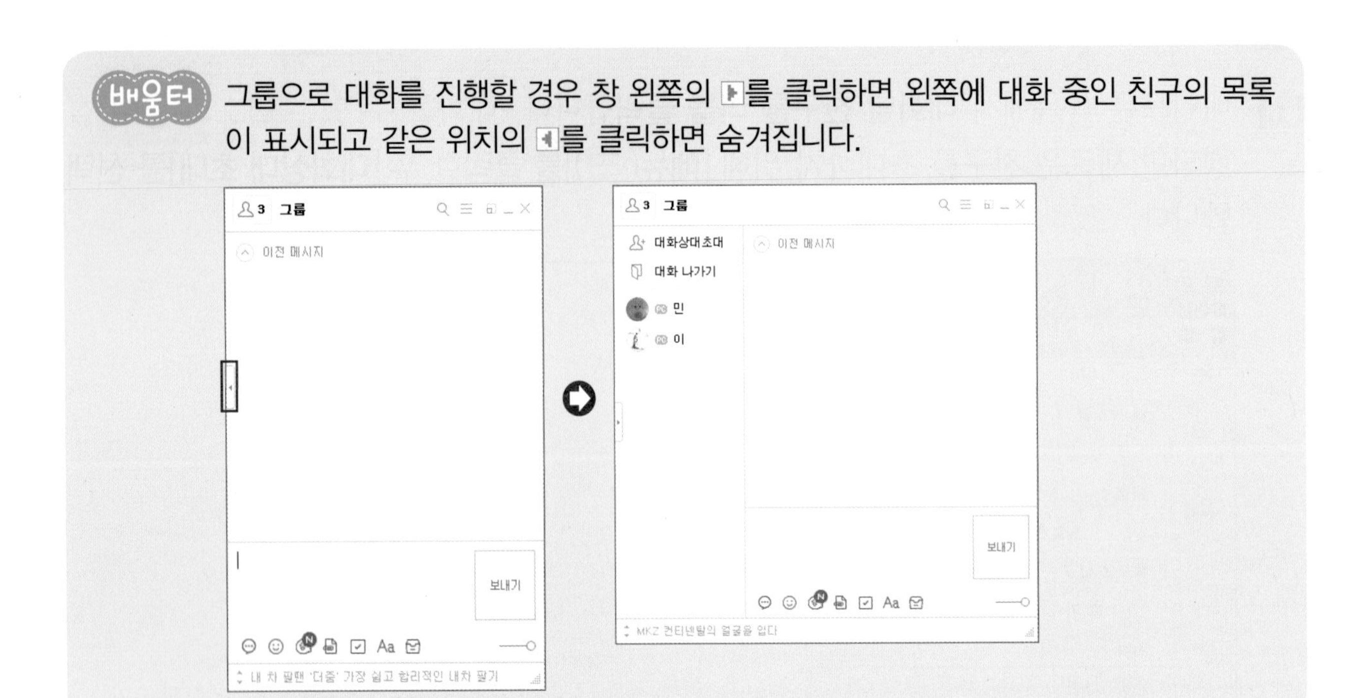

03 네이트온 환경 설정하기

상대방 별명 지정하기

01 네이트온 목록에서 별명을 지정할 **상대를 선택**한 후 **마우스 오른쪽 단추를 클릭**해 **[친구관리]-[별명 설정]을 선택**합니다. [별명 설정] 대화상자가 나타나면 **별명을 입력**하고 **[확인] 단추를 클릭**합니다.

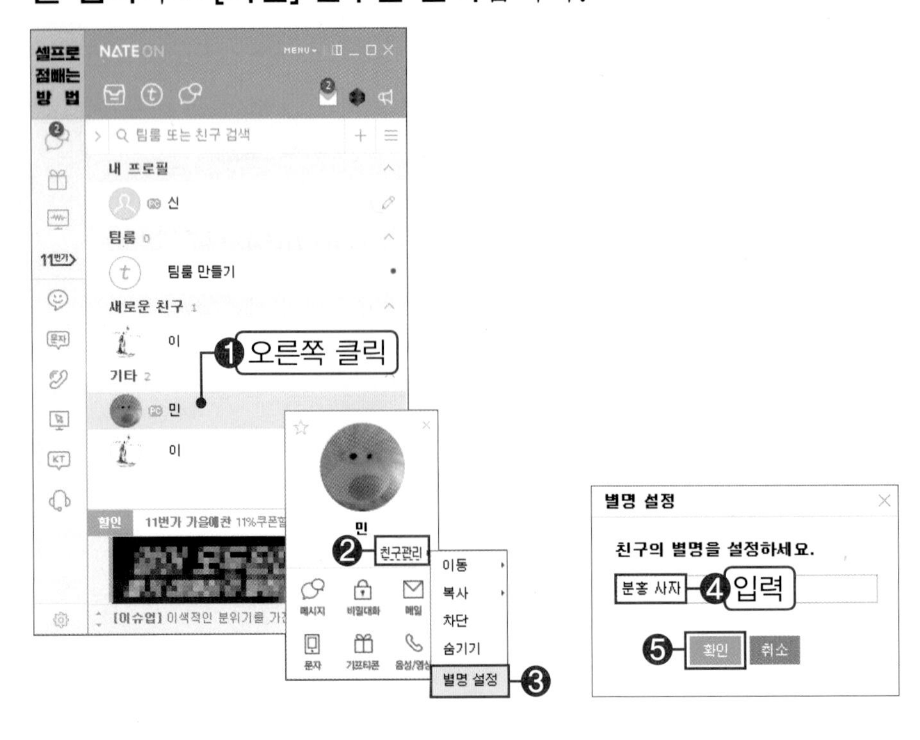

02 별명을 확인하기 위해 네이트온 목록에서 **[그룹 추가 및 접속된 친구 보기 설정(☰)]-[친구 이름 + 별명으로 보기]를 선택**합니다. 친구 이름 오른쪽에 설정한 별명이 표시됩니다.

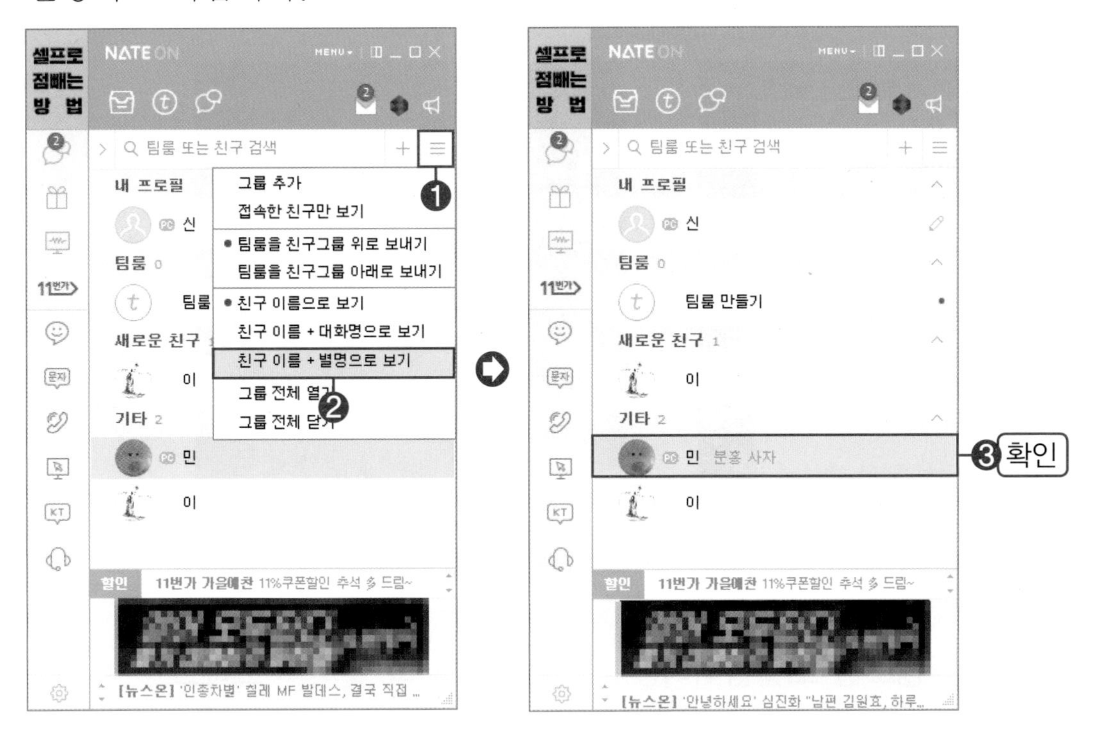

이전 메시지 확인하기

01 네이트온 목록에서 이전 메시지를 확인할 **상대방을 더블 클릭**하여 대화창을 표시한 후, 왼쪽 위에서 [이전 메시지]**를 클릭**합니다.

02 이전에 주고받은 메시지의 날짜와 시간, 내용이 표시됩니다.

투명도 조절하기

01 대화창 오른쪽 아래의 **[창의 투명도를 조절합니다( )]를 왼쪽으로 드래그**하면 창이 투명하게 표시됩니다.

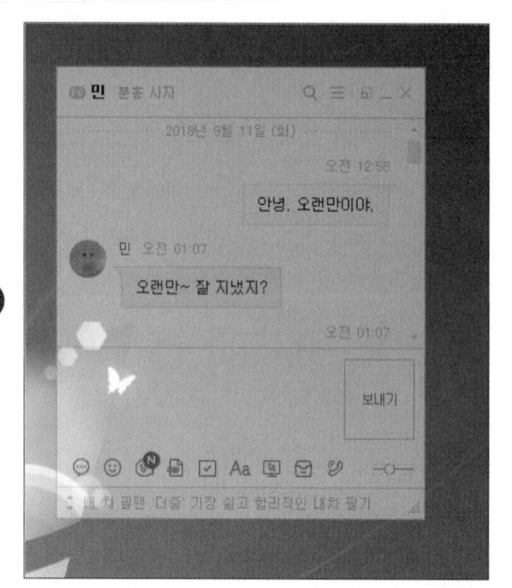

02 다시 **[창의 투명도를 조절합니다( )]를 오른쪽 끝까지 드래그**하여 투명도를 해제합니다.

로그아웃하기

01 네이트 목록에서 위쪽의 MENU **를 클릭**한 후 **[로그아웃]을 선택**합니다.

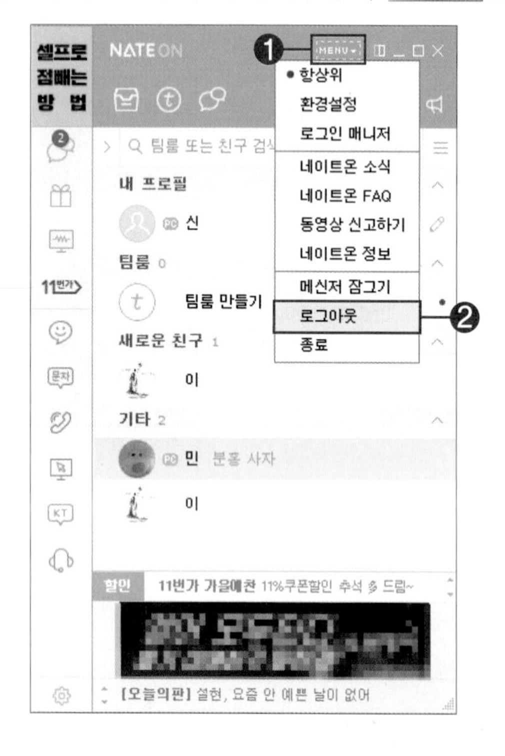

> **배움터**
>
> 네이트온 프로그램이 종료된 후에는 작업 표시줄의 [시작( )] 단추를 클릭하여 '네이트온'을 찾아 선택하거나 바탕화면의 '네이트온' 바로 가기 아이콘을 더블 클릭하여 실행할 수 있습니다.

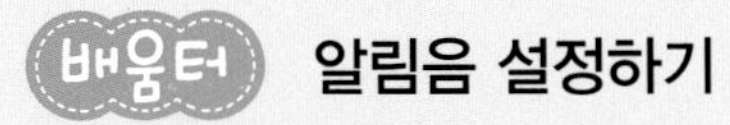

알림음 설정하기

- 대화창 오른쪽 위의 [메뉴(≡)]를 클릭하여 [알림 끄기]를 선택하면 알림 소리가 나지 않습니다.

- MENU 를 클릭한 후 [환경설정]을 선택하면 [환경설정] 대화상자의 [알림]에서 상세 설정이 가능합니다.

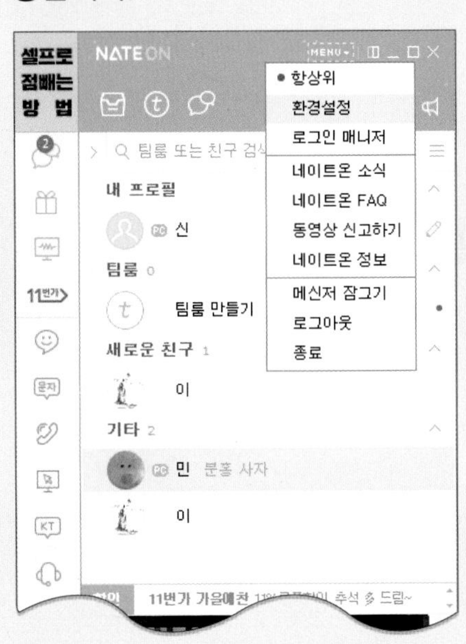

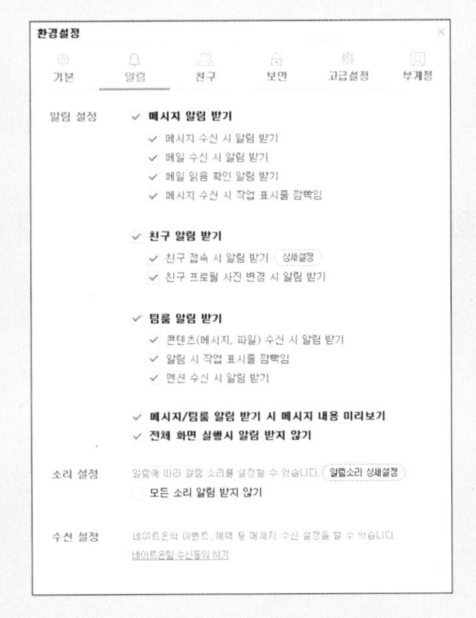

- [환경설정] 대화상자의 [알림]에서 [알림소리 상세설정] 단추를 클릭하면 알림에 따른 소리를 확인할 수 있으며, 변경도 가능합니다.

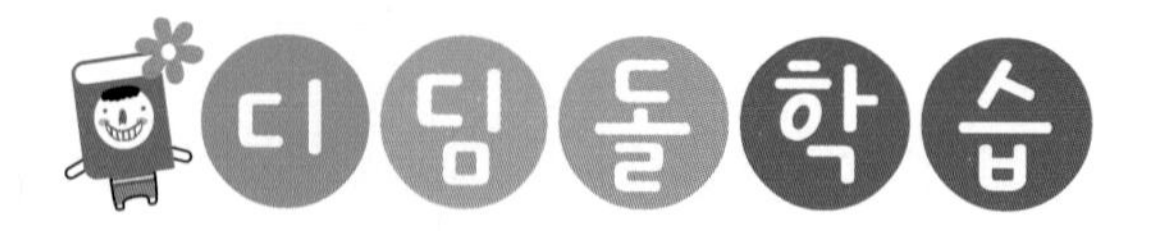

1 친구와 '이모티콘(☺)'과 '액티콘(ⓝ)'을 이용해 대화를 해봅니다.

2 여러 사람을 대화창에 초대하여 파일을 전송해 봅니다.

도움터

- 방법-1 : [파일 전송하기(📄)]를 클릭한 후 [열기] 대화상자에서 전송할 파일 선택
- 방법-2 : 전송할 파일을 대화창으로 드래그

05 무료 강의 듣기

이번 장에서는 주민등록번호 없이 인터넷 사이트에 회원가입을 위한 인증 방법으로 아이핀(i-PIN)을 발급받는 방법과 새로 발급받은 아이핀(i-PIN)으로 회원 가입을 하는 방법에 대해 알아봅니다. 또한 '배움나라' 홈페이지를 활용하여 무료로 제공되는 다양한 강좌를 신청하는 방법을 익혀보도록 하겠습니다.

무엇을 배울까요?

- 아이핀(i-PIN) 신규발급 받기
- 아이핀(i-PIN) 신원 확인과 인증하기
- 아이핀(i-PIN)으로 회원 가입하기
- 강의 신청 및 강의 듣기

아이핀(i-PIN) 발급받기

아이핀(i-PIN) 신규발급 받기

01 'NICE평가정보(www.niceipin.co.kr)' **홈페이지에 접속**한 후, **[발급신청 바로가기] 단추를 클릭**합니다.

배움터 아이핀 발급 방법

- 민간 아이핀 홈페이지를 이용하거나 본인 신분증을 가지고 가까운 주민센터를 방문하여 발급 받을 수 있습니다.
- 민간 아이핀 : NICE평가정보(www.niceipin.co.kr),SCI평가정보(www.siren24.com), 코리아크레딧뷰로(www.ok-name.co.kr)

02 아이핀 발급 화면이 나오면 **발급 종류를 선택**합니다.

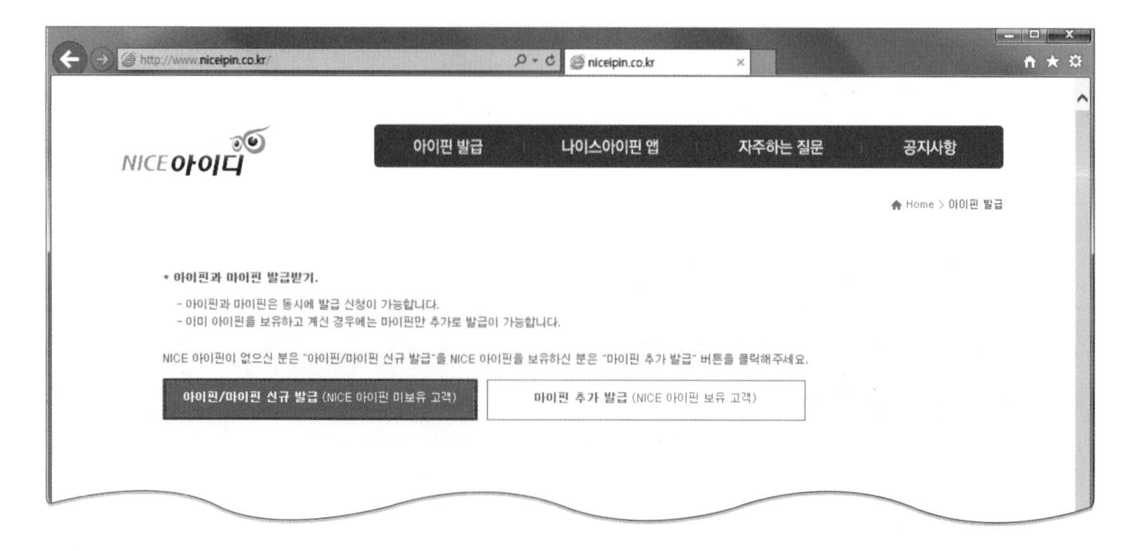

03 아이핀 신규발급 창이 나타납니다. 발급 전 확인 사항을 읽고 **[발급하기] 단추를 클릭**한 후, 약관을 읽고 **약관 동의에 체크**한 후 **[확인] 단추를 클릭**합니다.

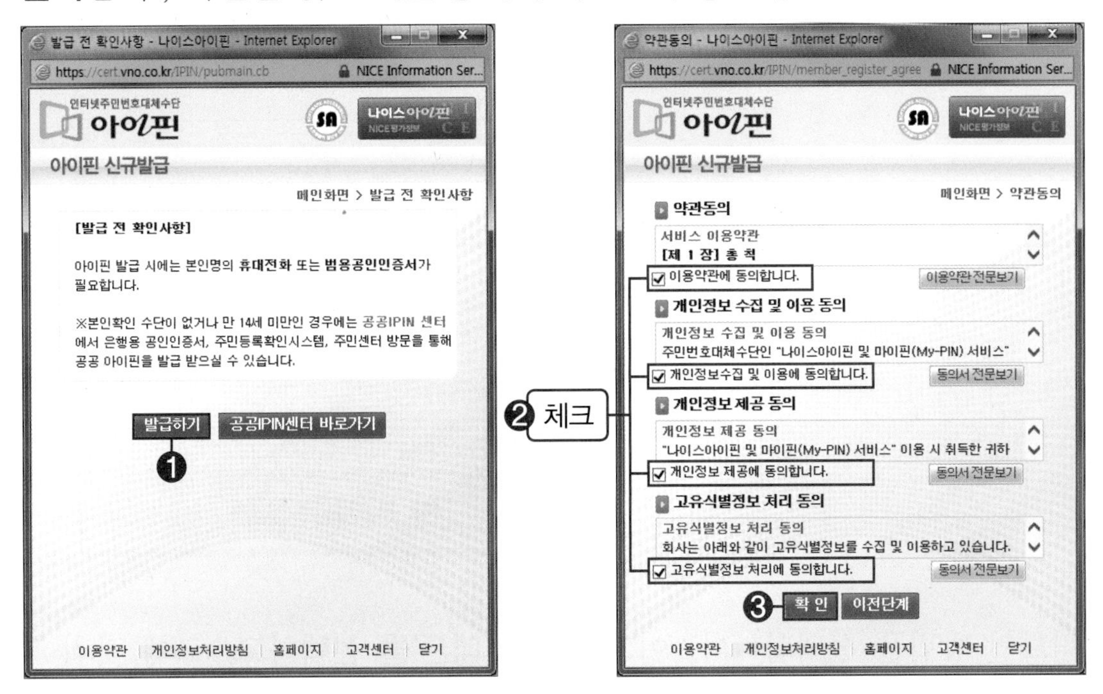

배움터 사용자의 컴퓨터에 따라 보안 프로그램 설치를 요청할 수 있습니다. 요청 보안을 설정해야 진행이 가능하므로, 설치 안내에 따라 설치를 진행합니다. 설치 완료 후 [메인 화면] 창이 나타나면 [신규발급]을 클릭하여 앞의 과정을 다시 반복합니다.

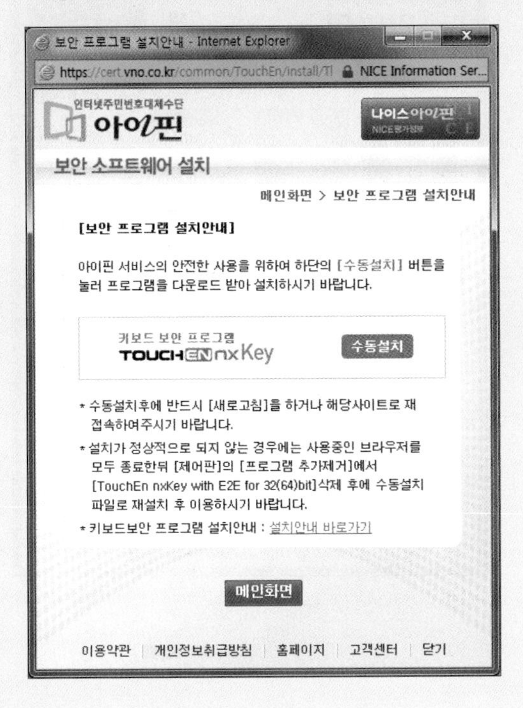

04 아이핀 사용자 정보 및 설정 정보를 **입력**하고 **[발급하기] 단추를 클릭**합니다.

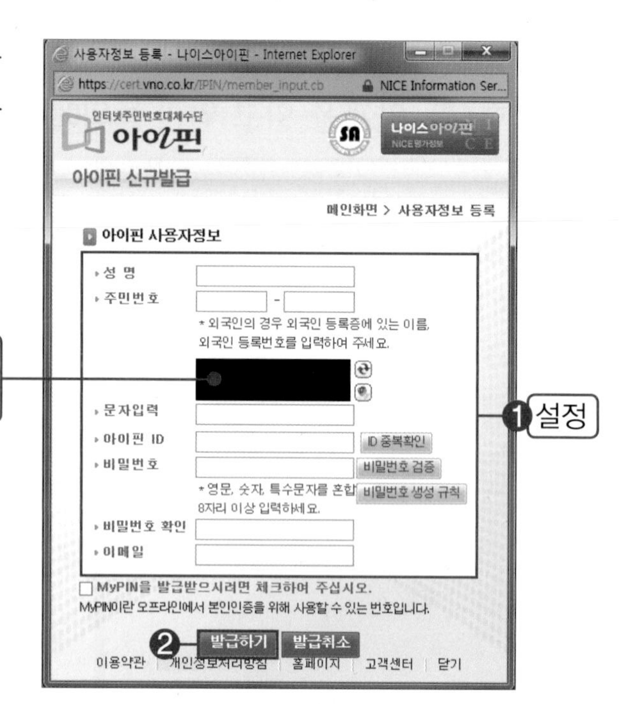

05 신원확인 방법을 선택합니다. 여기서는 **'휴대폰'을 선택**하고, 그에 맞춰 필요한 정보를 **입력**한 후 **[인증번호 요청] 단추를 클릭**합니다. 휴대폰으로 전송된 인증번호를 **입력**하고 **[확인] 단추를 클릭**합니다.

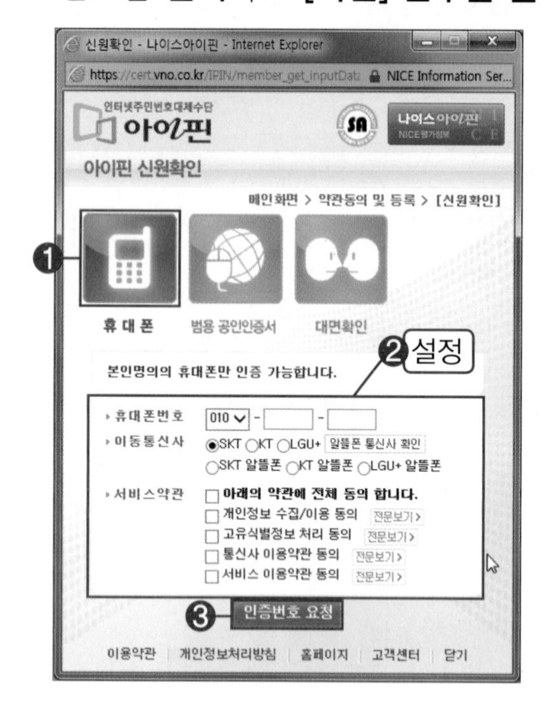

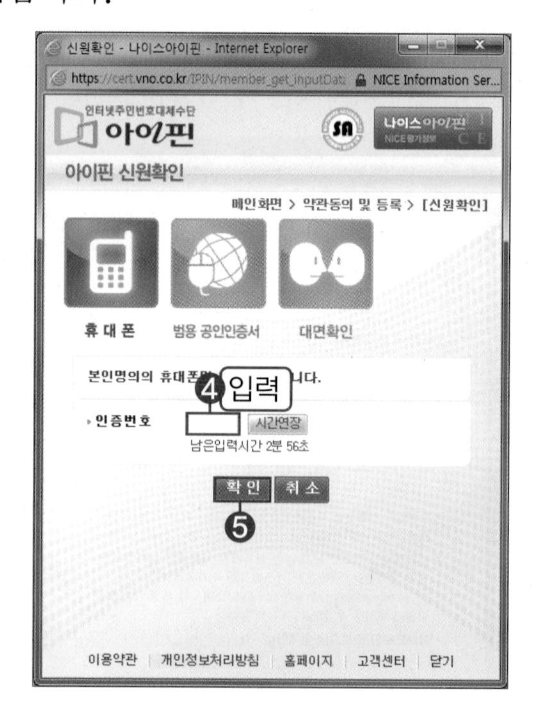

배움터

- 범용 공인인증서 : 공인인증서 기관(은행, 증권사 등)에서 발급받은 공인인증서를 통해 인증하는 방법
- 대면확인 : 신분증을 지참하여 직접 본인확인기관을 방문

06 추가 인증수단을 선택합니다. 여기서는 **'2차 비밀번호'를 선택**한 후 **[확인] 단추를 클릭**합니다. 2차 비밀번호를 입력하고 **[확인] 단추를 클릭**합니다.

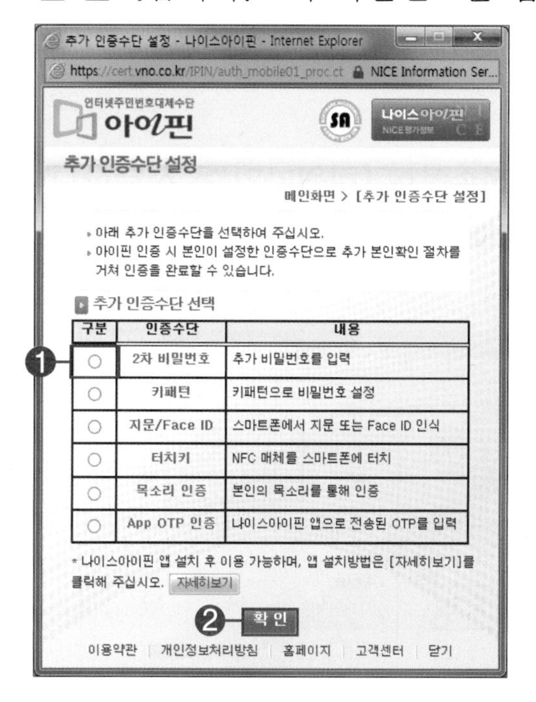

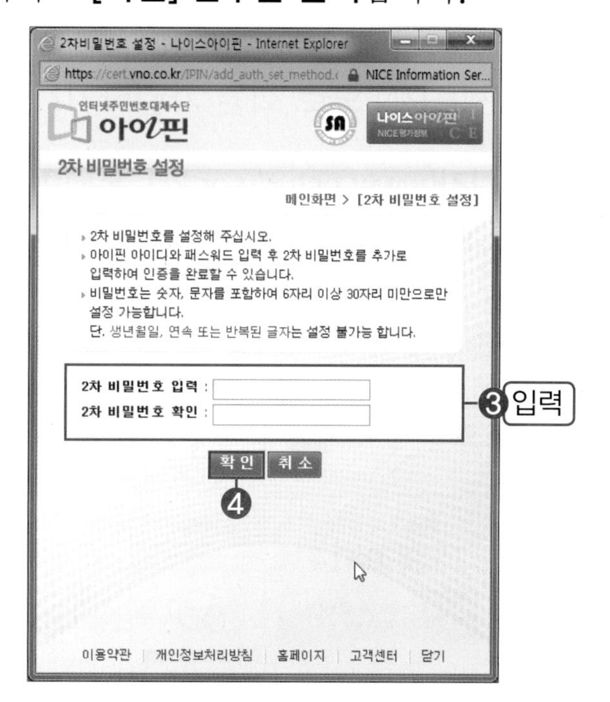

07 설정이 모두 완료되면 **[확인] 단추를 클릭**합니다. **[닫기]를 클릭**합니다.

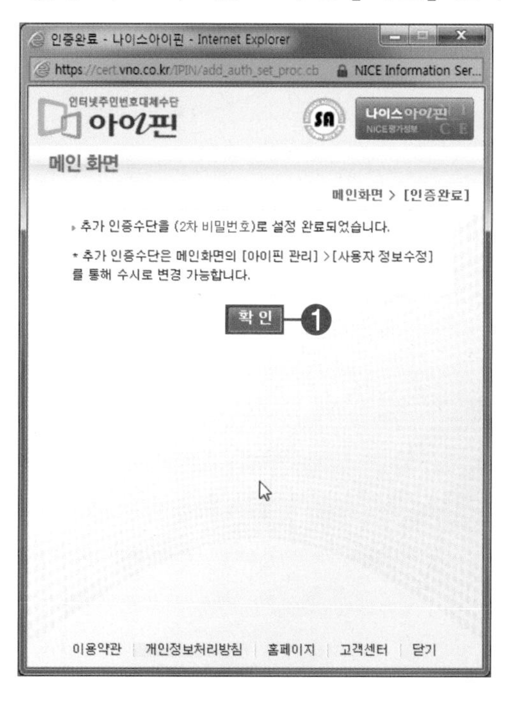

배움터 i-PIN 발급은 무료입니다. i-PIN의 아이디와 비밀번호, 2차 비밀번호까지 모두 기억해 두어야 합니다.

배움나라에서 강의 듣기

아이핀(i-PIN)으로 회원 가입하기

01 '배움나라(www.estudy.or.kr)' 홈페이지에 **접속**하여 **[회원가입]**을 **선택**합니다.

02 '이용약관'에서 **두 가지 항목에 모두 체크 표시**를 한 후 **'일반회원'**을 **선택**합니다.

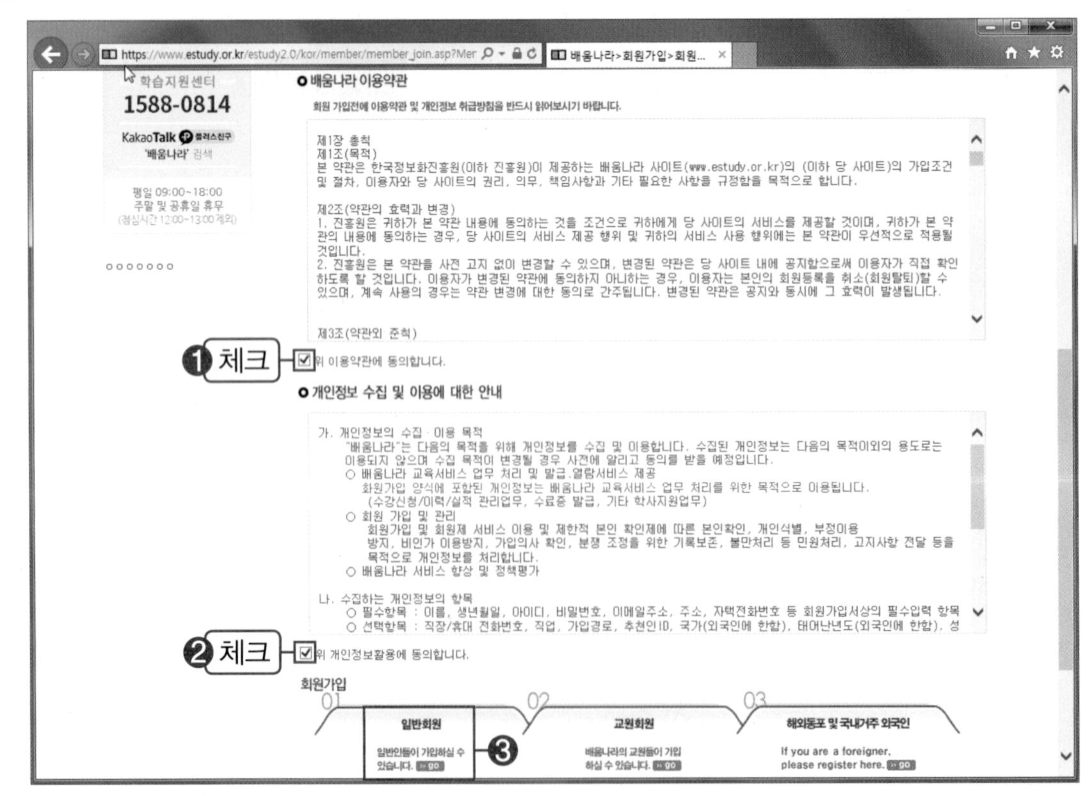

03 두 가지의 인증 방법 중 자신이 사용할 **인증 방법을 선택**합니다.(여기에서는 'i-PIN' 인증으로 회원가입을 하도록 하겠습니다.)

배움터 i-PIN은 인터넷상에서 주민번호를 대신하여 아이디와 패스워드를 이용하여 본인 확인을 하는 방법입니다.

04 [메인 화면] 창이 나타나면 **[아이핀 ID]와 [비밀번호], [문자입력]을 각각 입력**한 후 **[확인] 단추를 클릭**합니다. **[2차 비밀번호 입력]란에 해당 비밀번호를 입력**하고 **[확인] 단추를 클릭**합니다. [인증완료] 창이 나타나면 **[인증 완료] 단추를 클릭**합니다.

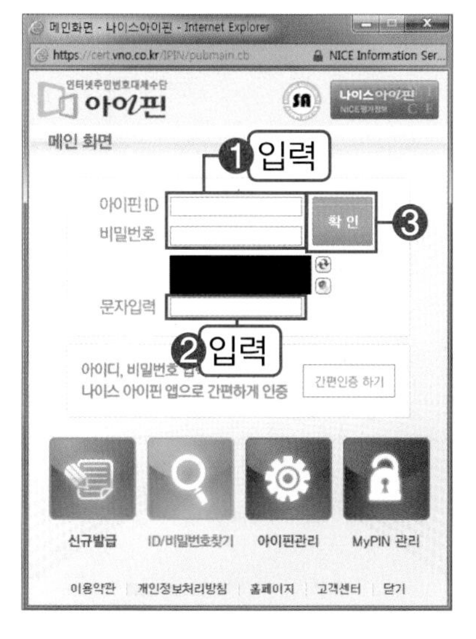

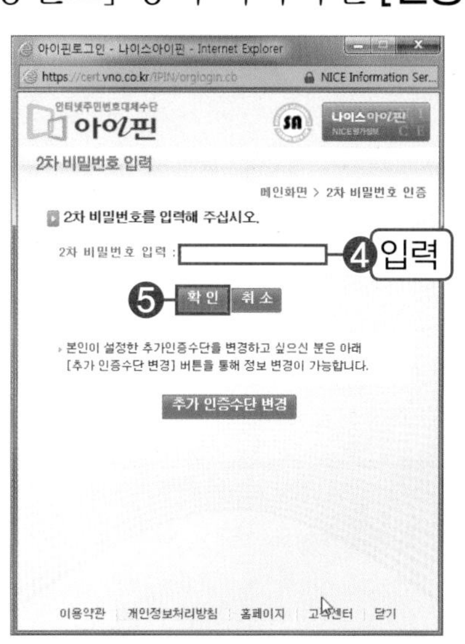

05 회원가입 페이지가 나타나면 **개인정보를 입력**한 후 **[회원가입] 단추를 클릭**합니다.

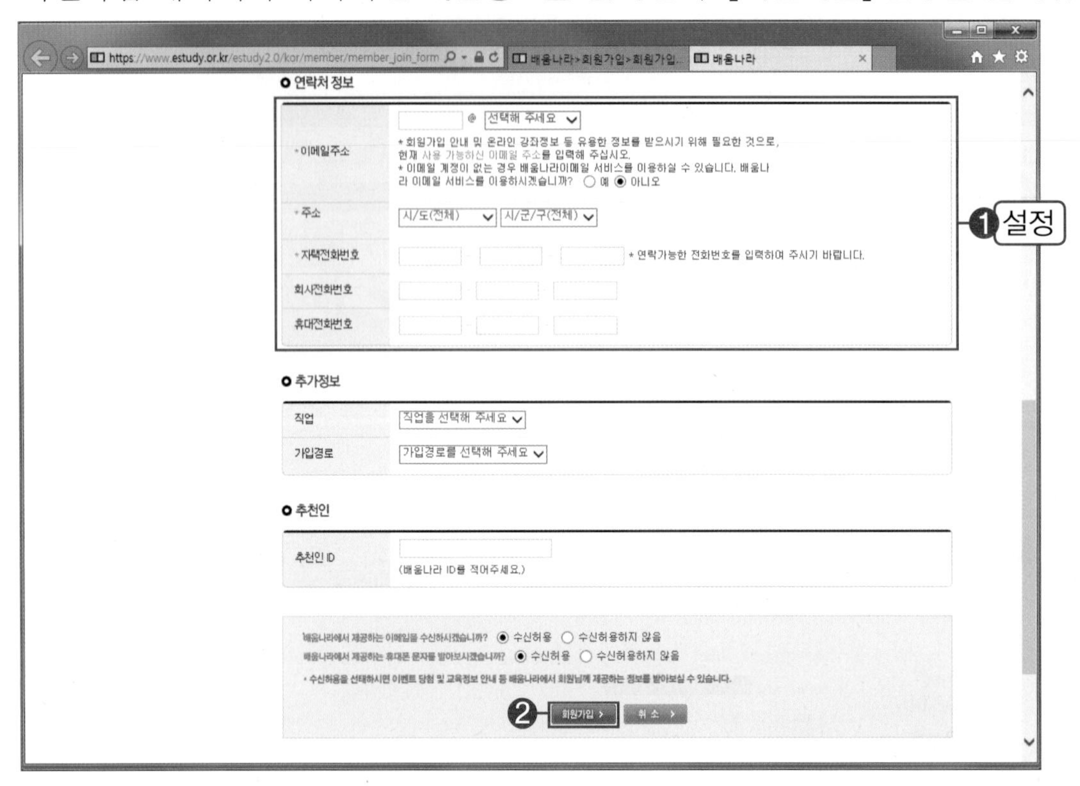

06 가입 완료 페이지가 나타나면 **[메인페이지로 이동] 단추를 클릭**합니다.

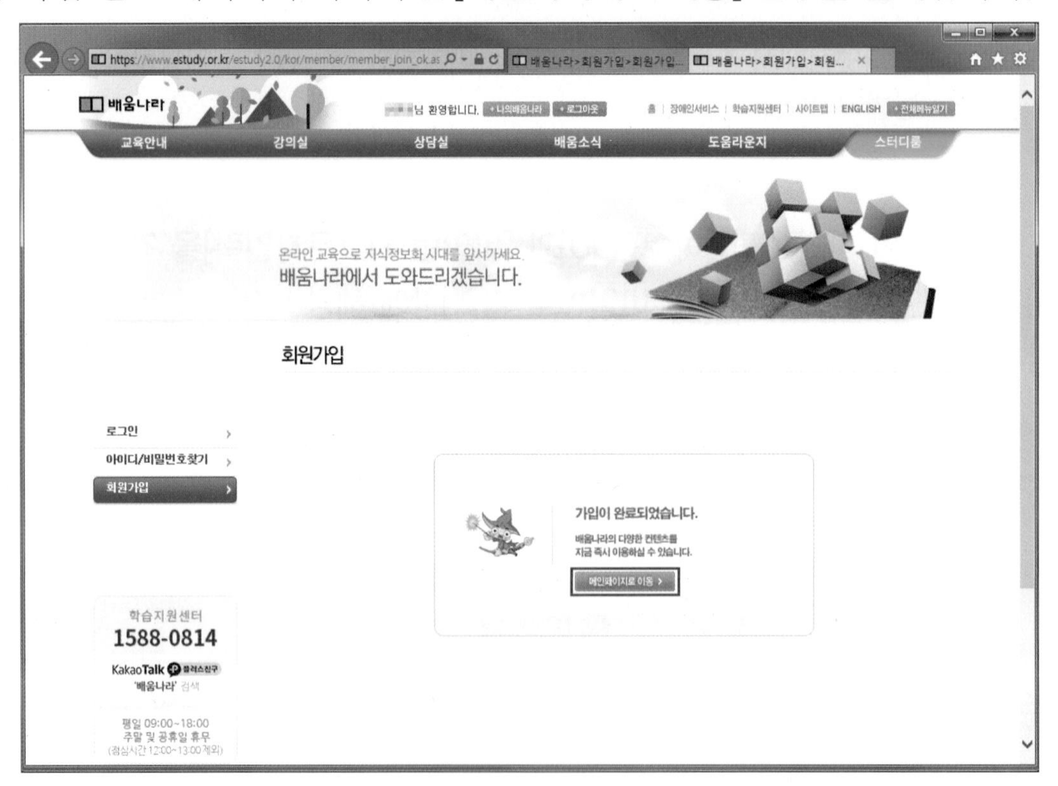

강의 신청하기

01 배움나라 메인 페이지에서 **[수강신청]을 클릭**합니다.

02 [일반강좌] 목록에서 수강하고 싶은 과정의 **[맛보기] 단추를 클릭**합니다.

03 [맛보기 학습창]이 열리면 **[처음부터 학습하기] 단추를 클릭**하여 수강해 봅니다.

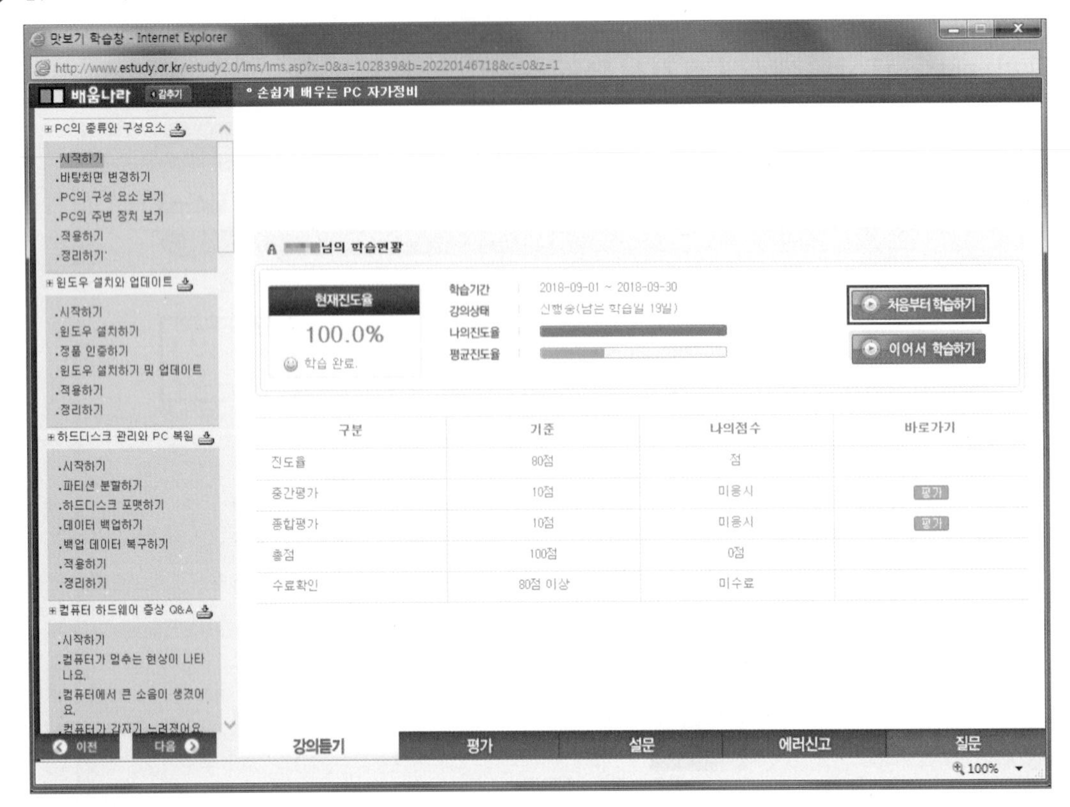

04 맛보기 내용을 확인한 후 학습창의 **[닫기(x)] 단추를 클릭**합니다.

05 강좌가 마음에 들면 **[수강신청] 단추를 클릭**합니다.

06 수강 신청을 확인하는 메시지가 나타나면 **[예] 단추와 [확인] 단추를 각각 클릭**합니다.

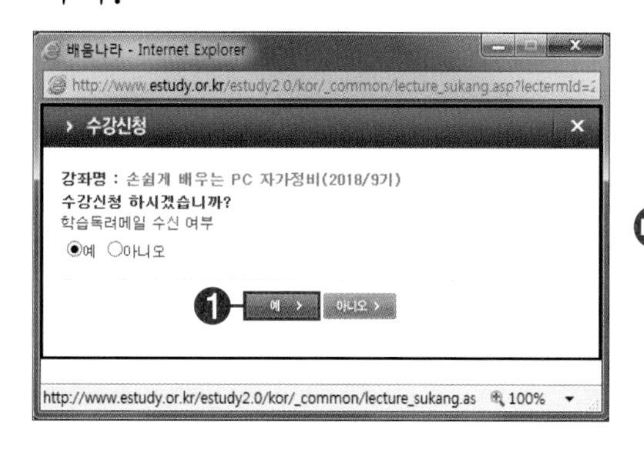

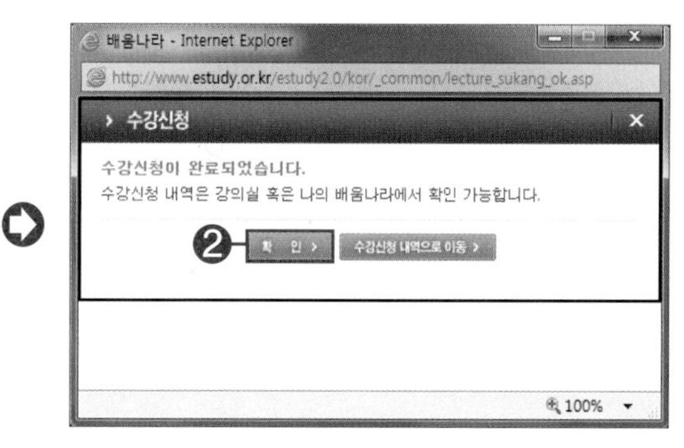

수강하기

01 수강신청이 완료되면 **[나의배움나라] 단추를 클릭**합니다. 수강 현황을 확인한 후 **과정명을 클릭**합니다.

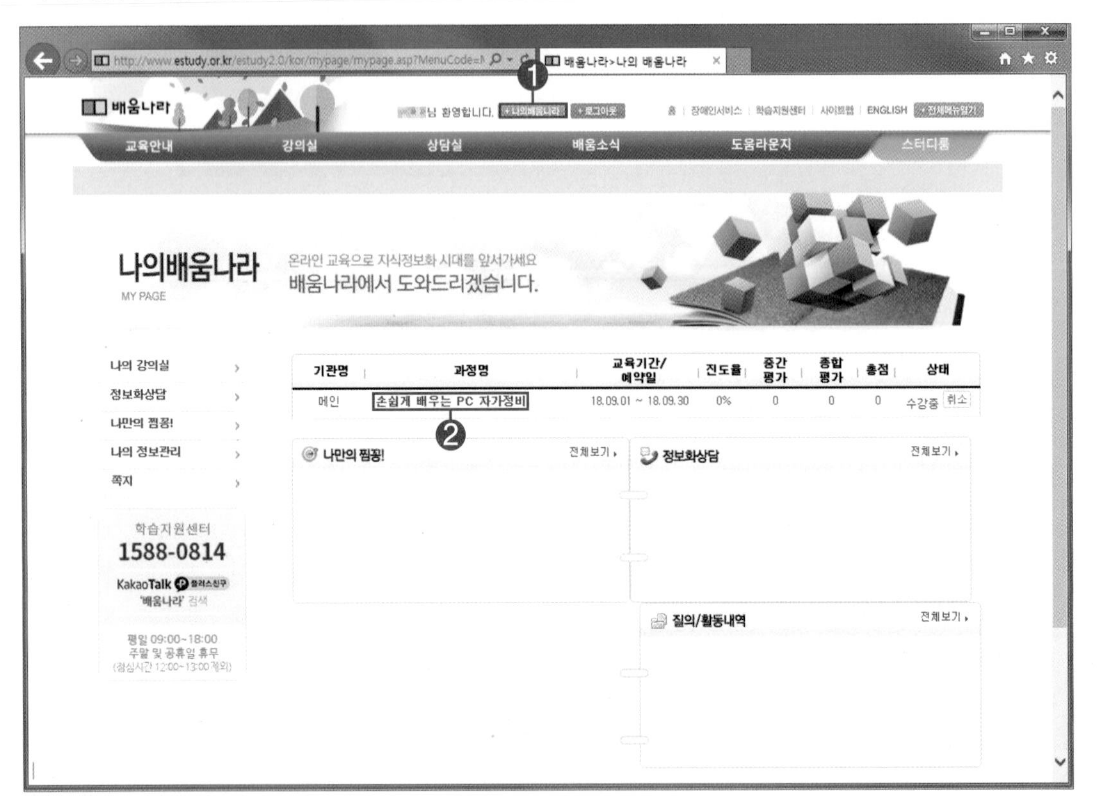

02 학습창이 나타나면 **[학습시작] 단추를 클릭**하여 강의를 듣습니다.

03 학습이 끝나면 **[닫기(x)] 단추를 클릭**해 학습창을 닫고 **[로그아웃] 단추를 클릭**합니다.

배움터 회원 탈퇴하기

[나의배움나라] 단추를 클릭한 후, 왼쪽 메뉴 중 [나의 정보관리]를 선택합니다. 회원탈퇴 화면이 나타나면 [배움나라 회원탈퇴] 단추를 클릭한 후, 탈퇴 사유를 적고 다시 [배움나라 회원탈퇴] 단추를 클릭합니다.

디딤돌학습

1 '서울시평생학습포털(sll.seoul.go.kr)' 홈페이지에서 '아이핀(i-PIN) 인증' 방법을 이용해 회원 가입을 한 후, 무료 동영상 강의를 들어봅니다.

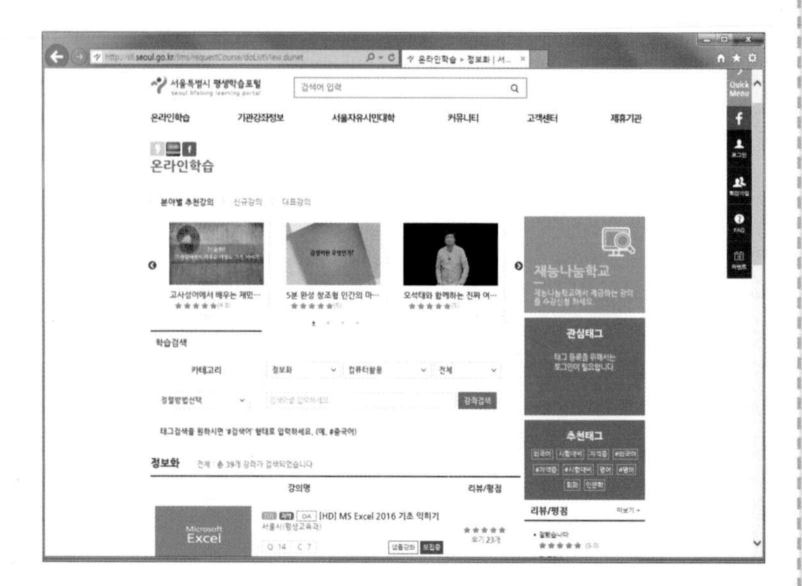

도움터 '서울시평생학습포털(sll.seoul.go.kr)' 홈페이지에 접속 → 회원 가입 → [온라인 학습]에서 선택 → [수강 신청] 단추 클릭 후 강의 듣기

2 '늘배움(www.lifelongedu.go.kr)' 홈페이지에 회원으로 가입한 후, 무료 동영상 강의를 들어봅니다.

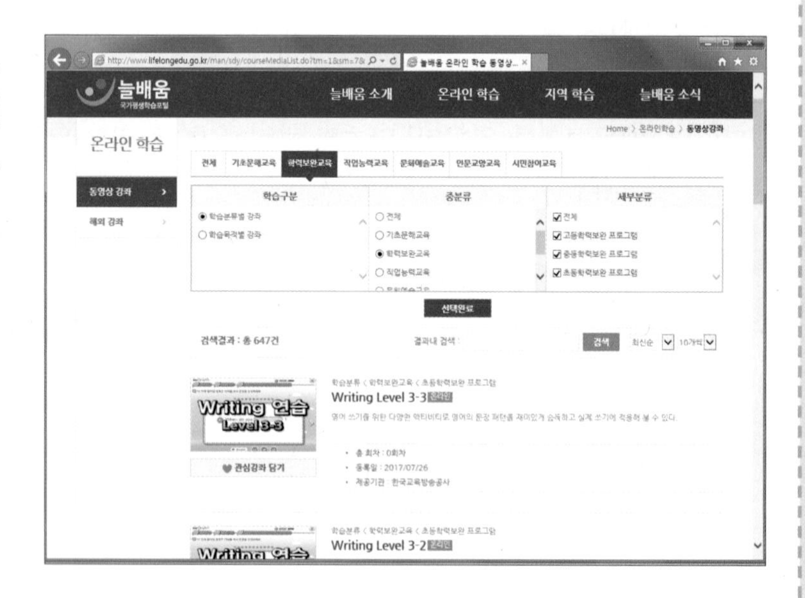

도움터 '늘배움(www.lifelongedu.go.kr)' 홈페이지에 접속 → 회원 가입 → [온라인 학습] – [동영상 강좌]에서 원하는 강의 선택 → [학습하기] 클릭

06 지도 서비스 활용하기

이번 장에서는 'Daum 지도' 서비스를 활용하여 목적지 찾기 및 경로 등의 정보를 검색하는 방법을 알아봅니다. 또한, 버스의 실시간 위치, 지하철 환승 위치 및 요금, 소요 시간 등과 같은 다양한 교통 정보를 검색하는 방법과 스카이뷰와 로드뷰를 이용해 인터넷으로 도로의 모습과 교통 흐름 등을 실시간으로 조회하는 방법도 익혀보도록 하겠습니다.

무엇을 배울까요?

- 우리 동네 약국 위치와 길 찾기
- 버스 정보와 지하철 정보 검색하기
- 스카이뷰와 로드뷰로 검색하기
- 교통정보와 자전거 도로 검색하기

Daum 지도 검색하기

우리 동네 약국 찾기

01 '**다음(www.daum.net)' 홈페이지에 접속**한 후 **[지도]를 선택**합니다.

02 'Daum 지도' 페이지가 나타나면 **검색 기준 위치를 지정**한 후 **[병원 약국(➕)]–[약국]을 선택**합니다.

03 지도에 약국의 위치가 표시되면 **◀를 클릭**해 왼쪽의 패널을 숨깁니다.

04 화면 오른쪽의 **[+]를 클릭하여 지도를 확대**한 후, **지도 화면을 드래그**하여 표시 화면의 위치를 조정합니다.

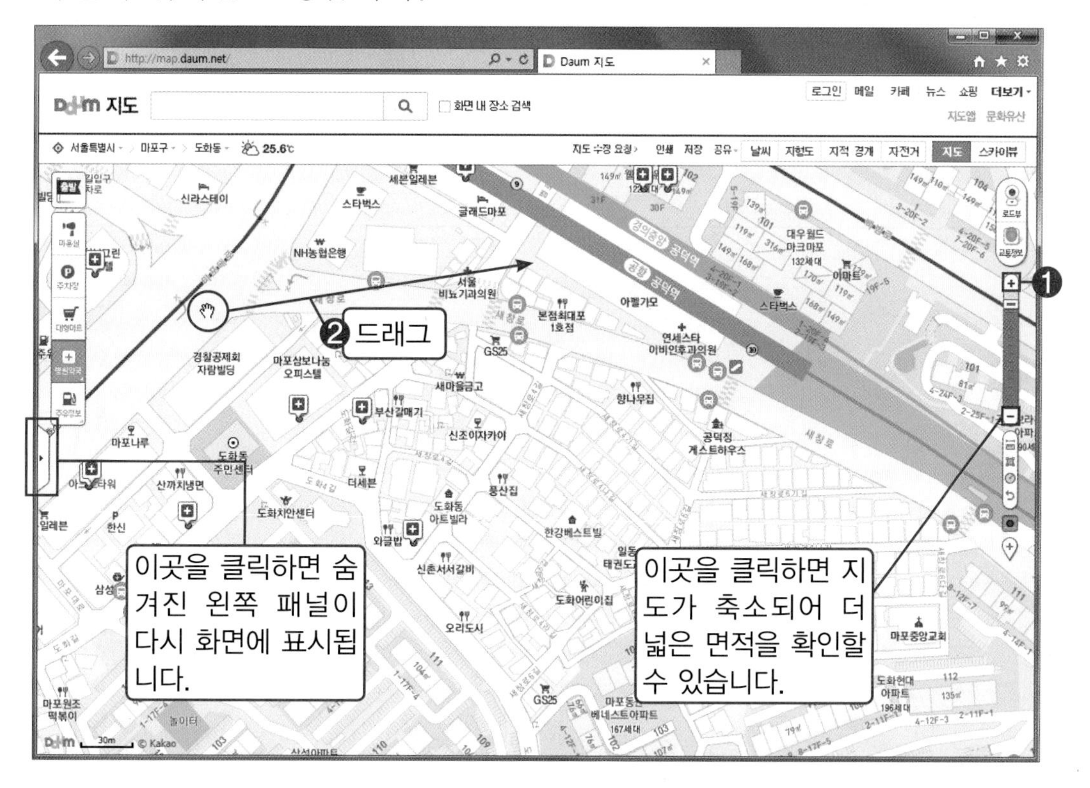

05 화면 오른쪽의 **[거리( )]를 클릭**하여 마우스 포인터가 모양으로 변경되면 지도에서 **시작 위치를 클릭**한 후 **원하는 약국의 위치를 클릭**합니다.

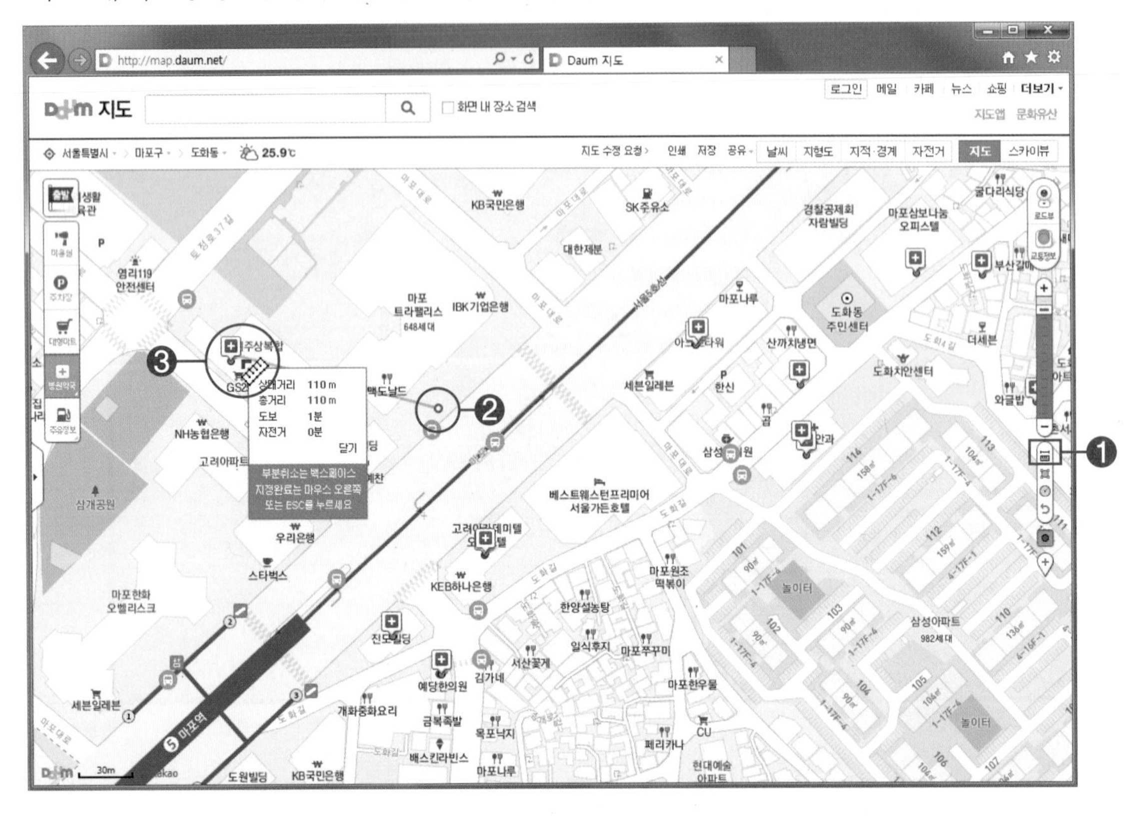

06 선택한 거리에 대한 거리 및 소요 시간에 대한 정보가 표시되면 **마우스 오른쪽 단추를 클릭**해 마칩니다.

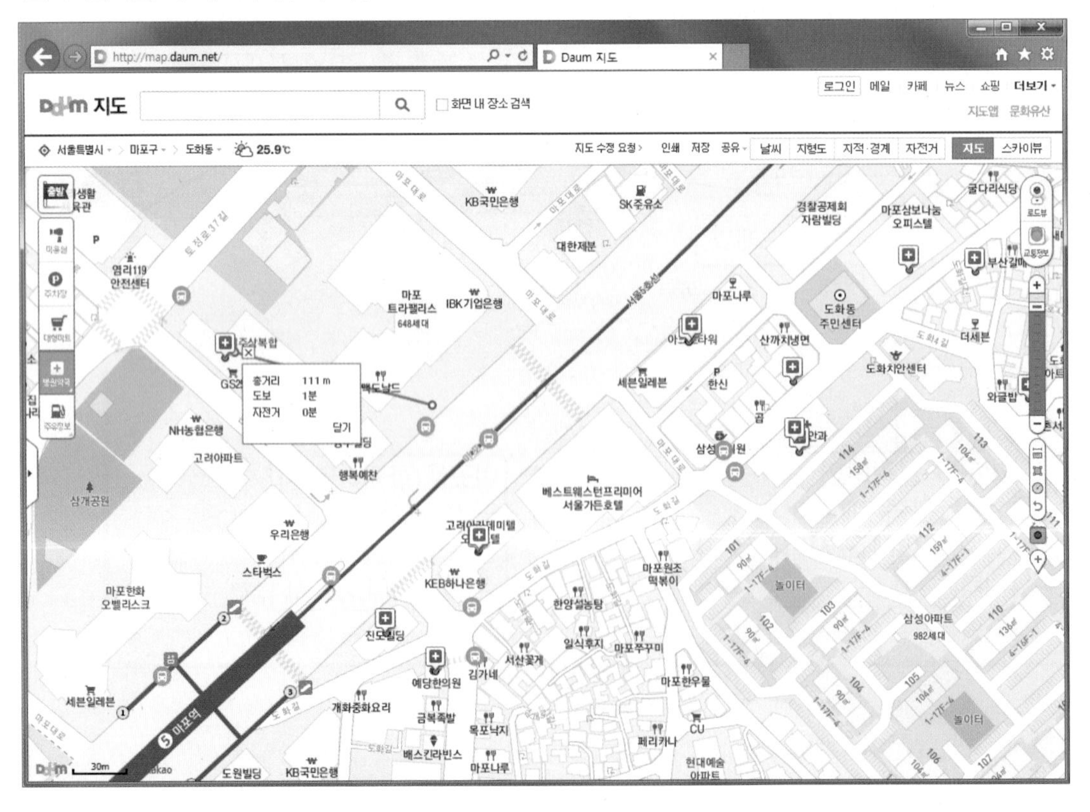

길 찾기

01 왼쪽의 **▶를 클릭**해 숨겨 두었던 패널을 표시한 후, **[길찾기]를 선택**합니다. 길찾기 화면이 나타나면 **출발과 도착 위치를 각각 입력**하고 **[자동차]를 클릭**합니다.

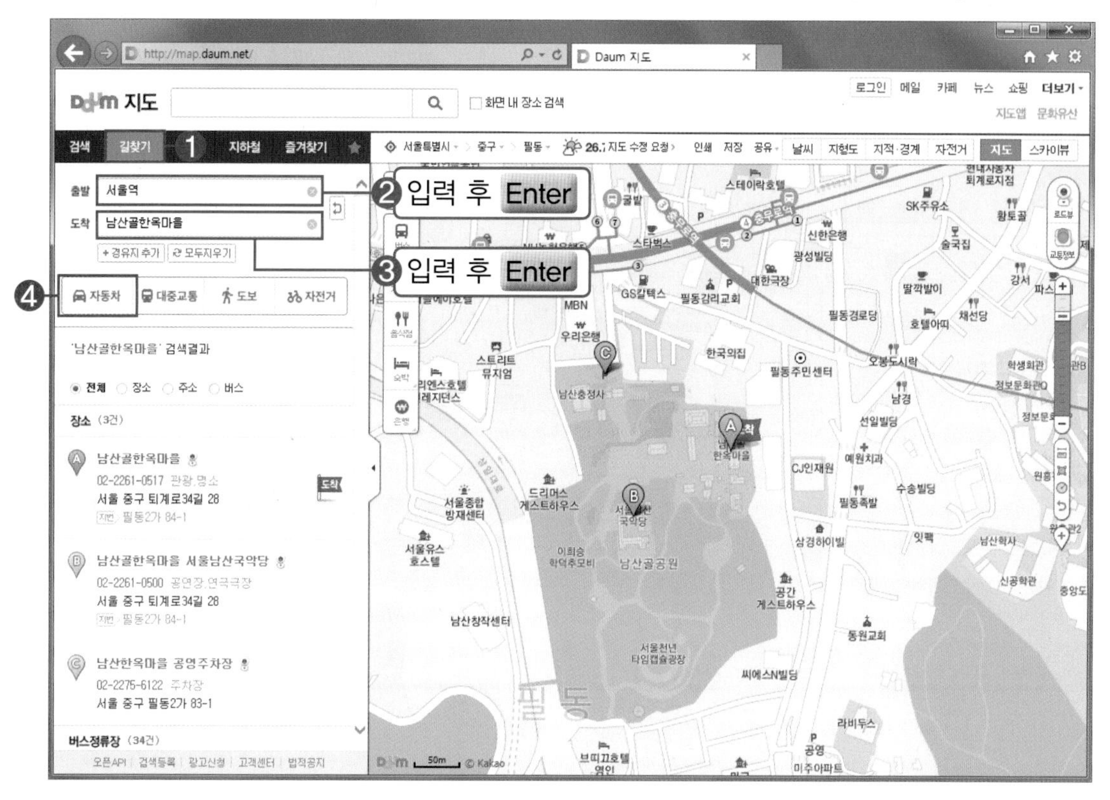

02 왼쪽 화면에는 소요 시간 및 거리 정보 등이 표시되고, 오른쪽 화면의 지도에는 출발 지점과 도착 지점을 보여 줍니다.

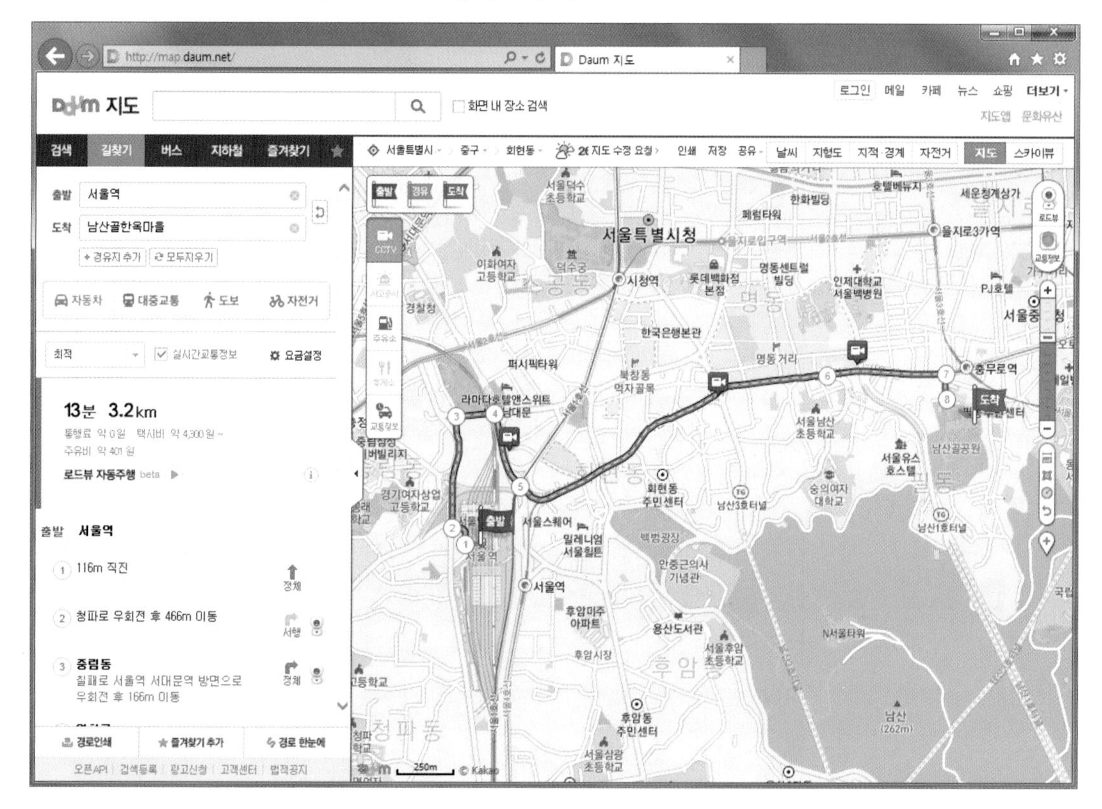

03 **[자전거]를 클릭**합니다. 자전거로 출발 지점에서 도착 지점까지 갈 경우의 소요 시간과 거리 정보 등이 나타납니다.

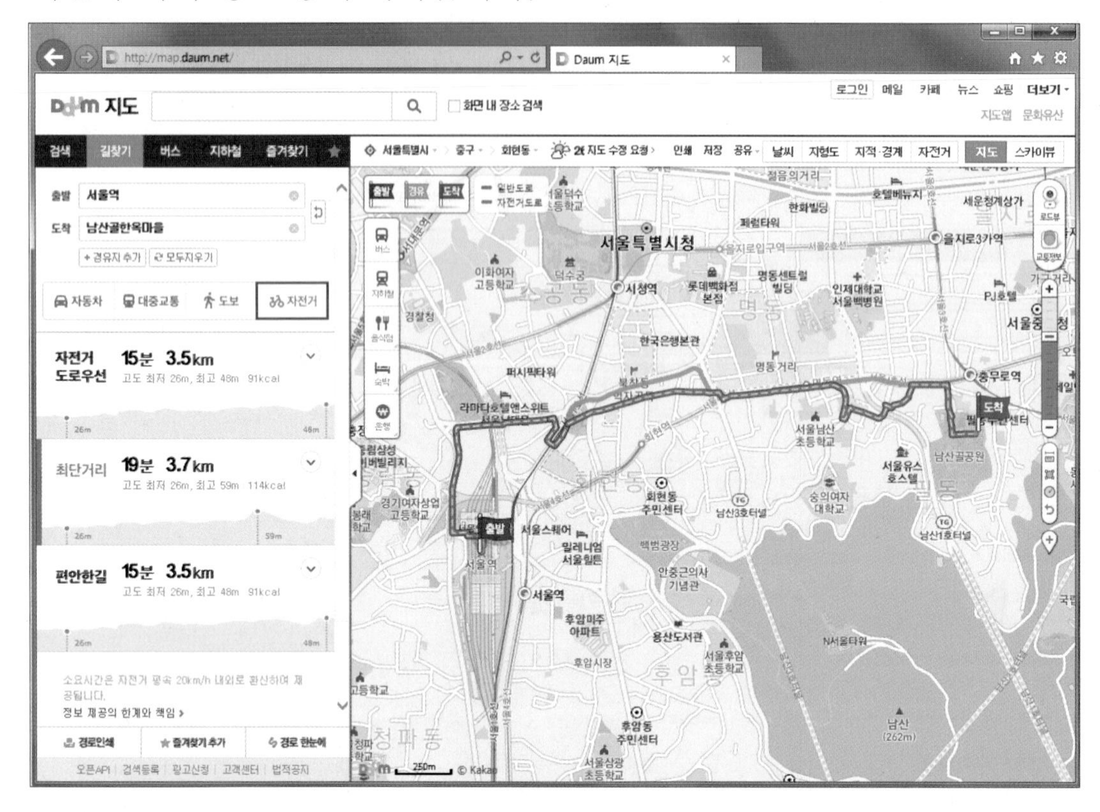

실시간 버스 정보 검색하기

01 **[버스]를 클릭**하여 버스 화면이 나타나면 **입력란에 버스 번호를 입력**하고 Enter **키**를 누릅니다.

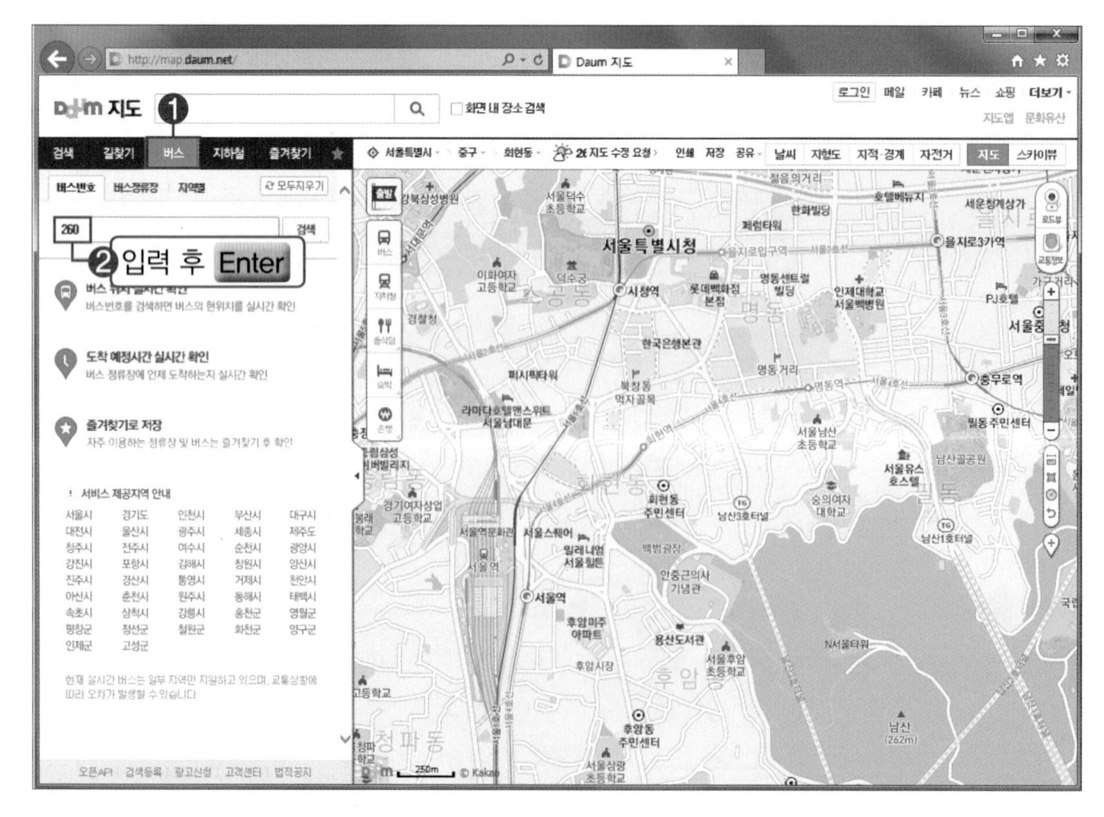

02 왼쪽 화면에 입력한 번호의 버스 목록이 나타나면 **검색할 노선의 버스를 클릭**합니다.

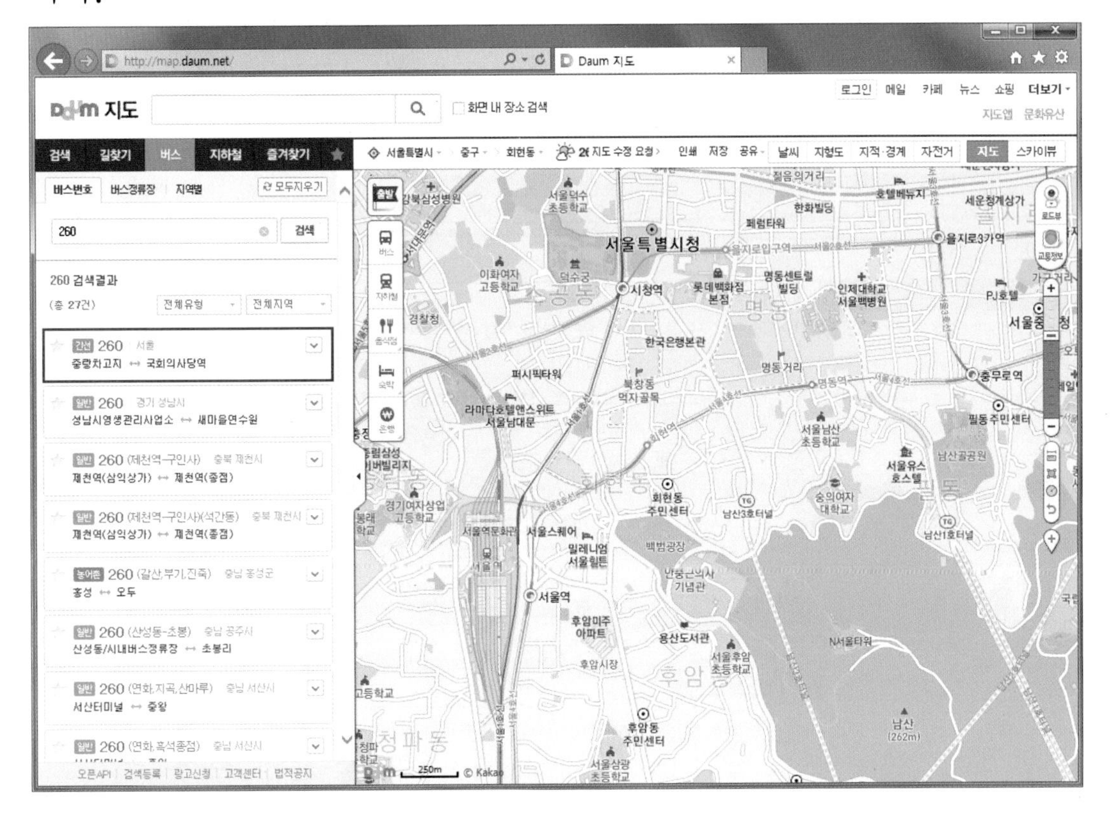

03 왼쪽 화면에는 첫차와 막차 시간과 배차 간격 등 간단한 정보와 함께 버스 노선도 위에 현재 운행 중인 버스의 위치를 표시합니다. 오른쪽 화면의 지도에는 버스의 전체 운행 경로가 나타납니다.

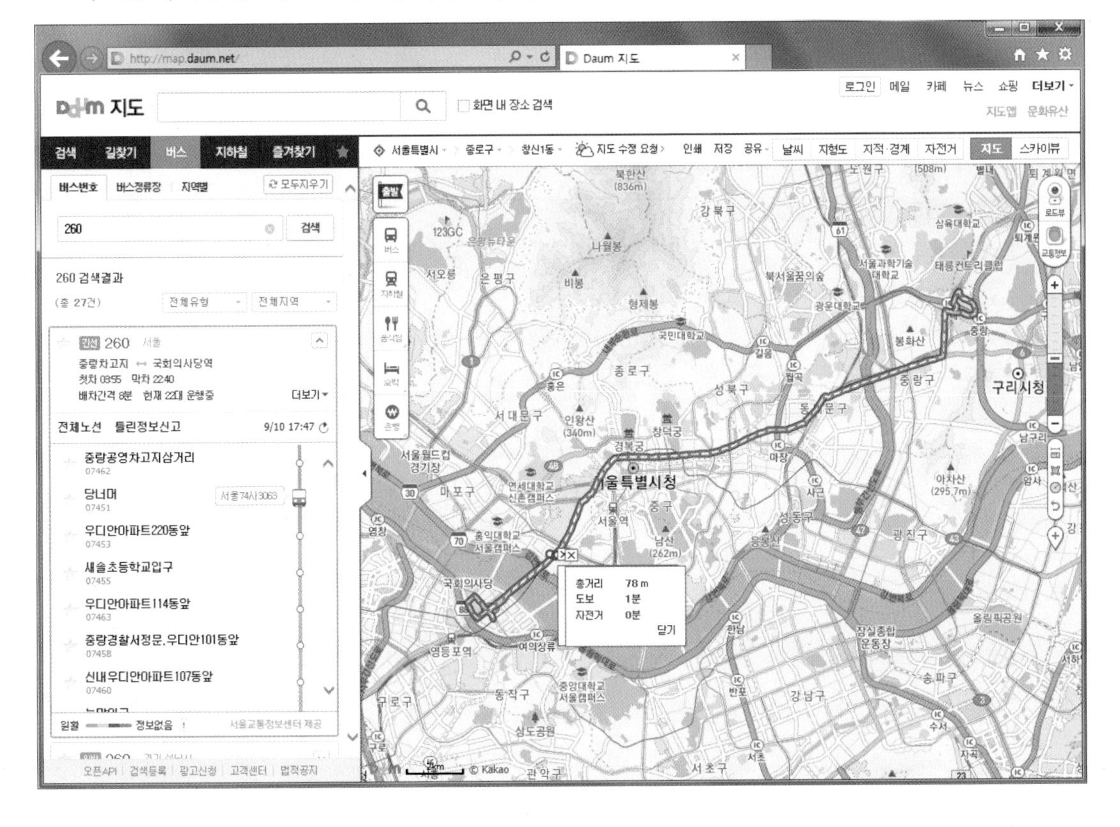

지하철 노선도 확인하기

01 **[지하철]을 클릭**하여 오른쪽 화면에 지하철 노선도가 나타나면 **'김포공항'을 선택**합니다. '김포공항'이 출발역으로 지정되면 이번에는 **'구로'를 클릭**하여 도착역으로 지정합니다.

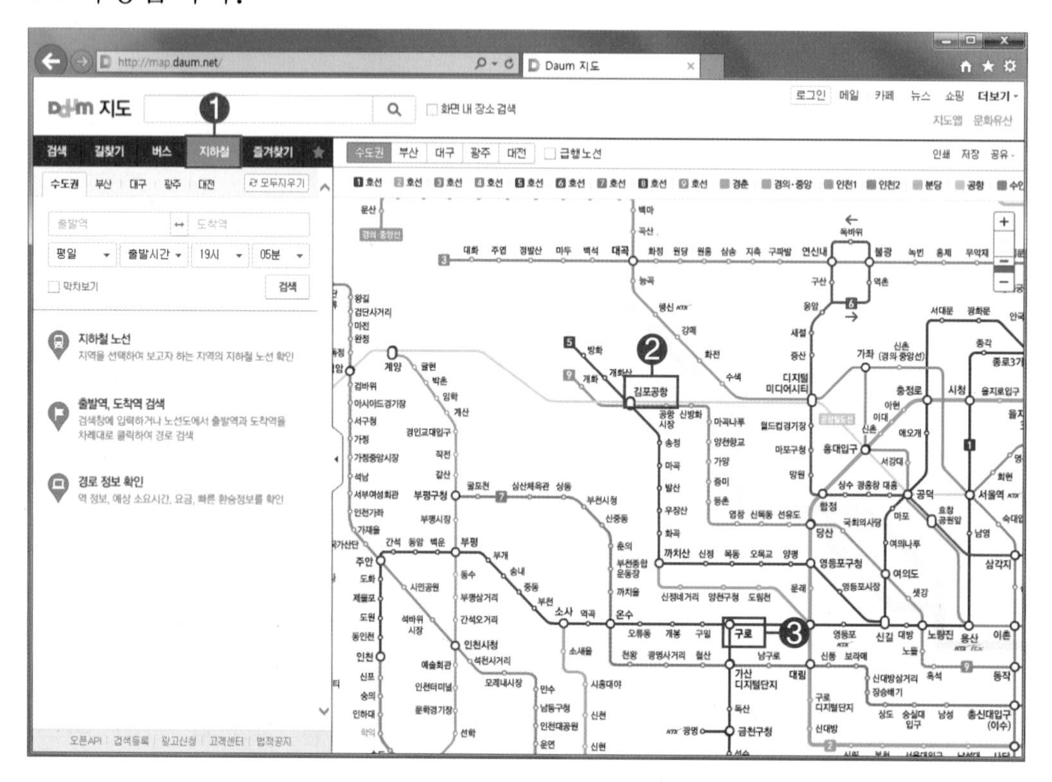

02 선택한 출발역과 도착역을 기준으로 해당 노선도가 강조되어 표시되고 소요 시간, 교통비 등의 정보가 표시됩니다.

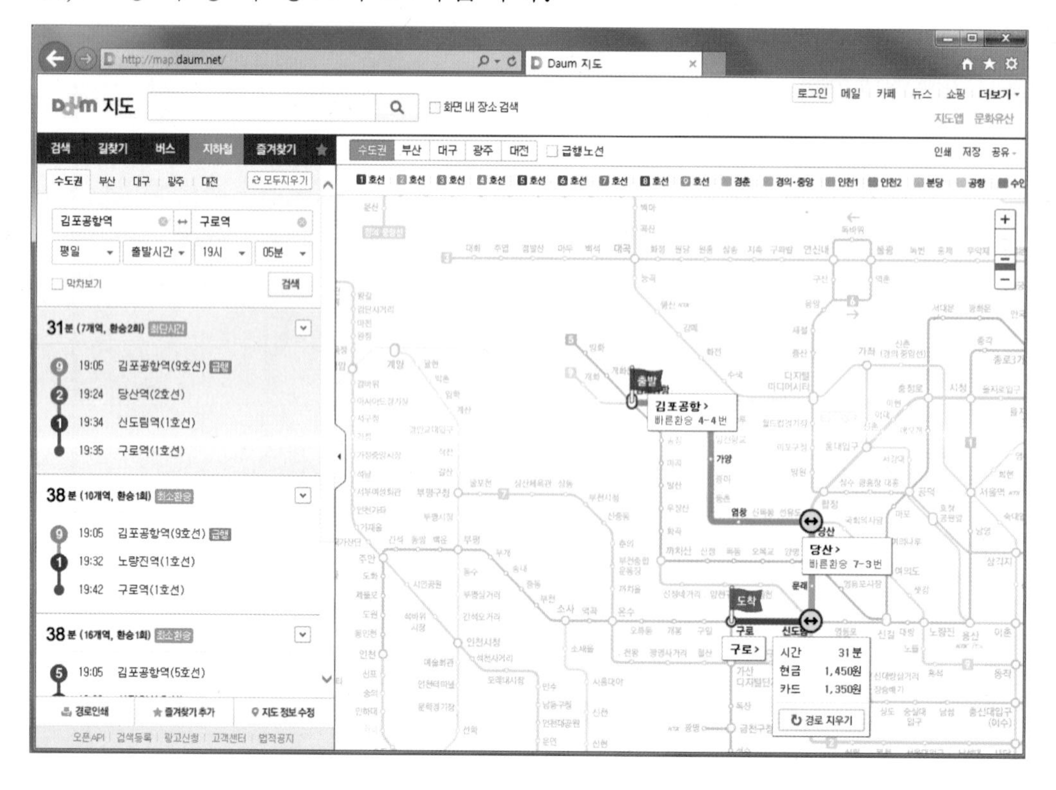

다양한 지도 '보기' 방식 활용하기

지도/스카이뷰 보기

01 'Daum 지도' 입력란에 **'올림픽대교'를 입력**하고 **Enter** **키**를 누릅니다.

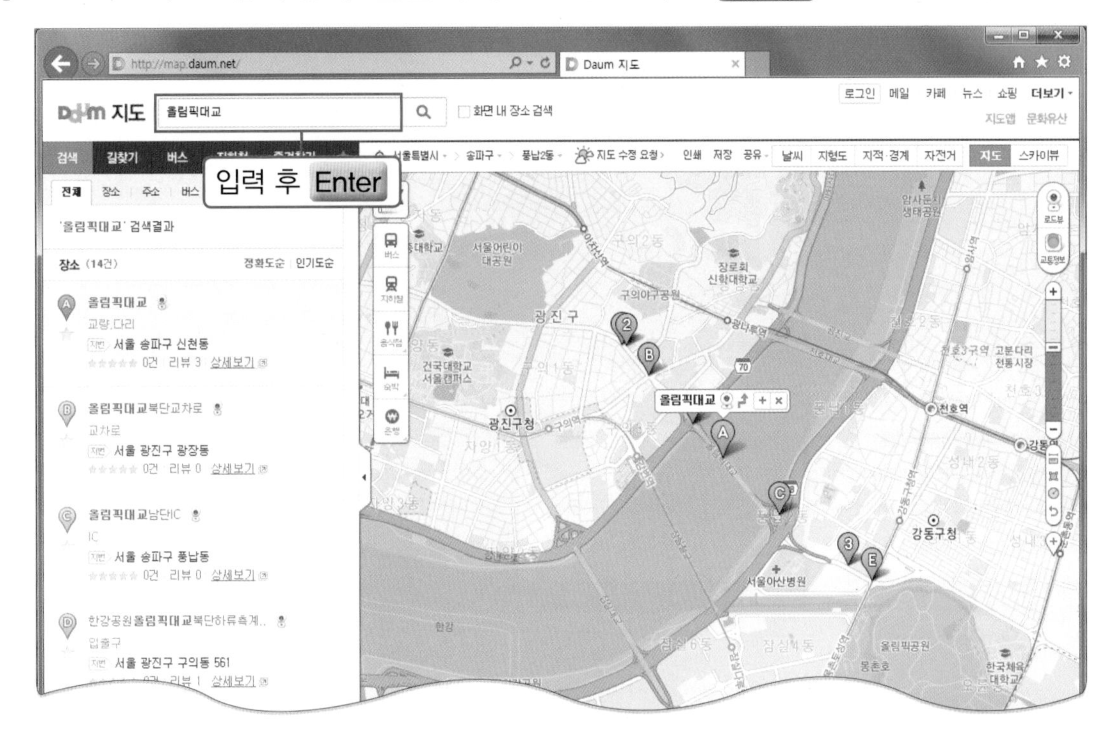

02 오른쪽 위의 **[스카이뷰]를 클릭**합니다. [스카이뷰] 목록에서 **[2008]을 선택**합니다.

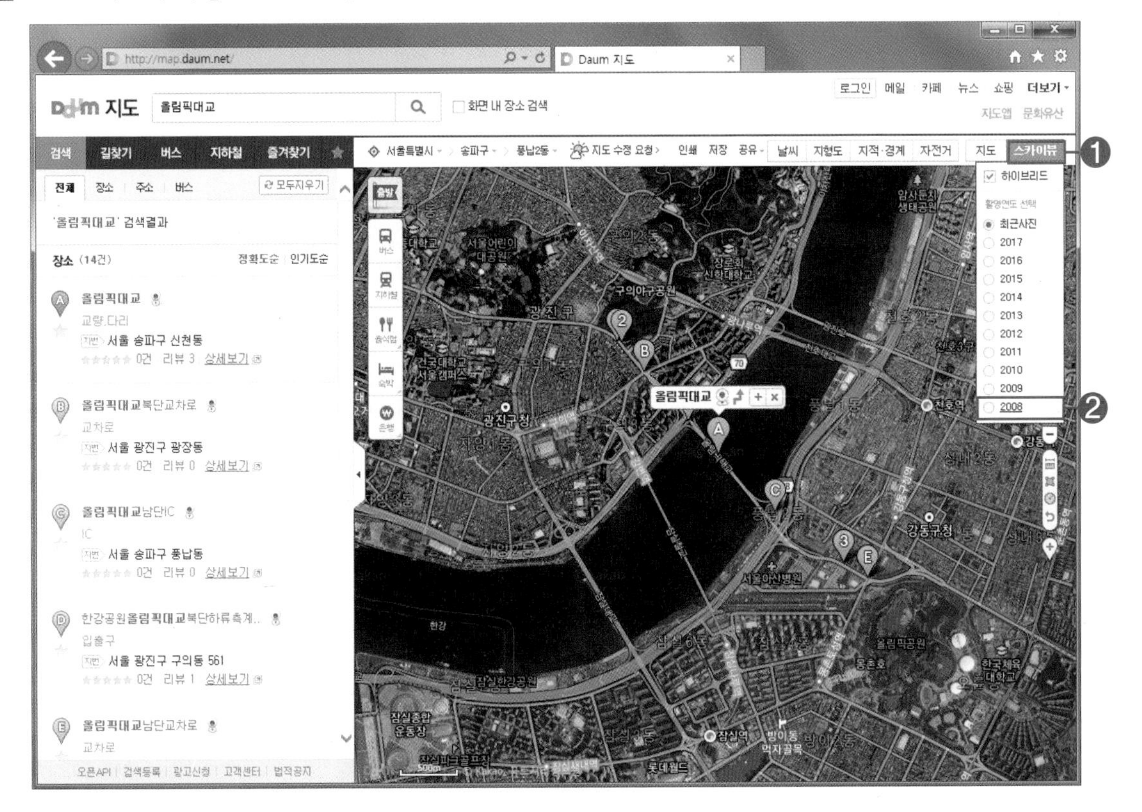

03 최근과 다른 모습의 스카이뷰 화면이 나타나는 것을 확인합니다. 오른쪽 위의 **[지도]를 클릭**합니다.

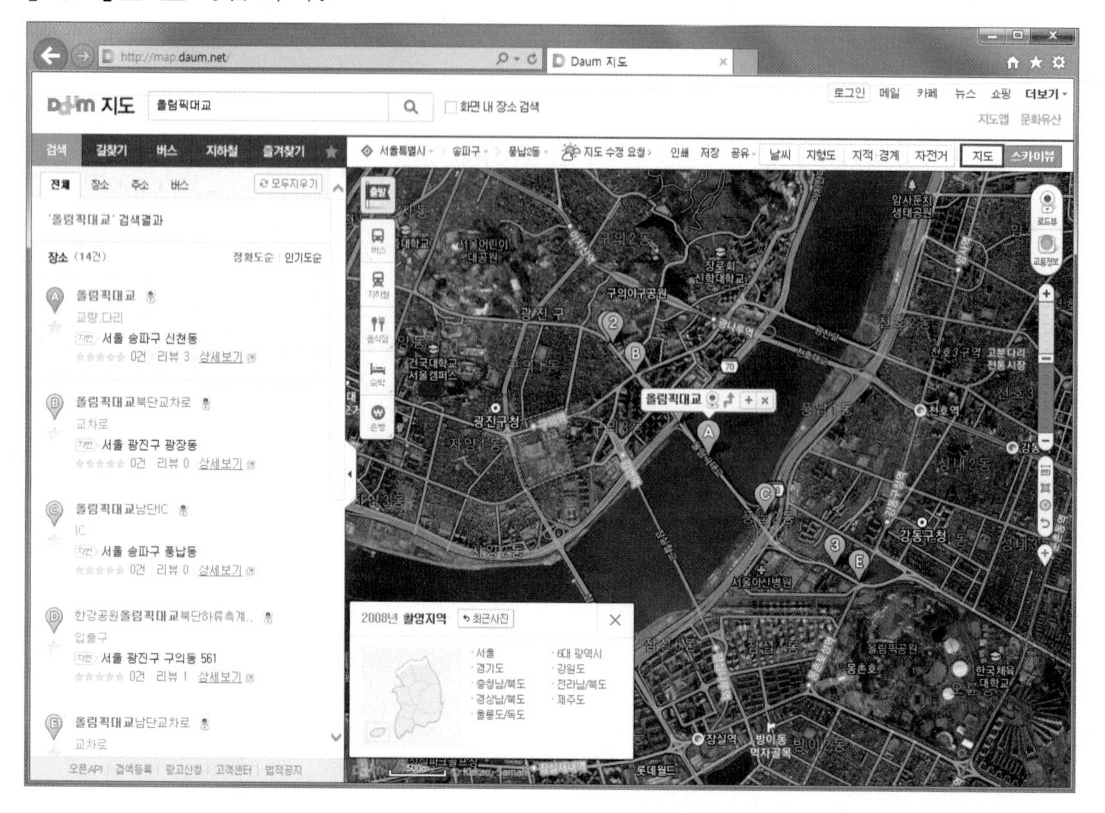

로드뷰 보기

01 오른쪽의 **[로드뷰( )]를 클릭**합니다. 마우스 포인터가 모양으로 변경되면 파란색으로 표시된 영역 안에서 **원하는 곳을 클릭**합니다.

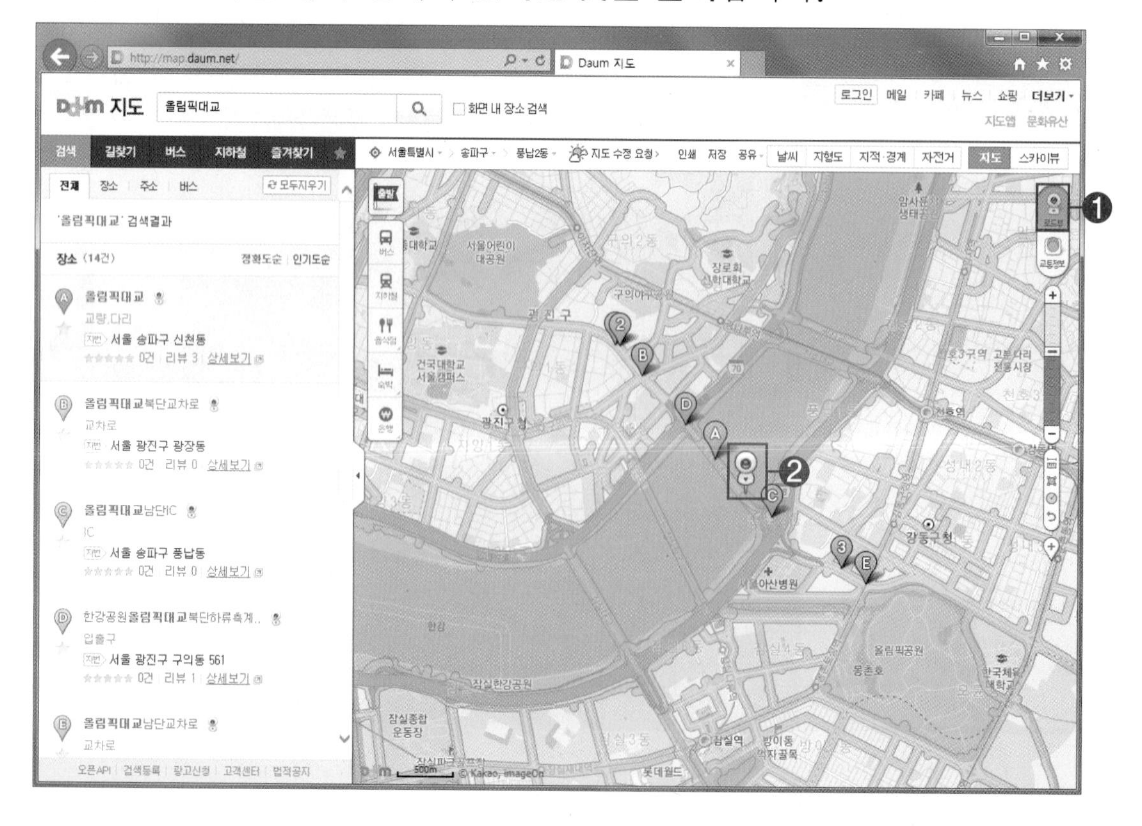

02 왼쪽 패널을 숨기고 화면을 살펴봅니다. 왼쪽 아래 작은 화면에는 현재 뷰의 위치를 표시하고 오른쪽의 큰 화면에서는 선택한 지점의 로드뷰가 표시됩니다.

03 왼쪽 화면에서 을 드래그하면 오른쪽 화면에는 이동된 위치의 로드뷰가 표시됩니다. ☒를 **클릭**하여 로드뷰 화면을 닫습니다.

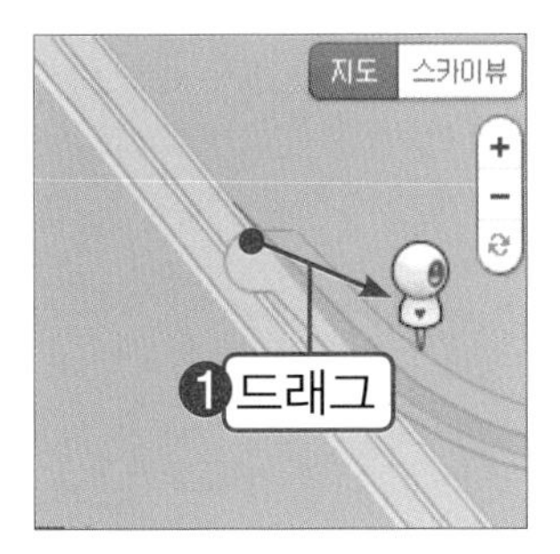

04 [로드뷰( )]를 클릭해 로드뷰 보기 모드를 해제합니다.

교통정보 보기

01 'Daum 지도' 입력란에 **'내부순환로'를 입력**하고 **Enter 키**를 누릅니다.

02 오른쪽의 **[교통정보( )]를 클릭**하면 실시간 교통 흐름이 색상별로 나타납니다. 사고 위치 및 공사 위치 등도 확인할 수 있습니다.

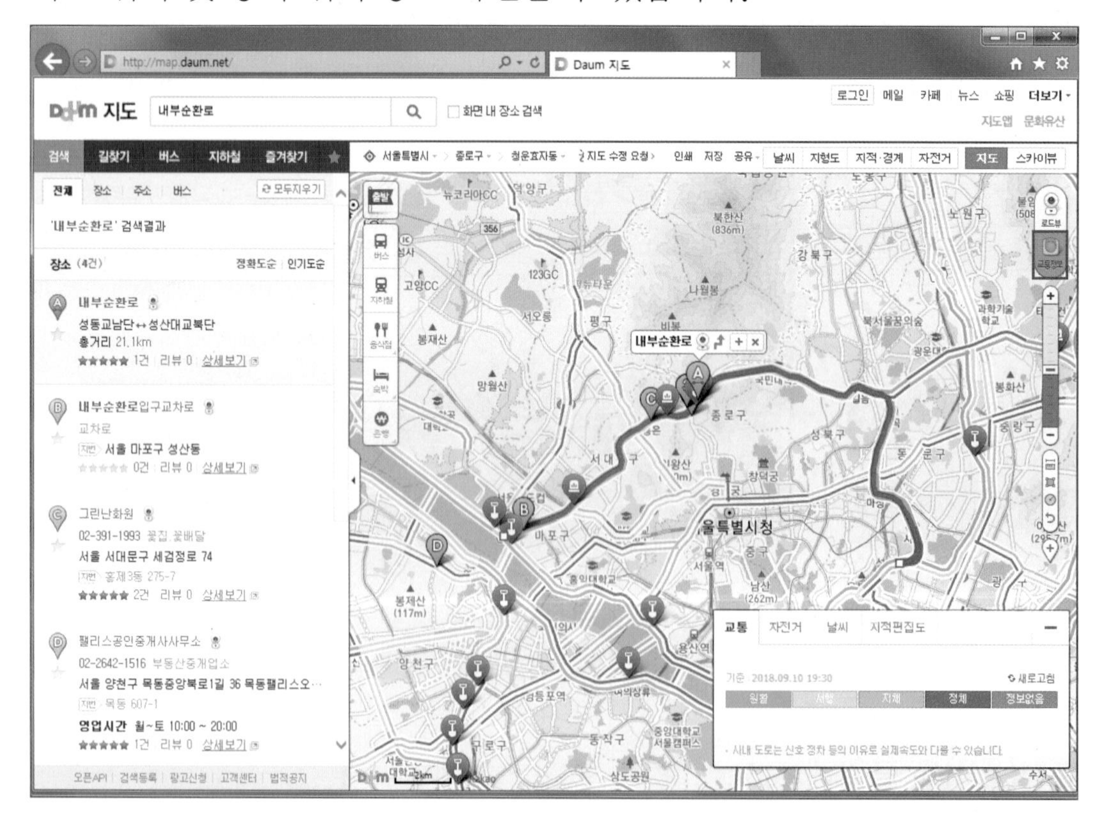

03 **[교통정보( )]를 클릭**해 교통정보 보기 모드를 해제합니다.

자전거 도로 보기

01 'Daum 지도' 입력란에 **'여의도공원'을 입력**하고 **Enter 키**를 누르면 오른쪽 화면에 해당 지역의 지도가 보여집니다.

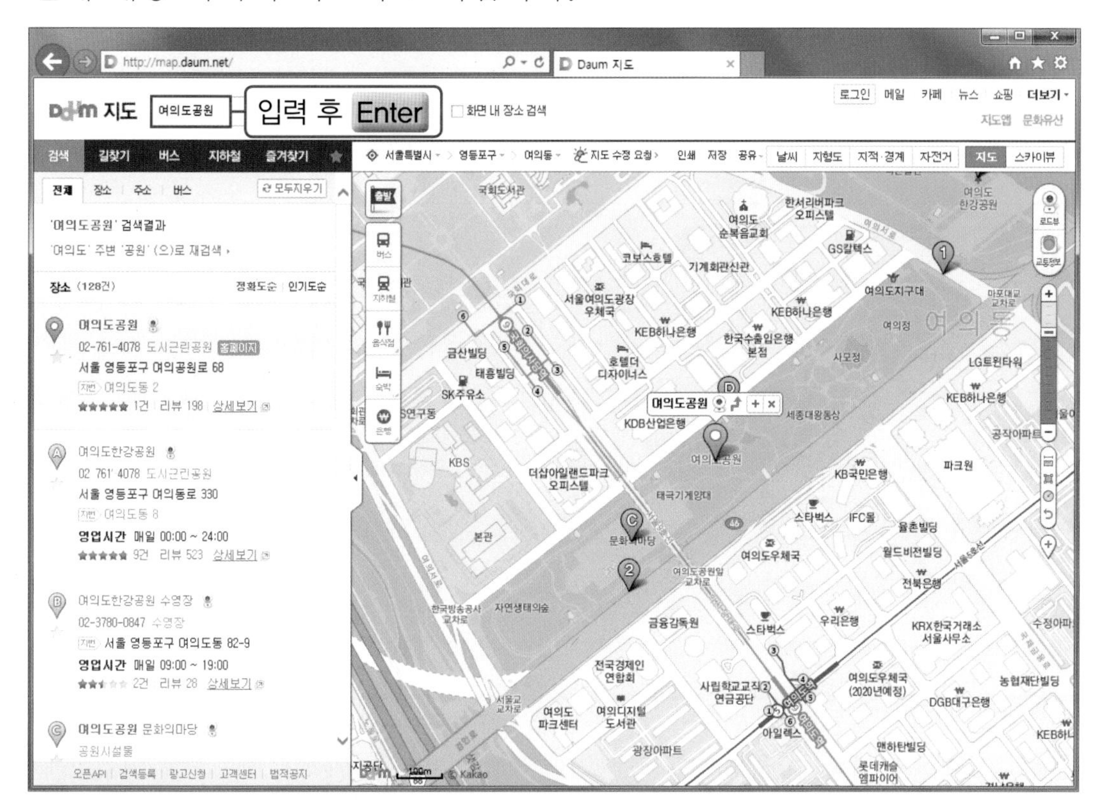

02 오른쪽 화면 위에서 **[자전거]를 클릭**하면 자전거 도로안내 및, 진입로, 편의시설 등과 같은 다양한 정보가 나타납니다.

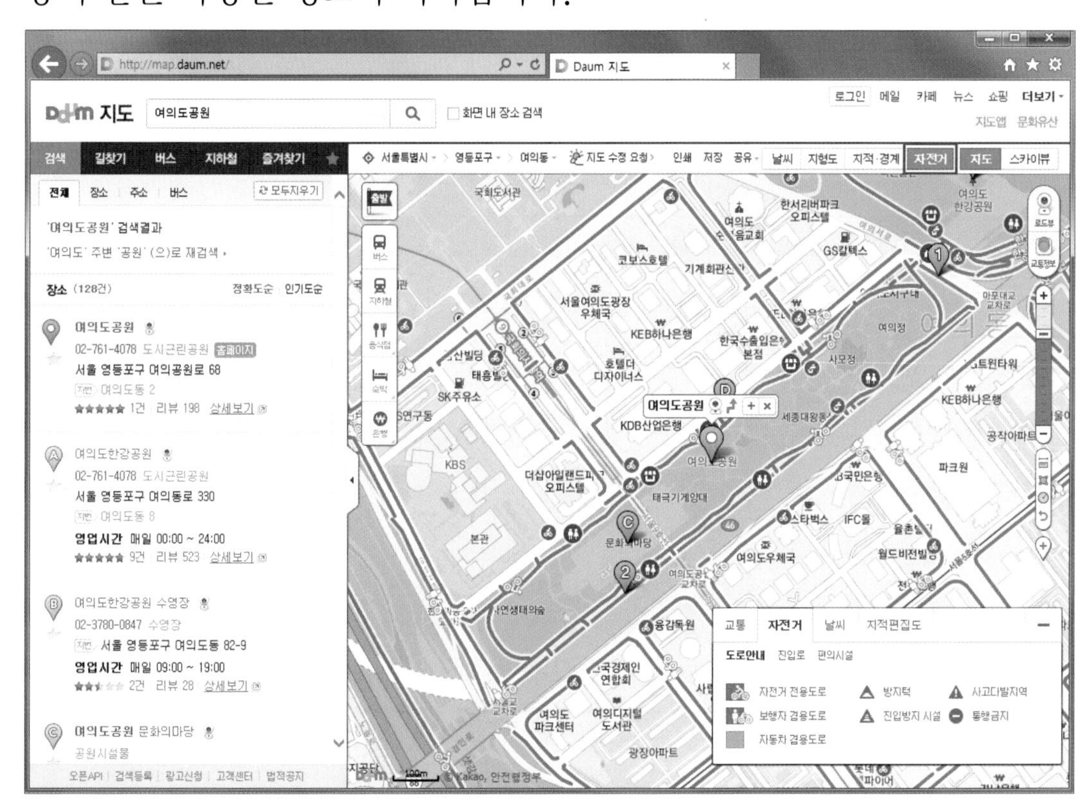

디딤돌 학습

1 Daum 지도에서 자신이 거주하는 지역을 검색한 후 해당 지역의 주유소 정보를 검색해 봅니다.

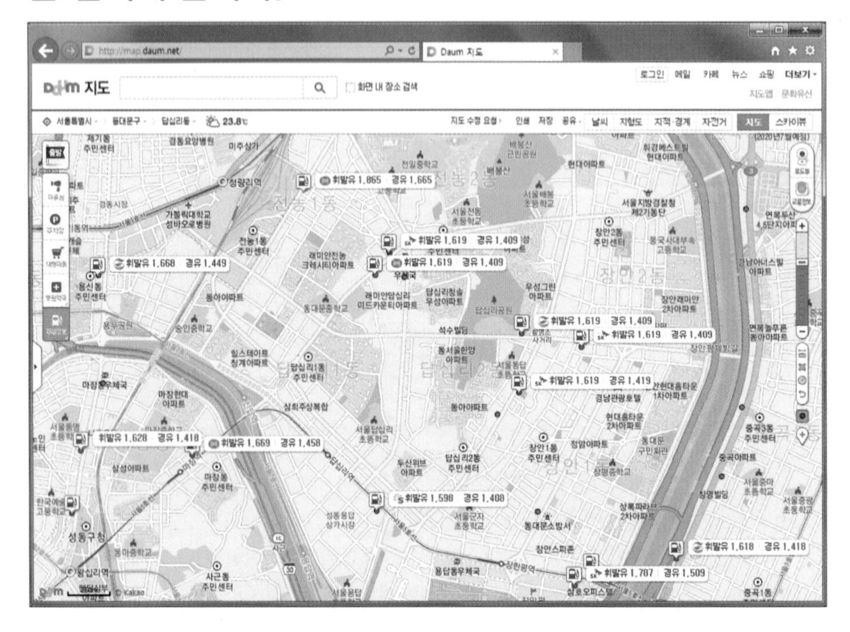

도움터
- 'Daum 지도' 입력란에 자신의 거주지를 입력하고 Enter 키
- [주유정보( )]–[주유소 전체] 클릭

2 '지하철'을 이용해 '노량진'에서 '가락시장'까지의 소요 시간 및 요금 정보를 검색해 봅니다.

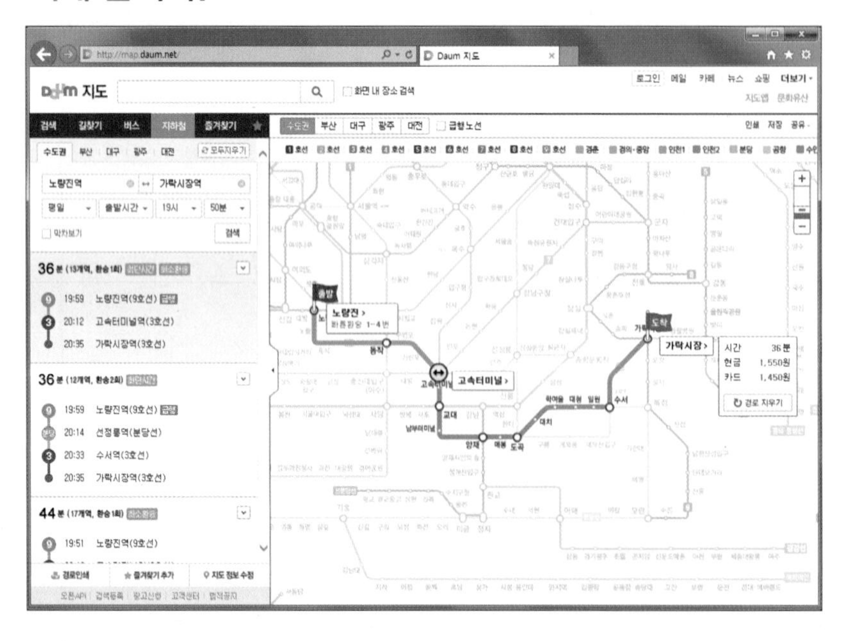

07 인터넷으로 예매하기

이번 장에서는 현재 상영 중인 영화 중 원하는 영화의 정보를 조회한 후 예약하고 결제하는 방법에 대해 알아봅니다. 또한 열차와 고속버스 승차권 정보를 조회하고 예매하는 방법에 대해서도 익혀보도록 하겠습니다.

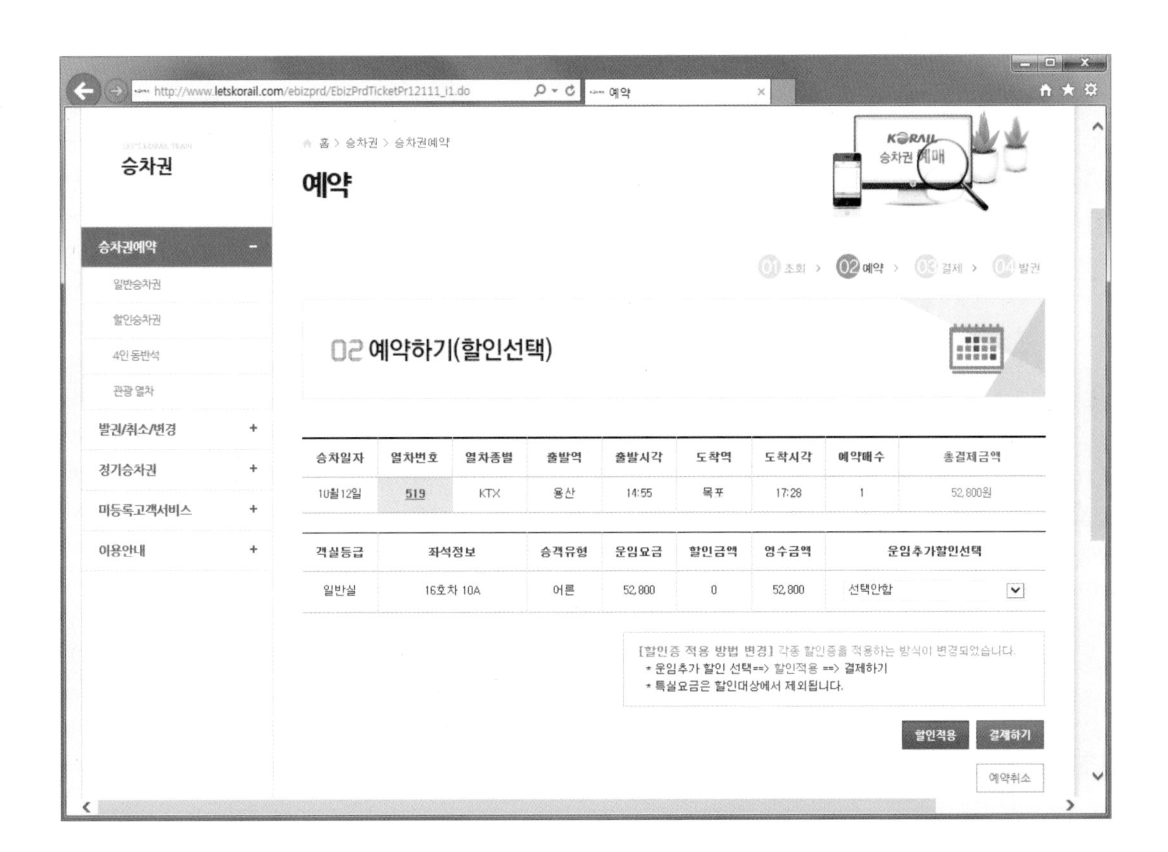

무엇을 배울까요?

- 현재 상영 중인 영화 티켓 조회하기
- 영화 티켓 예매 및 결제하기
- 열차 승차권 조회 및 예매하기
- 고속버스 승차권 조회 및 예매하기

영화티켓 예매하기

영화 티켓 조회하기

01 'CGV(www.cgv.co.kr)' **홈페이지에 접속**한 후, **회원가입**을 합니다. 자신의 아이디와 비밀번호를 입력하여 **로그인**합니다.

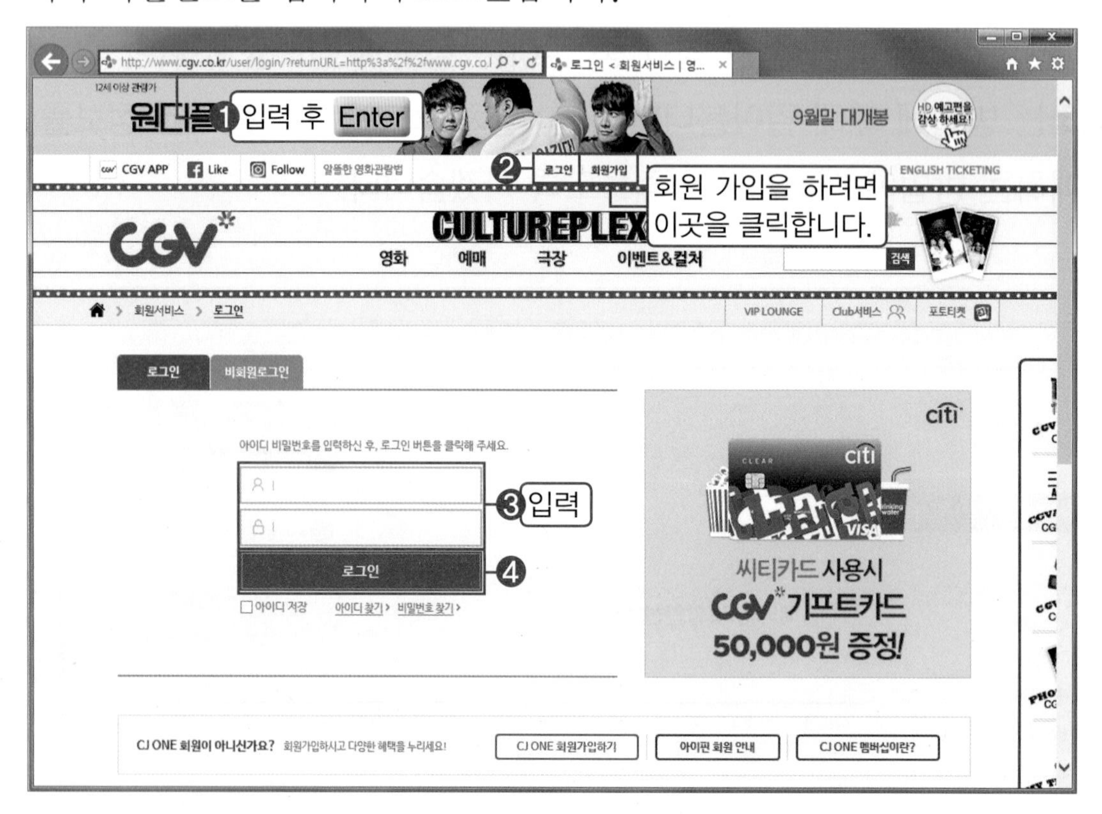

배움터 [비회원로그인] 탭을 선택하면 회원 가입을 하지 않아도 예매가 가능합니다.

02 [영화]-[무비차트]를 **선택**합니다.

03 현재 상영 중인 영화 목록이 표시되면 원하는 **영화를 선택**합니다. '영화상세' 페이지가 나타나면 영화에 관한 정보를 확인한 후 **[상영시간표]를 선택**합니다.

04 선택한 영화의 상영 시간표가 표시되면 **영화를 볼 지역과 날짜를 선택**하고 아래쪽에서 **상영관과 시간을 선택**합니다.

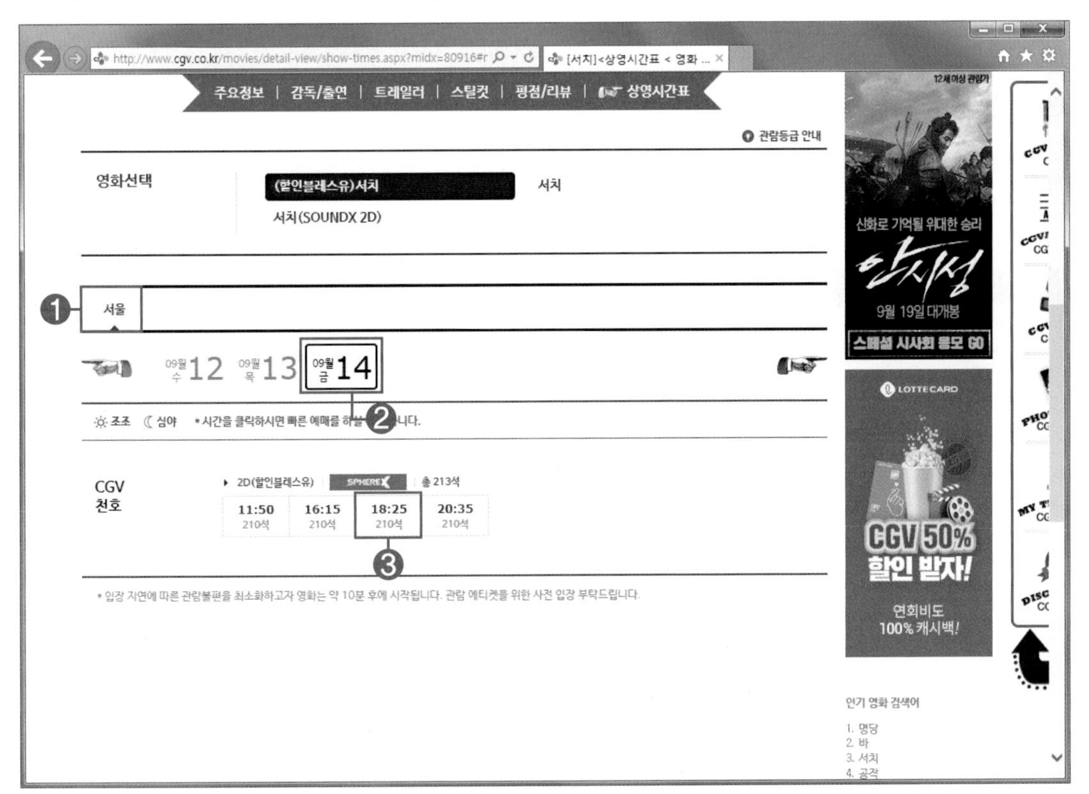

05 다시 한 번 선택한 정보에 대한 내용을 확인한 후 화면의 오른쪽 아래에서 **[좌석 선택] 단추를 클릭**합니다.

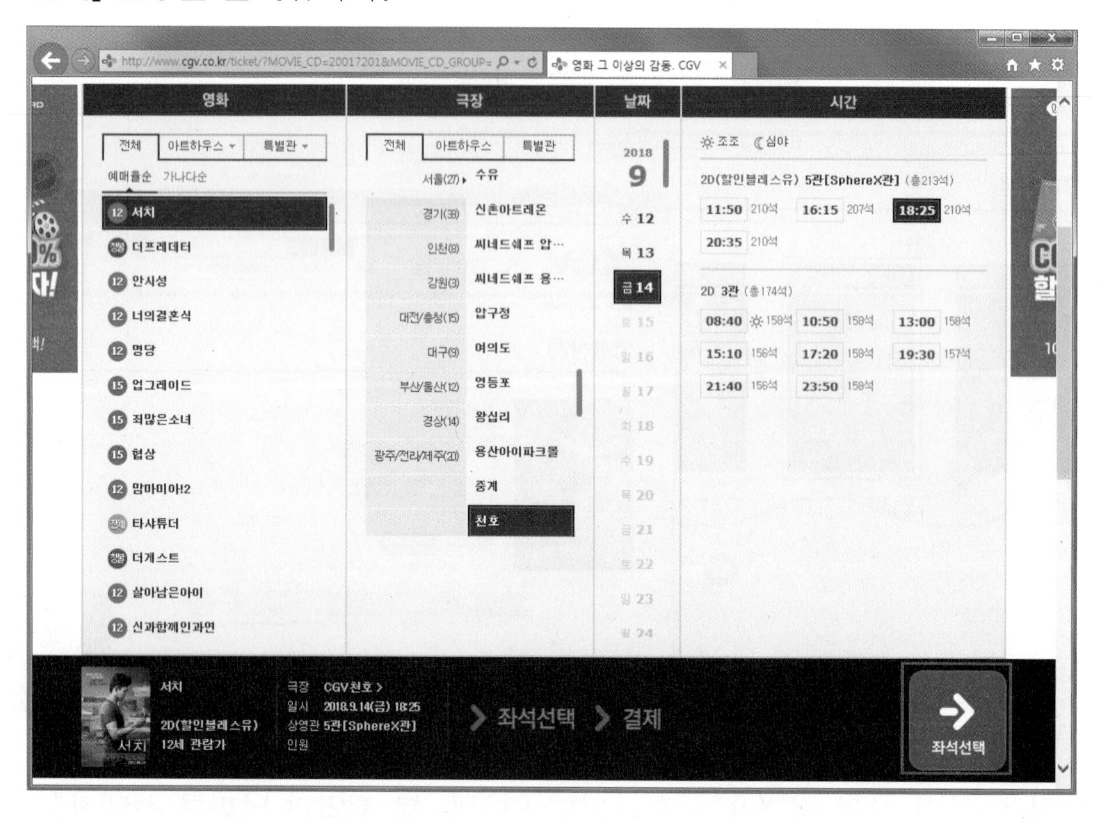

06 **예매 인원 종류별로 예매 매수를 지정**한 후 선택이 가능한 좌석에서 원하는 **자리를 선택**합니다. 화면 아래쪽에 선택한 예매 인원 종류에 따른 금액이 표시되면 **[결제선택] 단추를 클릭**합니다.

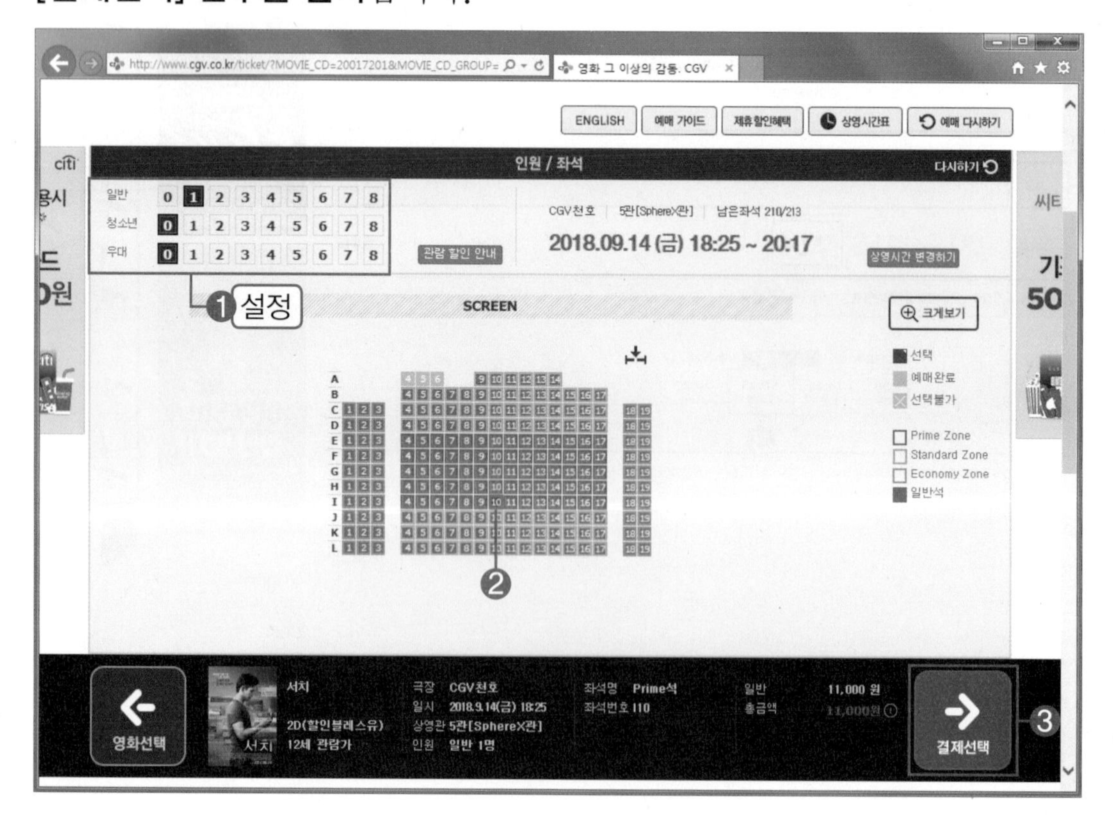

영화티켓 결제하기

01 [STEP 1. 할인수단]과 [STEP 2. 포인트 및 기타결제 수단]에서 **설정할 수 있는 항목이 있다면 선택**합니다.

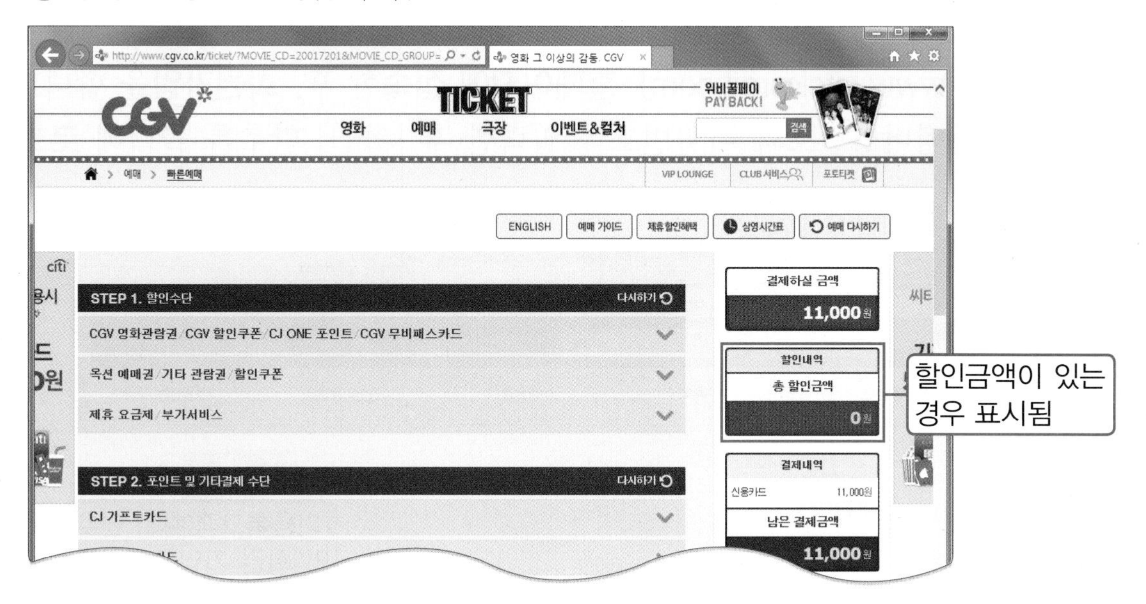

02 [STEP 3. 최종결제 수단]에서 **결제 수단을 선택**한 후 결제 방법에 따른 설정을 하고 **[결제하기] 단추를 클릭**합니다. 이후 **지시 사항에 따라 설정**하여 예매를 완료합니다.

배움터 CGV 홈페이지에 로그인된 경우 [MY CGV] 메뉴를 선택하여 자신의 예매 내역을 확인하거나 예매를 취소할 수 있습니다. 비회원일 경우, 상단의 [로그인] 메뉴를 클릭한 후 [비회원 로그인] 탭에서 예매 확인 및 취소를 할 수 있습니다.

02 열차 승차권 예매하기

승차권 조회하기

01 **'레츠코레일(www.letskorail.com)' 홈페이지에 접속**한 후, **회원가입**을 합니다. 자신의 코레일멤버십번호와 비밀번호를 입력한 후 [확인] 단추를 클릭해 **로그인**합니다.

02 [승차권간편예매] 탭에서 [출발역]의 🔍을 **클릭**하여 [역명조회] 창이 나타나면 **출발역을 선택**합니다. 같은 방법으로 **도착역을 선택**합니다.

03 [출발일]의 ▦을 **클릭**하여 [열차운행 달력조회] 창이 나타나면 **출발할 날짜를 선택**합니다.

04 [시간]의 ☑을 클릭하여 **출발 시간을 선택**하고 [인원]의 ☑을 클릭하여 **탑승 인원을 선택**한 후 **[승차권 예매] 단추를 클릭**합니다.

05 '조회' 페이지로 이동하면 화면 아래쪽의 열차 정보에서 원하는 열차의 좌석선택을 **클릭**합니다.

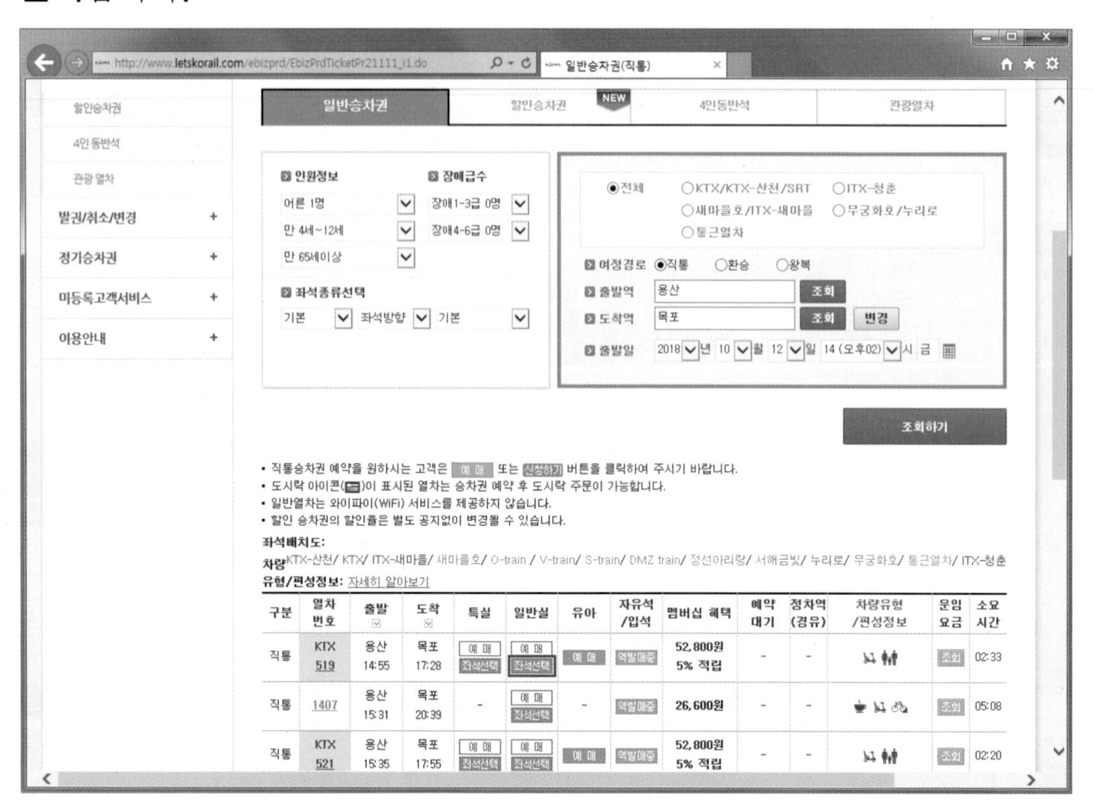

06 [좌석선택] 대화상자가 나타나면 **호차를 선택**합니다. 예약이 가능한 진한색 좌석에 마우스 포인터를 가져가 '좌석상세정보'를 확인합니다.

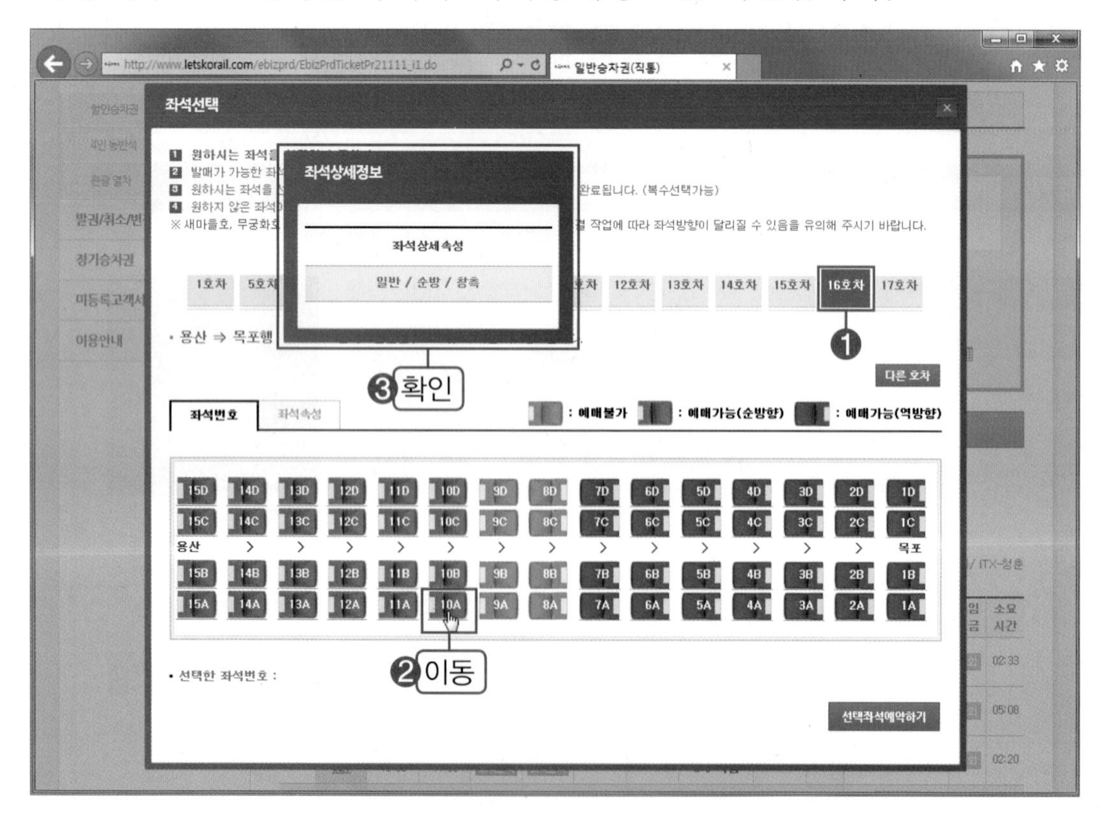

승차권 예약하기

01 원하는 **좌석을 선택**한 후, **[선택좌석예약하기] 단추를 클릭**합니다.

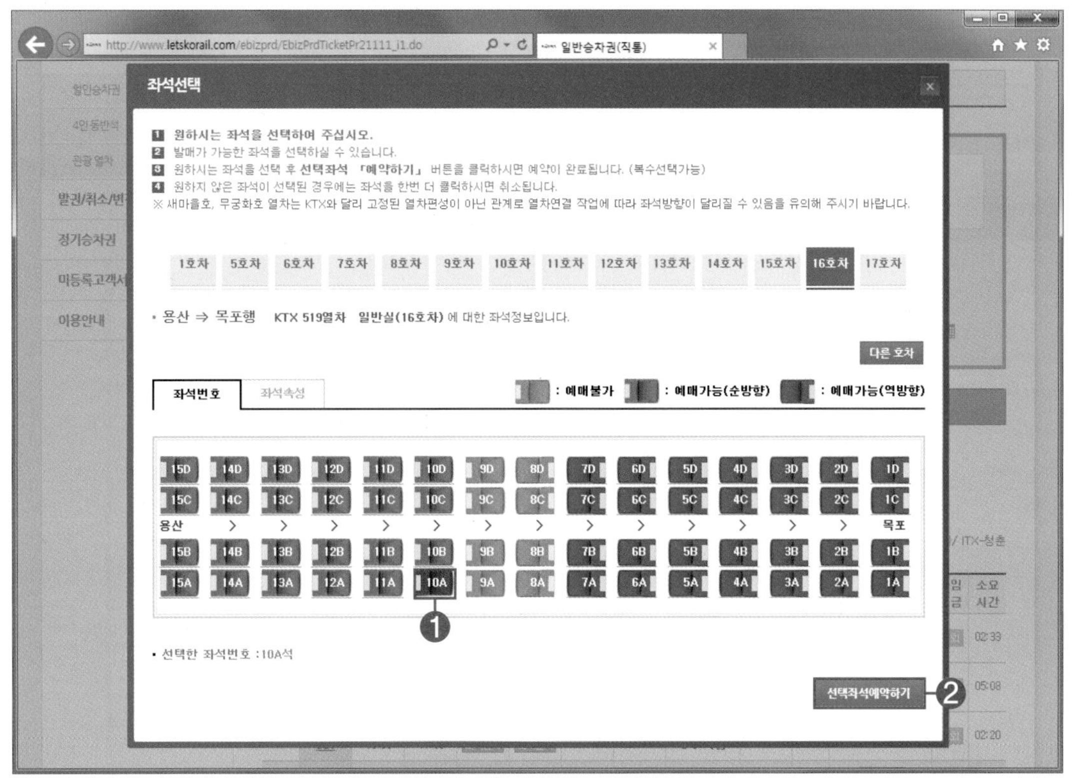

02 "20분 이내 결제하셔야 승차권 구매가 완료됩니다."라는 메시지가 나타납니다. **[확인] 단추를 클릭**합니다. 웹 페이지 메시지가 나타나면 읽어 본 후 **[확인] 단추를 클릭**합니다.

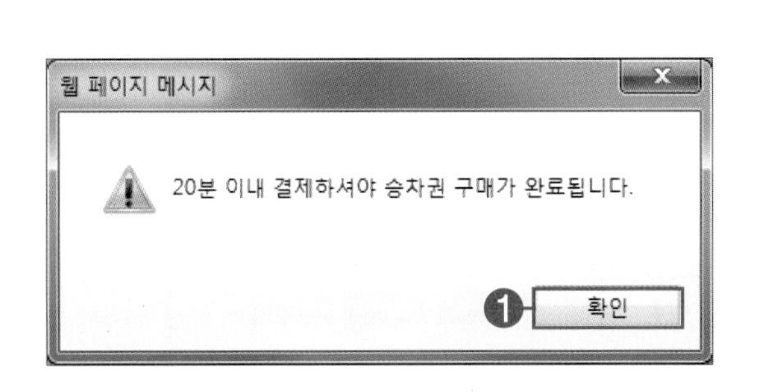

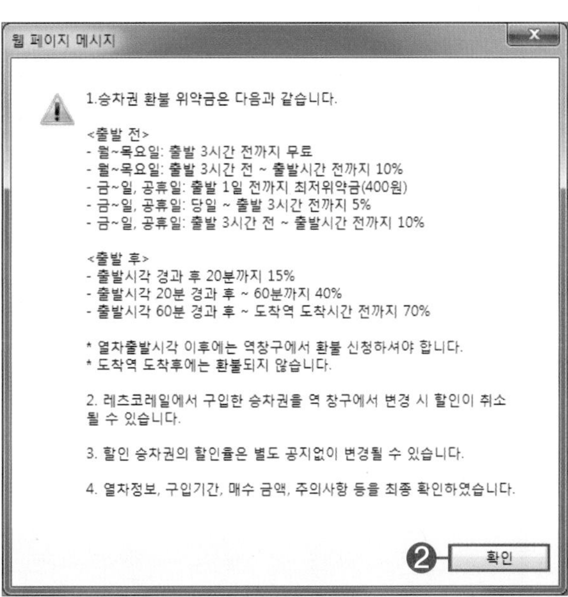

03 추가 할인 선택 사항이 있다면 지정하고 [할인적용] 단추를 클릭한 후 [결제하기] 단추를 클릭합니다. 할인 적용 항목이 없으면 바로 **[결제하기] 단추를 클릭**합니다.

04 결제 방법을 선택한 후, **결제 정보를 입력**하고 **[발권하기] 단추를 클릭**합니다.

배움터 [승차권]-[발권/취소/변경] 메뉴를 선택하면 예매 정보를 확인 및 수정할 수 있습니다.

03 고속버스 예매하기

승차권 조회하기

01 **'고속버스 통합 예매(www.kobus.co.kr)' 홈페이지에 접속**합니다. **'편도'**와 **'왕복'** **중 선택**하고 **[출발지]를 클릭**합니다.

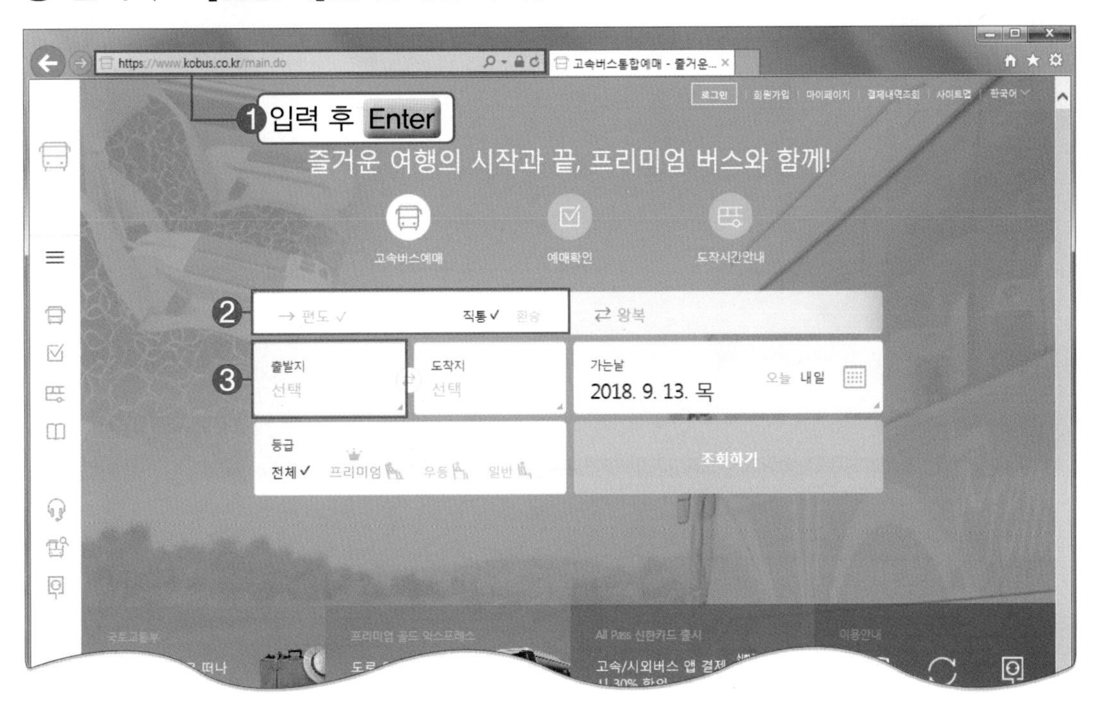

02 출발지의 **지역별 터미널을 선택**합니다.

03 자동으로 [도착지] 부분이 선택됩니다. [도착지]의 **지역별 터미널을 선택**합니다.

04 [가는날]의 **[달력(▦)]을 클릭**하여 **날짜를 선택**합니다.

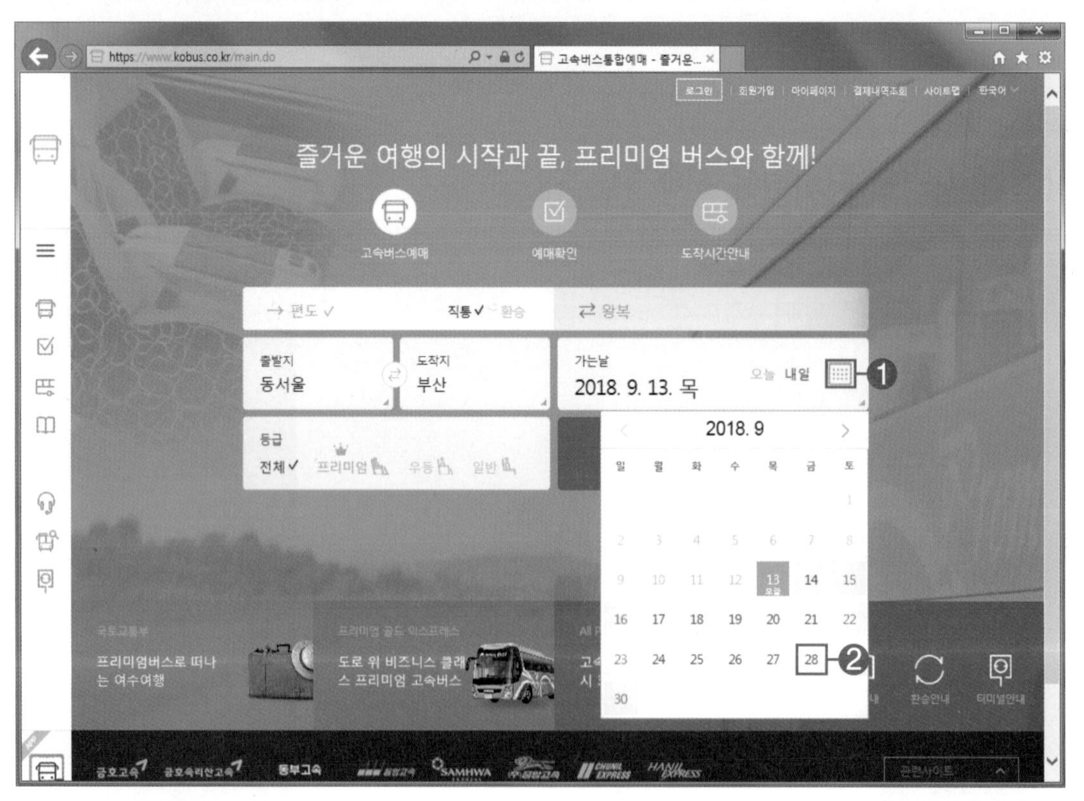

05 [등급]을 선택한 후 [조회하기] 단추를 클릭합니다.

06 [취소수수료 안내] 대화상자가 나타나면 읽은 후, [동의] 단추를 클릭합니다.

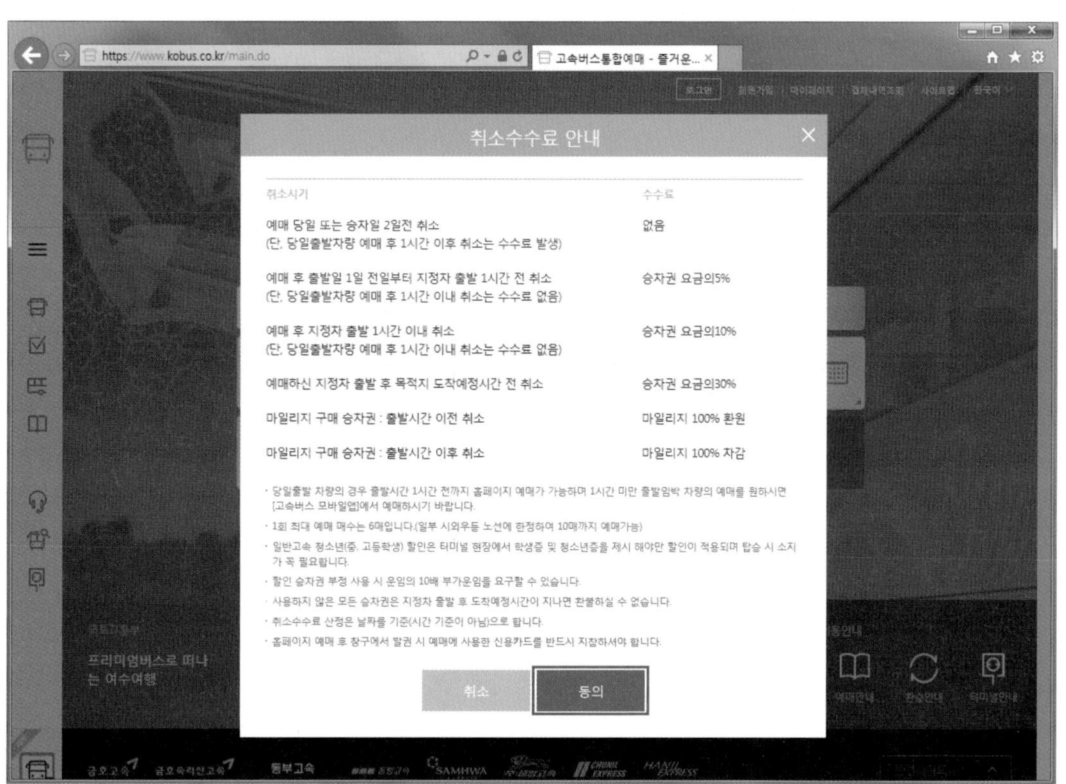

07 조회된 배차 목록이 표시되면 **원하는 버스를 선택**합니다.

08 예약 날짜를 확인하는 메시지가 나타나면 **[확인] 단추를 클릭**합니다.

09 '매수 및 좌석 선택' 페이지가 나타나면 **[확인] 단추를 클릭**하고 예약 가능한 좌석 위치를 살펴봅니다.

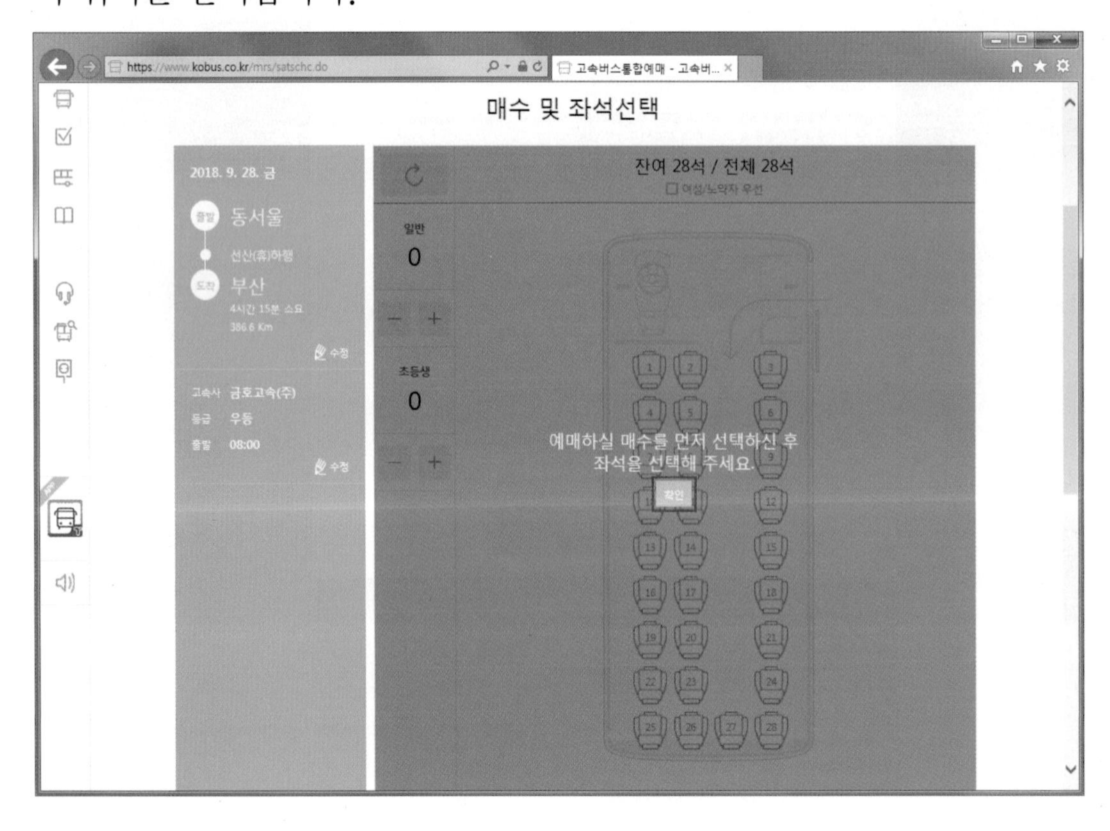

승차권 예매하기

01 예매할 **매수를 설정**한 후, 선택한 매수만큼 **원하는 좌석 위치를 클릭**하고 **[선택 완료] 단추를 클릭**합니다.

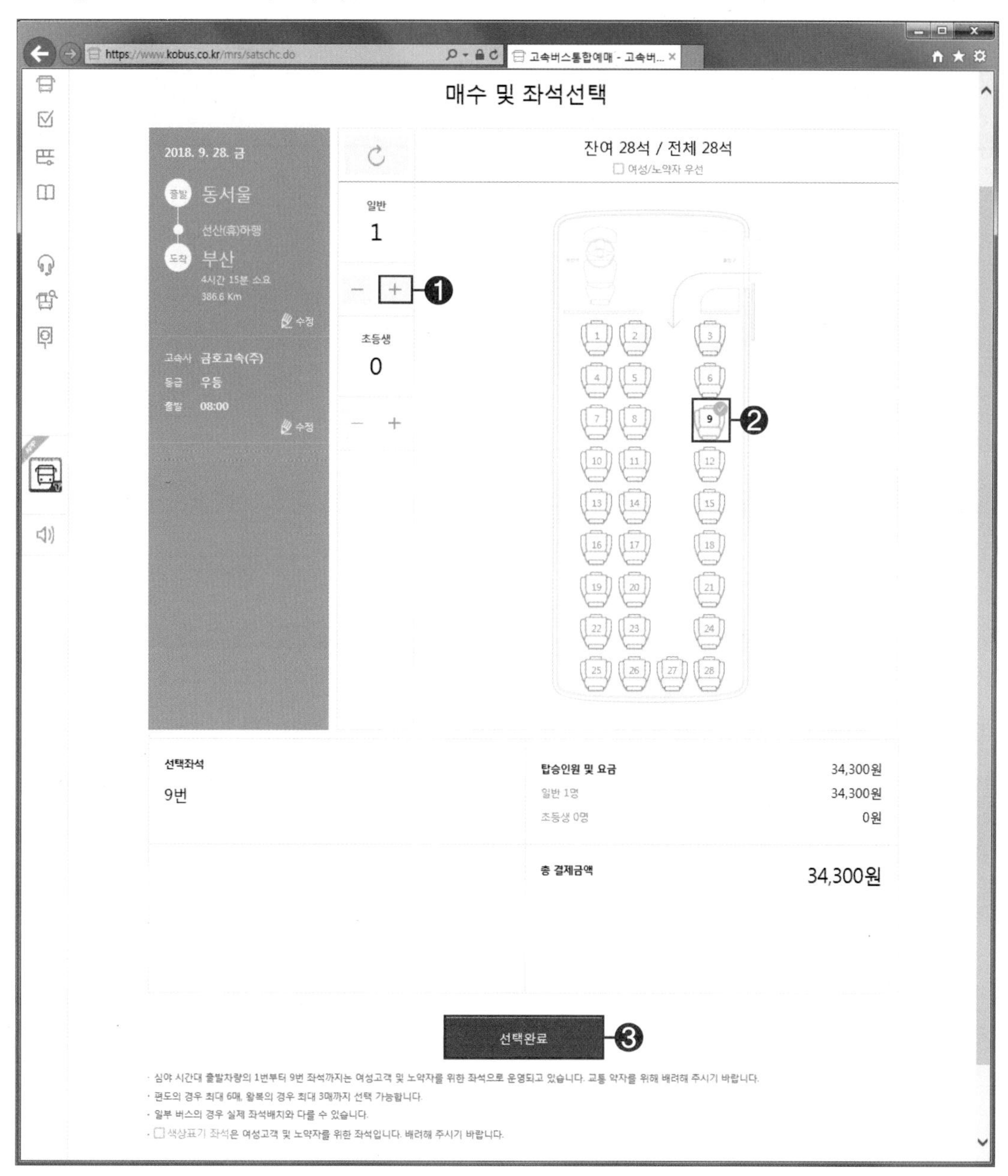

02 [로그인] 대화상자가 나타나면 회원으로 예매할지, 비회원으로 예매할지를 선택하여 로그인합니다. 여기서는 **[비회원 예매] 단추를 클릭**하여 살펴보도록 합니다.

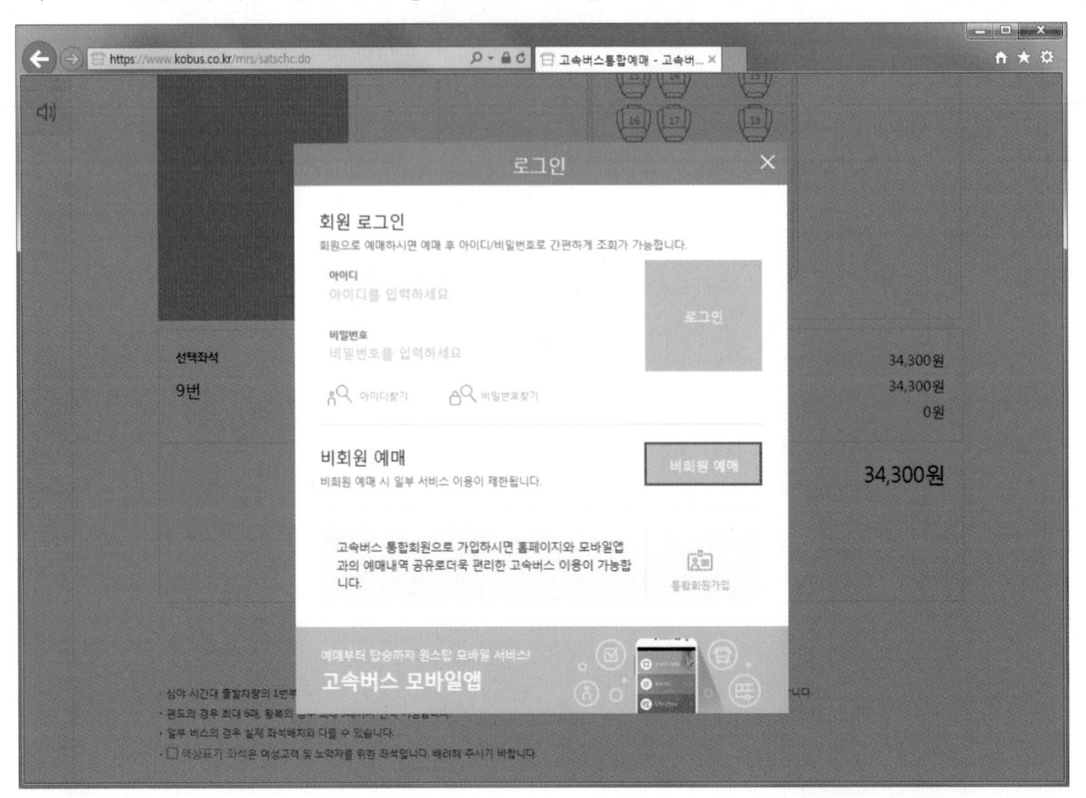

03 '결제정보입력' 페이지로 변경되면 먼저 약관을 읽고 **동의를 체크**합니다.

04 **예매 조회 정보를 입력**한 후 **발권 방법을 선택**하고 **승차권 정보를 확인**합니다.

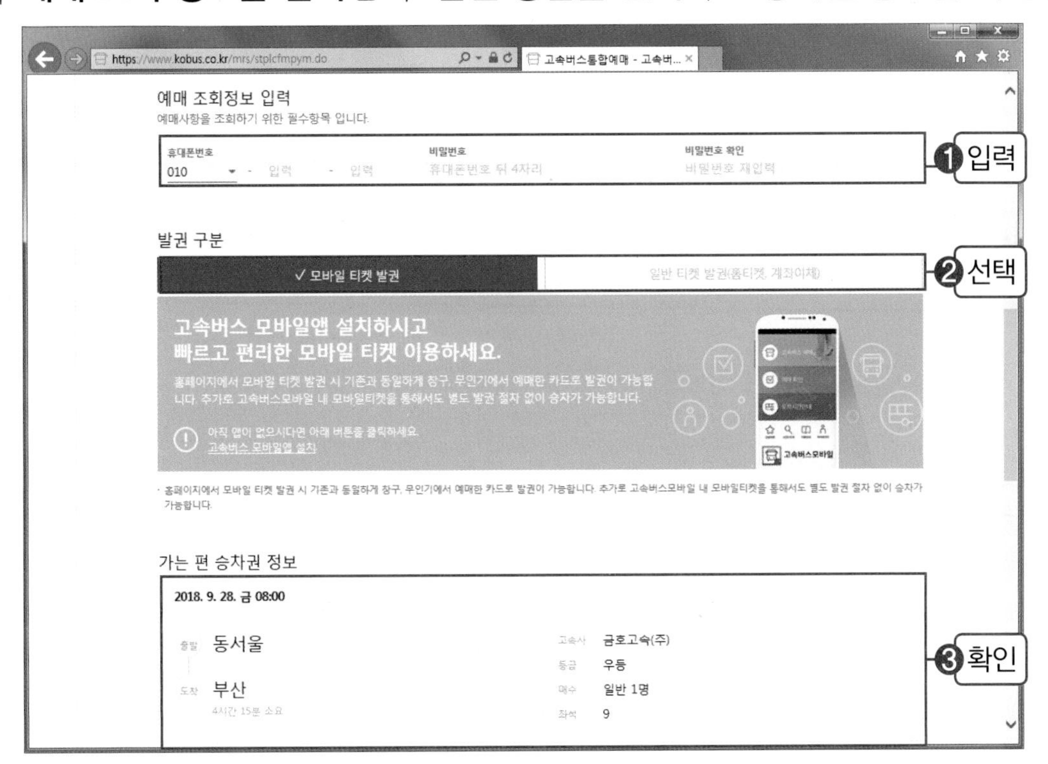

05 **결제정보를 입력**하고 **[결제하기] 단추를 클릭**합니다. 아래쪽의 주의 사항을 숙지해야 합니다.

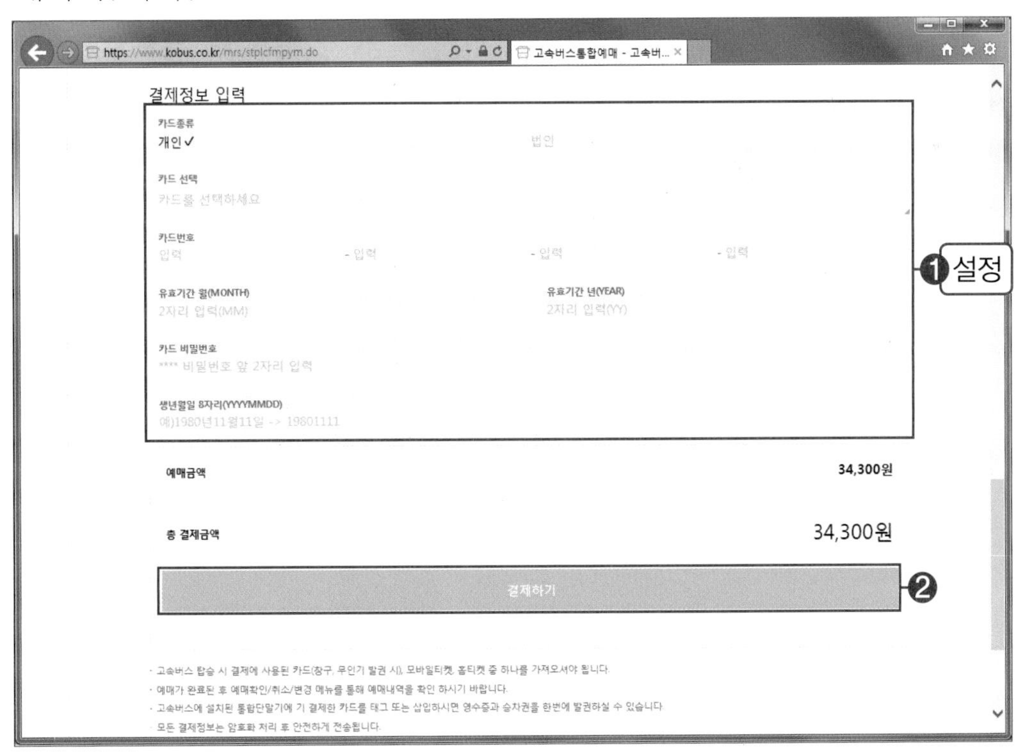

배움터 왼쪽의 [예매 확인(☑)]을 클릭하여 [예매확인/취소/변경]을 선택하면 예매 정보를 수정할 수 있습니다.

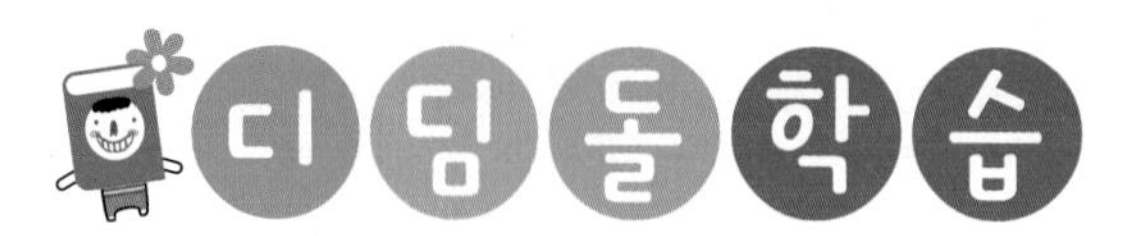

1 '롯데시네마(www.lottecinema.co.kr)' 홈페이지에서 최근 인기 영화 정보를 조회하고 예매를 해 봅니다.

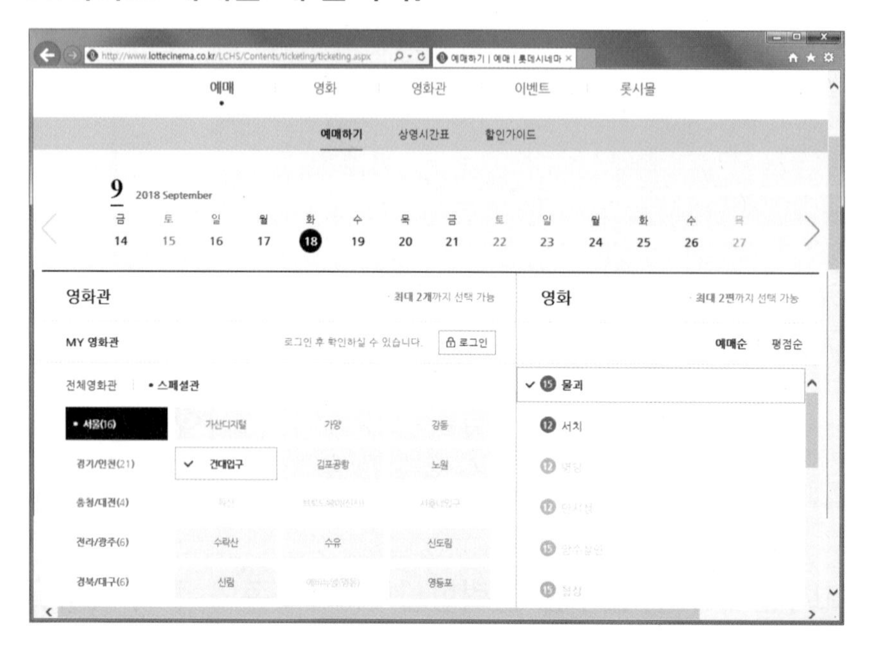

2 '씨스포빌(www.seaspovill.co.kr)' 홈페이지를 통해 강릉에서 울릉도를 왕복하는 여정으로 선박을 예매해 봅니다.

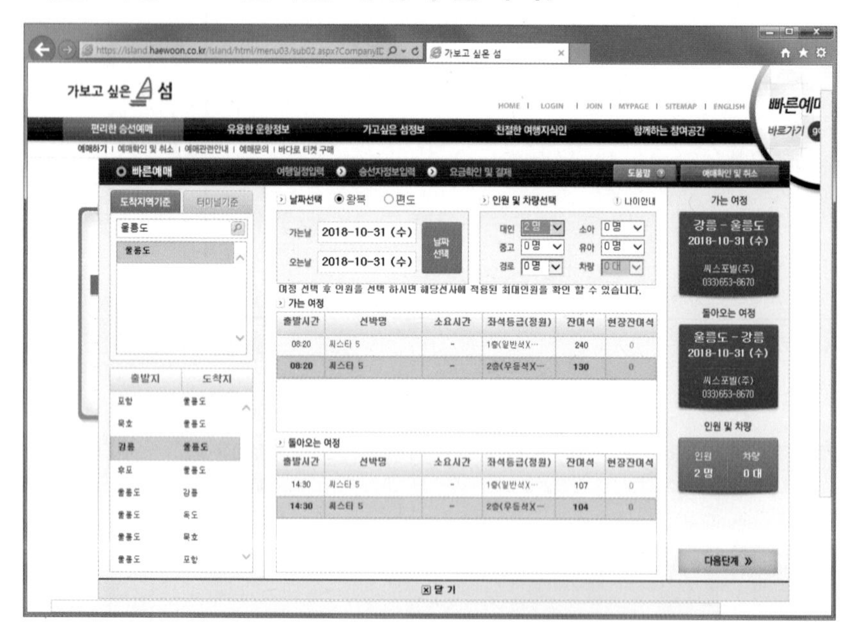

셋째 마당

한글 2010

한글 2010 실습을 위한 자료 준비하기

01 홈페이지(www.sdedu.co.kr/book)에 접속한 후 로그인합니다.

※ '시대' 회원이 아닌 경우 [회원가입]을 클릭하여 가입한 후 로그인합니다.

02 로그인되면 아래쪽의 [빠른 서비스]에서 [자료실]을 클릭합니다.

※ 작업 완료 후 잊지 말고 [로그아웃]을 클릭해야 합니다.

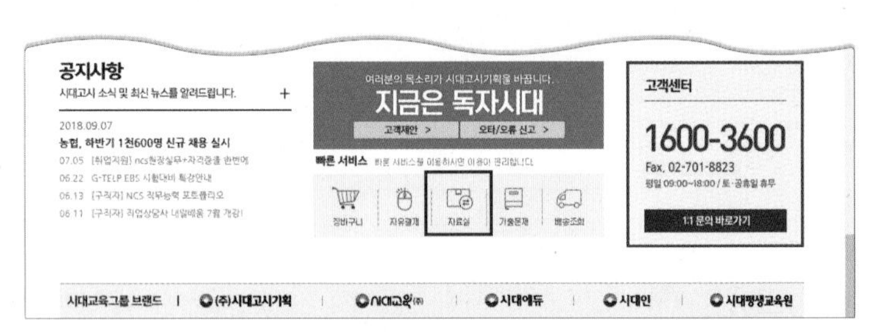

03 [Data Center] 페이지가 열리면 [프로그램 자료실]을 클릭합니다.

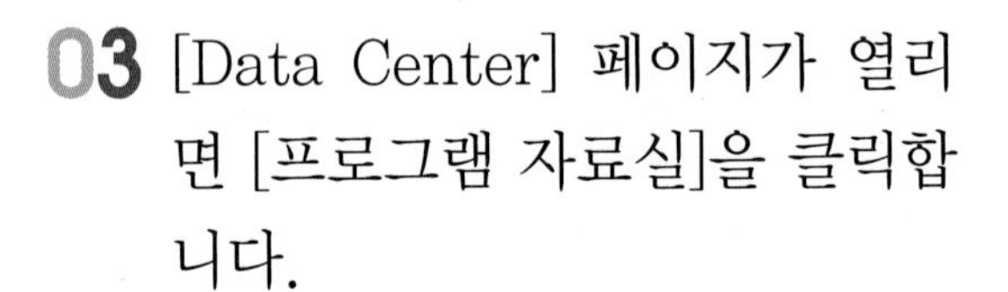

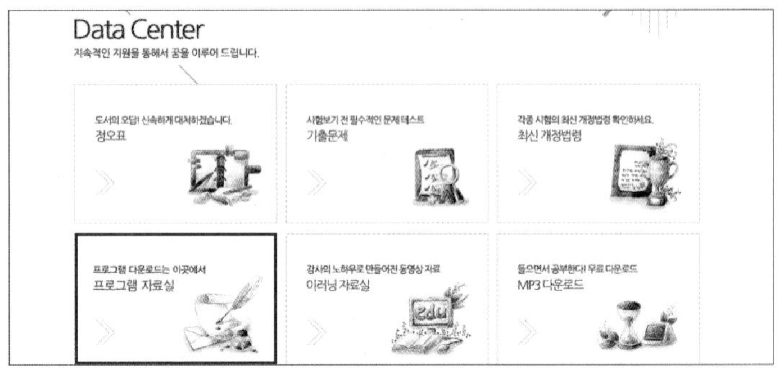

04 '정보화 기초'라는 키워드로 자료를 검색합니다. 나타난 목록 중에 도서와 관련된 항목의 제목을 클릭합니다. 관련 페이지가 나타나면 첨부 파일을 클릭합니다.

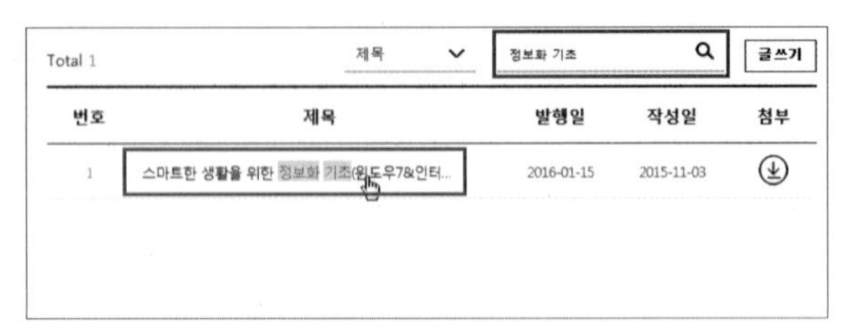

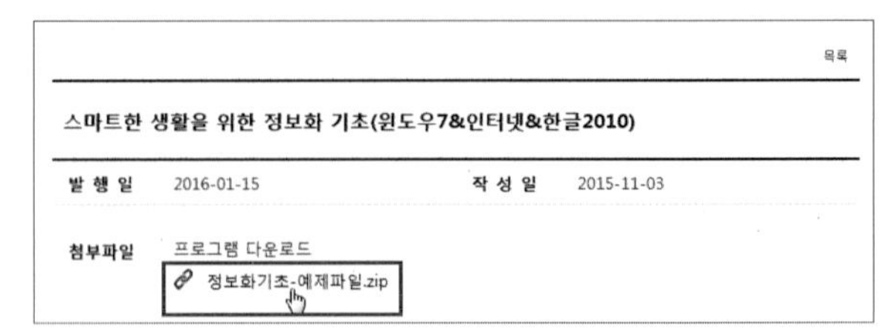

05 화면 아래에 나타나난 메시지에서 [저장] 단추 옆의 펼침 단추(▼)를 클릭한 후 [다른 이름으로 저장]을 선택합니다.

06 [다른 이름으로 저장] 대화상자가 나타나면 저장할 장소와 파일명을 지정한 후 [저장] 단추를 클릭합니다.

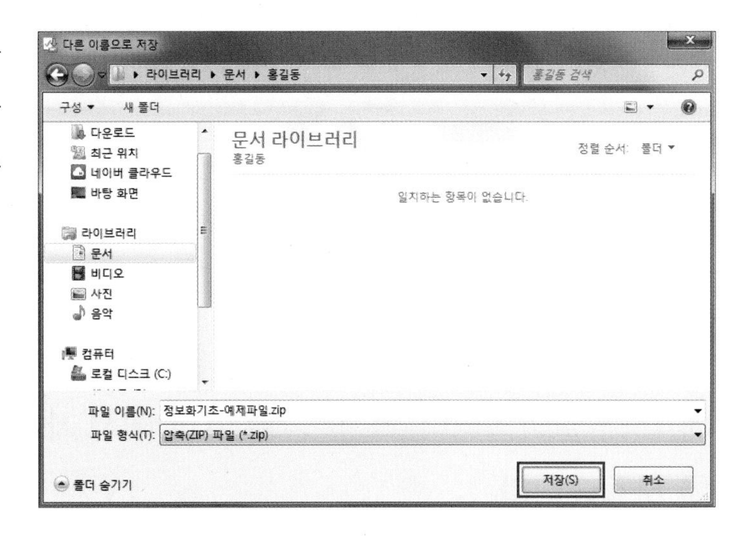

07 다운로드가 완료되면 [폴더 열기]를 클릭하거나 직접 저장 위치 폴더를 찾아 표시합니다.

08 압축되어 있는 파일을 마우스 오른쪽 단추로 클릭한 후 [압축 풀기] 바로 가기 메뉴를 선택합니다.

※ 사용자 컴퓨터에 설치된 압축 프로그램에 따라 압축 푸는 과정이 다를 수 있습니다.

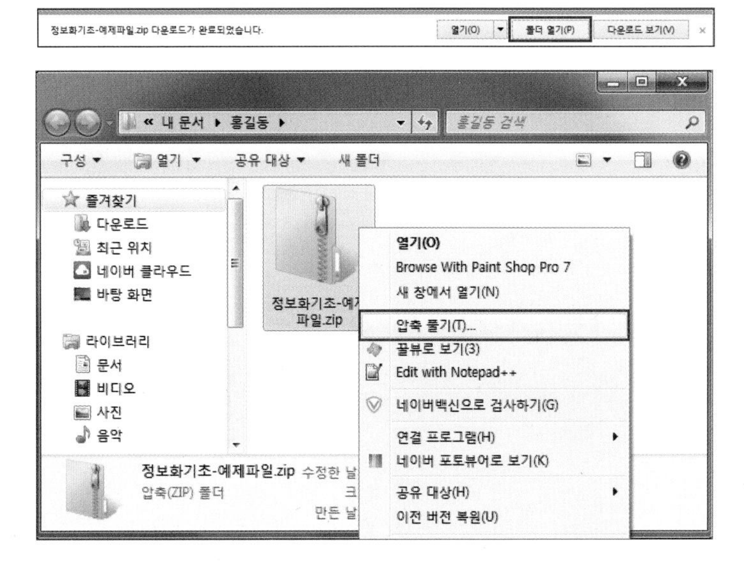

09 압축 풀 위치를 지정하고 [압축 풀기] 단추를 클릭합니다.

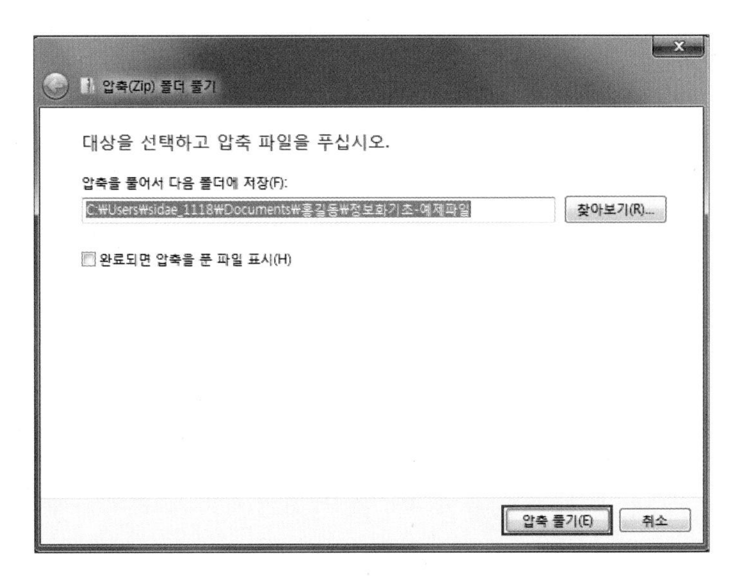

10 지정된 위치에 압축이 풀린 것을 확인합니다. 이후 한글 작업에 필요한 자료들이 들어 있으니 위치를 잘 기억해 둡니다.

01 한글 2010 시작하기

이번 장에서는 한글 2010 프로그램을 시작하고 종료하는 방법과 함께 화면 구성에 대해 알아봅니다. 또한 한글 2010에서 새롭게 변경된 메뉴 사용법도 익혀보도록 하겠습니다.

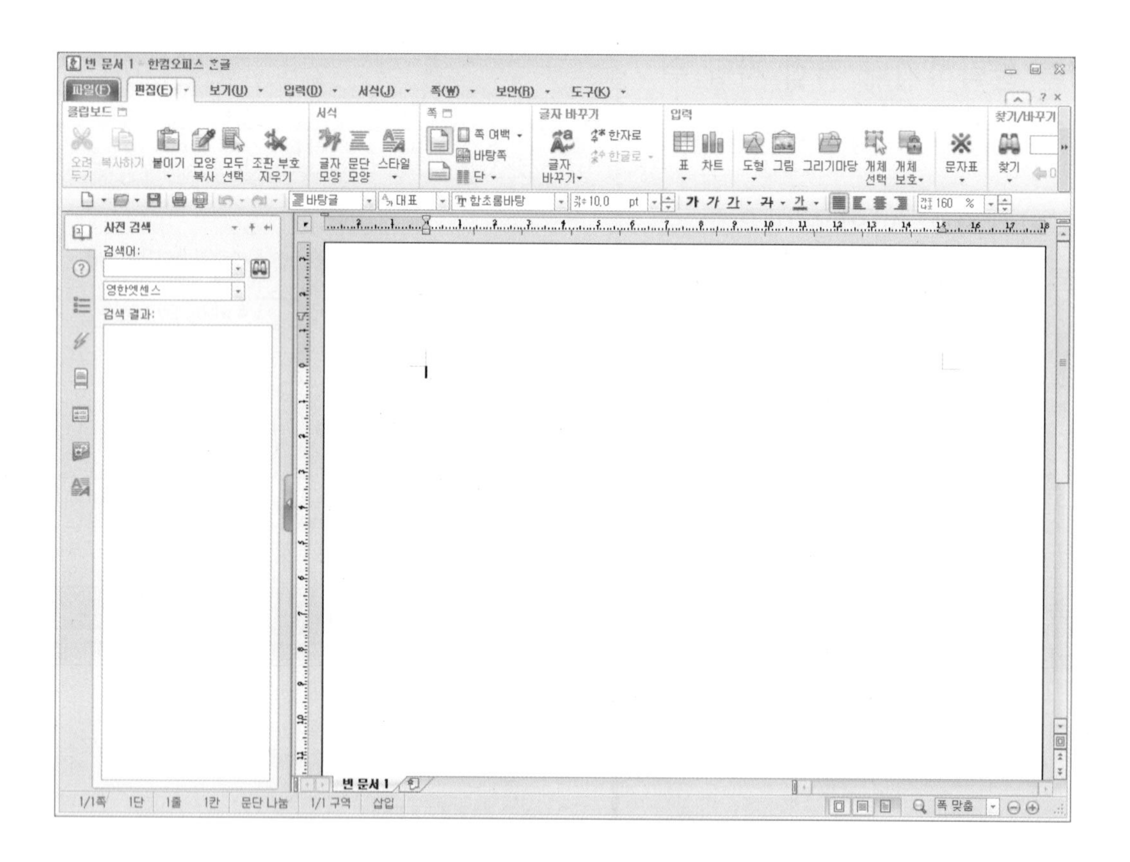

무엇을 배울까요?

- 한글 2010 시작과 끝내기
- 화면 구성 알아보기
- 메뉴 탭 사용법과 화면 구성 요소 표시 여부 지정하기

한글 2010 시작과 끝내기

01 한글 2010 프로그램을 시작하려면 **[시작( )]-[모든 프로그램]-[한글과컴퓨터]-[한컴오피스 2010]-[한컴오피스 한글 2010]을 순서대로 선택**합니다.

02 한글 2010 프로그램이 실행됩니다.

03 한글 2010 프로그램을 끝내려면 창 오른쪽 상단의 **[닫기( )] 단추를 클릭**합니다.

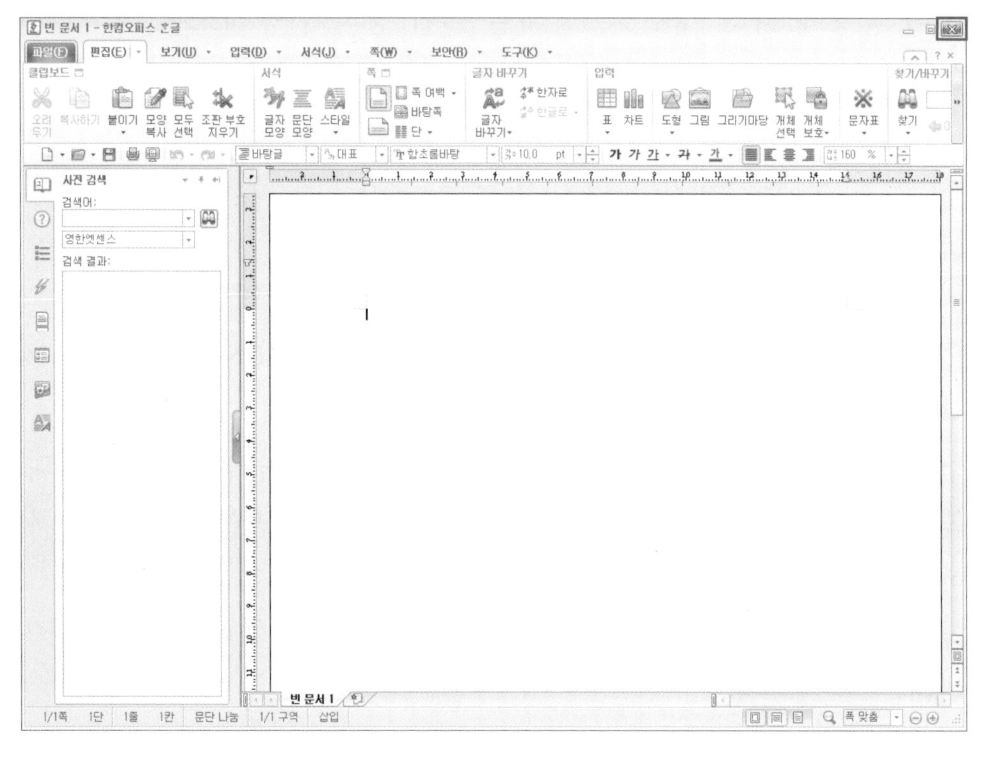

02 화면 구성 알아보기

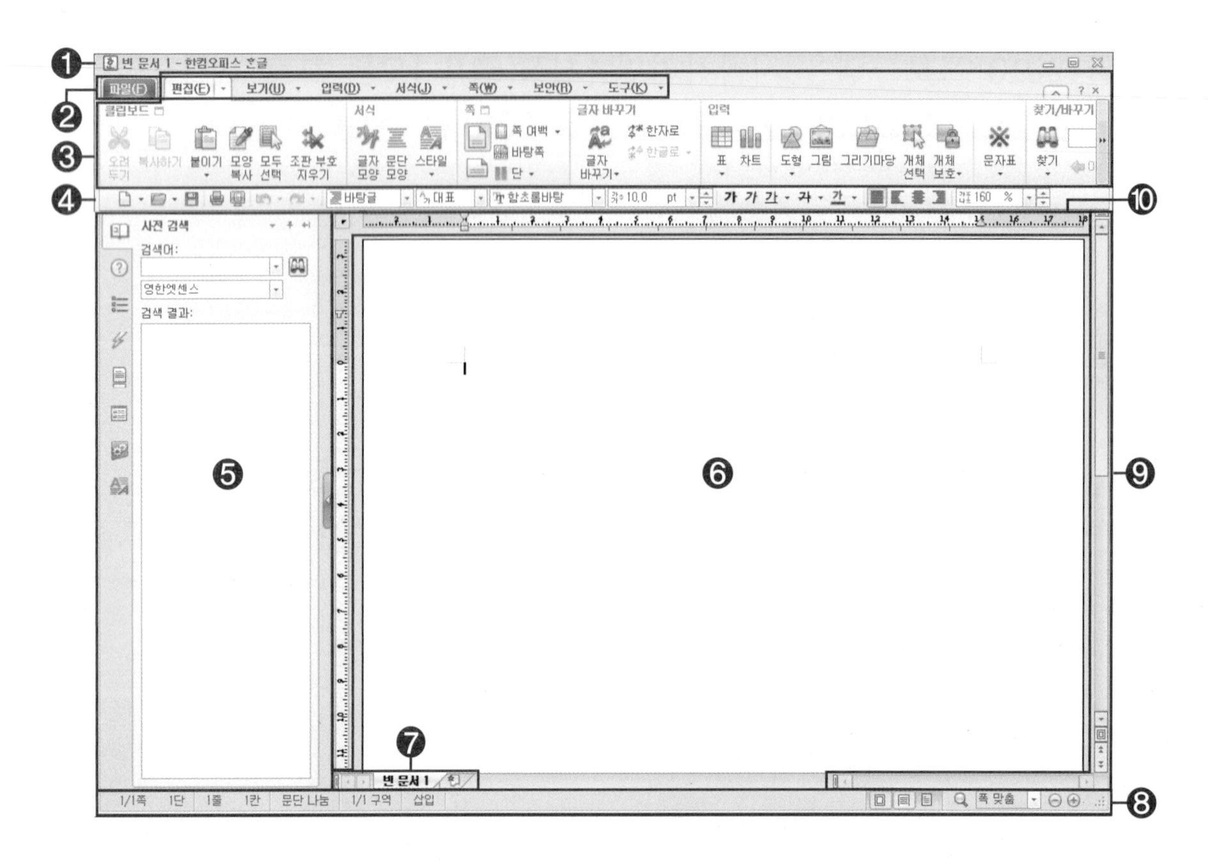

❶ **제목 표시줄** : 문서의 파일명, 프로그램 이름과 함께 최소화(▭), 최대화(▭)/이전 크기로(▭), 닫기(✕) 단추가 나타납니다.

❷ **메뉴 표시줄** : 한글 2010에서 사용하는 메뉴를 비슷한 기능별로 모아 놓은 곳입니다.

❸ **[기본] 도구 상자** : 각 메뉴에서 자주 사용하는 기능을 그룹별로 묶어서 메뉴 탭 형식으로 제공하며 상황에 따라 개체별, 상태별 열림 상자가 동적으로 나타납니다.

❹ **[서식] 도구 상자** : 문서 편집 시 자주 사용하는 기능을 모아 아이콘으로 묶어 놓은 곳입니다.

❺ **작업 창** : 문서 편집 시간을 줄이고 작업 속도를 높이는 등 효율적인 문서 작업을 수행할 수 있습니다.

❻ **편집 창** : 글자나 그림과 같은 내용을 넣고 꾸미는 작업 공간입니다.

❼ **문서 탭** : 저장하지 않은 문서는 파일 이름이 빨간색으로 표시되고, 자동 저장된 문서는 파란색, 저장 완료된 문서는 검은색으로 표시됩니다.

❽ **상황 선** : 편집 창의 상태 및 커서가 위치한 곳에 대한 정보 등을 보여 줍니다.

❾ **가로/세로 이동 막대** : 문서 내용이 편집 화면보다 클 때 화면을 가로 또는 세로로 이동하기 위해 사용합니다.

❿ **가로/세로 눈금자** : 개체의 가로 위치나 너비 또는 세로 위치나 높이를 파악하기 위해 사용합니다.

03 메뉴 탭 사용법 알아보기

메뉴 탭의 열림 상자 활용하기

01 **[보기] 탭의 글자 부분을 클릭**하면 [보기] 탭의 열림 상자가 표시됩니다. **[보기] 탭–[표시/숨기기] 그룹–[작업 창 숨기기]를 클릭**합니다.

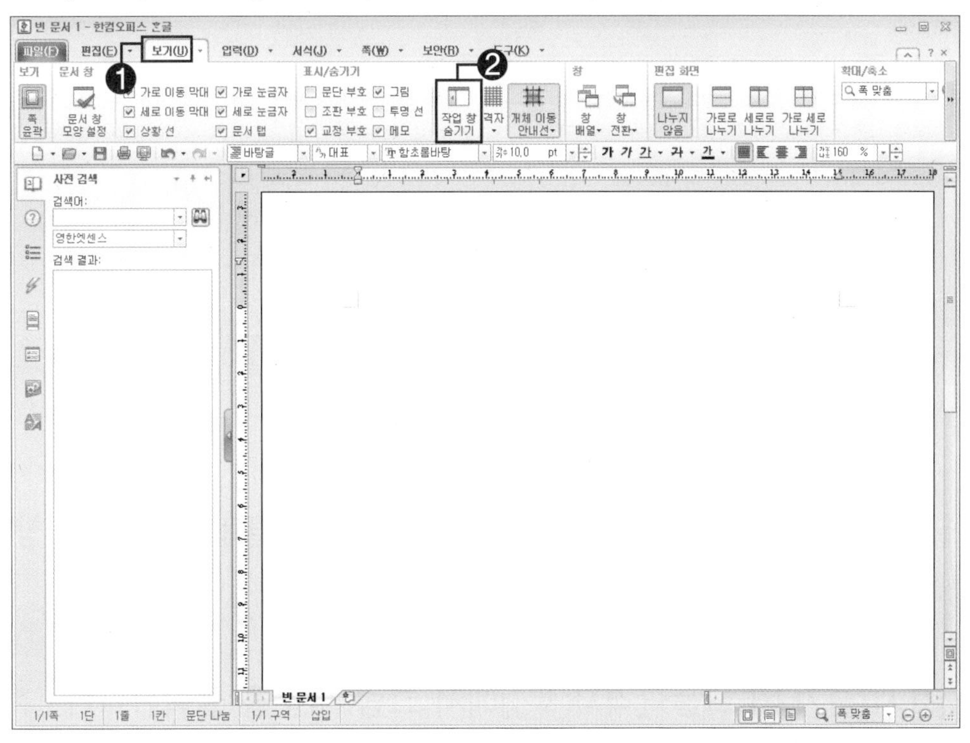

02 왼쪽의 작업 창이 표시되지 않는 것을 확인할 수 있습니다.

03 **[보기] 탭–[문서 창] 그룹의 [상황 선]과 [문서 탭]을 각각 클릭**하여 체크 표시를 해제합니다. 문서 아래쪽의 상황 선과 문서 탭이 표시되지 않는 것을 확인할 수 있습니다.

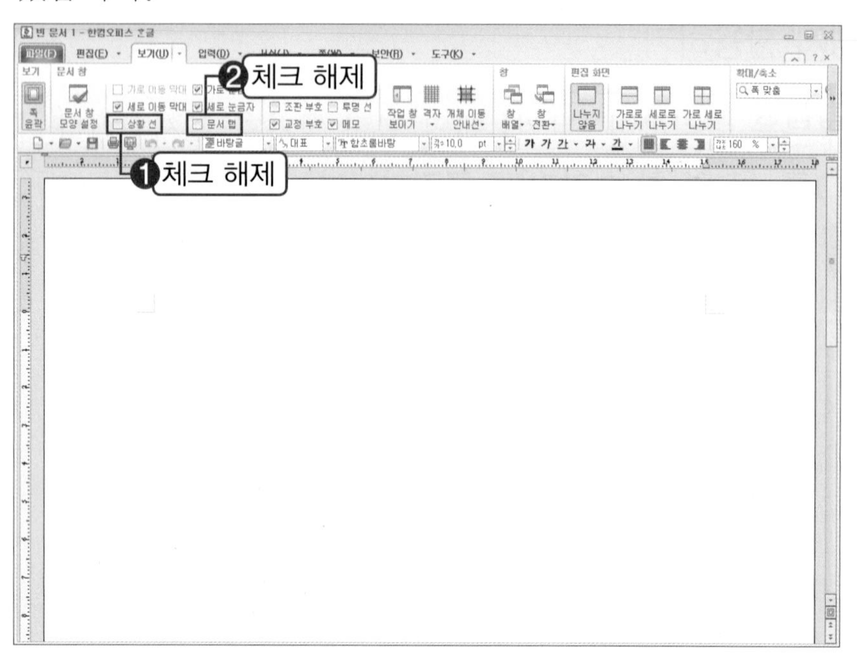

04 **[보기] 탭–[문서 창] 그룹의 [상황 선]과 [문서 탭]을 다시 클릭(체크)**하여 상황 선과 문서 탭을 표시합니다.

05 **[보기] 탭–[표시/숨기기] 그룹–[격자(▦)]에서 그림 부분을 클릭**합니다. 화면에 격자가 표시됩니다. 글자 부분(격자)을 클릭한 후, [격자 설정]을 선택하면 모양, 위치, 간격 등을 수정할 수 있습니다.

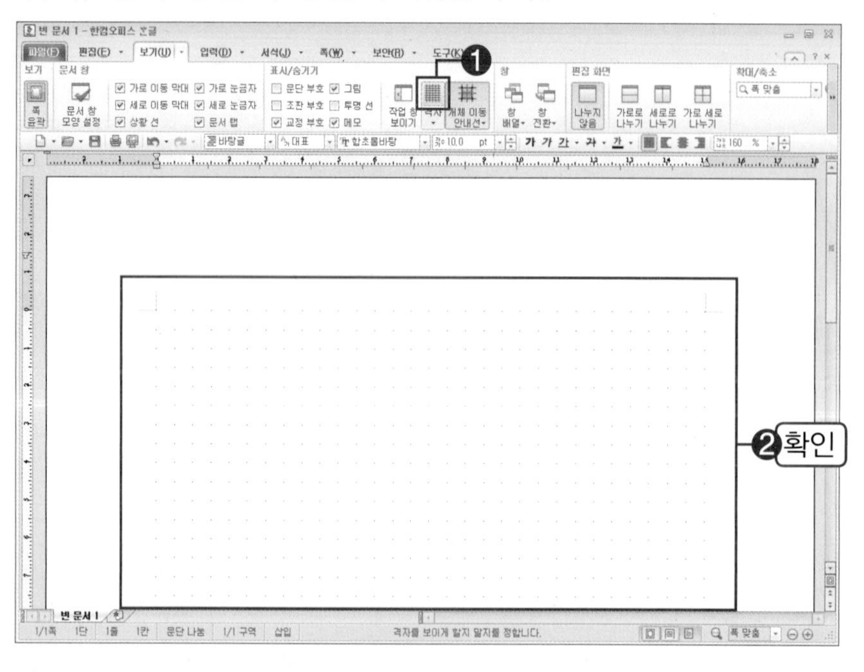

06 다시 한 번 **[보기] 탭–[표시/숨기기] 그룹–[격자(▦)]를 클릭**하면 숨겨집니다.

메뉴 사용하기

01 **[입력] 탭의 펼침 단추(▾)를 클릭**하면 [입력] 탭에 포함된 하위 메뉴가 표시됩니다.

02 편집 창의 빈 공간을 클릭하거나 키보드에서 Esc 키를 누르면 하위 메뉴가 숨겨집니다.

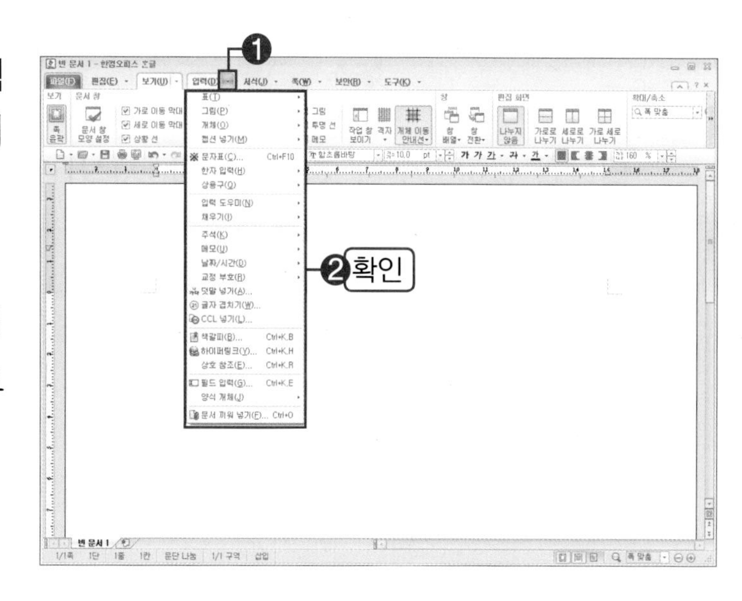

도구 상자 접기/펴기

01 화면 오른쪽 상단에서 **[도구 상자 단계별 접기/펴기(⌃)] 단추를 클릭**합니다. [기본] 도구 상자의 열림 상자가 숨겨집니다.

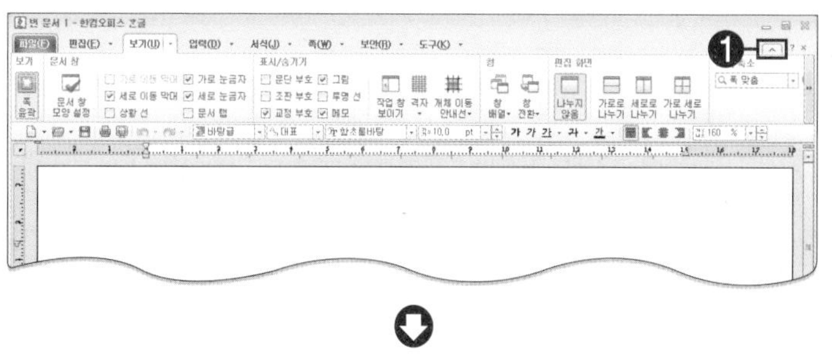

02 다시 한 번 **[도구 상자 단계별 접기/펴기(⌃)] 단추를 클릭**하면 [서식] 도구 상자도 숨겨집니다.

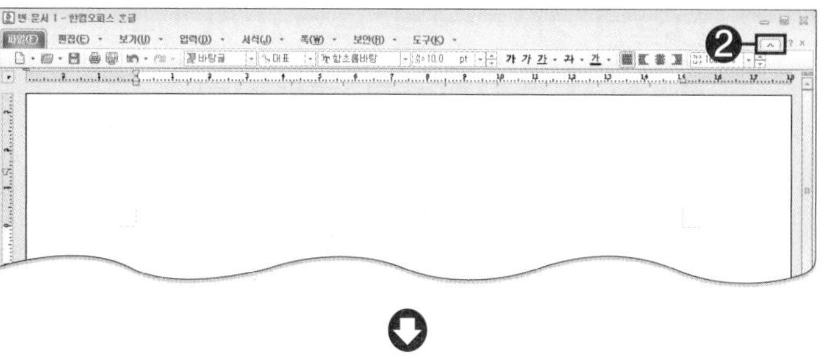

03 **[도구 상자 단계별 접기/펴기(⌄)] 단추를 클릭**하면 숨겨진 도구 상자가 모두 다시 나타납니다.

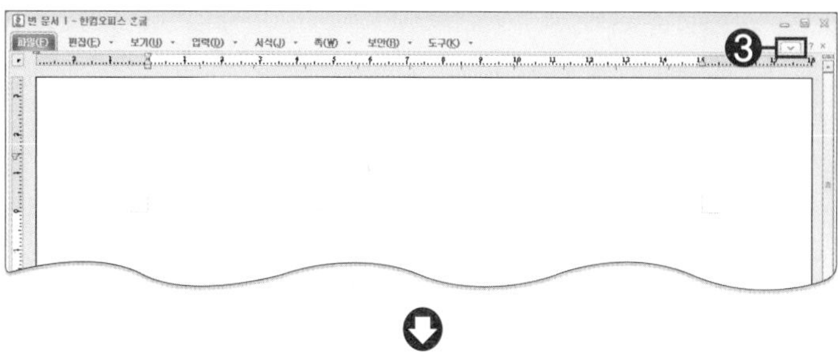

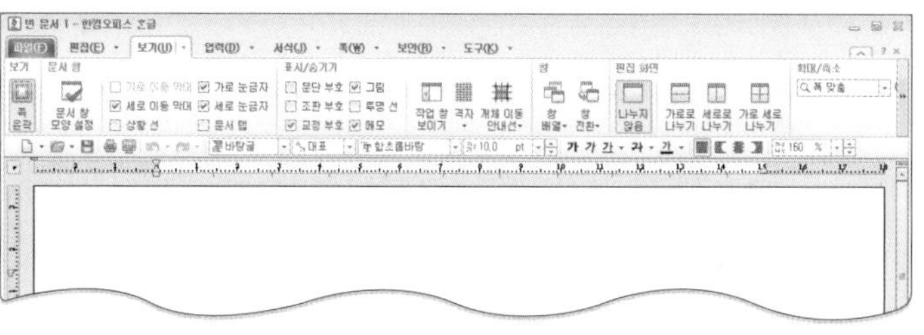

배움터 메뉴 탭을 더블 클릭하면 열림 상자가 숨겨지고, 다시 더블 클릭하면 열림 상자가 표시됩니다.

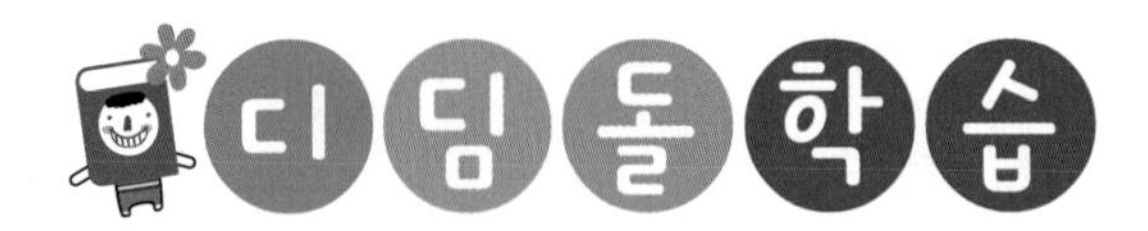

1 다음과 같이 [기본] 도구 상자와 [서식] 도구 상자가 화면에 표시되지 않도록 숨긴 후, 다시 표시되도록 해봅니다.

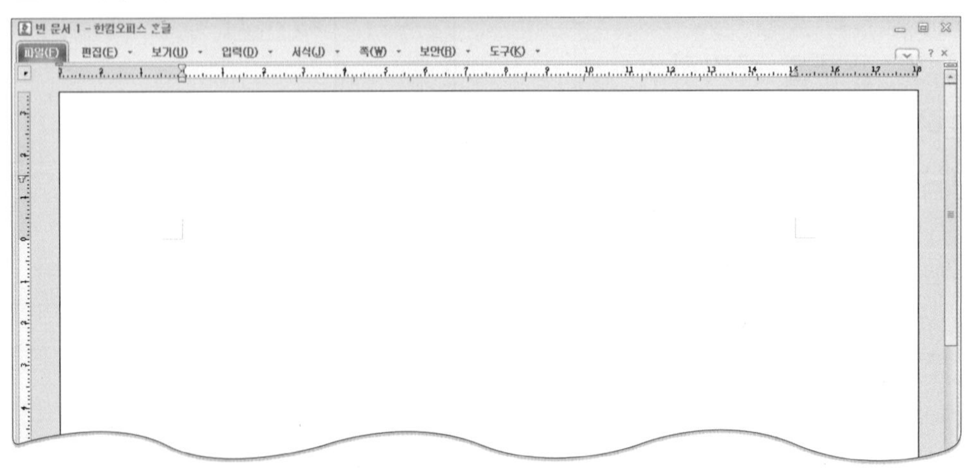

도움터

- **도구 상자 숨기기** : 화면 오른쪽 상단의 [도구 상자 단계별 접기/펴기( )] 단추 2번 클릭
- **도구 상자 표시하기** : 화면 오른쪽 상단의 [도구 상자 단계별 접기/펴기( )] 단추 클릭

2 다음과 같이 '가로 눈금자'와 '세로 눈금자'가 화면에 표시되지 않도록 숨긴 후, 다시 표시되도록 해봅니다.

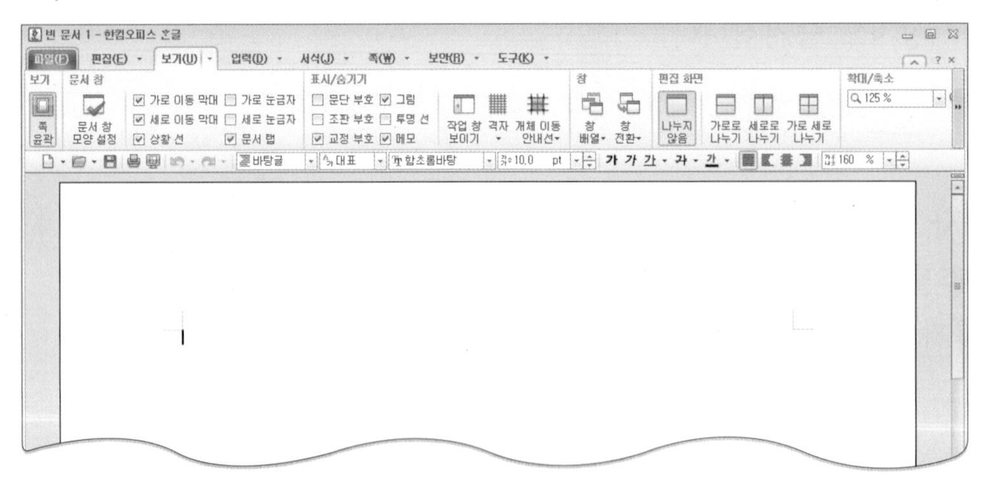

도움터

- **눈금자 숨기기** : [보기] 탭–[문서 창] 그룹–[가로 눈금자]와 [세로 눈금자] 체크 표시 해제
- **눈금자 표시하기** : [보기] 탭–[문서 창] 그룹–[가로 눈금자]와 [세로 눈금자] 체크 표시

수강생 모집 안내문 만들기

이번 장에서는 상황 선의 줄/칸 항목을 이용해 현재 커서의 위치를 알고 삽입/수정 상태에서 글자를 입력하는 방법에 대해 알아봅니다. 또한 영어 대소문자 입력 방법 및 완성된 문서를 저장하고 파일을 불러오는 방법도 익혀보도록 하겠습니다.

영어교실 수강생 모집

영어 교육의 기회를 놓친 분들을 대상으로 영어교육을 실시하고자 하오니 관심 있는 많은 분들의 참여를 부탁드립니다.

교육장소	교육일시	모집인원	교육내용
행복도서관	(화) 오전9시~11시	15명 내외	ABC 알파벳
사랑지역센터	(목) 오전9시~11시	15명 내외	ABC 알파벳
동사무소	(목) 오후 3시~5시	10명 이상	English Song

무엇을 배울까요?

- 상황 선에서 커서 위치 알기
- 삽입/수정 상태 변경 및 글자 입력하기
- Caps Lock 키와 Shift 키를 이용해 대/소문자 입력하기
- 파일 저장과 저장된 문서 불러오기

글자 입력 및 상황 선 활용하기

한글 입력하기

01 **'한글 2010' 프로그램을 실행**합니다. 빈 문서가 나타나면 편집 창에 **'영어교실 수강생 모집'을 입력**합니다.

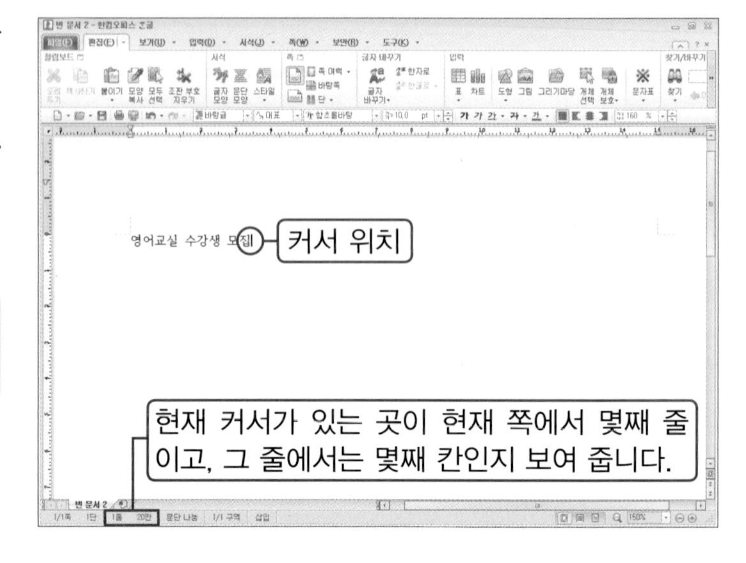

배움터 글자를 띄어쓰기 할 때에는 Space Bar 키를 누릅니다.

02 **Enter 키**를 눌러 줄을 바꾼 후, 그림과 같이 **입력**하고 다시 **Enter 키**를 눌러 줄을 바꿉니다.

[입력 내용]

영어 교육의 기회를 놓친 분들을 대상으로 영어교육을 실시하고자 하오니 관심 있는 많은 분들의 참여를 부탁드립니다.

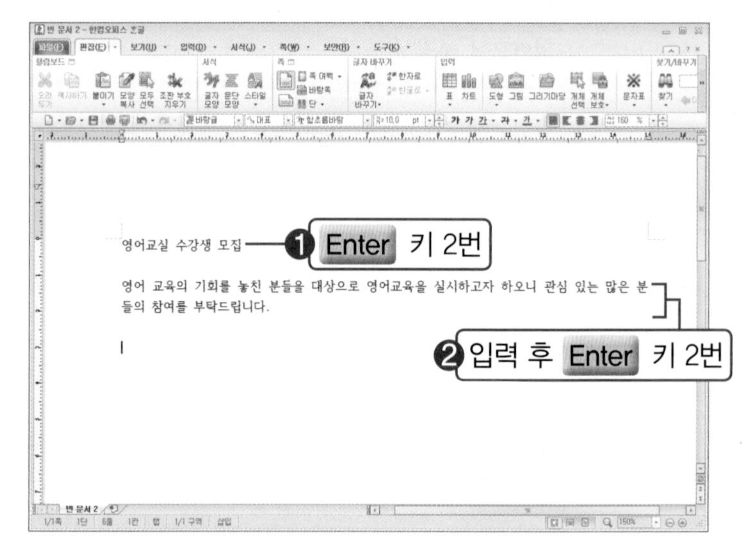

03 여섯 번째 줄의 첫 번째 칸에 **'교육장소'를 입력**한 후 **Tab 키**를 눌러 스물 다섯 번째 칸에 **'교육일시'를 입력**합니다.

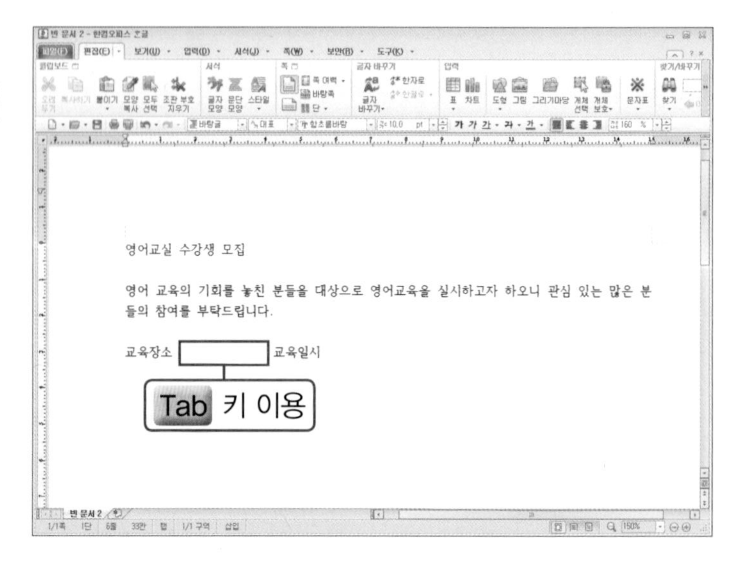

04 Tab 키와 Enter 키를 이용해 그림과 같이 **나머지 내용을 입력**합니다.

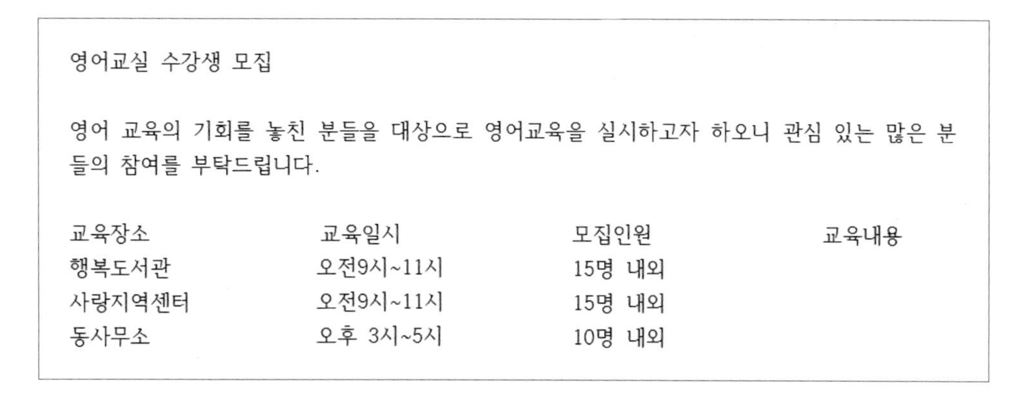

영어교실 수강생 모집

영어 교육의 기회를 놓친 분들을 대상으로 영어교육을 실시하고자 하오니 관심 있는 많은 분들의 참여를 부탁드립니다.

교육장소	교육일시	모집인원	교육내용
행복도서관	오전9시~11시	15명 내외	
사랑지역센터	오전9시~11시	15명 내외	
동사무소	오후 3시~5시	10명 내외	

삽입/수정 상태 알아보기

01 상황 선의 **[삽입] 글자를 클릭**합니다 '수정' 상태로 변경되면 **아홉 번째 줄 쉰 네 번째 칸을 클릭**하여 커서의 위치를 이동한 후 **'이상'을 입력**합니다. 새로 입력하는 내용만큼 커서 이후의 내용이 없어집니다.

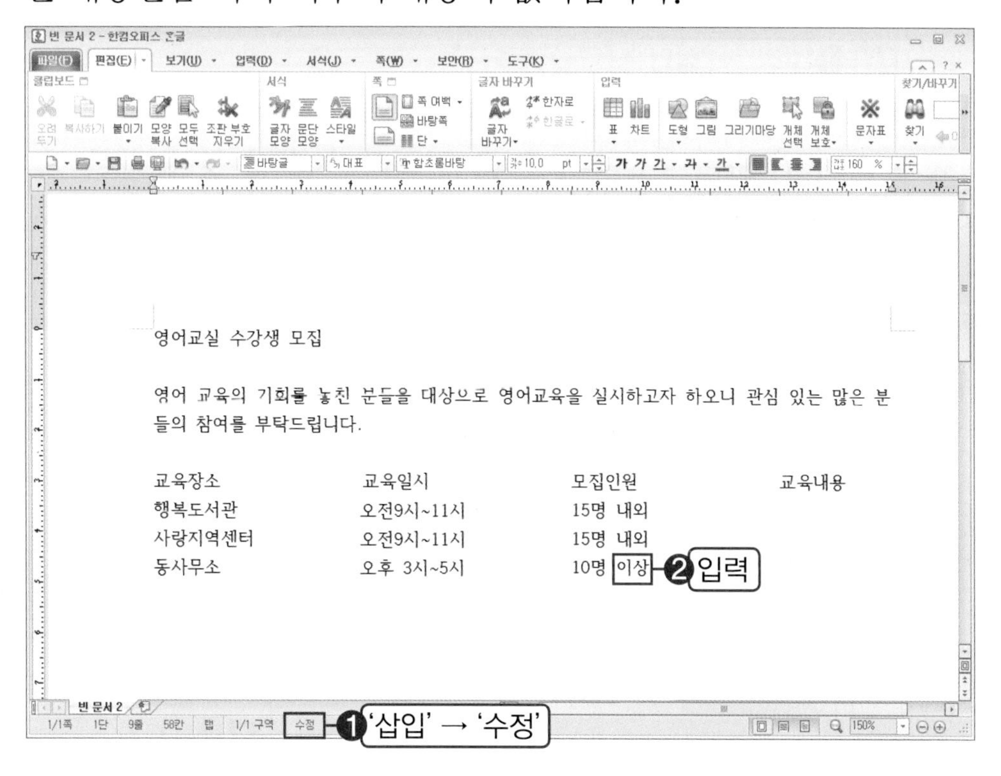

배움터 키보드에서 Insert 키를 눌러 '삽입', '수정' 상태를 변경할 수도 있습니다.

02 상황 선의 **[수정] 글자를 클릭**하여 글자가 '삽입' 상태로 변경되면 그림과 같이 **요일을 추가 입력**합니다. 이미 있던 내용이 뒤로 밀립니다.

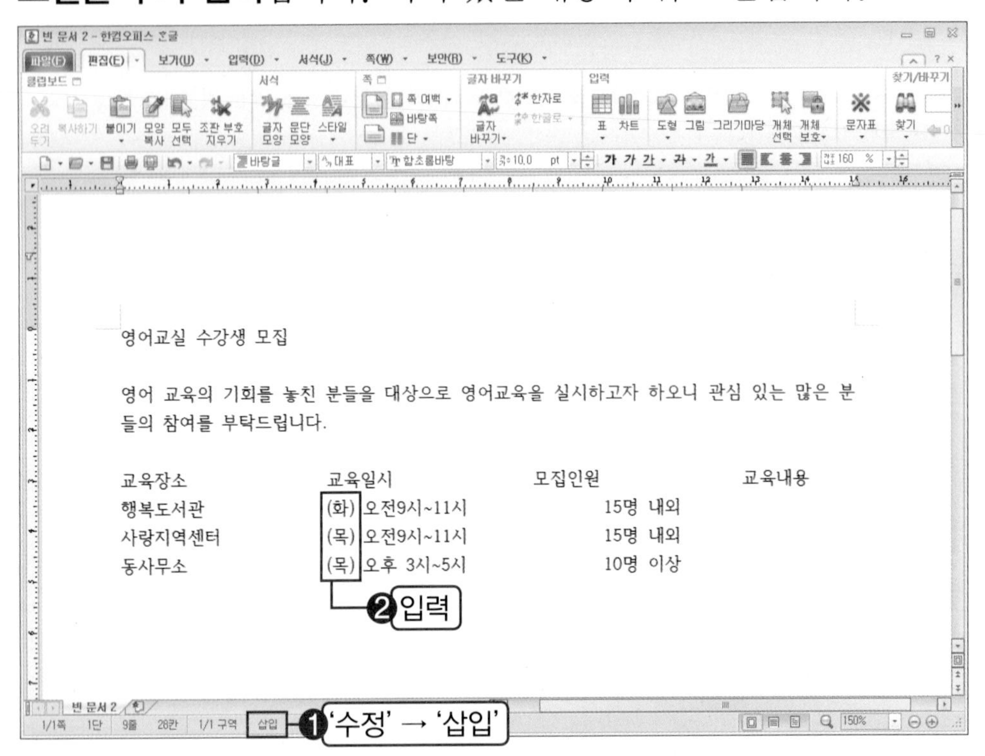

03 **[보기] 탭–[표시/숨기기] 그룹–[조판 부호]를 클릭**하면 편집 창에 파란 색 조판 부호가 표시됩니다. Delete **키를 이용하여 밀려난 위치의 탭 표시(⇥)를 삭제**합니다.

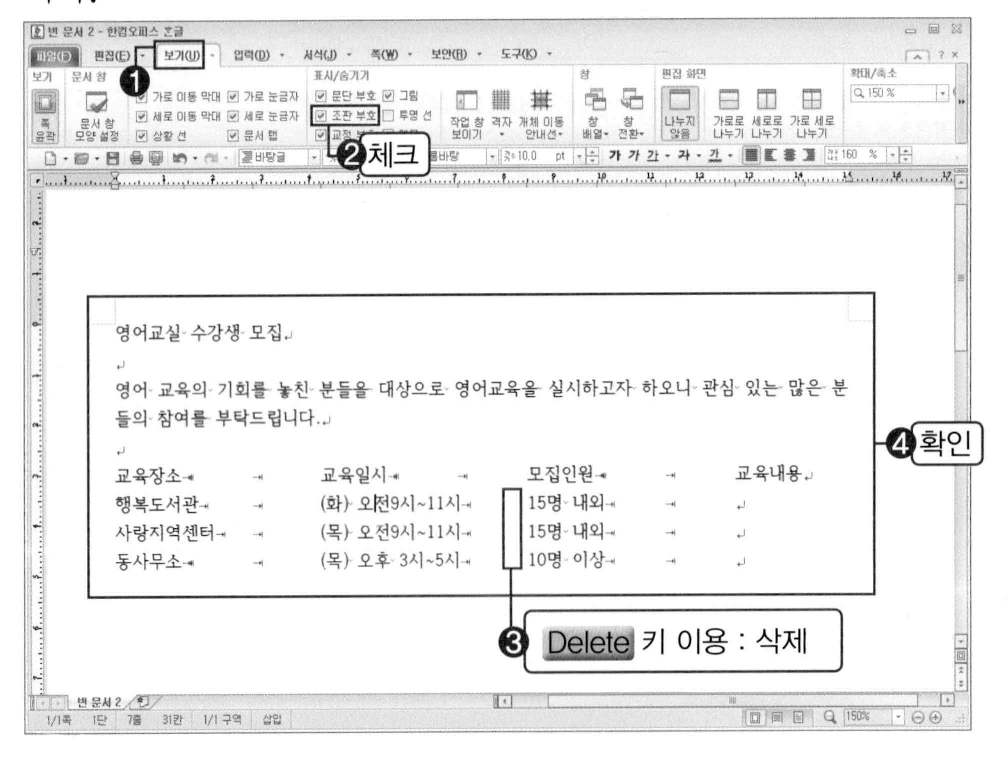

04 다시 **[조판 부호]의 체크를 해제**하여 숨깁니다.

02 영어 대/소문자 입력하기

01 **일곱 번째 줄 일흔 세 번째 칸으로 커서를 이동**한 후 한/영 **키**를 눌러 키보드의 자판을 영문으로 전환합니다. Caps Lock **키**를 눌러 키보드의 [CAPS]에 불이 들어오면 **'ABC'를 입력**합니다.

02 Space Bar 키를 한 번 눌러 빈 칸을 삽입한 후, 다시 한/영 **키**를 눌러 자판을 한글로 전환하고 **'알파벳'을 입력**합니다.

영어교실 수강생 모집

영어 교육의 기회를 놓친 분들을 대상으로 영어교육을 실시하고자 하오니 관심 있는 많은 분들의 참여를 부탁드립니다.

교육장소	교육일시	모집인원	교육내용
행복도서관	(화) 오전9시~11시	15명 내외	ABC 알파벳
사랑지역센터	(목) 오전9시~11시	15명 내외	
동사무소	(목) 오후 3시~5시	10명 이상	

입력

배움터

- 한/영 키를 누를 때마다 한글과 영문이 번갈아 가며 입력됩니다.
- Caps Lock 키를 눌러 [CAPS]에 불이 들어온 상태인 경우 영문을 입력하면 대문자가 입력되고 불이 꺼진 상태인 경우에는 소문자가 입력됩니다.
- Shift 키를 누른 채 영문을 입력하면 대문자, 그냥 입력하면 소문자가 입력됩니다. [CAPS]에 불이 들어온 상태일 때는 반대로 입력되니 주의하도록 합니다.

03 **여덟 번째 줄 일흔 세 번째 칸으로 커서를 이동**한 후, 같은 방법으로 **'ABC 알파벳'을 입력**합니다.

04 **아홉 번째 줄 일흔 세 번째 칸으로 커서를 이동**합니다. Caps Lock 키를 눌러 [CAPS]에 불이 꺼지게 한 후, 대문자는 Shift 키를 누른 채 입력하고 소문자는 그냥 입력하는 방식으로 **'English Song'을 입력**합니다.

영어교실 수강생 모집

영어 교육의 기회를 놓친 분들을 대상으로 영어교육을 실시하고자 하오니 관심 있는 많은 분들의 참여를 부탁드립니다.

교육장소	교육일시	모집인원	교육내용
행복도서관	(화) 오전9시~11시	15명 내외	ABC 알파벳
사랑지역센터	(목) 오전9시~11시	15명 내외	ABC 알파벳
동사무소	(목) 오후 3시~5시	10명 이상	English Song

입력

03 파일 저장하기

01 **[파일]-[저장하기] 메뉴를 선택**하거나 [서식] 도구 상자에서 [저장하기( )]를 클릭합니다.

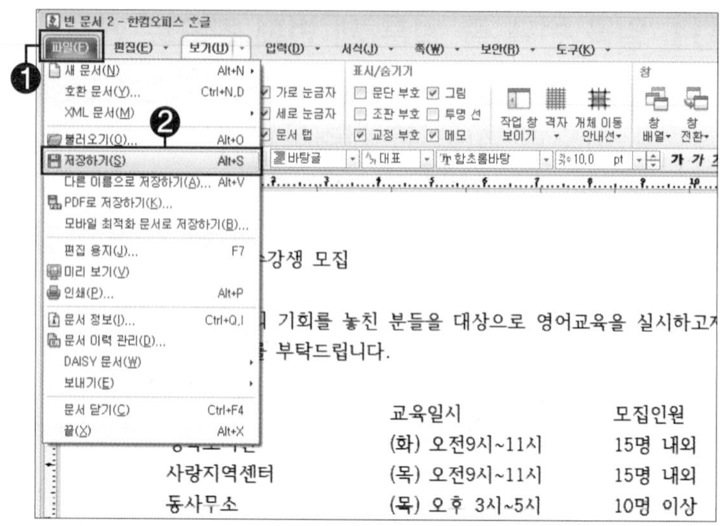

02 [다른 이름으로 저장하기] 대화상자가 나타나면 **[저장 위치]를 지정**하고, **[파일 이름]을 입력**한 후 **[저장] 단추를 클릭**합니다.

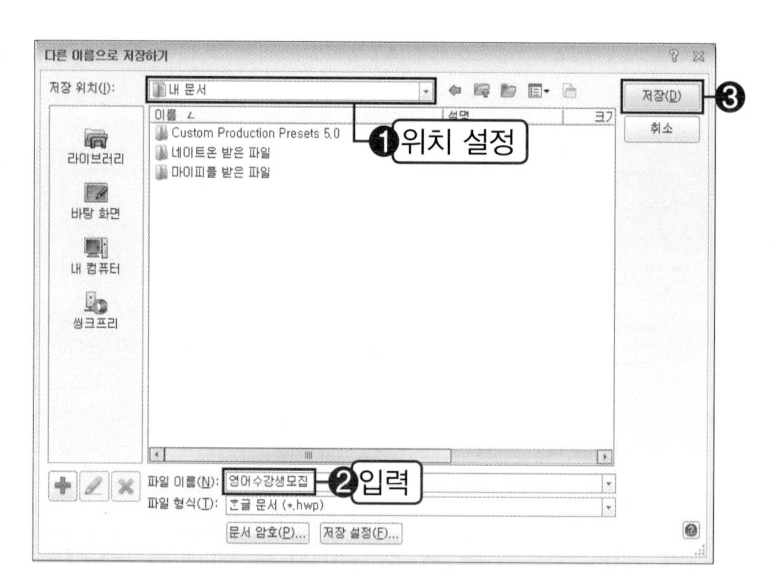

03 입력한 파일 이름으로 제목이 변경되면 창 오른쪽 상단의 [닫기( )] 단추를 클릭하여 한글 2010 프로그램을 종료합니다.

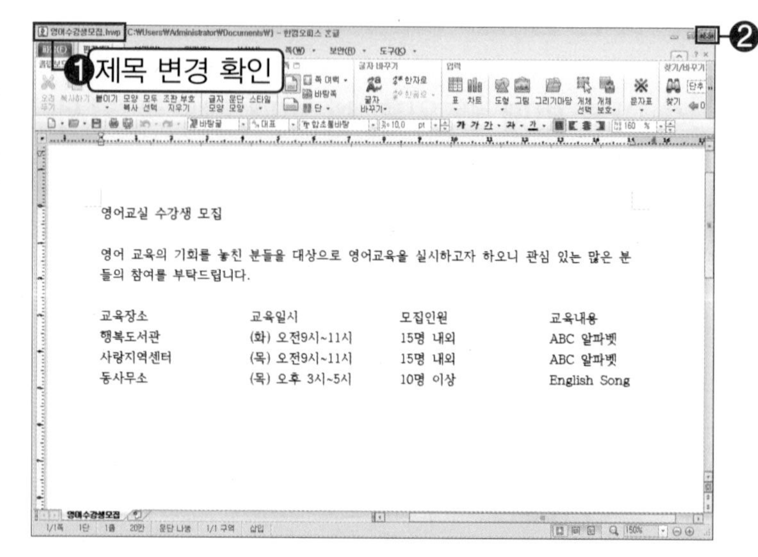

파일 불러오기

01 '한글 2010' 프로그램을 실행한 후, **[파일]-[불러오기] 메뉴를 선택**하거나 [서식] 도구 상자에서 [불러오기( )]를 클릭합니다.

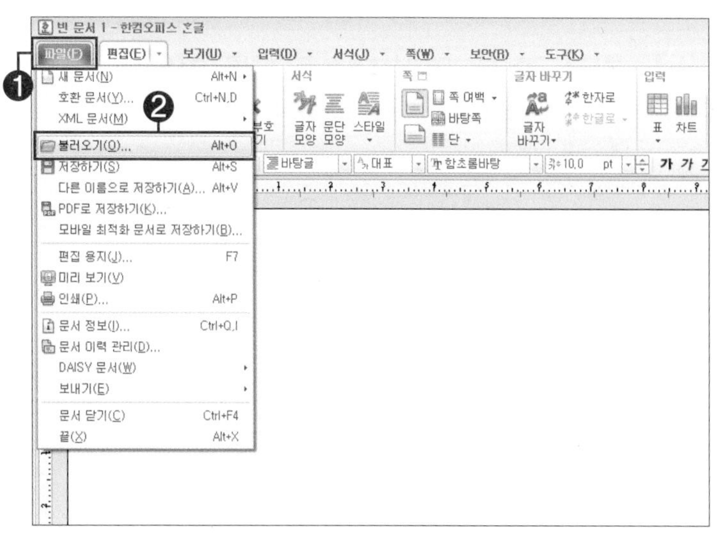

02 [불러오기] 대화상자가 나타나면 **[찾는 위치]를 지정**합니다. **'영어수강생모집.hwp' 파일을 선택**하고 **[열기] 단추를 클릭**합니다.

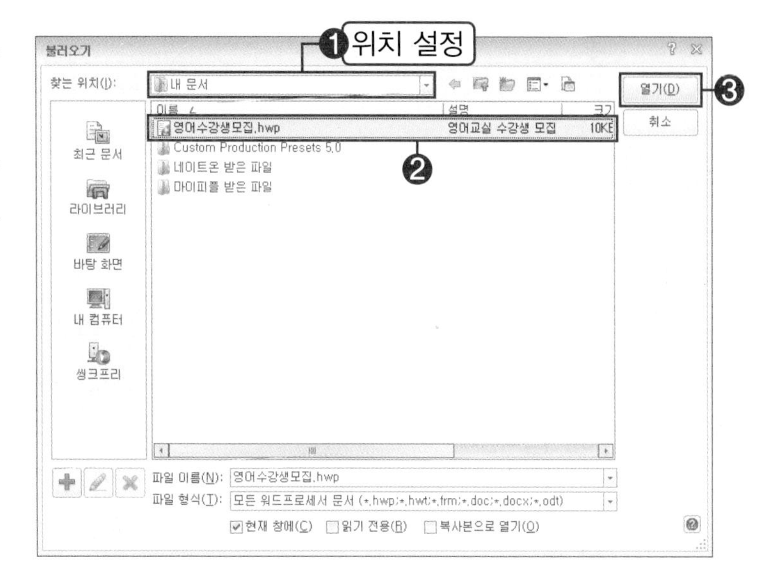

03 편집 창에 저장된 파일이 열기된 것을 확인합니다.

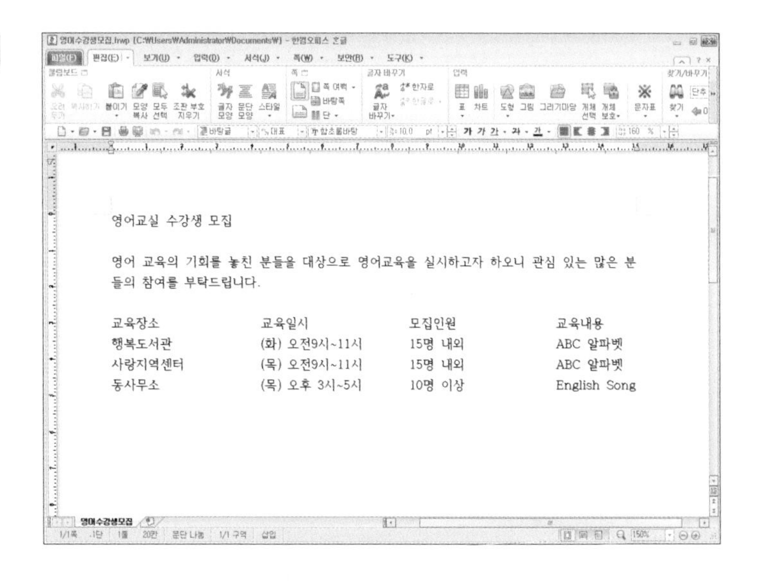

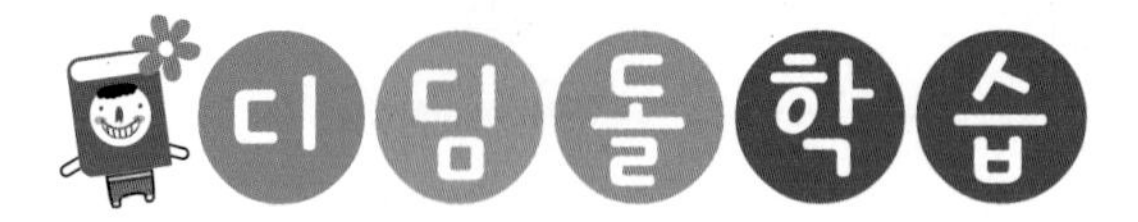

1 한글, 숫자, 영어 대소문자를 이용해 그림과 같은 문서를 만들어 봅니다.

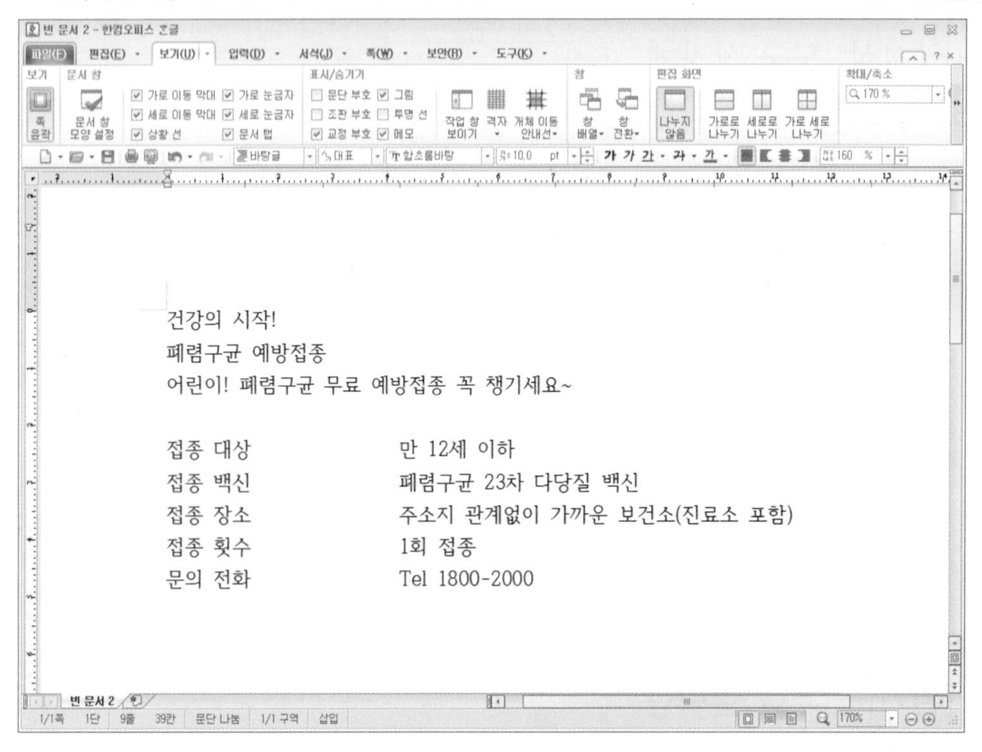

2 첫 번째 줄의 글자 사이에 '100세'를 삽입하고 '어린이'를 '어르신', '만 12세 이하'를 '만 65세 이상 어르신'으로 각각 수정한 후 '100세의 시작.hwp'으로 저장해 봅니다.

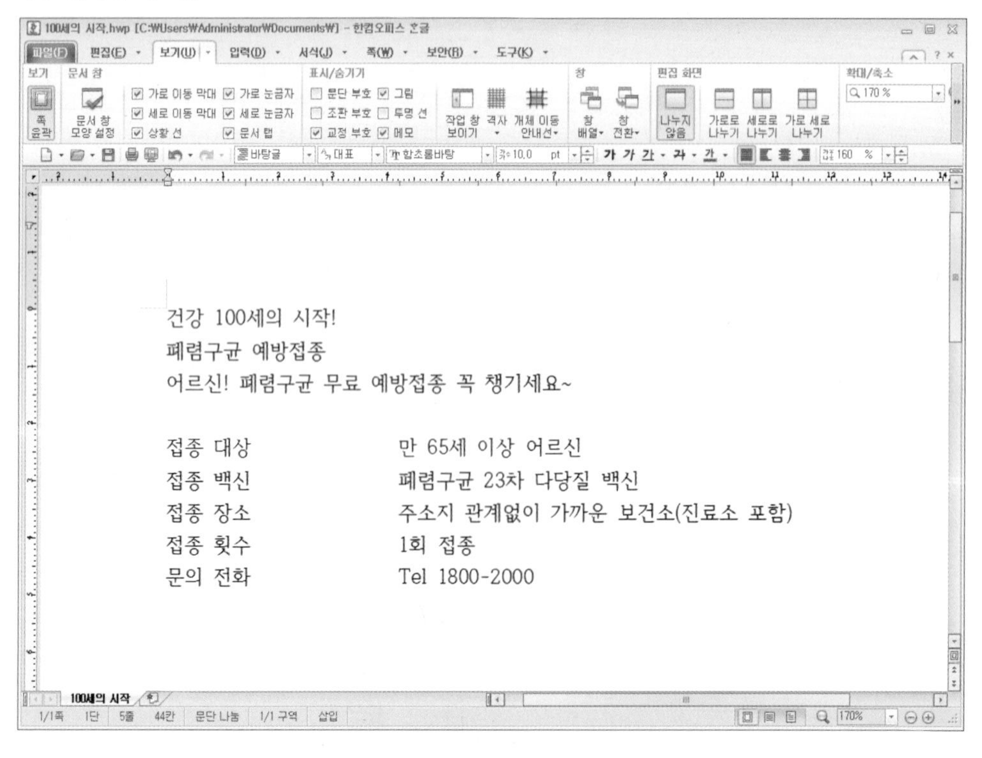

03 신종 홍보관 주의 문구 만들기

이번 장에서는 글자 모양을 변경하기에 앞서 문서의 특정 영역을 블록으로 지정하거나 블록으로 지정된 영역을 해제하는 방법에 대해 알아봅니다. 또한 [서식] 도구 상자와 [서식] 탭의 열림 상자를 이용하여 글자 색, 글자 크기, 글자 테두리, 형광펜 등 글자 모양을 다양하게 지정하는 방법도 익혀보도록 하겠습니다.

신종 홍보관(떴다방)의

허위, 과대광고 행위에
현혹되지 마세요!

불법 영업행위를 목격하시면 즉시 신고하여 주세요!

과대광고 피해 예방을 위한 소비자 행동 요령

무엇을 배울까요?

- 마우스를 이용한 블록 지정과 해제 방법 알기
- 키보드를 이용한 블록 지정 방법 알기
- [서식] 도구 상자 이용하기
- [서식] 탭 열림 상자 이용하기

블록 지정하기

마우스를 이용한 블록 지정과 해제하기

01 편집 창에 그림과 같은 **내용을 입력**한 후 [서식] 도구 상자에서 **[저장하기( )]를 클릭**하여 **'신종 홍보관.hwp' 파일로 저장**합니다. 다섯 번째 줄의 '목격하시면' 글자 앞에 마우스 포인터를 가져가 마우스 포인터 모양이 I 로 변경되는 것을 확인합니다.

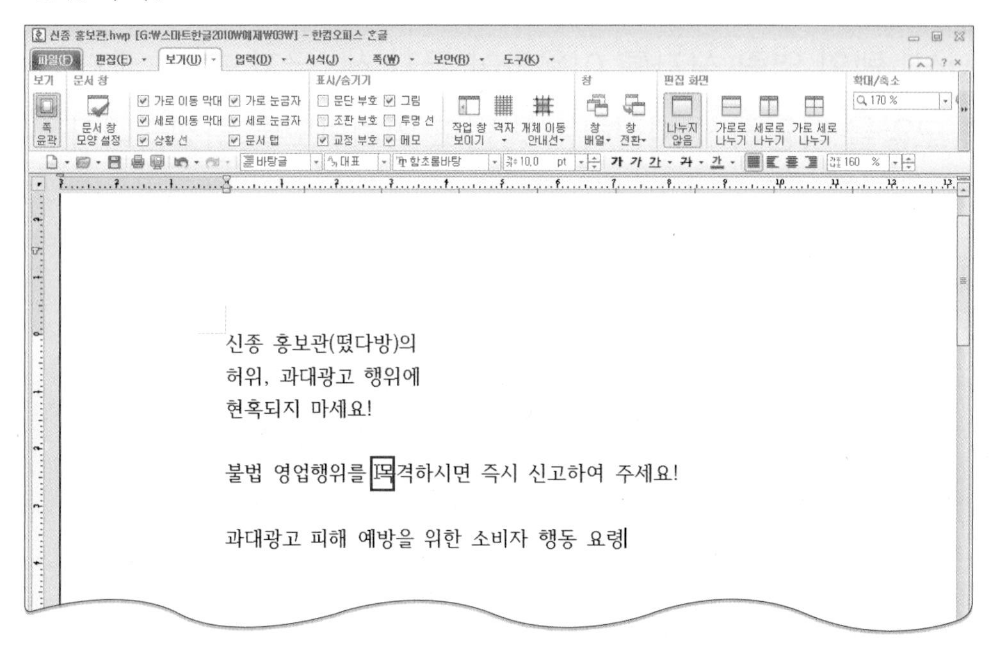

02 마우스 왼쪽 단추를 누른 채 **'목격하시면 즉시'를 드래그**합니다. 드래그한 영역만큼 블록으로 선택됩니다.

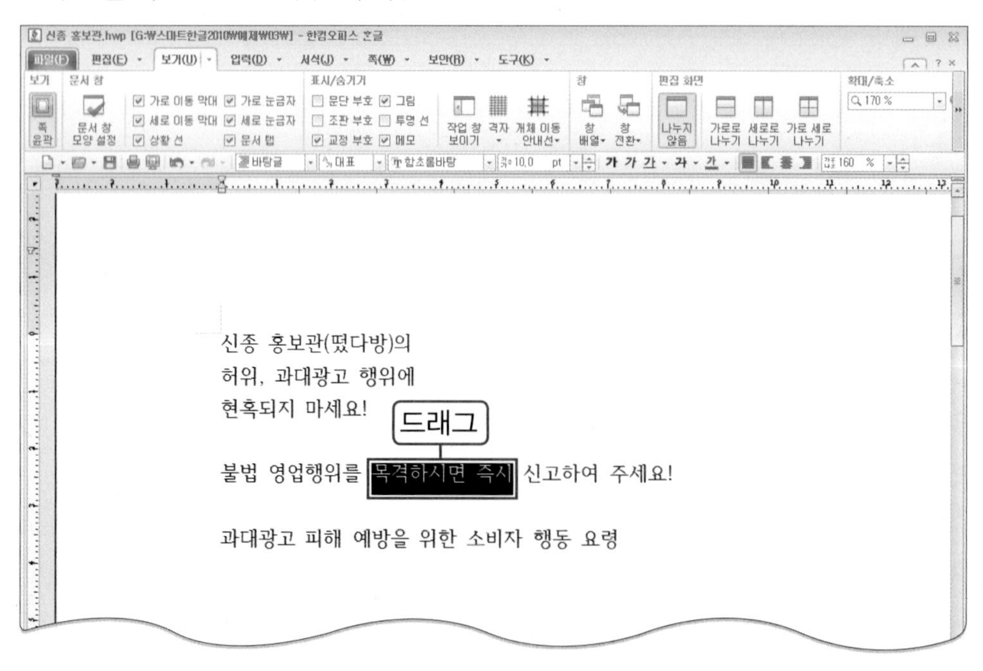

03 **편집 창의 빈 공간을 클릭**하여 블록 설정을 해제합니다.

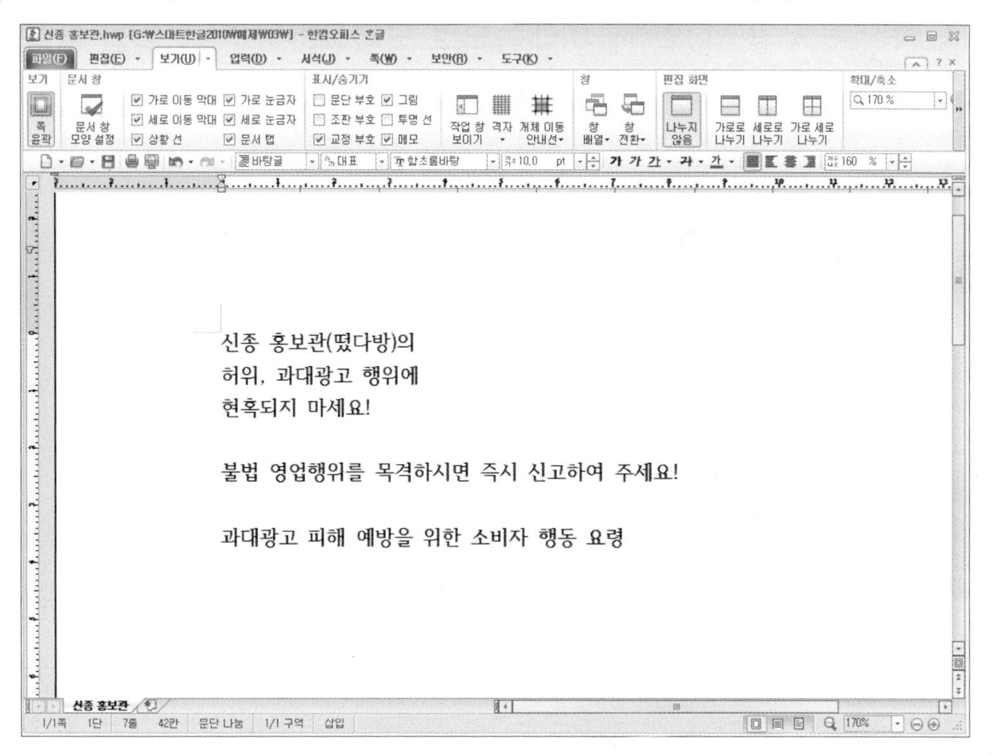

04 첫 번째 줄의 **'신종' 글자 앞**에 마우스 포인터를 가져가면 마우스 포인터의 모양이 흰색 화살표 모양( )으로 변경됩니다. 이때 **클릭하면 줄 단위로 블록이 지정**됩니다.

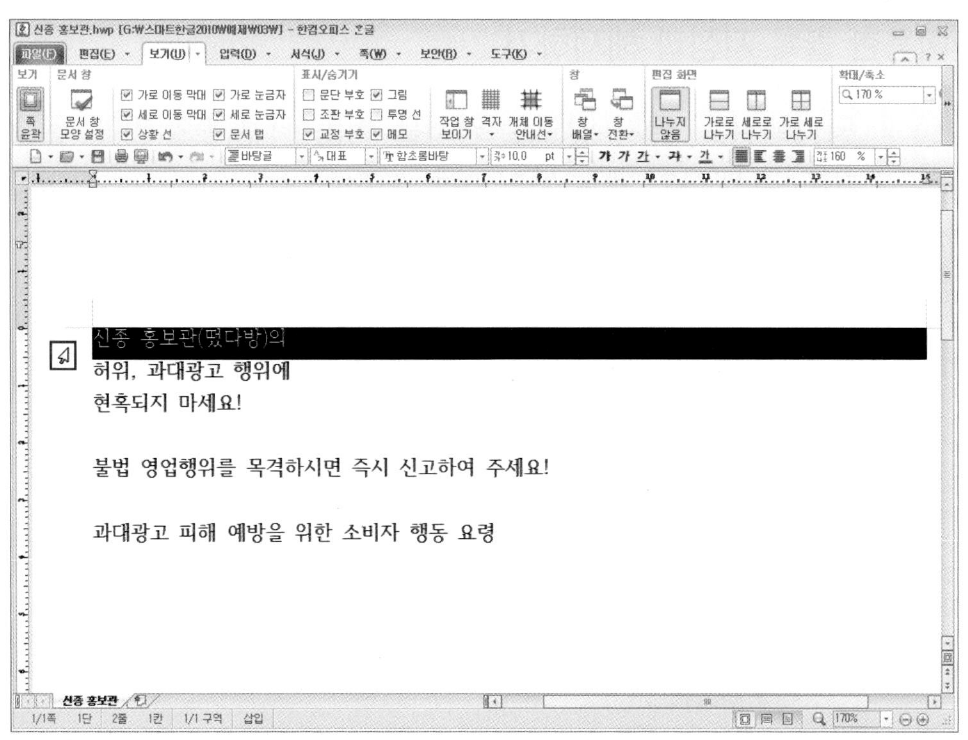

배움터 블록은 편집 기능이 적용될 범위를 미리 지정하는 것입니다. 본문 중의 일부를 복사하거나 지울 때 또는 글자 모양이나 문단 모양을 바꾸고자 할 때, 먼저 원하는 내용을 블록으로 설정한 다음에 각종 편집 기능을 실행해야 합니다.

05 두 번째 줄의 **'허위,' 글자 앞**으로 마우스 포인터를 이동합니다. 마우스 포인터 모양이 흰색 화살표 모양(⇖)일 때 **아래쪽으로 드래그하여 여러 줄을 블록 지정**합니다.

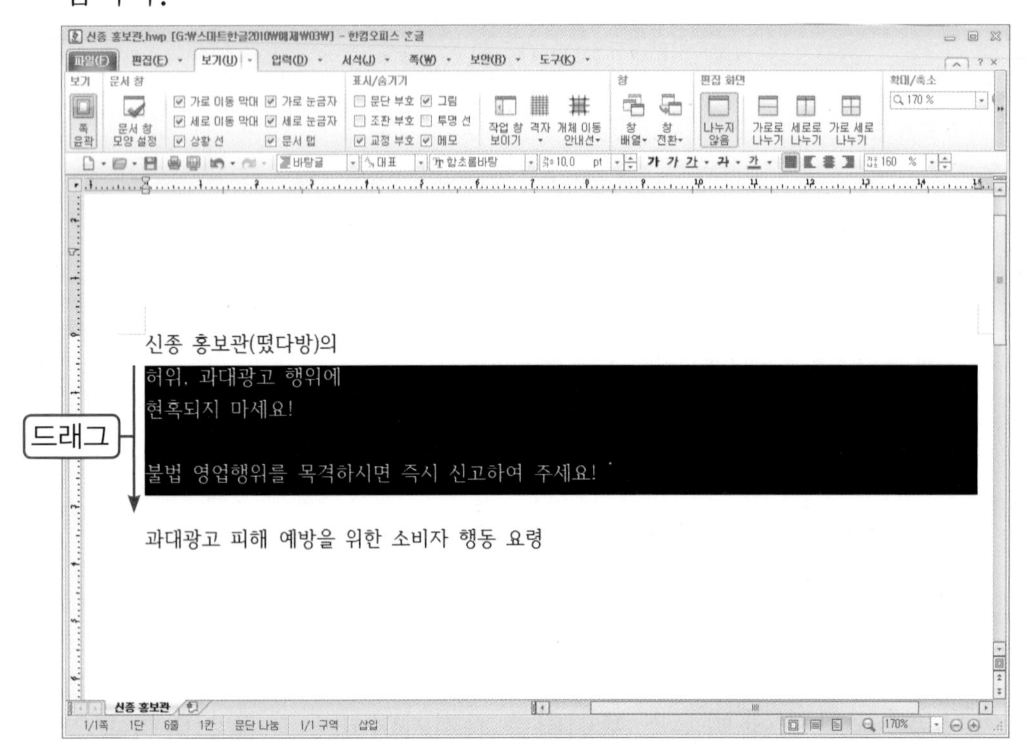

키보드를 이용한 블록 지정과 해제하기

01 다섯 번째 줄의 **'영업행위를' 글자 앞으로 커서를 이동**한 후 **F3** **키**를 누릅니다. 방향키에서 **→** **키를 '즉시'까지 계속 눌러 블록 지정**합니다.

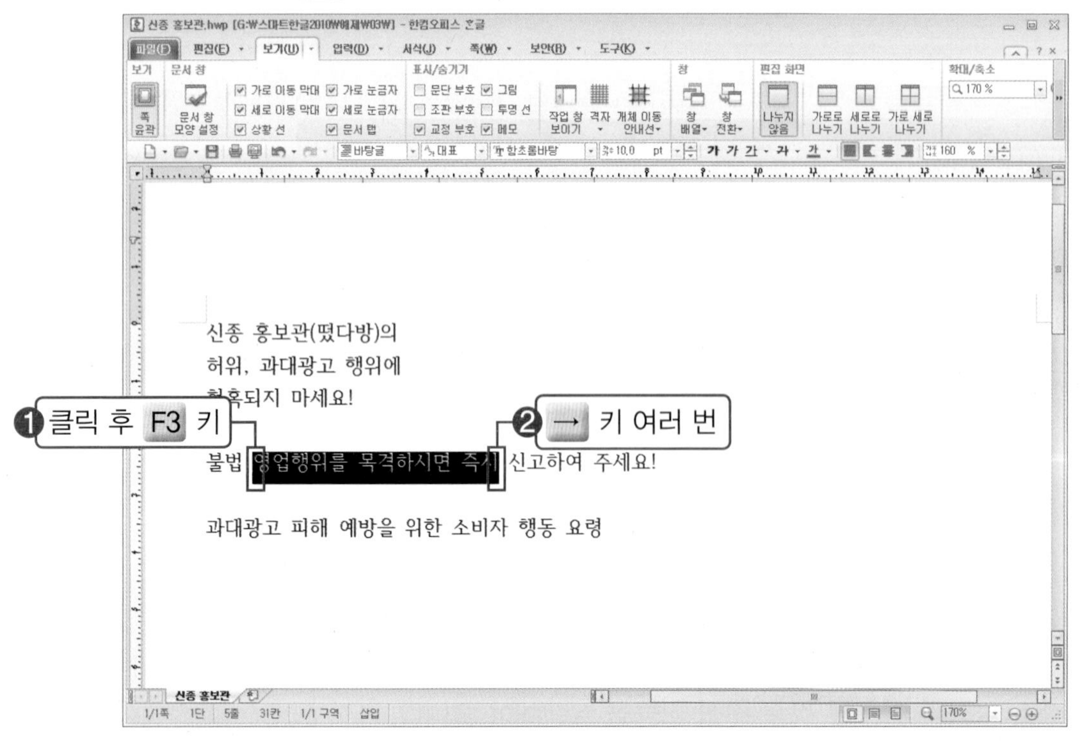

02 Esc 키를 눌러 블록을 해제한 후 **'영업행위를' 글자 앞으로 커서를 이동**합니다.

03 **F3 키를 누른 후, End 키**를 눌러 마우스 위치부터 해당 줄의 마지막 줄까지 블록 지정합니다.

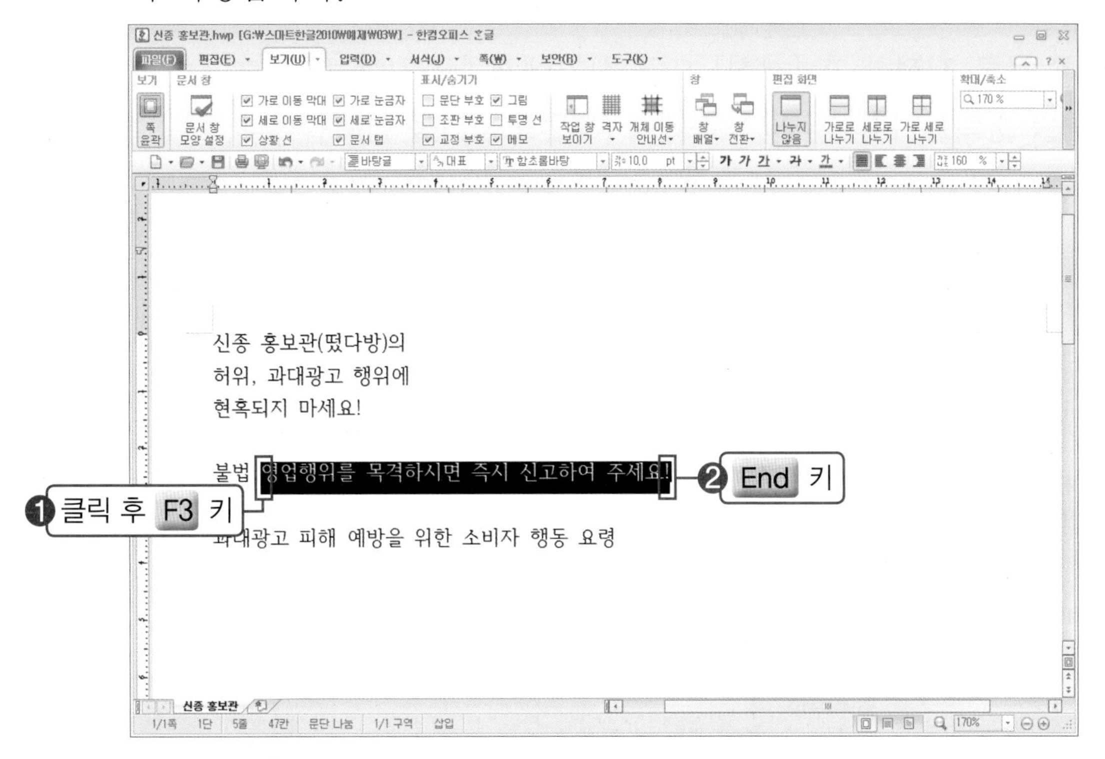

04 **Ctrl 키를 누른 채 A 키**를 눌러 문서 전체를 블록 지정합니다.

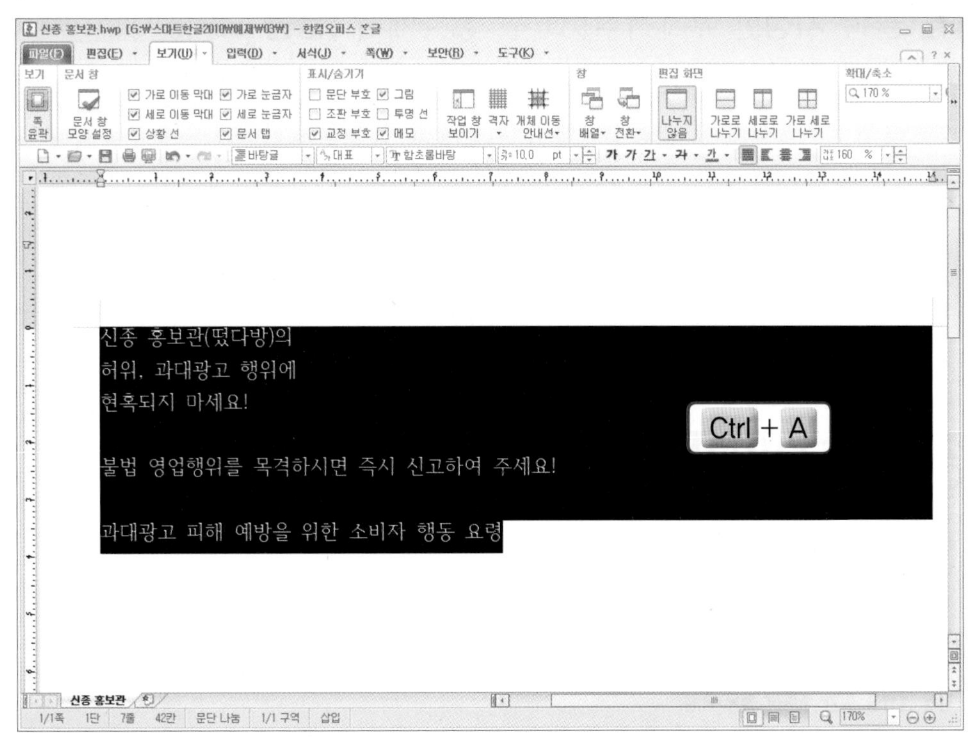

배움터 [편집] 탭-[클립보드] 그룹-[모두 선택()]을 클릭해도 모든 문서가 선택됩니다.

02 [서식] 도구 상자 이용하기

글꼴과 글자 크기 변경하기

01 **문서 전체를 블록 지정**한 후 [서식] 도구 상자에서 **[글꼴(함초롬바탕)]의 펼침 단추( )를 클릭**합니다. 글꼴 목록에서 **[휴먼모음T]를 선택**합니다.

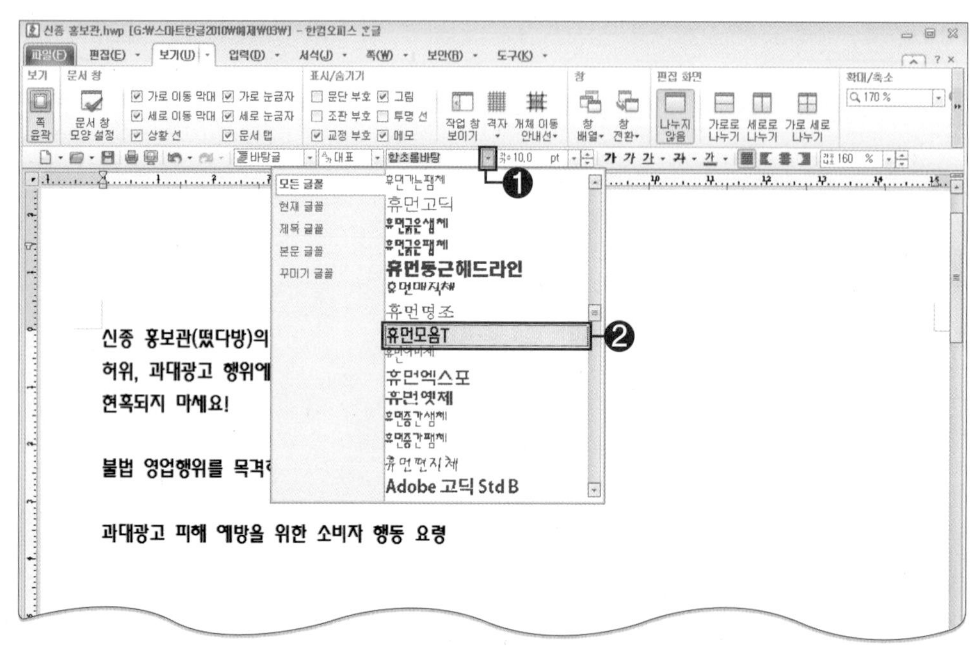

02 **첫 번째 줄을 블록 지정**한 후 [서식] 도구 상자에서 **[글꼴 크기(10.0 pt)]의 펼침 단추( )를 클릭**합니다. 글꼴 크기 목록에서 **[32]를 선택**합니다.

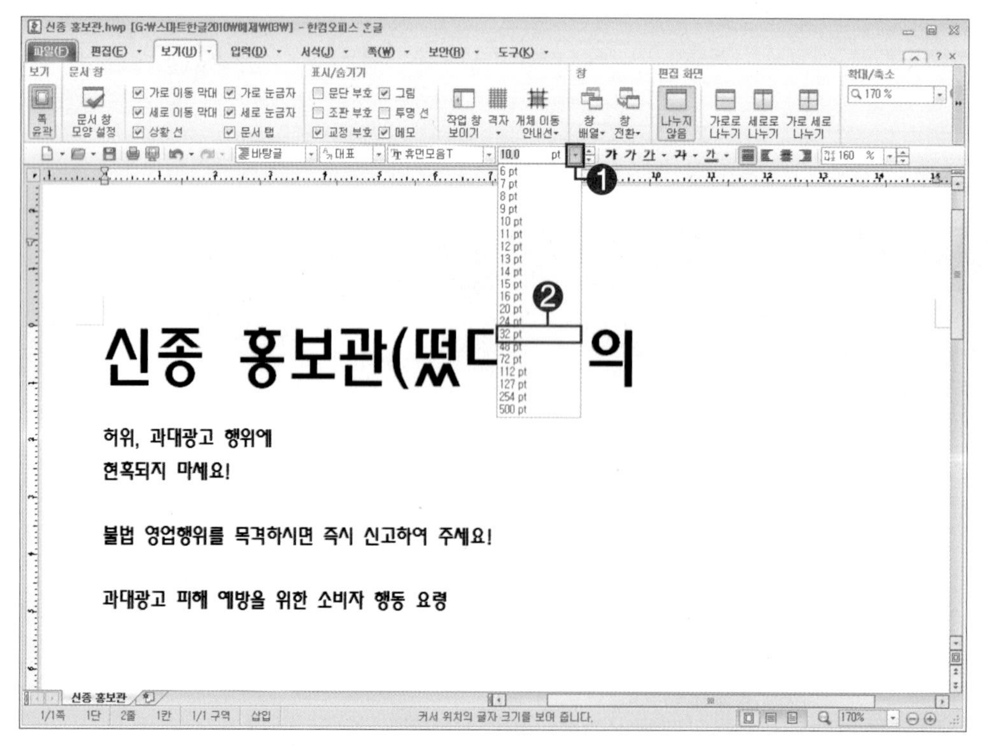

글자 색과 속성 지정하기

01 첫 번째 줄이 블록 지정된 상태로 [서식] 도구 상자에서 **[글자 색(가 ▾)]의 펼침 단추(▾)를 클릭**합니다. 글자 색 목록에서 **[빨강]을 선택**합니다.

배움터 [글자 색(가 ▾)]의 그림 부분은 설정된 색을 표시합니다. '빨강'으로 색을 지정한 후 그림 부분이 가 으로 바뀐 것을 확인할 수 있습니다. 블록 설정 후 그림 부분(가)을 클릭하면 설정된 빨간색이 바로 적용됩니다.

02 **두 번째와 세 번째 줄을 블록 지정**한 후 [서식] 도구 상자에서 **[기울임(가)]을 클릭**하여 글자가 기울어지도록 합니다.

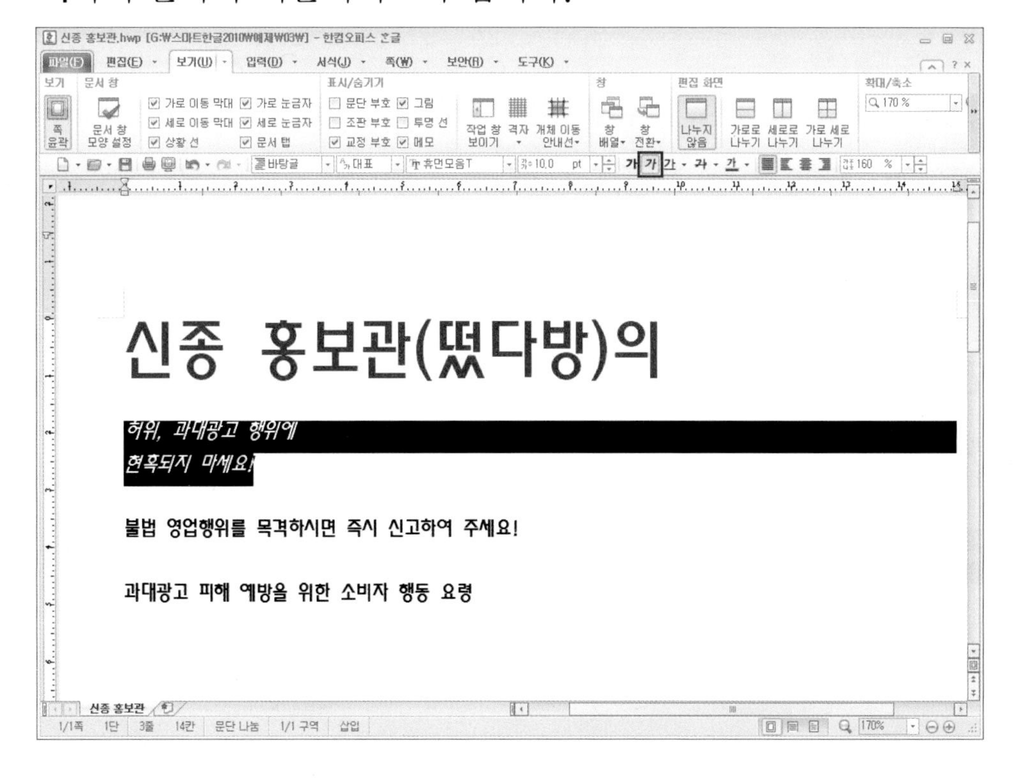

[서식] 탭의 열림 상자 이용하기

글자 테두리와 형광펜 지정하기

01 **다섯 번째 줄을 블록 지정**한 후 **[서식] 탭–[글자] 그룹–[글자 테두리(가 ·)]의 펼침 단추( )를 클릭**합니다. 글자 테두리 목록이 표시되면 **아래에서 두 번째 선 종류를 선택**합니다.

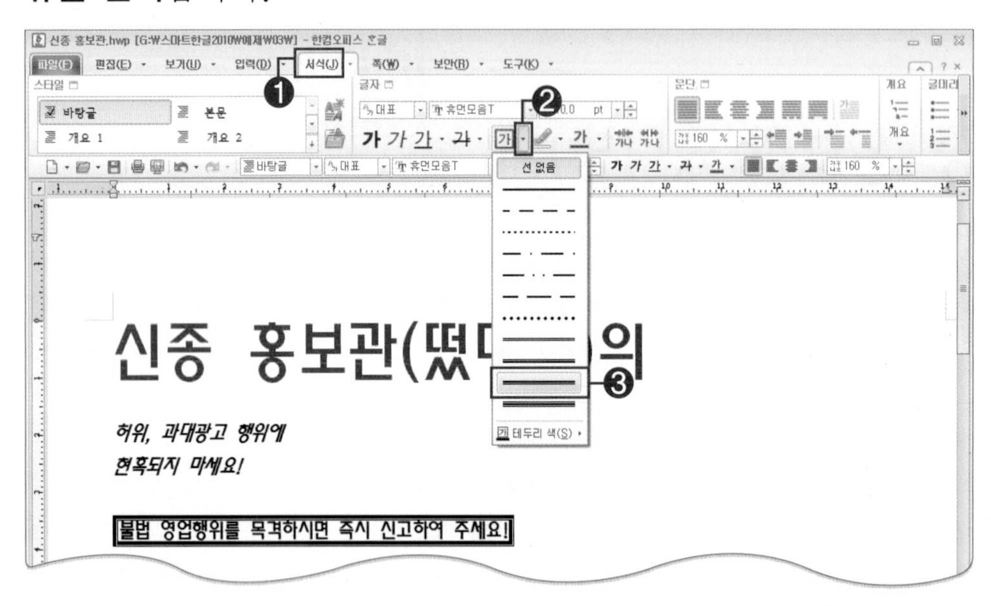

02 다시 **[글자 테두리(가 ·)]의 펼침 단추( )를 클릭**한 후 **[테두리 색]을 선택**합니다. 색상 목록에서 **[색상 테마( )] 단추를 클릭**한 후 색상 테마 목록에서 **[잔상]을 선택**합니다.

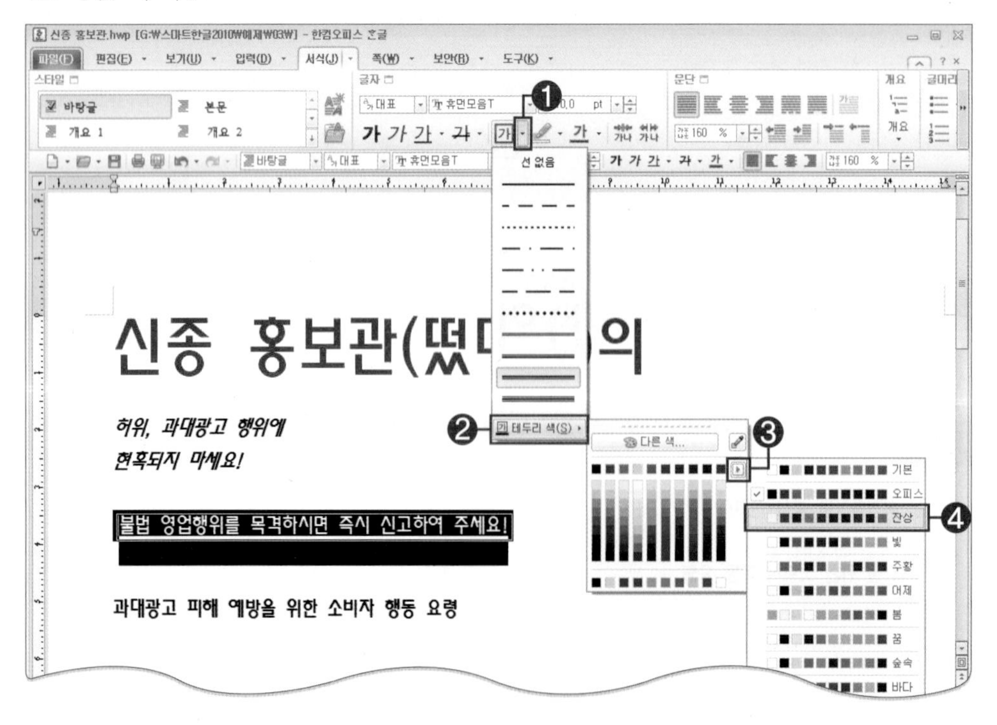

03 [잔상] 테마의 색상 목록이 표시되면 가장 오른쪽의 색 **[RGB : 70, 134, 186]을 선택**합니다.

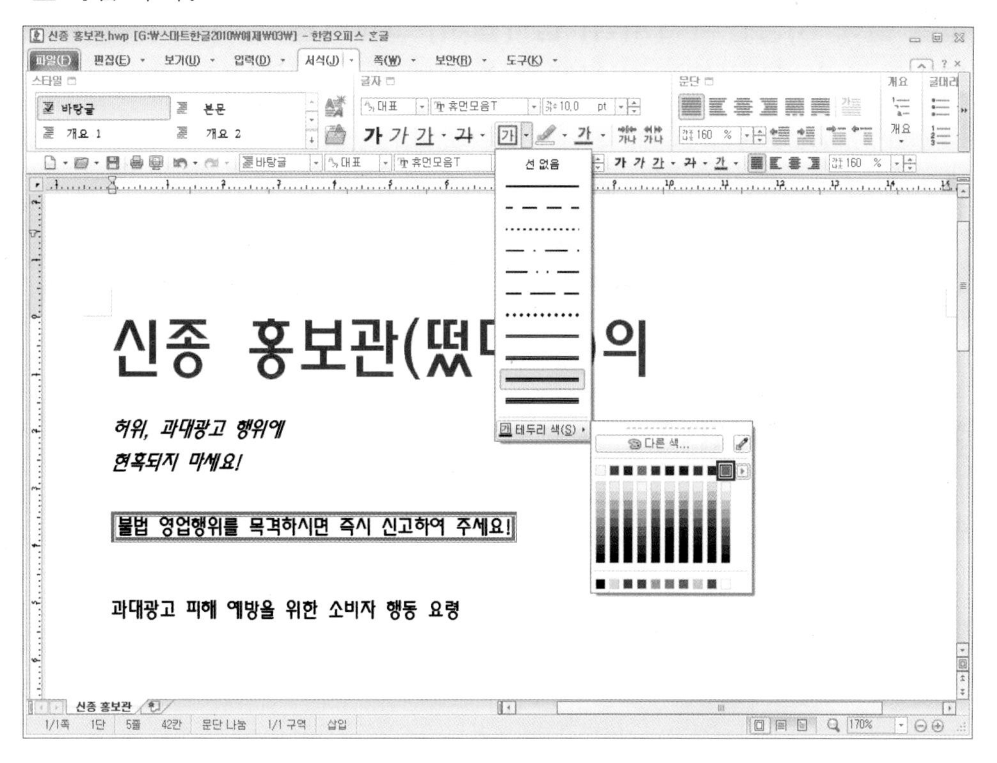

04 **[서식] 탭–[글자] 그룹–[형광펜( )]의 펼침 단추( )를 클릭**한 후, **[색상 테마( )] 단추를 클릭**합니다. 색상 테마 목록에서 **[기본]을 선택합**니다.

05 [기본] 테마의 색상 목록이 표시되면 **[노른자색(RGB: 233, 174, 43) 40% 밝게]를 선택**합니다.

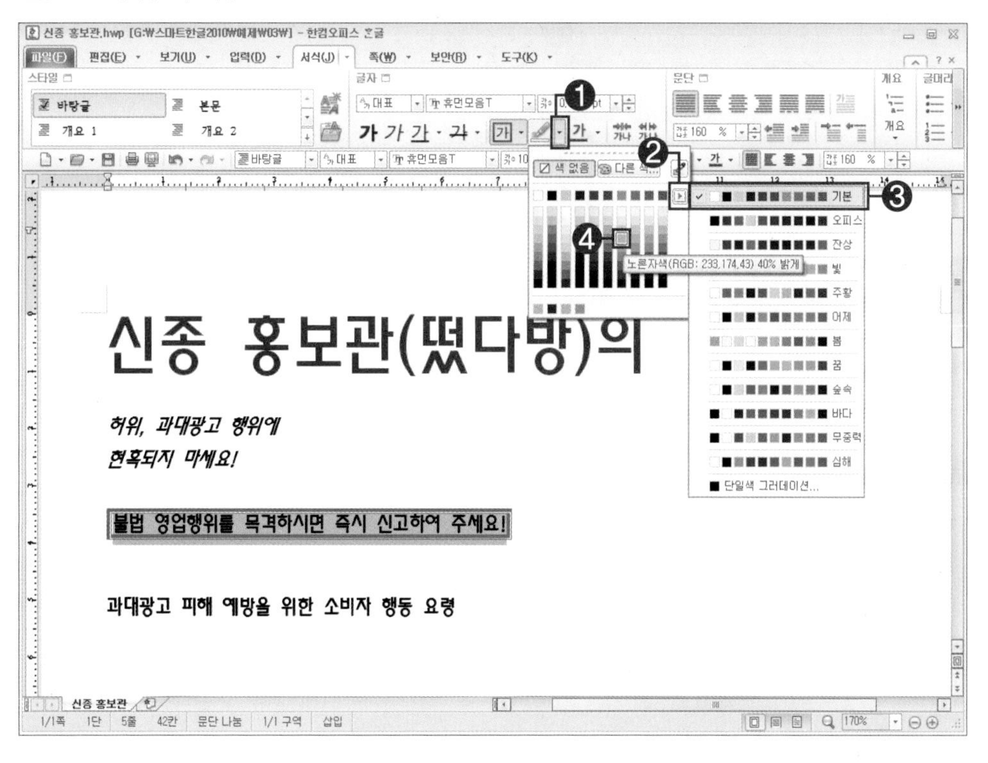

글자 테두리와 형광펜 없애기

01 **다섯 번째 줄을 블록 지정**한 후 **[서식] 탭–[글자] 그룹–[글자 테두리( )]의 펼침 단추( )를 클릭**합니다. 글자 테두리 목록이 표시되면 **[선 없음]을 선택**합니다.

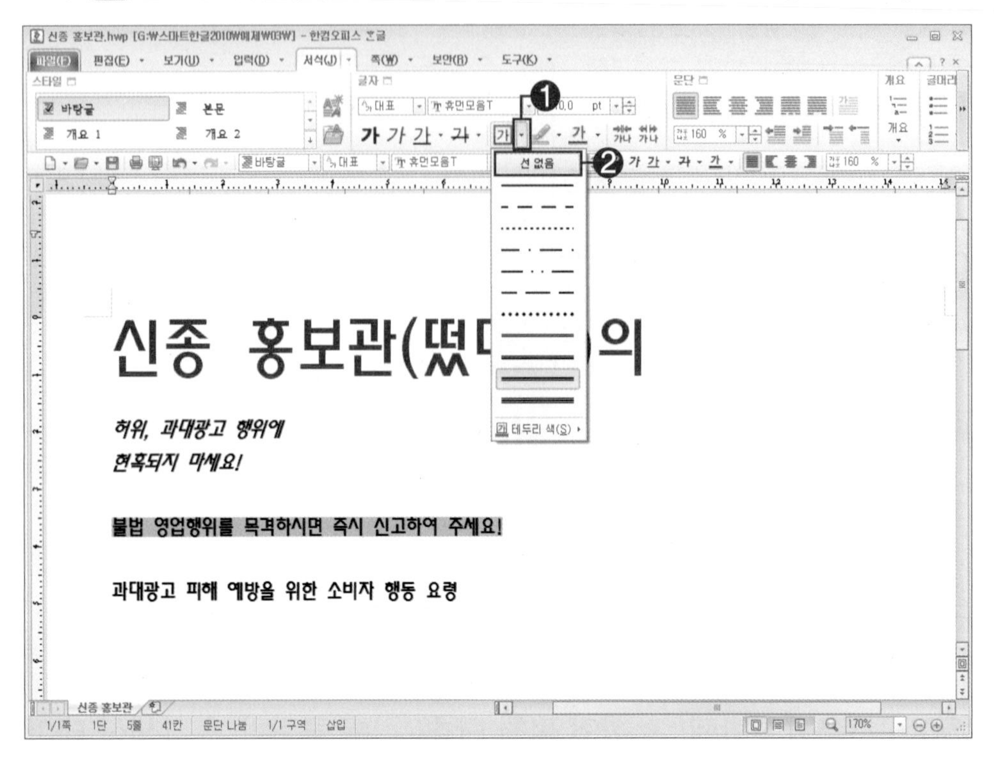

02 **[서식] 탭–[글자] 그룹–[형광펜( )]의 펼침 단추( )를 클릭**합니다. 형광펜 색 목록이 나타나면 **[색 없음]을 선택**합니다.

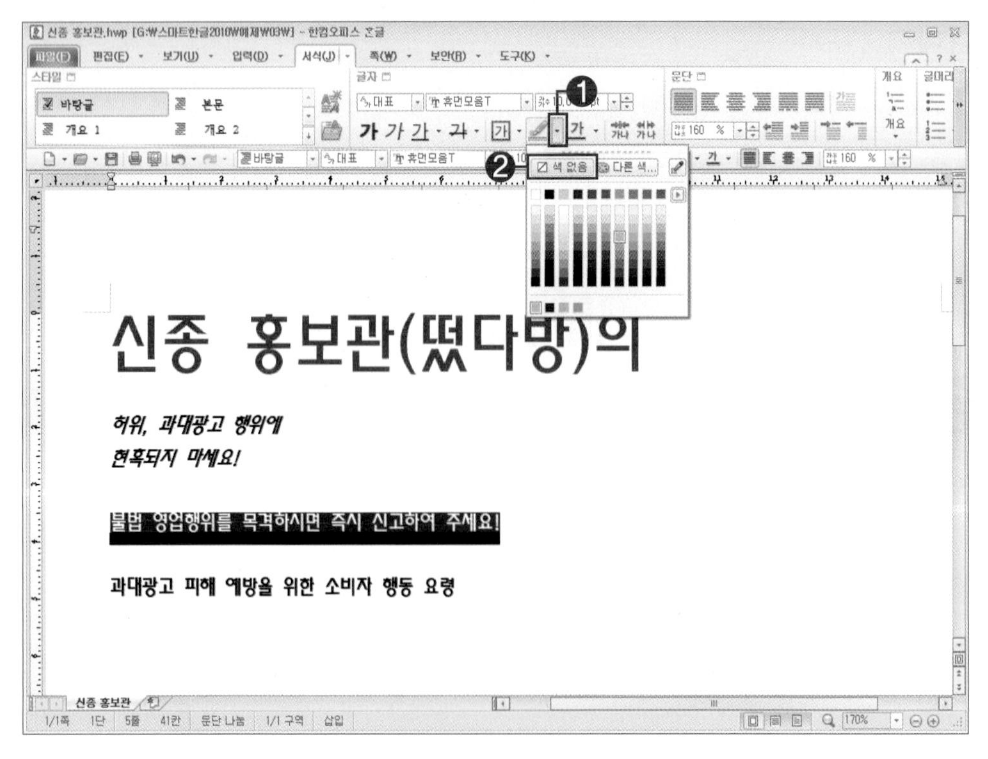

디딤돌학습

1 내용을 입력한 후 '폐가전 수거.hwp'로 저장하고 글꼴과 글자 크기를 지정해 봅니다.

폐가전제품 무상 방문수거 서비스 — • 글꼴 : 휴먼엑스포 • 글자 크기 : 24

폐가전, 손쉽게 버릴 수 있을까요?

국민만족 99.8%

대형 폐가전 전담 수거차량과 전담 수거반이 예약일자에 각 가정 방문 집 밖으로 직접 수거 및 운반

• 글꼴 : 휴먼명조
• 글자 크기 : 12

2 그림과 같이 글자 색, 기울임, 글자 테두리, 형광펜, 밑줄을 각각 지정해 봅니다.

폐가전제품 무상 방문수거 서비스 — 글자 색 : [오피스] 색상 테마–[빨강], [파랑]

폐가전, 손쉽게 버릴 수 있을까요? — 기울임

국민만족 99.8% — • 형광펜 색 : [꿈] 색상 테마–[(RGB : 255, 204, 0)] • 글자 테두리 : 둥근 점선 모양

대형 폐가전 전담 수거차량과 전담 수거반이 예약일자에 각 가정 방문 집 밖으로 직접 수거 및 운반 — 밑줄 색 : [오피스] 색상 테마–[빨강]

도움터

- **밑줄** : [서식] 탭–[글자] 그룹–[밑줄(가 ·)]의 펼침 단추(⌄)를 클릭하여 밑줄 목록에서 원하는 밑줄 선택
- **밑줄 색** : [밑줄(가 ·)]의 펼침 단추(⌄)를 클릭하여 [밑줄 색(가 밑줄 색(U))]을 선택한 후, 색 목록에서 선택

으뜸업소 홍보 스티커 만들기

이번 장에서는 [글자 모양] 대화상자를 이용해 다양한 글자 속성과 장평, 자간을 지정하는 방법에 대해 알아봅니다. 또한 특정 글자에 그림자와 강조점을 넣거나 테두리와 배경을 지정하여 글자를 더 화려하게 꾸미는 방법도 익혀보도록 하겠습니다.

만 70세이상 관내거주 어르신에 대하여 음식값을 할인해 주는 효사랑 으뜸업소를 운영하고 있사오니 많은 이용바랍니다.

~~지정 제 001호~~ (업소명 : 한상가든)

사랑나눔 으뜸업소

위 업소를 경로효친사상 孝실천에

솔선수범하는 『孝사랑 으뜸업소』로 지정함.

대 전 광 역 시　한 국 외 식 업 중 앙 회

무엇을 배울까요?

- 글자 속성 지정하기
- 장평과 자간 지정하기
- 그림자와 강조점 지정하기
- 글자에 테두리와 배경 지정하기

[글자 모양] 대화상자의 [기본] 탭 이용하기

글자 속성 지정하기

01 **[파일]–[불러오기] 메뉴를 선택**하여 **'으뜸업소.hwp' 파일을 열기**한 후 그림과 같이 **내용을 블록 지정**합니다.

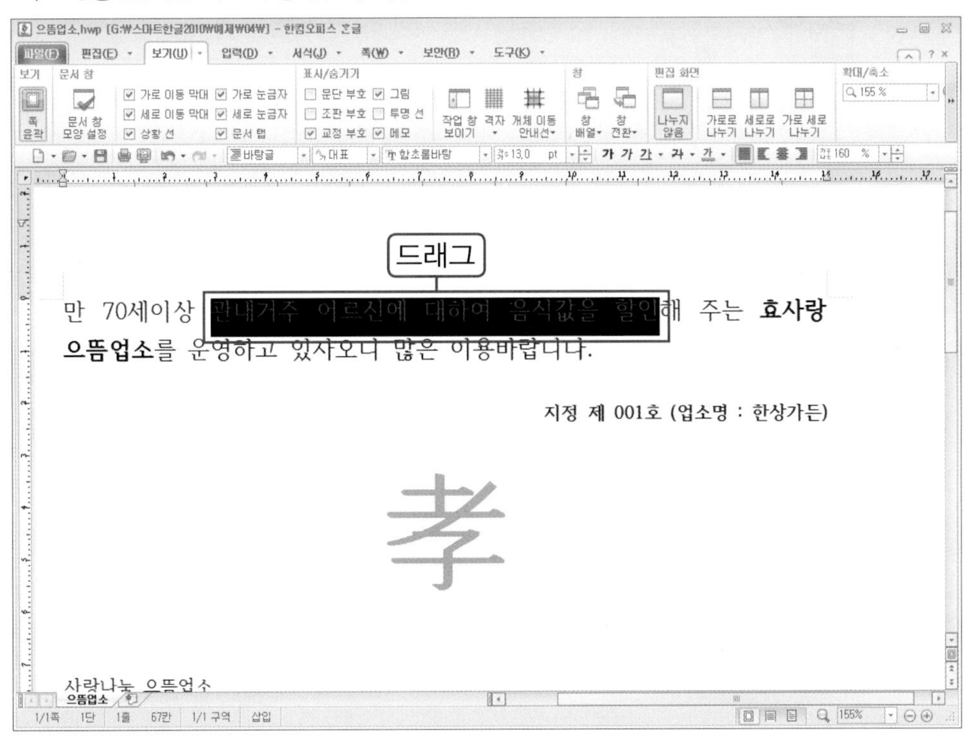

02 **[서식] 탭–[글자] 그룹에서 그룹 이름(**글자**)을 클릭**합니다.

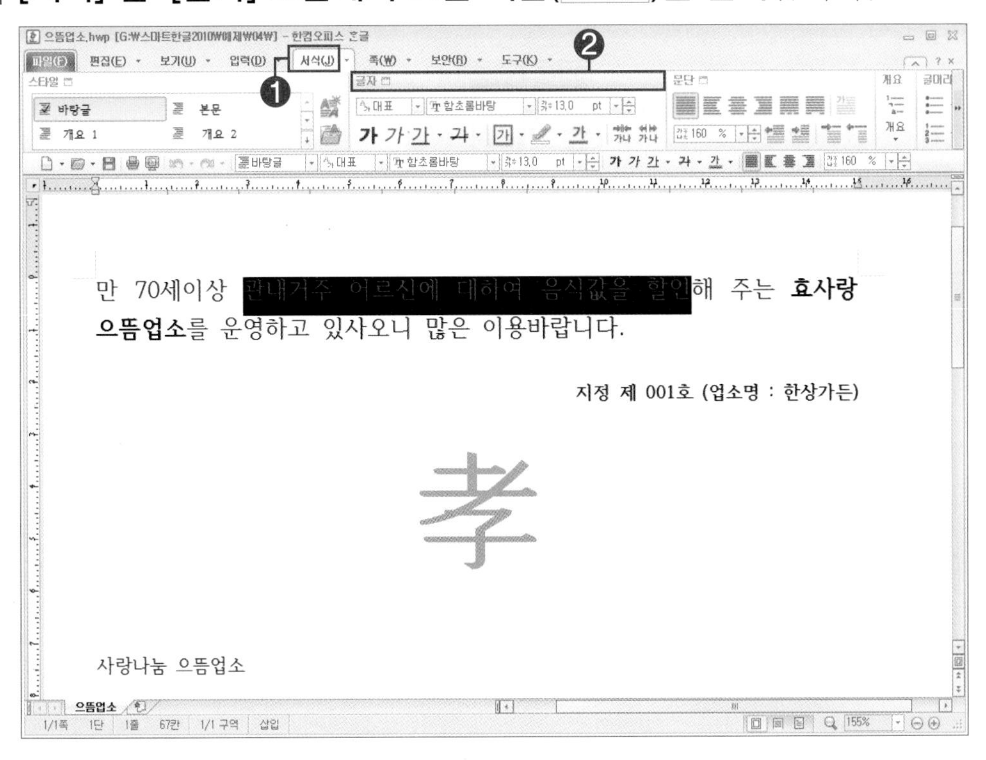

03 [글자 모양] 대화상자가 나타나면 [기본] 탭의 [속성] 항목에서 **'진하게(가)'와 '양각(가)'을 각각 선택**한 후 **[설정] 단추를 클릭**합니다.

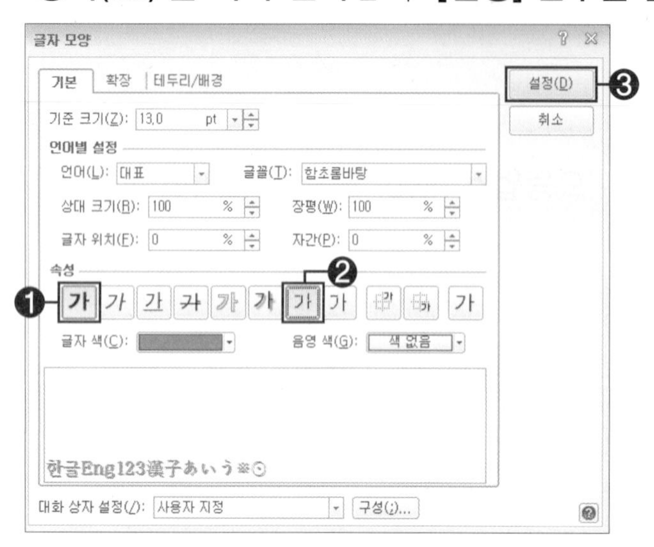

04 **'지정 제 001호' 글자를 블록 지정**한 후, **[서식] 탭–[글자] 그룹에서 그룹 이름(글자 ▭)을 클릭**합니다. [글자 모양] 대화상자가 나타나면 [속성] 항목에서 **'취소선(가)'을 선택**한 후 **[설정] 단추를 클릭**합니다.

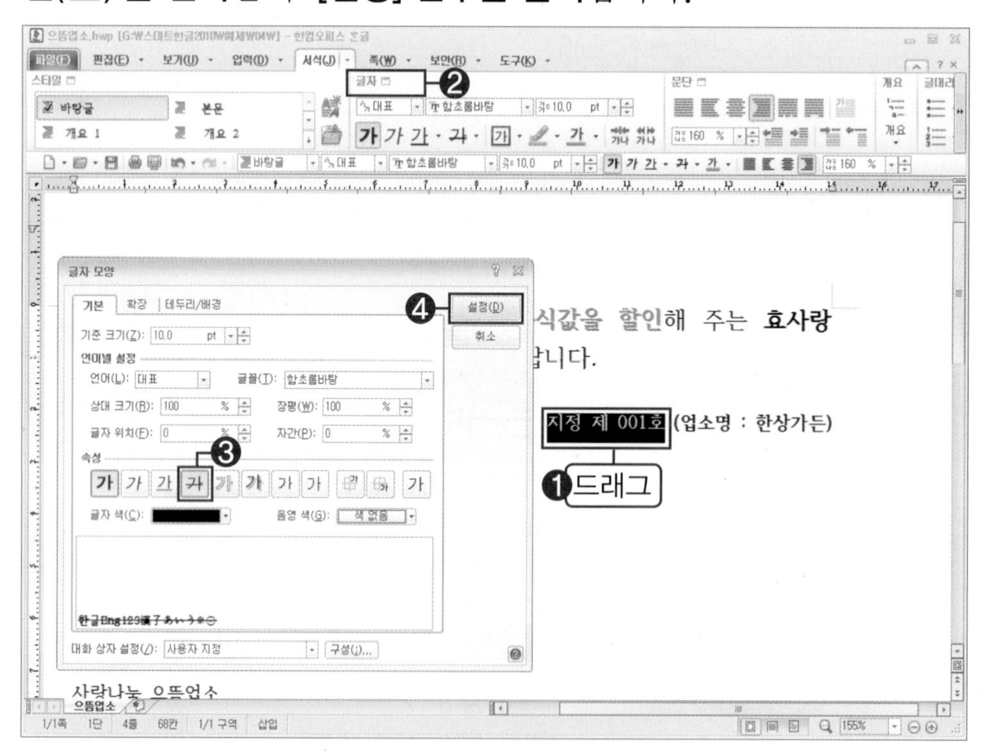

배움터 [글자 모양] 대화상자를 호출하는 다른 방법

- **방법–1** : [서식]–[글자 모양] 메뉴 선택
- **방법–2** : 단축키 Alt+L 키
- **방법–3** : 마우스 오른쪽 단추 클릭 후 [글자 모양] 메뉴 선택

글자 색과 음영 색 지정하기

01 **'효사랑 으뜸업소' 글자를 블록 지정**한 후 [글자 모양] 대화상자의 [속성] 항목에서 **[글자색]을 '하양'으로 선택**합니다.

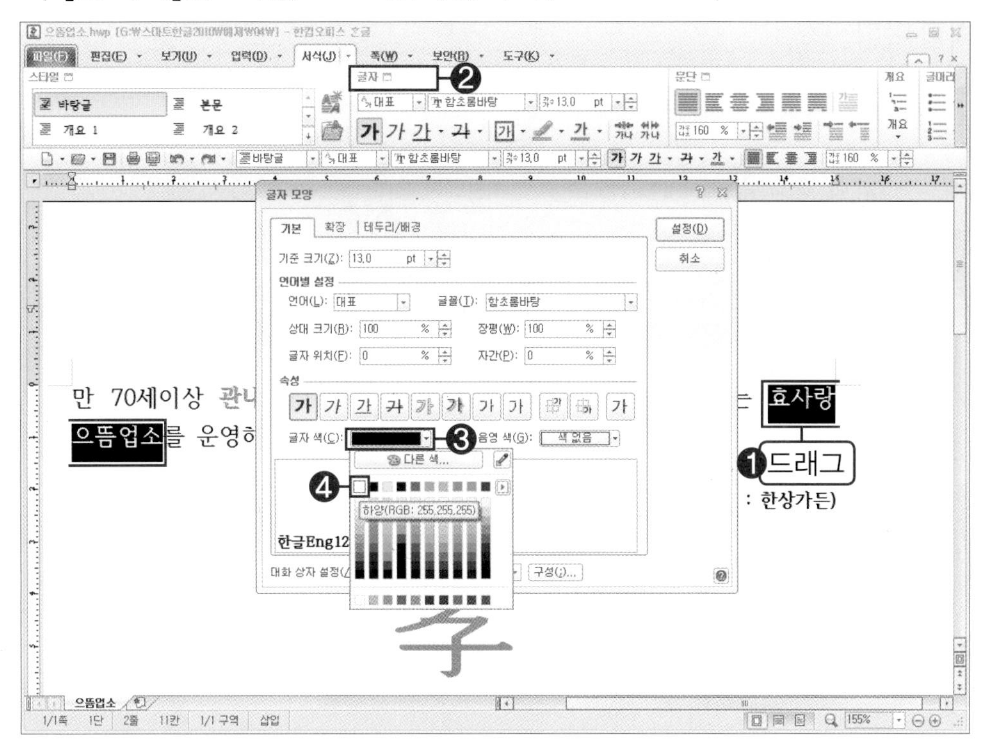

배움터 선택해야 하는 색상이 목록에 보이지 않으면 [색상 테마(▶)] 단추를 클릭하여 색상 테마를 변경한 후, 선택합니다.

02 계속해서 **[음영 색]을 '보라'로 선택**하고 **[설정] 단추를 클릭**합니다.

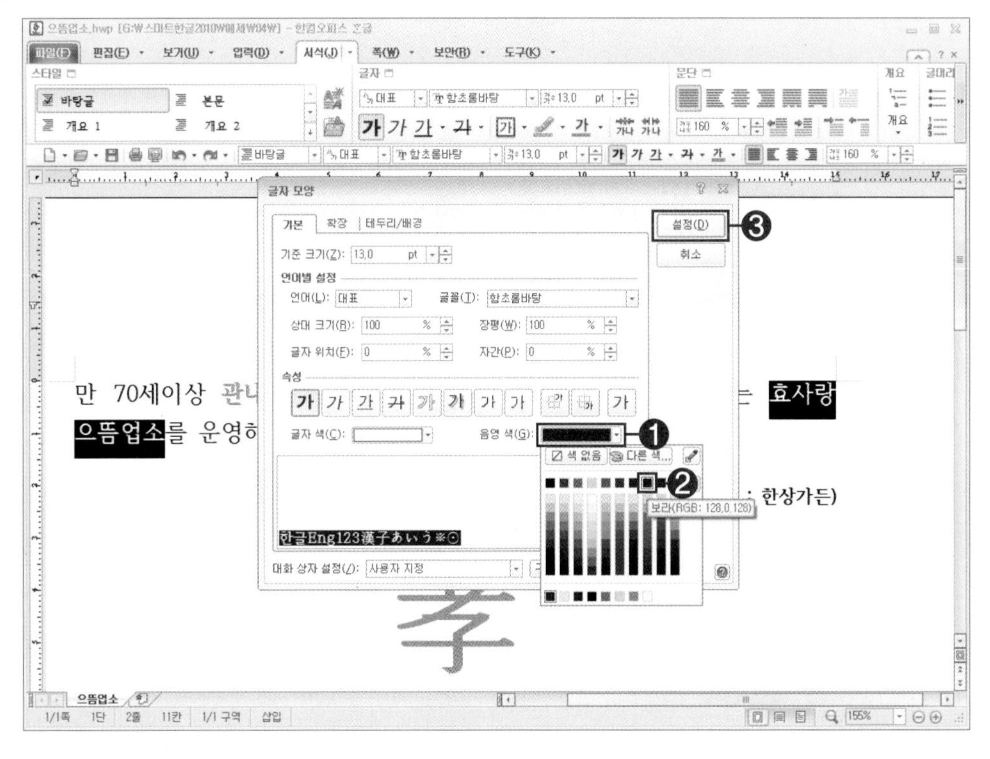

장평과 자간 지정하기

01 그림과 같이 **마지막 줄을 블록 지정**한 후 Alt + L **키**를 눌러 [글자 모양] 대화상자를 호출합니다. **[장평]의 값을 '150%', [자간]의 값을 '30%'로 입력**한 후 **[설정] 단추를 클릭**합니다.

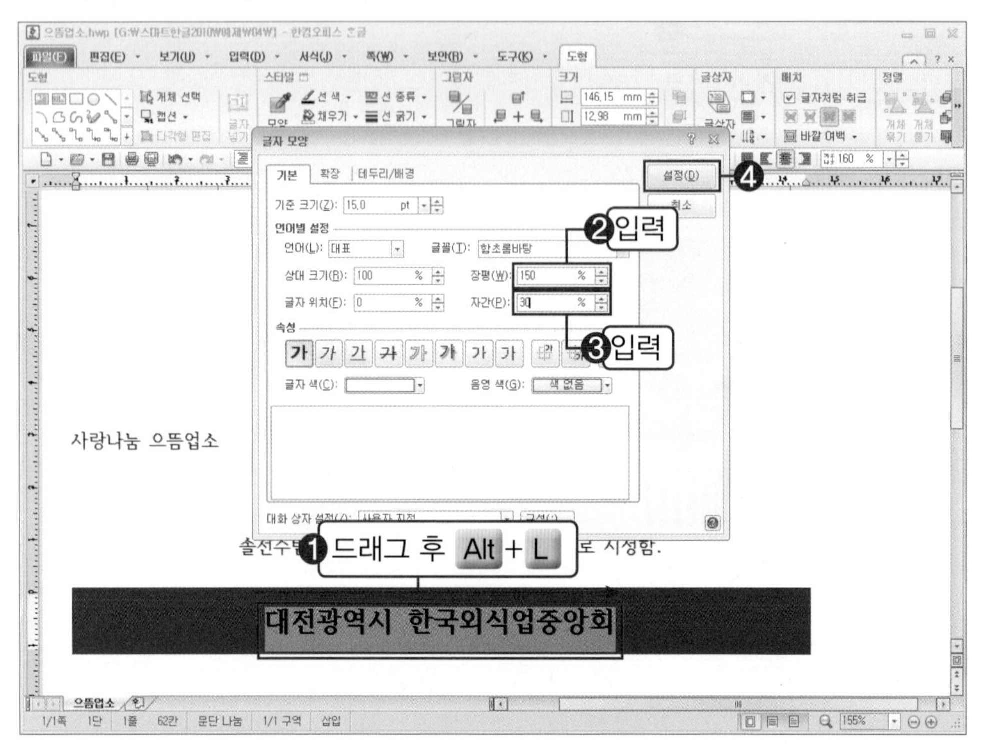

02 선택한 글자의 가로 크기와 글자 사이의 간격이 넓어진 것을 확인합니다.

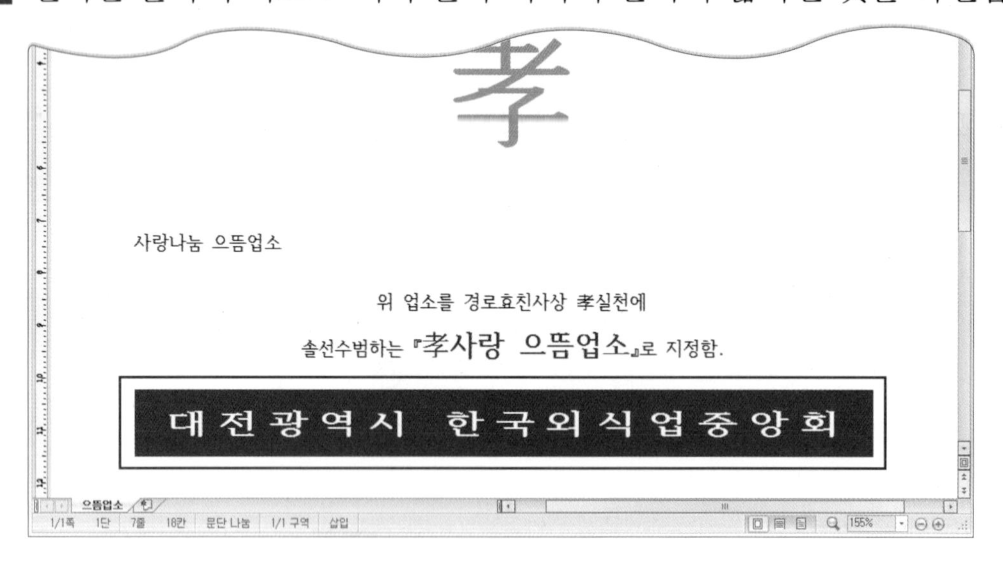

배움터

- **장평** : 글자의 크기는 그대로 유지하면서 글자의 가로 폭을 줄이거나 늘려서 글자 모양을 변경합니다.
- **자간** : 글자와 글자 사이의 간격을 넓히거나 좁혀 문서를 보다 편리하게 볼 수 있도록 합니다.

[글자 모양] 대화상자의 [확장] 탭 이용하기

그림자 지정하기

01 **'사랑 나눔 으뜸업소' 글자를 블록 지정**한 후 **[서식] 탭–[글자] 그룹에서 그룹 이름(글자)을 클릭**합니다.

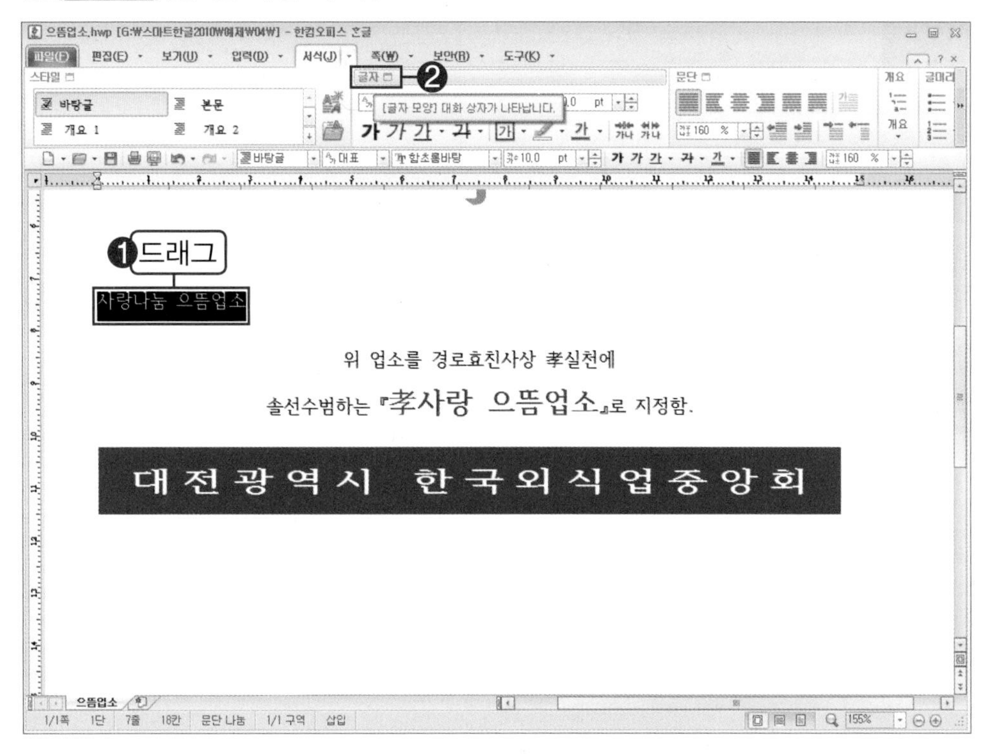

02 [글자 모양] 대화상자가 나타나면 **[확장] 탭을 클릭**한 후, [그림자] 항목에서 **'연속'을 선택**합니다. **[X 방향] 값을 '10%', [Y 방향] 값을 '15%'로 지정한** 후, **[색]은 [다른 색]을 선택**합니다.

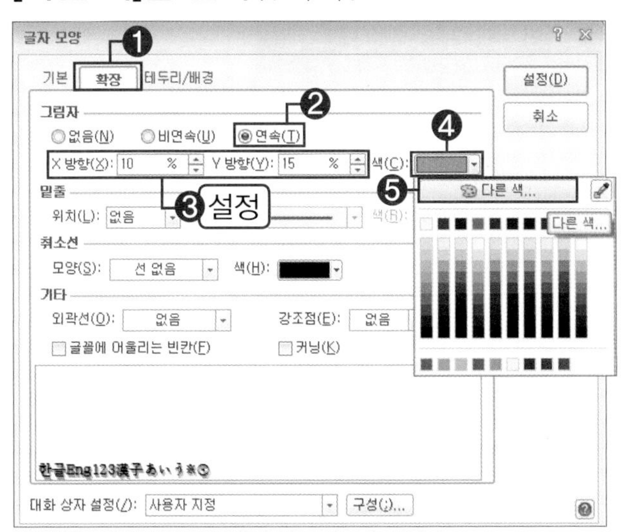

03 [색] 대화상자가 나타나면 **[팔레트] 탭**에서 그림과 같이 **연한 하늘색을 선택**하고 **[설정], [설정] 단추를 순서대로 클릭**합니다.

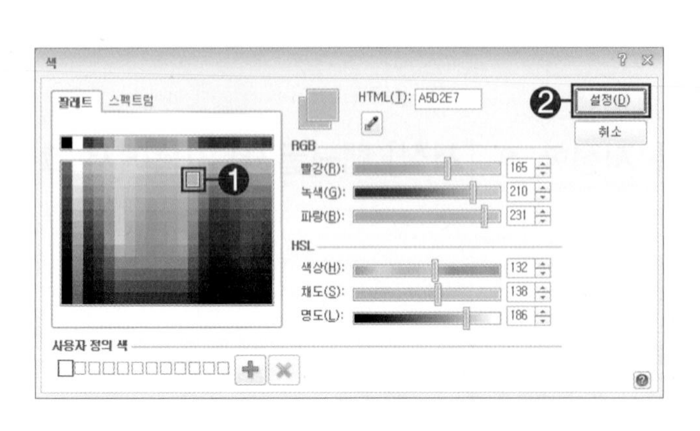

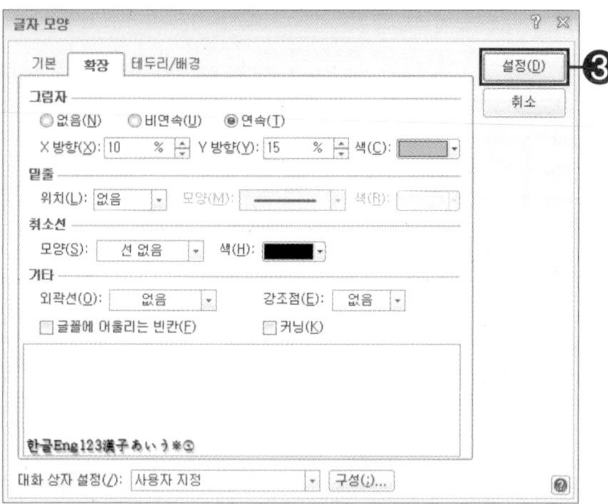

04 [서식] 도구 상자에서 **글꼴(한컴 윤체 B), 글자 크기(20pt), 글자 색([기본] 색상 테마–[바다색])을 각각 지정**하여 결과를 확인합니다.

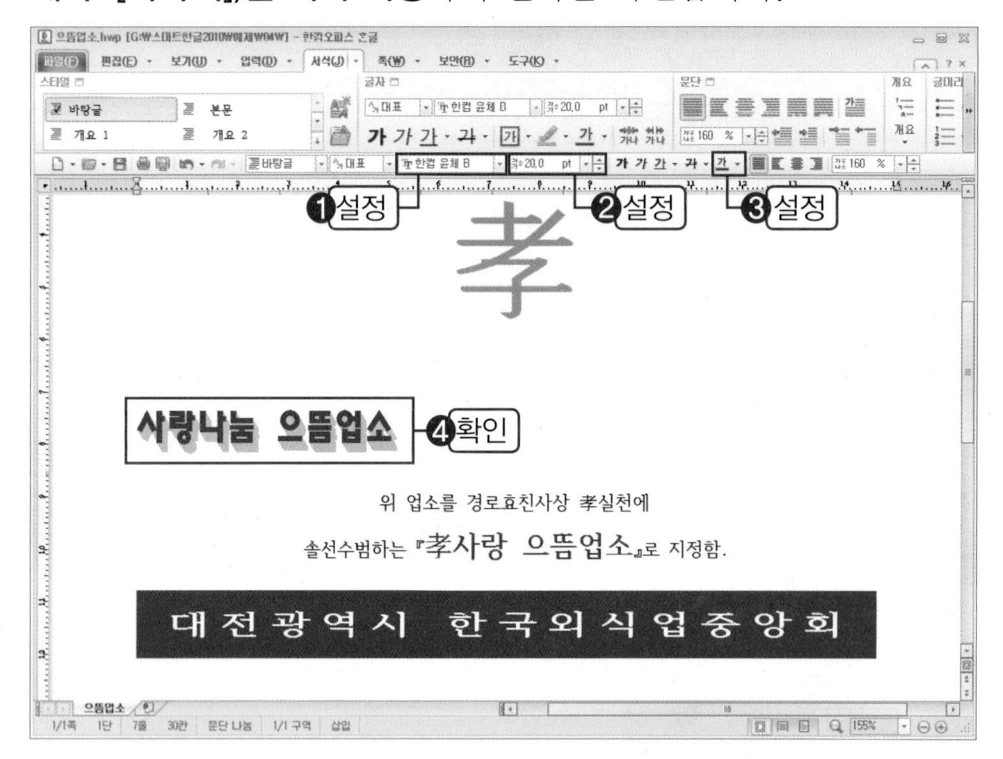

강조점 지정하기

01 **'孝사랑' 글자를 블록 지정**한 후 **[서식] 탭–[글자] 그룹에서 그룹 이름(**글자 **)을 클릭**합니다. [글자 모양] 대화상자가 나타나면 **[확장] 탭의 [강조점]에서 체크 모양(⌄)을 선택**한 후 **[설정] 단추를 클릭**합니다.

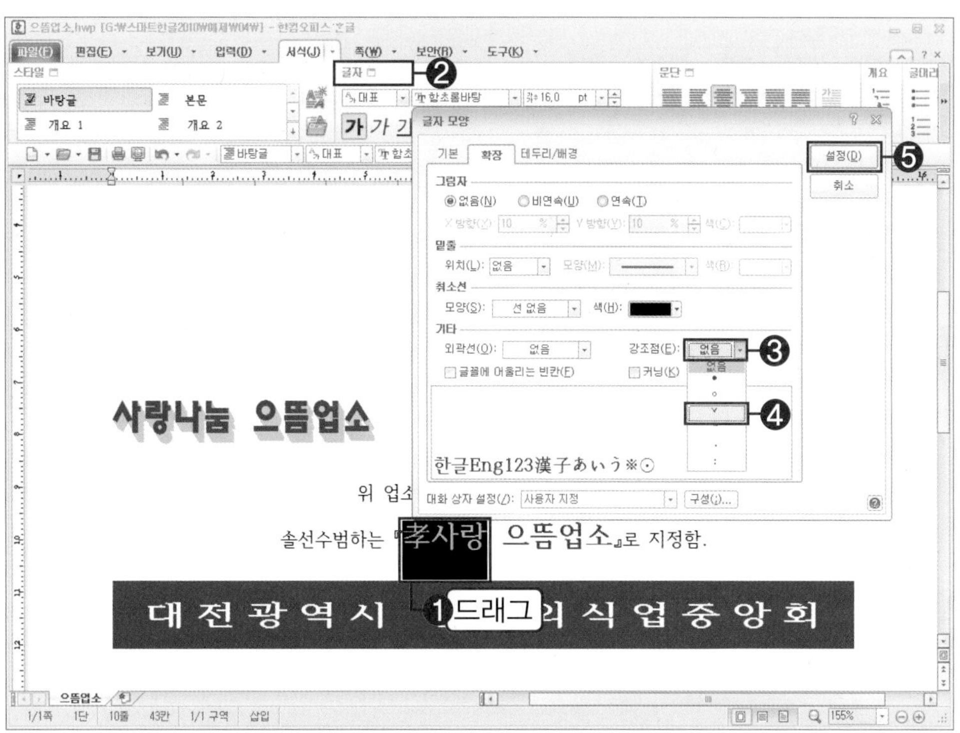

02 같은 방법으로 **'으뜸업소' 글자에 채워진 원 모양의 강조점을 지정**합니다.

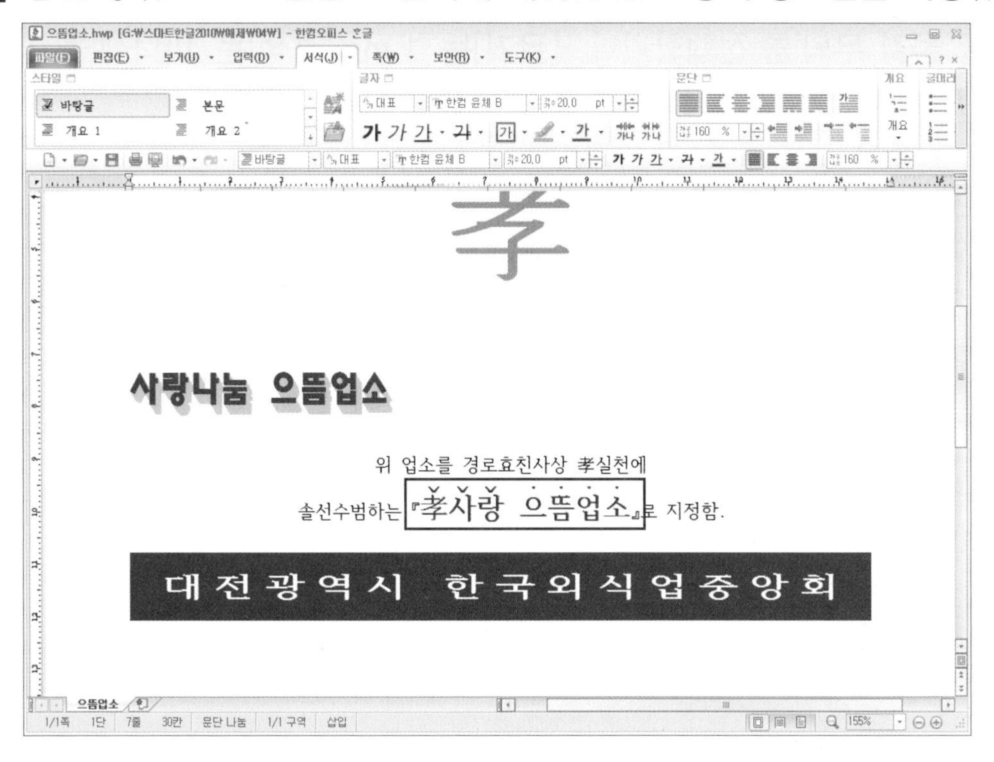

[글자 모양] 대화상자의 [테두리/배경] 탭 이용하기

01 **'孝' 글자를 블록 지정**한 후 **[서식] 탭-[글자] 그룹에서 그룹 이름(글자)을 클릭**합니다.

02 [글자 모양] 대화상자에서 **[테두리/배경] 탭을 선택**한 후, [테두리] 항목에서 **[종류]는 '이중 물결 무늬'를 선택**합니다. **[굵기]는 '1 mm', [색]은 '바다색'을 지정**한 후, 미리 보기 영역에서 **'모두( )'를 클릭**합니다.

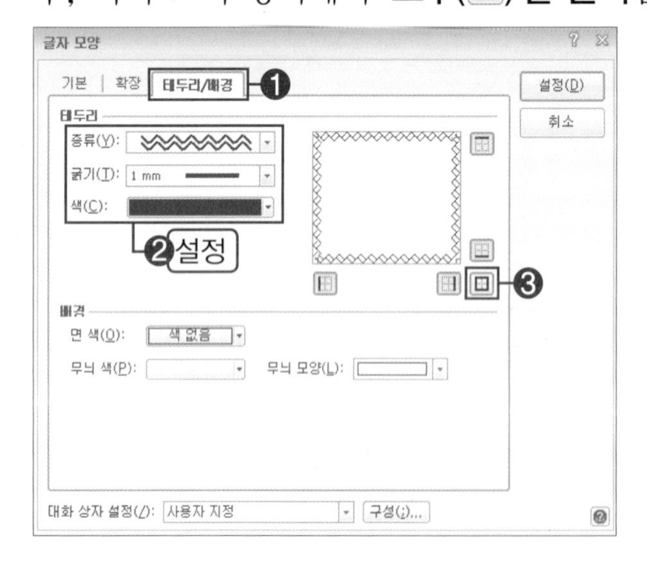

03 [배경] 항목에서 **[면 색]은 '진달래색', [무늬 색]은 '하양'으로 각각 선택**합니다. **[무늬 모양]은 목록 중 위에서 네 번째 항목을 선택**한 후 **[설정] 단추를 클릭**합니다.

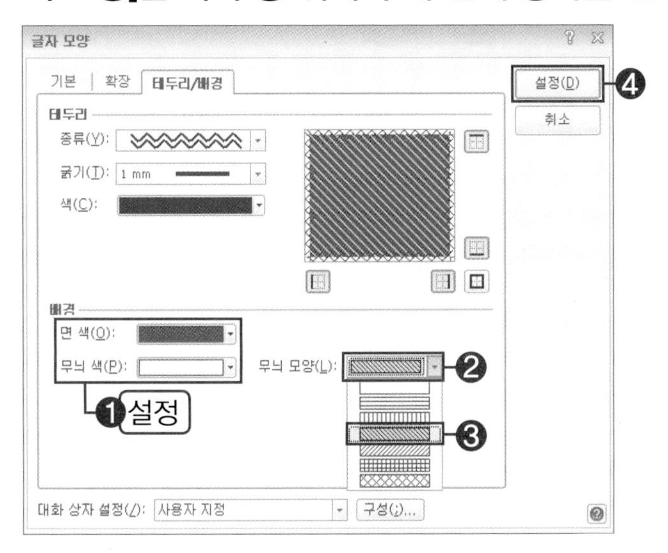

04 '孝' 글자에 선택한 배경과 테두리가 적용된 것을 확인합니다.

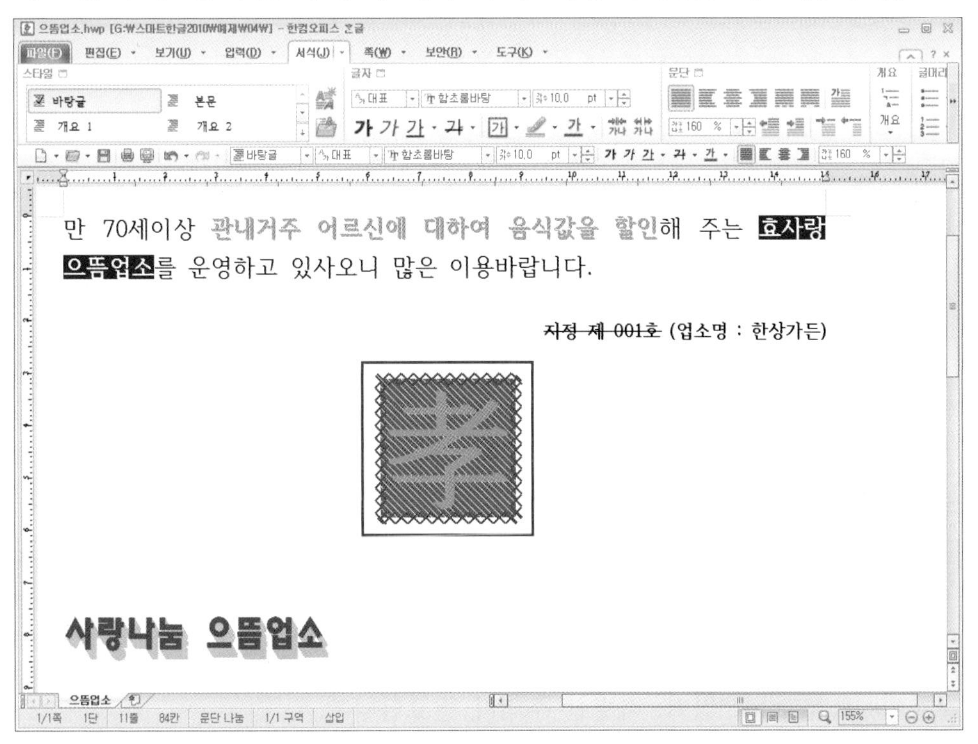

배움터 **'저장하기'와 '다른 이름으로 저장하기'**

한글을 실행한 후 나타나는 빈 문서에서 문서를 작성하고 [파일]–[저장하기] 메뉴나 [서식] 도구 상자에서 [저장하기()]를 처음으로 선택하는 경우에는 [다른 이름으로 저장하기] 대화상자가 나타나지만, 그 이후에는 나타나지 않고 바로 덮어쓰기 됩니다.
저장 위치나 파일명을 바꿔 저장하려면 [파일]–[다른 이름으로 저장] 메뉴를 선택해 [다른 이름으로 저장하기] 대화상자를 호출한 후 다시 지정합니다.

디딤돌 학습

1 그림과 같이 내용을 입력한 후 글꼴, 글자 크기, 정렬 방식을 지정해 봅니다.

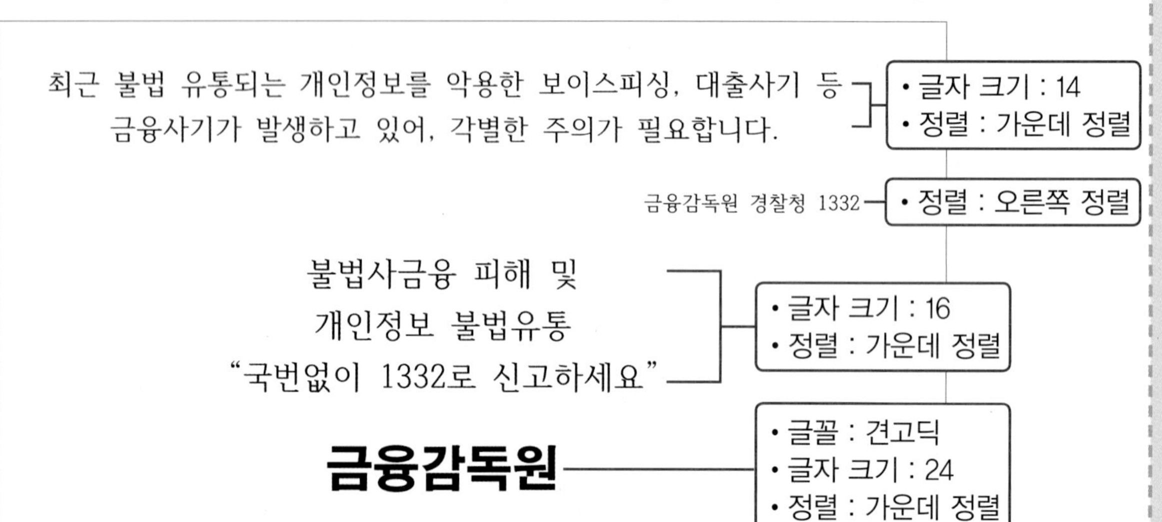

도움터 정렬 방식

[서식] 탭–[문단] 그룹 또는 [서식] 도구 상자에서 지정할 수 있습니다.

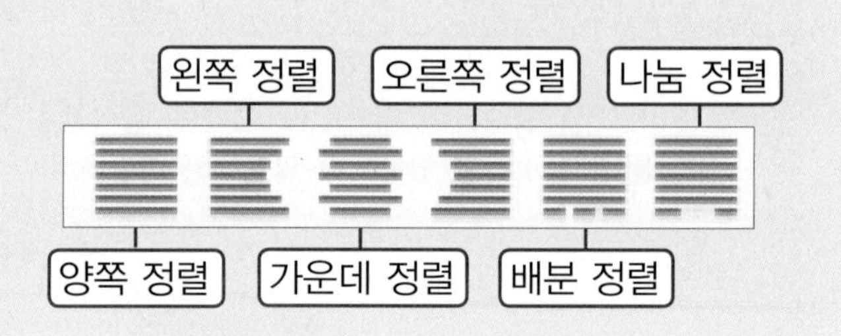

2 [글자 모양] 대화상자를 이용하여 음영색, 취소선, 그림자, 강조점, 장평과 자간을 그림과 같이 지정한 후 '금융사기주의.hwp'로 저장해 봅니다.

최근 불법 유통되는 개인정보를 악용한 보이스피싱, 대출사기 등
금융사기가 발생하고 있어, 각별한 주의가 필요합니다.

금융감독원 경찰청 1332

불법사금융 피해 및
개인정보 불법유통
"국번없이 1332로 신고하세요"

• 그림자 종류 : 연속
• X 방향 : 10%, Y 방향 : 15%
• 색 : [기본] 색상 테마–[에메랄드 블루 60% 밝게]

금 융 감 독 원

• 장평 : 150%
• 자간 : 50%

05 연극공연 초대장 만들기

이번 장에서는 문단을 가운데 혹은 오른쪽으로 정렬하는 방법과 함께 들여쓰기 및 여백을 지정하는 방법에 대해 알아봅니다. 또한 한자와 특수 문자를 삽입하고 글머리표로 목록을 정리하는 방법도 익혀보도록 하겠습니다.

어르신을 위한 孝(효)연극공연

발행번호 : 제20-15호

아름다운 추억과 친구들의 수다로 청춘을 누려보세요!

지역사회 봉사대원들이 직접 꾸미는 연극무대 『악극, 불효자는 웁니다』 및 『시니어팝스오케스트라』 공연을 마련하였습니다.

경쾌하고 즐거운 음악 ♪ ♫ ♬ 감동이 넘치는 연극 꼭 보러 오세요. 사랑합니다~ ❤

- 일　　시 : 2016. 03. 25(金) 14:00~16:00(10분전 입장)
- 장　　소 : 서울회관 대강당
- 모집인원 : 선착순 500명(사전 신청 접수)
- 신청방법 : 전화 및 방문접수
  - 신청기간 : 2016. 03. 21(月)~03. 25(金)
  - 신청장소 : 행복노인청소년과

무엇을 배울까요?

- 정렬 방식과 줄간격/문단 간격 지정하기
- 들여쓰기와 여백 지정하기
- 한자와 문자표 입력하기
- 그림 글머리표와 글머리표 삽입하기

문단 모양 지정하기

정렬 방식 지정하기

01 **[파일]-[불러오기] 메뉴를 선택**하여 **'연극공연.hwp' 파일을 열기**합니다. **첫 번째 줄을 블록 지정**한 후 [서식] 도구 상자에서 **[가운데 정렬(≡)]을 클릭**합니다.

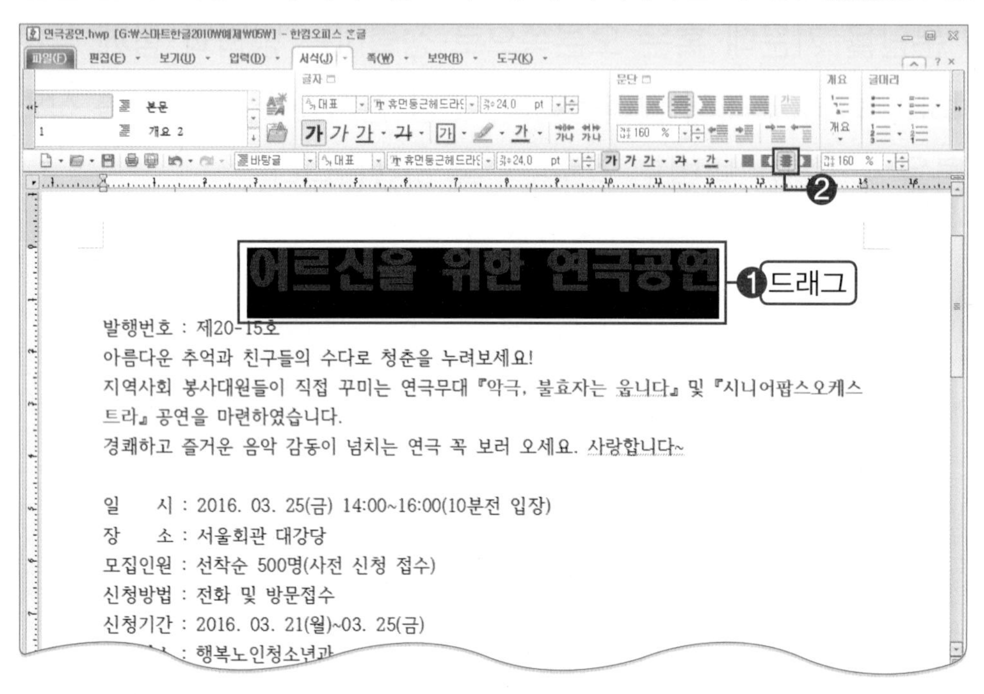

02 **두 번째 줄을 블록 지정**한 후 [서식] 도구 상자에서 **[오른쪽 정렬(≡)]을 클릭**합니다.

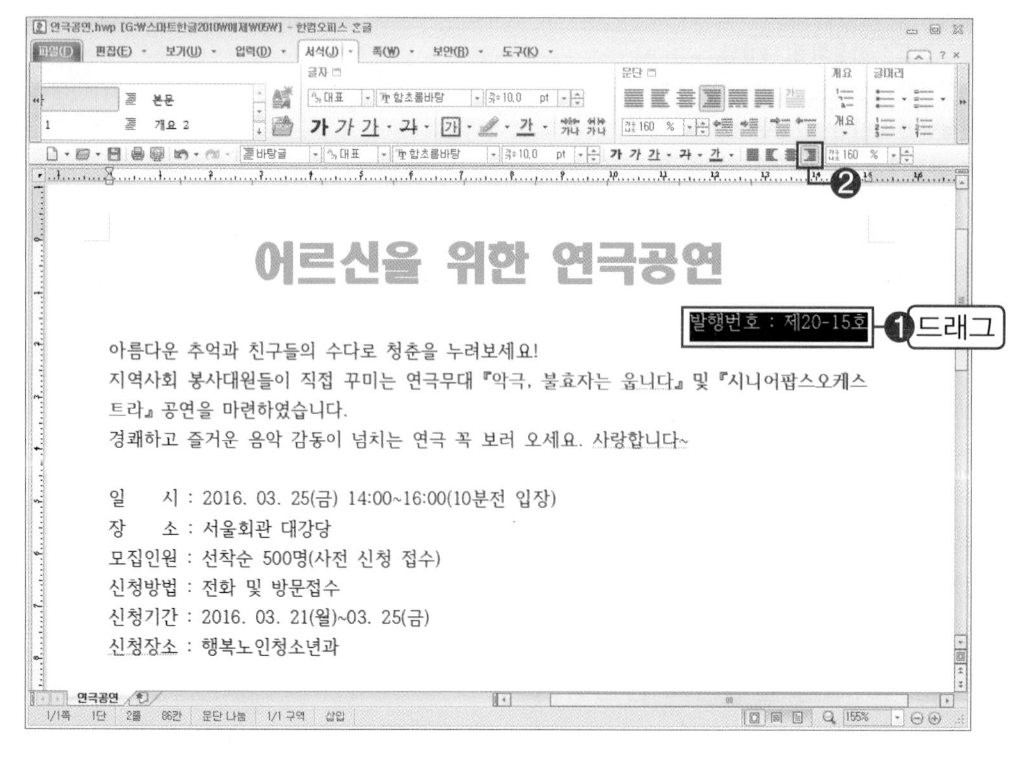

줄 간격과 문단 간격

01 그림과 같이 **내용 영역을 블록 지정**한 후 [서식] 도구 상자에서 **[줄 간격(160 %)]-[180%]를 선택**합니다.

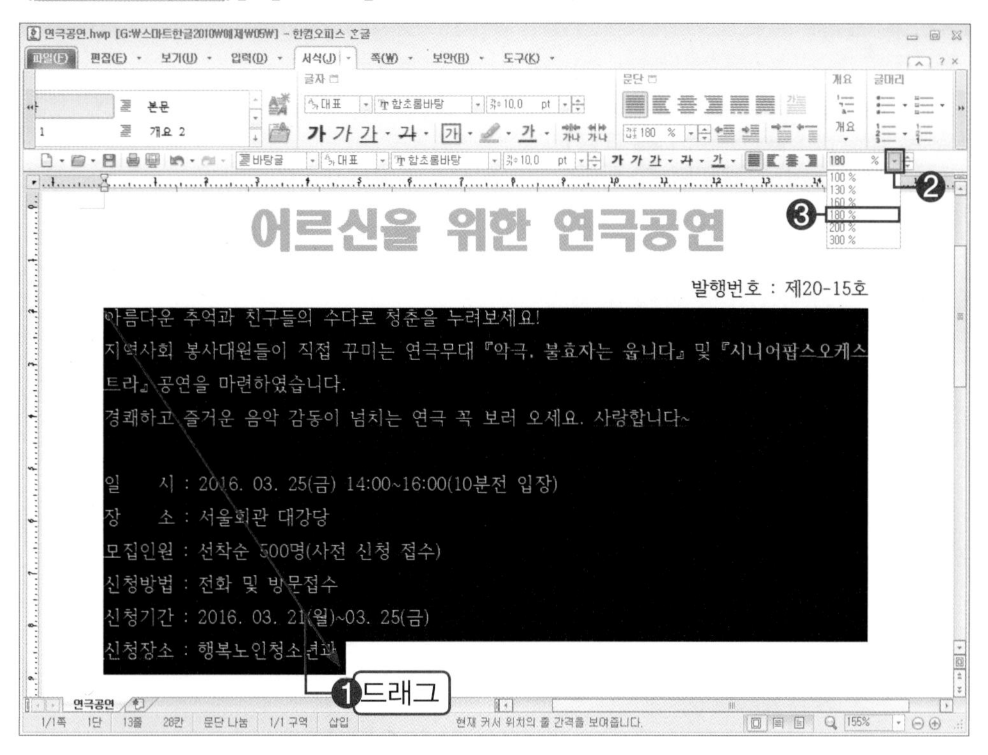

02 **세 번째 줄부터 여섯 번째 줄까지 블록 지정**한 후 **[서식] 탭-[문단] 그룹에서 그룹 이름(문단)을 클릭**합니다.

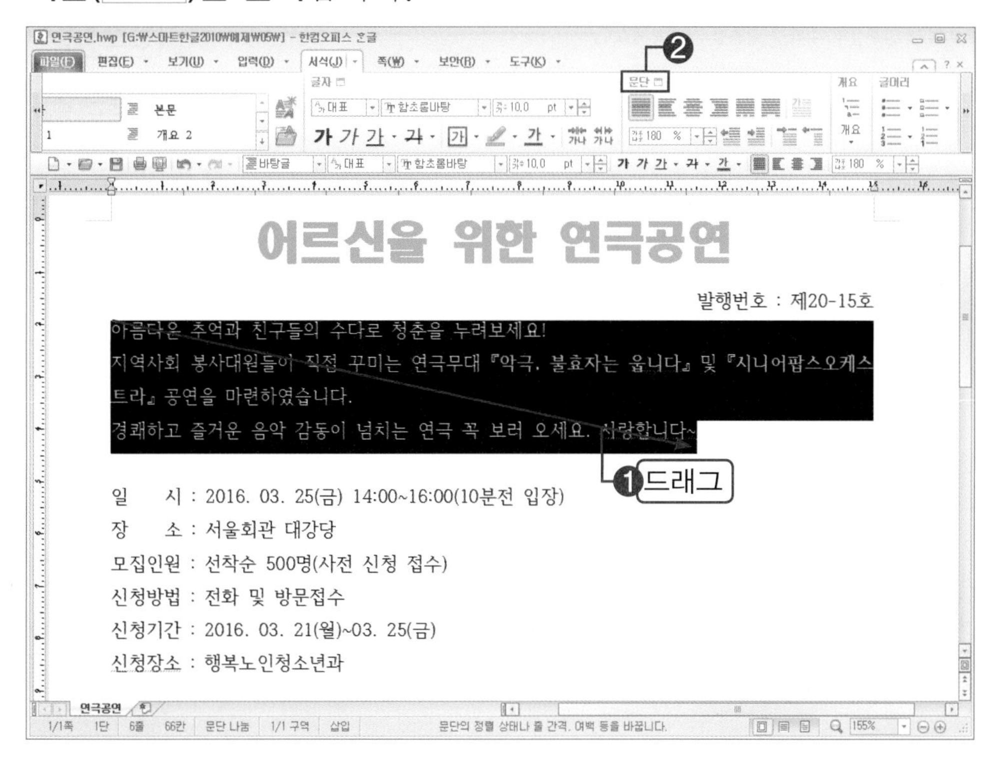

03 [문단 모양] 대화상자가 나타나면 **[문단 위] 값을 '10pt'로 지정**하고 **[설정] 단추를 클릭**합니다.

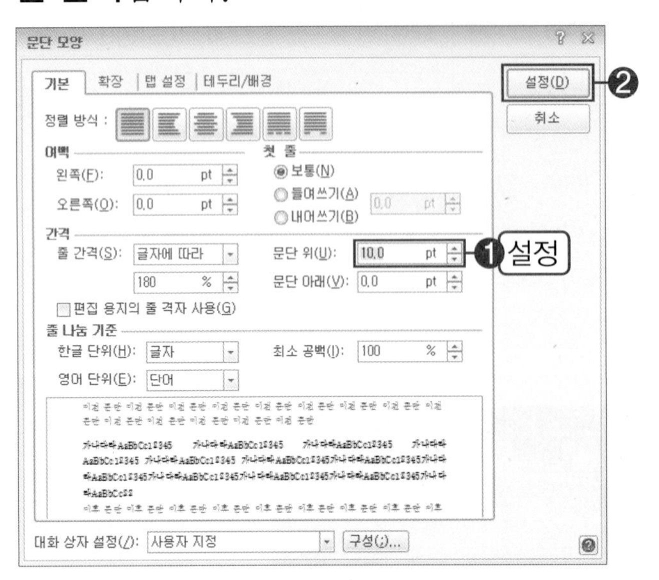

04 선택한 영역의 문단 위가 10pt 만큼 간격이 넓어진 것을 확인합니다.

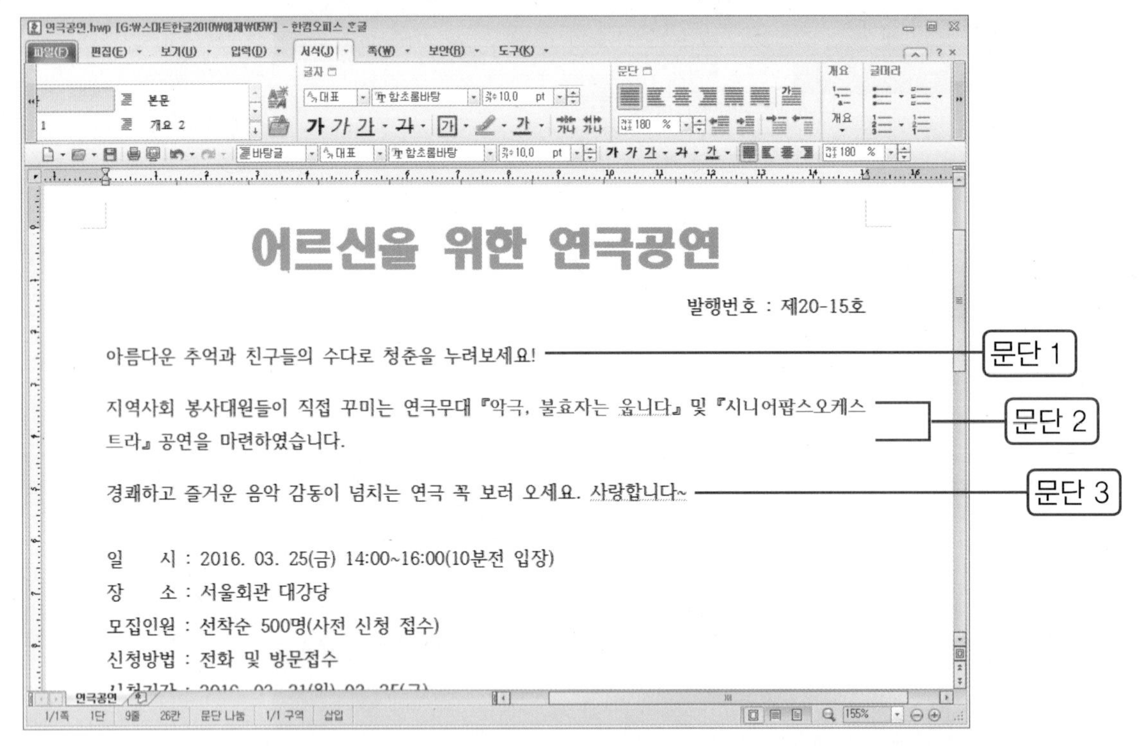

배움터 문단

- 줄의 끝 부분에서 Enter 키를 눌러 강제로 줄을 바꾼 경우 하나의 문단이 됩니다.
- [보기] 탭–[표시/숨기기] 그룹의 [문단 부호]를 체크하면 나타나는 '문단 부호(↵)' 위치로 확인할 수 있습니다.

들여 쓰기와 여백 지정하기

01 **세 번째 줄을 블록 지정**합니다. 가로 눈금자 왼쪽의 **'첫 줄 시작 위치(▽)' 표시를 오른쪽으로 드래그**합니다.

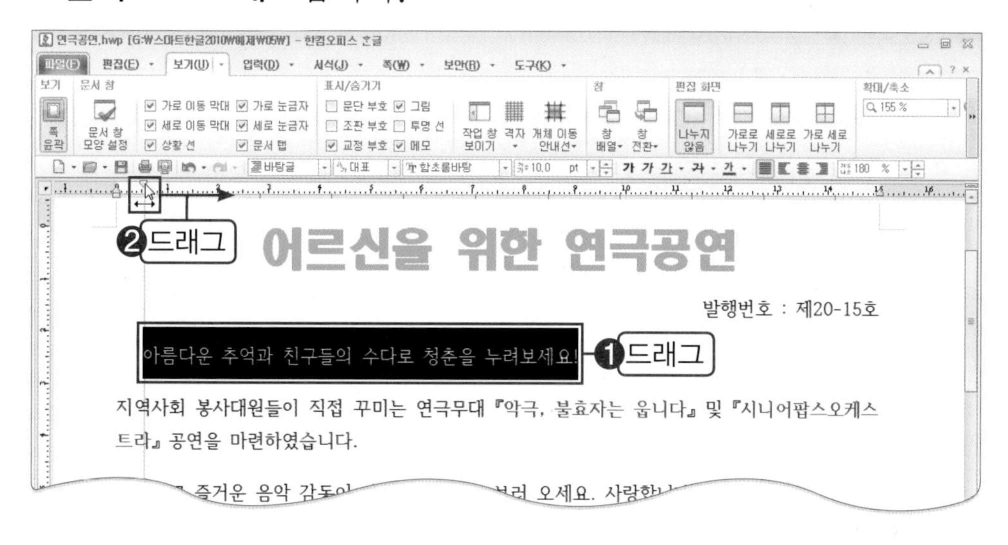

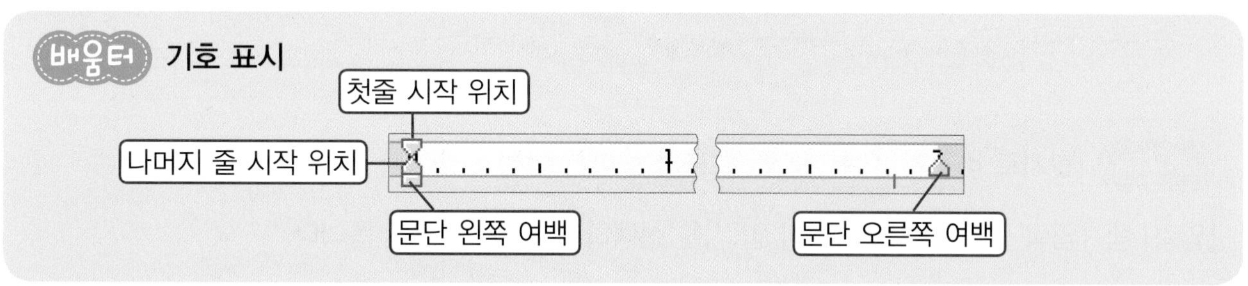

02 **'신청기간'과 '신청장소'를 블록 지정**합니다. 가로 눈금자 왼쪽의 **'문단 왼쪽 여백(▭)' 표시를 Alt 키를 누른 채 오른쪽으로 드래그**합니다. 값이 표시되므로 정확한 위치를 지정할 수 있습니다.

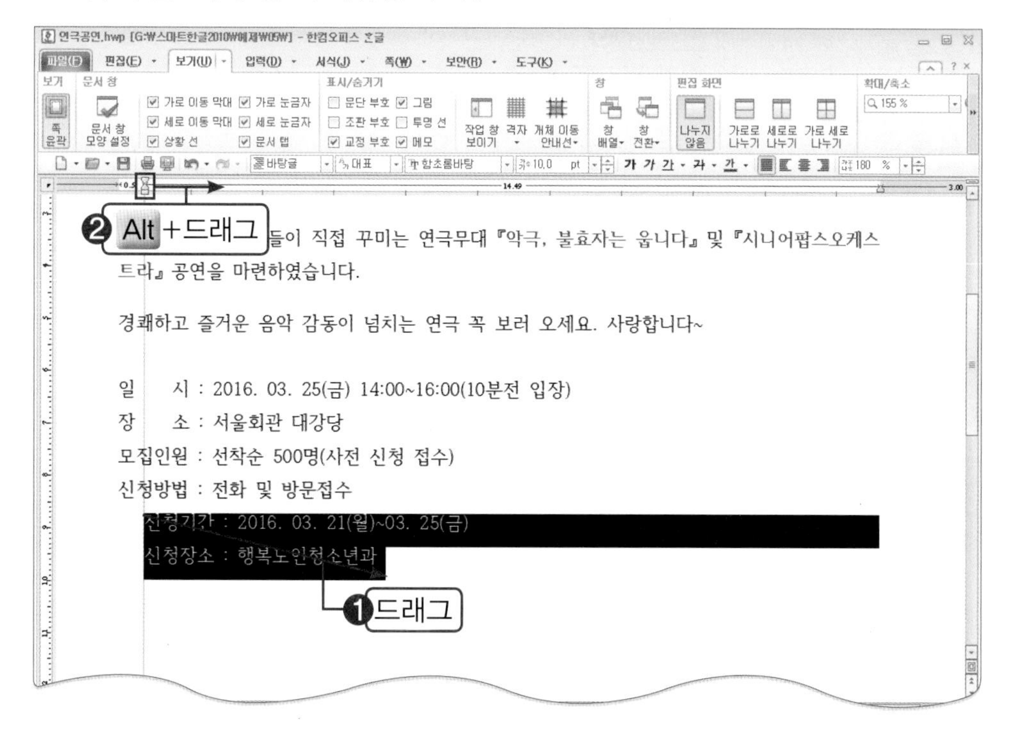

02 한자 입력하기

01 제목의 **'연극공연' 앞으로 커서를 이동**한 후, **'효'를 입력**하고 **한자 키**를 누릅니다.

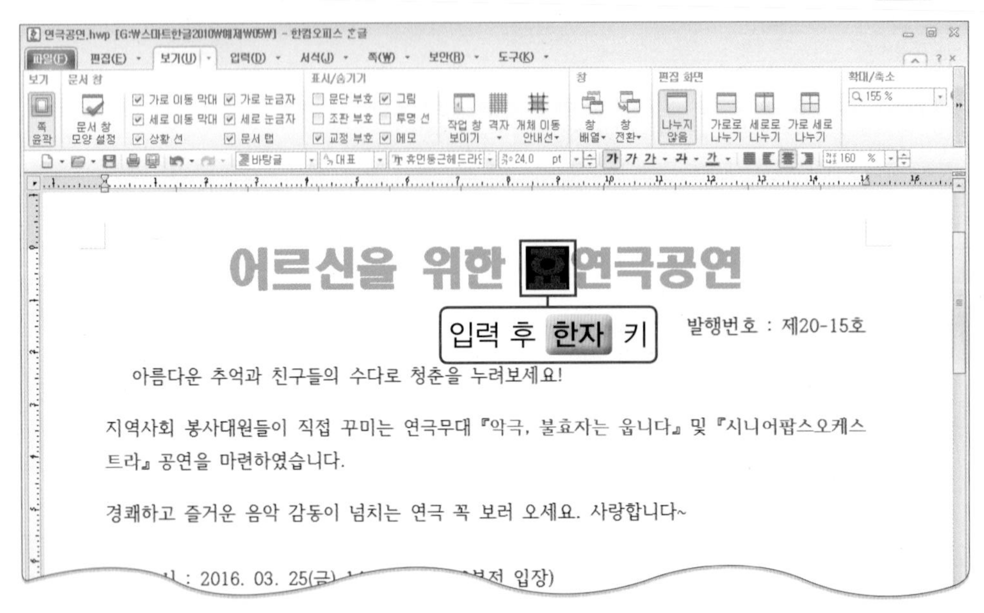

배움터 **[한자로 바꾸기] 대화상자를 호출하는 다른 방법**

[입력] 탭–[입력 도우미] 그룹–[한자 입력]을 선택하거나 F9 키를 누릅니다.

02 [한자 목록]에서 **첫 번째 한자(孝)를 선택**한 후, [입력 형식]을 **'漢字(한글)'로 지정**하고 **[바꾸기] 단추를 클릭**합니다.

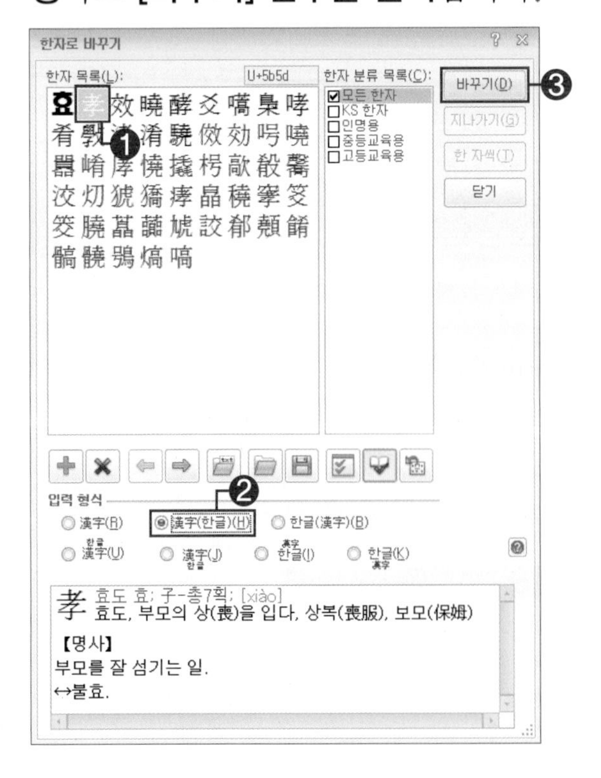

03 여덟 번째 줄의 **'금'을 블록 지정**한 후 **한자** **키**를 누릅니다. [한자 목록]에서 **두 번째 한자(金)를 선택**한 후 [입력 형식]을 **'漢字'로 지정**하고 **[바꾸기] 단추를 클릭**합니다.

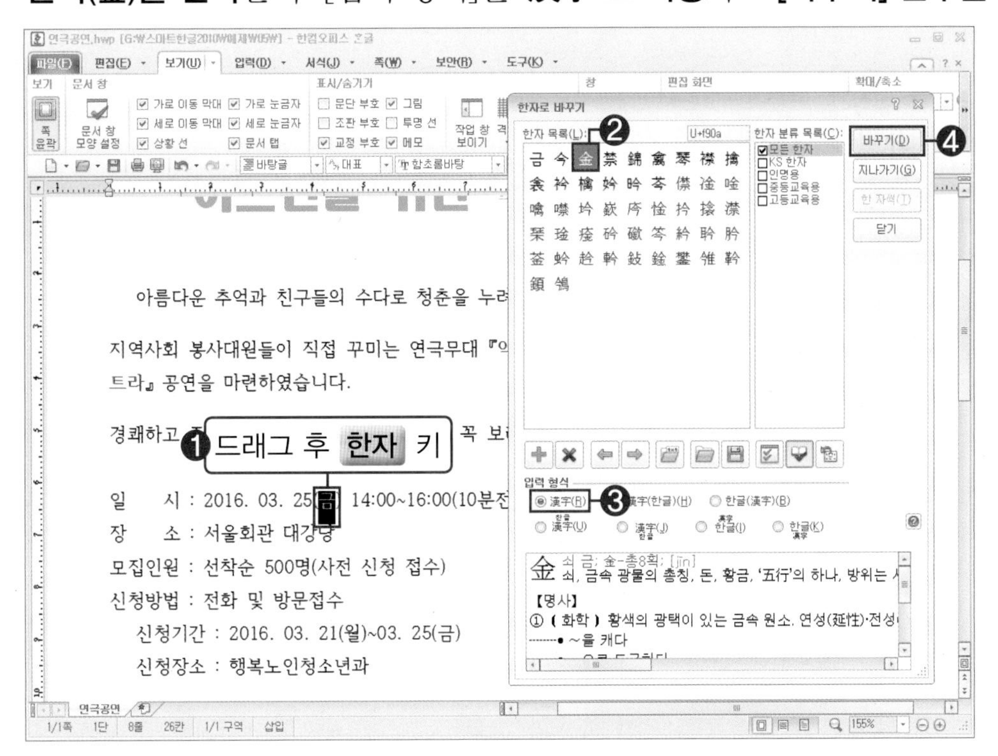

04 같은 방법으로 열두 번째의 **'월'과 '금'을 한자로 변경**합니다.

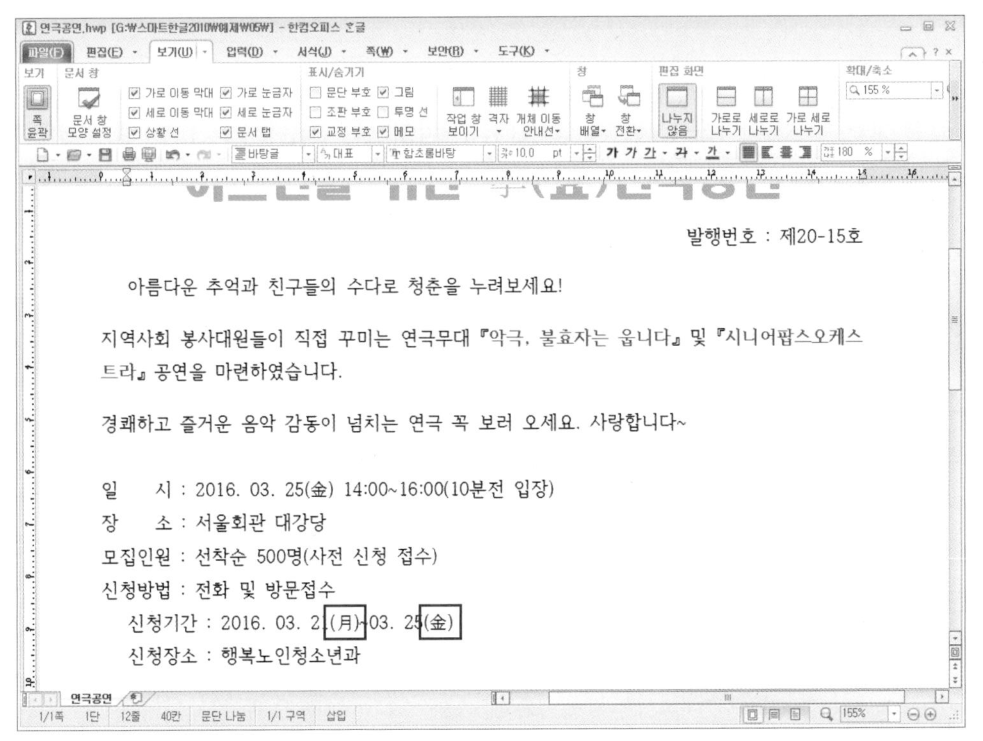

문자표 삽입하기

01 **여섯 번째 줄의 '음악' 글자 다음으로 커서를 이동**한 후, 마우스 오른쪽 단추를 클릭해 **[문자표] 바로 가기 메뉴를 선택**합니다.

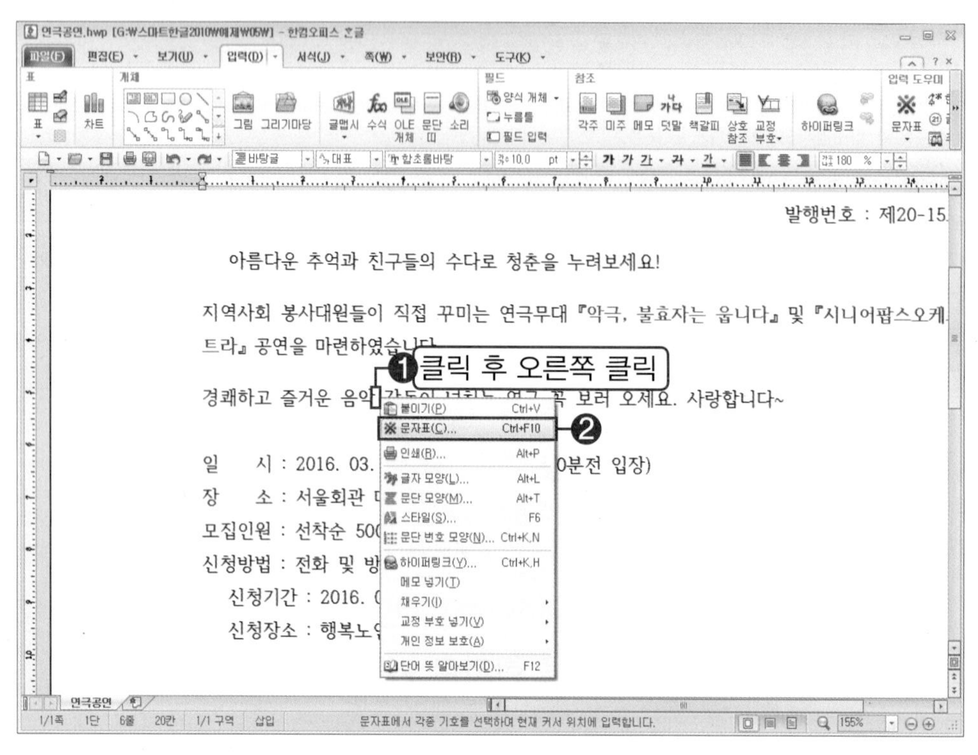

02 [문자표 입력] 대화상자의 **[유니코드 문자표] 탭에서 '여러 가지 기호' 영역을 선택**합니다. **'♪' 모양 음표를 선택**한 후 **[선택] 단추를 클릭**합니다. [입력 문자]란에 추가되고, 다음 문자 기호로 선택 표식이 이동됩니다.

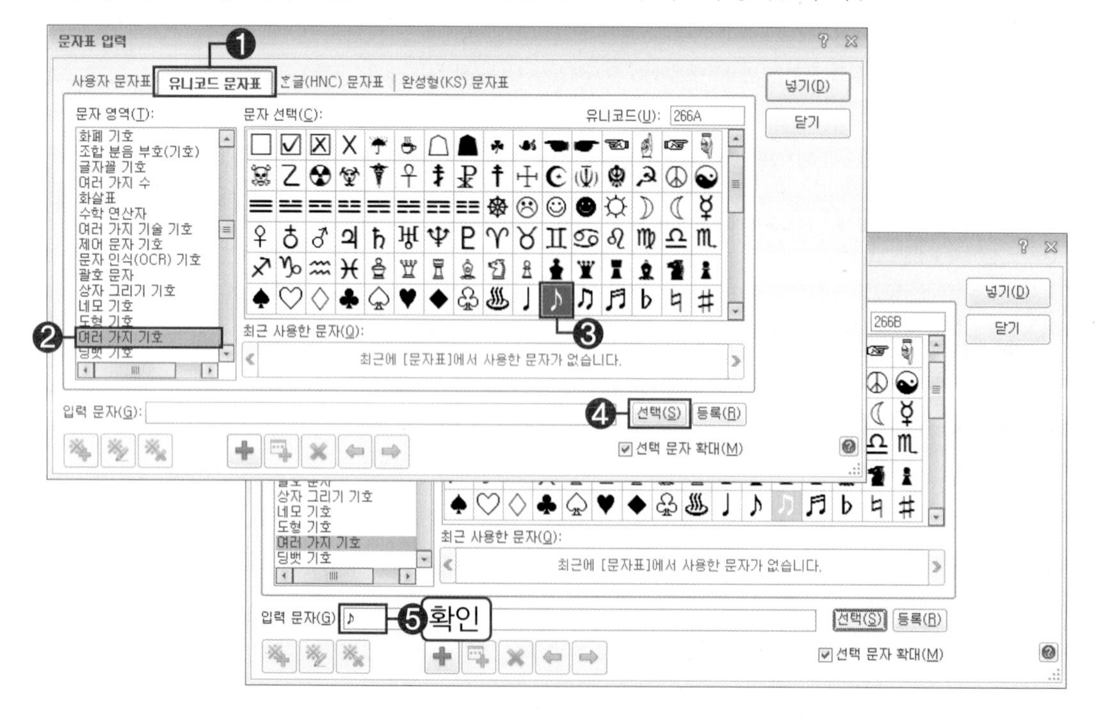

03 계속해서 **[선택] 단추를 두 번 더 클릭**합니다. [입력 문자] 입력란에 세 개의 음표(♪ ♫ ♬)가 표시되면 **[넣기] 단추를 클릭**합니다.

04 같은 줄의 **'사랑합니다~' 글자 다음으로 커서를 이동**한 후 **[입력]-[문자표] 메뉴를 선택**합니다.

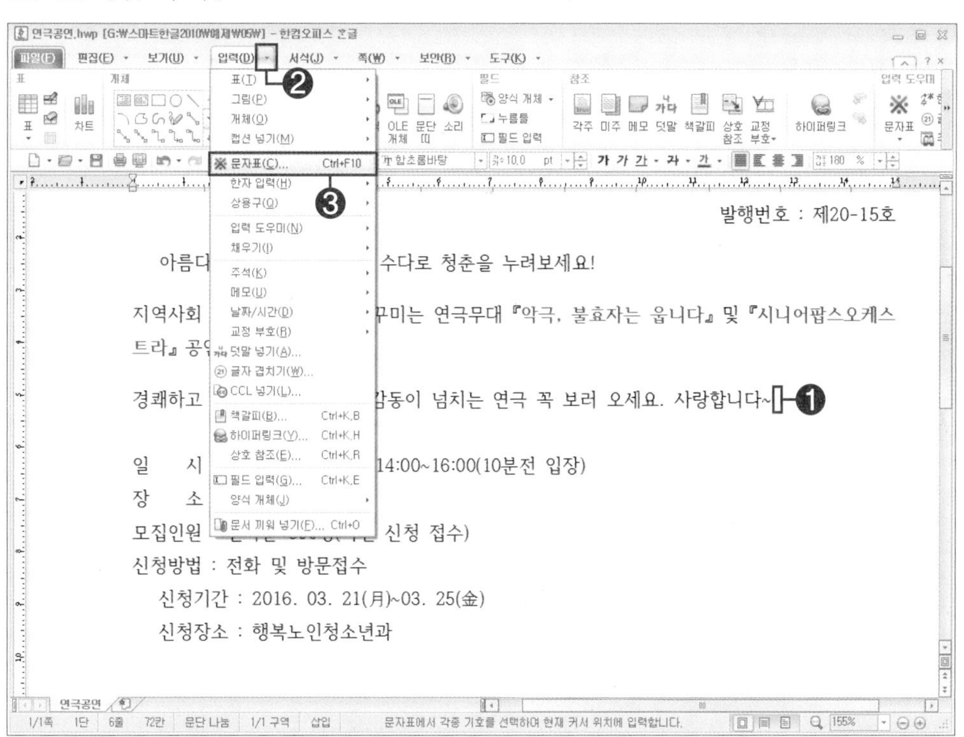

배움터 **[문자표 입력] 대화상자를 호출하는 다른 방법**

[입력] 탭-[입력 도우미] 그룹-[문자표]-[문자표]를 선택하거나 Ctrl + F10 키를 누릅니다.

05 [유니코드 문자표] 탭에서 '딩벳 기호' 영역을 선택합니다. 그림과 같은 **하트 모양을 선택**한 후 **[넣기] 단추를 클릭**합니다.

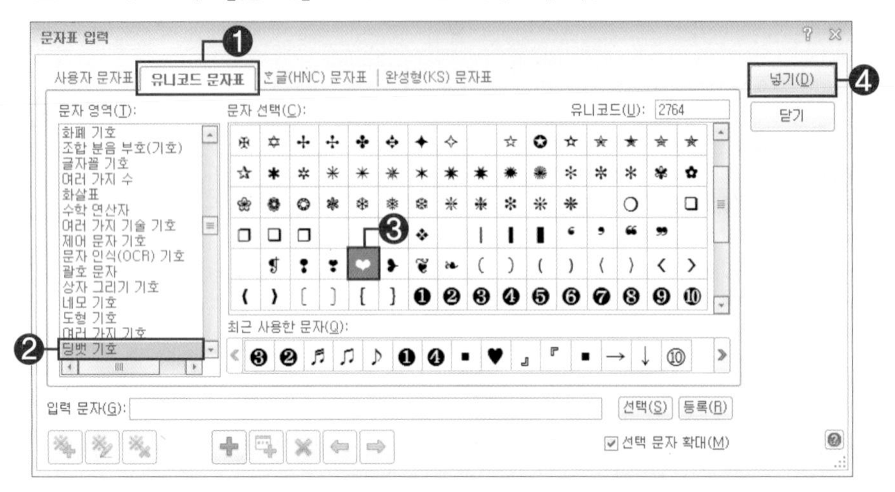

06 문자표에서 삽입한 음표(♪ ♫ ♬)와 하트(♥)의 글자 크기(20pt)와 글자 색(주황, 에메랄드 블루, 진달래색, 빨강)을 지정하여 꾸며 봅니다.

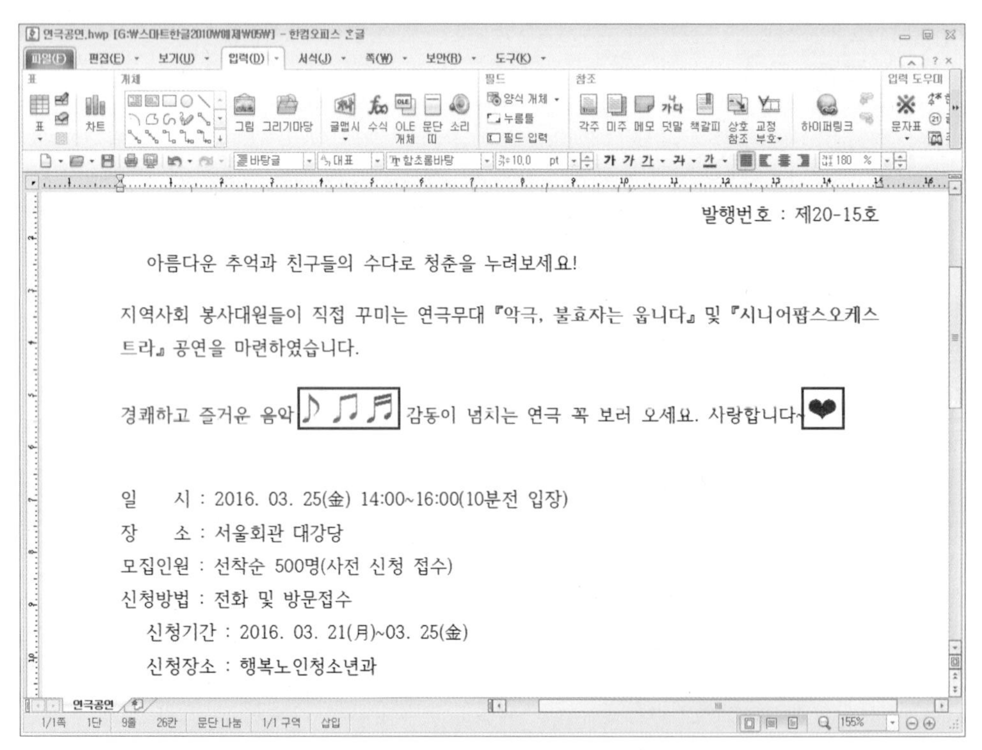

배움터 [문자표]에서 삽입한 특수 문자는 하나의 글자로 인식되기 때문에 다양한 글자 서식을 지정할 수 있습니다.

04 글머리표 삽입하기

01 **'일시'에서 '신청방법'까지 블록 지정**한 후 **[서식] 탭-[글머리] 그룹-[그림 글머리표( )]-[그림 글머리표 모양]을 선택**합니다.

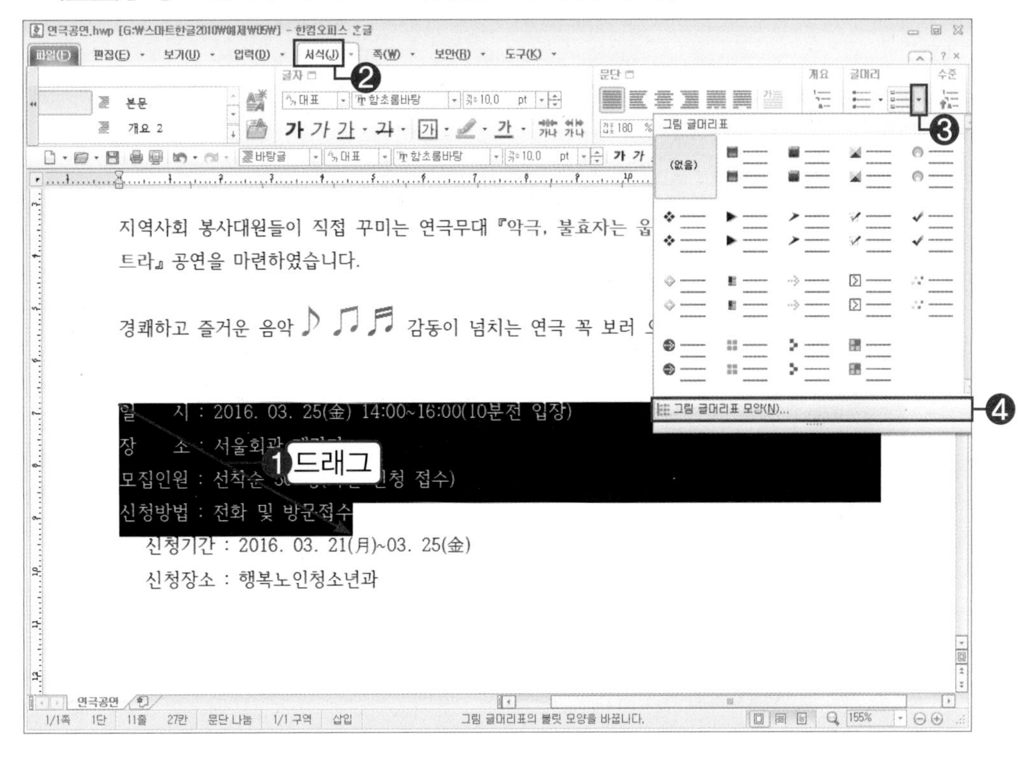

02 [문단 번호/글머리표] 대화상자의 [그림 글머리표] 탭에서 그림과 같이 **노란색 원 모양을 선택**한 후 **[설정] 단추를 클릭**합니다.

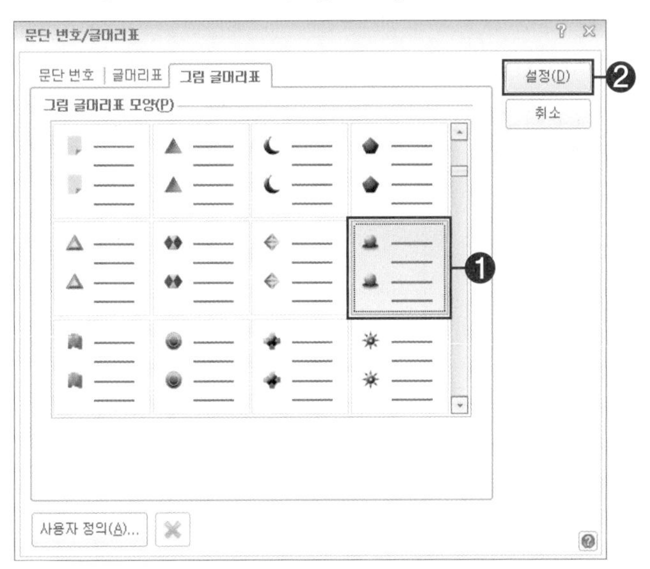

03 '신청기간'에서 '신청장소'까지 블록 지정한 후 [서식] 탭–[글머리] 그룹–[글머리표( )]에서 첫 번째의 원 모양을 선택합니다.

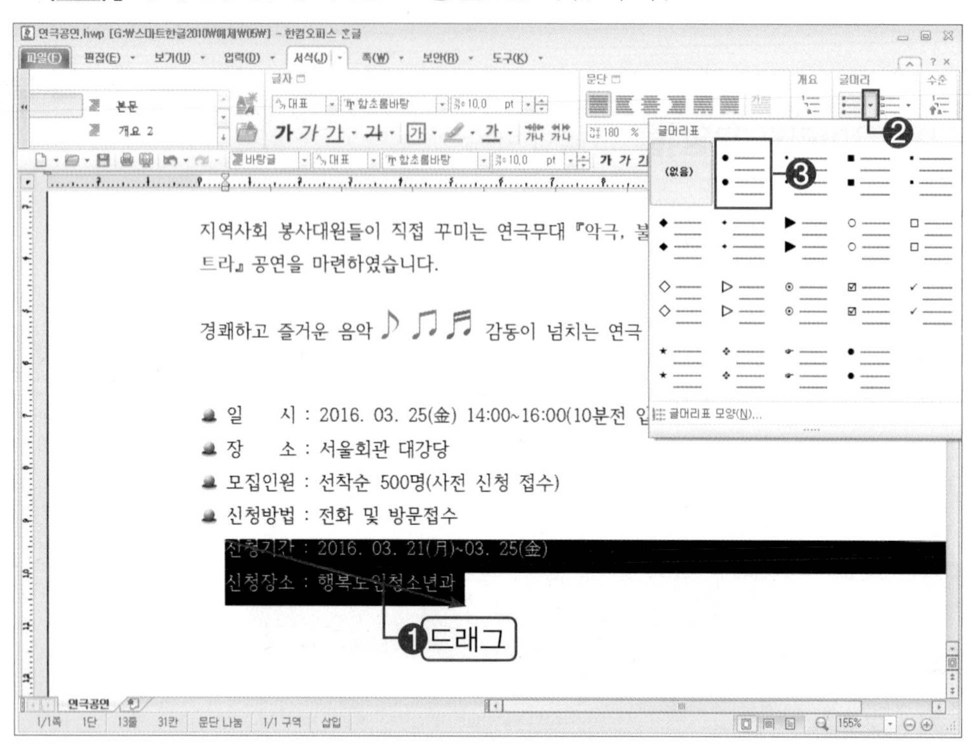

04 그림 글머리표와 글머리표가 지정된 것을 확인합니다.

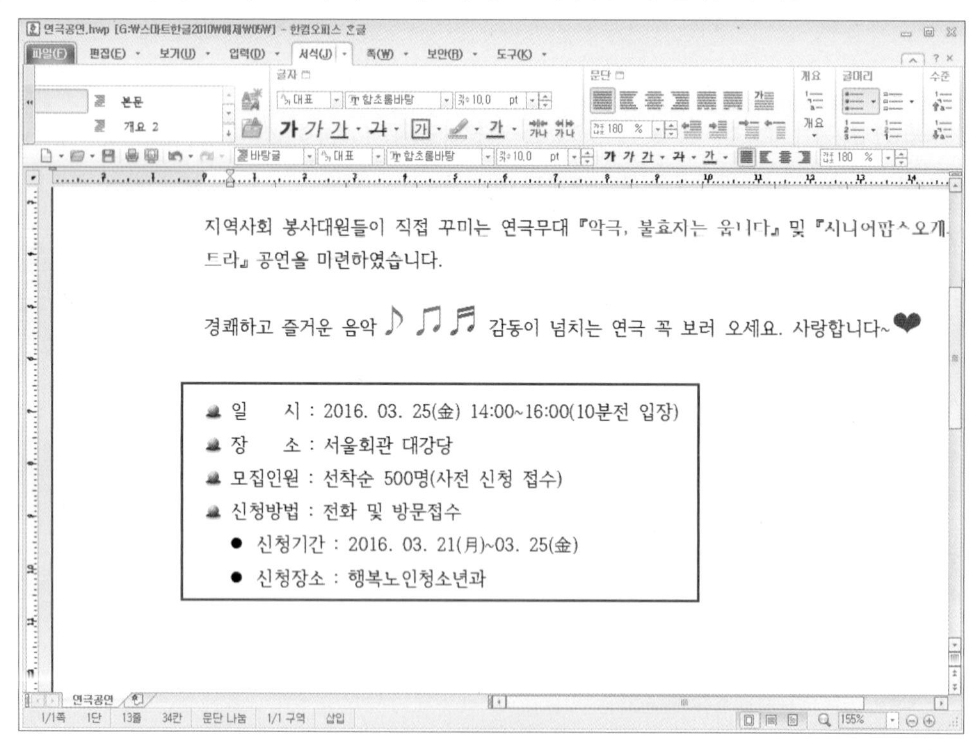

1 '참가자 모집.hwp' 파일을 불러와 제목을 가운데 정렬하고, 그림과 같이 한자와 문자표(※, ☎)를 입력해 봅니다.

> 7330 생활체육교실 **참가자 募集(모집)**
>
> 생활체육교실에서는 어르신들의 즐겁고 유쾌한 체력단련과 문화적 가치를 향상시키고자 생활체육교실을 운영코자 하오니, 많은 참여 바랍니다.
>
> 운영기간 : 2016년 4월 1일(금) ~ 2016년 7월 29일(금)
> 접수시간 : 2016년 3월 21일(월) 10:00부터 선착순 모집
> ※대기자 10명까지 접수가능
> 접수방법 : 전화접수 또는 방문접수만 가능
> 참가자격 : 만 65세 어르신 누구나
> 접 수 처 : 생활체육회 사무국
> 문의전화 : ☎945-7895

도움터

- ※ : [유니코드 문자표] 탭–[일반 구두점] 문자 영역
- ☎ : [유니코드 문자표] 탭–[여러 가지 기호] 문자 영역

2 그림과 같이 그림 글머리표를 삽입하고 들여쓰기와 줄 간격을 지정해 봅니다.

> 7330 생활체육교실 **참가자 募集(모집)**
>
> 생활체육교실에서는 어르신들의 즐겁고 유쾌한 체력단련과 문화적 가치를 향상시키고자 생활체육교실을 운영코자 하오니, 많은 참여 바랍니다.
>
> - 운영기간 : 2016년 4월 1일(금) ~ 2016년 7월 29일(금)
> - 접수시간 : 2016년 3월 21일(월) 10:00부터 선착순 모집
>   ※대기자 10명까지 접수가능 — 들여쓰기 : 15pt
> - 접수방법 : 전화접수 또는 방문접수만 가능
> - 참가자격 : 만 65세 어르신 누구나
> - 접 수 처 : 생활체육회 사무국
> - 문의전화 : ☎945-7895
>
> 줄 간격 : 200%

06 건강검진 광고지 만들기

이번 장에서는 여러 개의 그림을 삽입하여 그림의 위치와 크기 및 다양한 효과를 지정하는 방법에 대해 알아봅니다. 또한 글상자를 삽입하여 채우기 색과 테두리 색, 투명도 등의 다양한 편집 기능으로 문서의 특정 영역에 글자를 넣는 방법도 익혀보도록 하겠습니다.

무엇을 배울까요?

- 그림 삽입과 스타일 지정하기
- 그림 효과와 색조 지정하기
- 글상자 삽입하기
- 채우기 색과 투명도 지정하기

그림 삽입하기

그림 삽입하기

01 **[입력] 탭-[개체] 그룹-[그림( )]을 클릭**합니다. [그림 넣기] 대화상자에서 **'가로배경.jpg' 파일을 선택**하고 **'문서에 포함'을 체크 표시**한 후 **[넣기] 단추를 클릭**합니다.

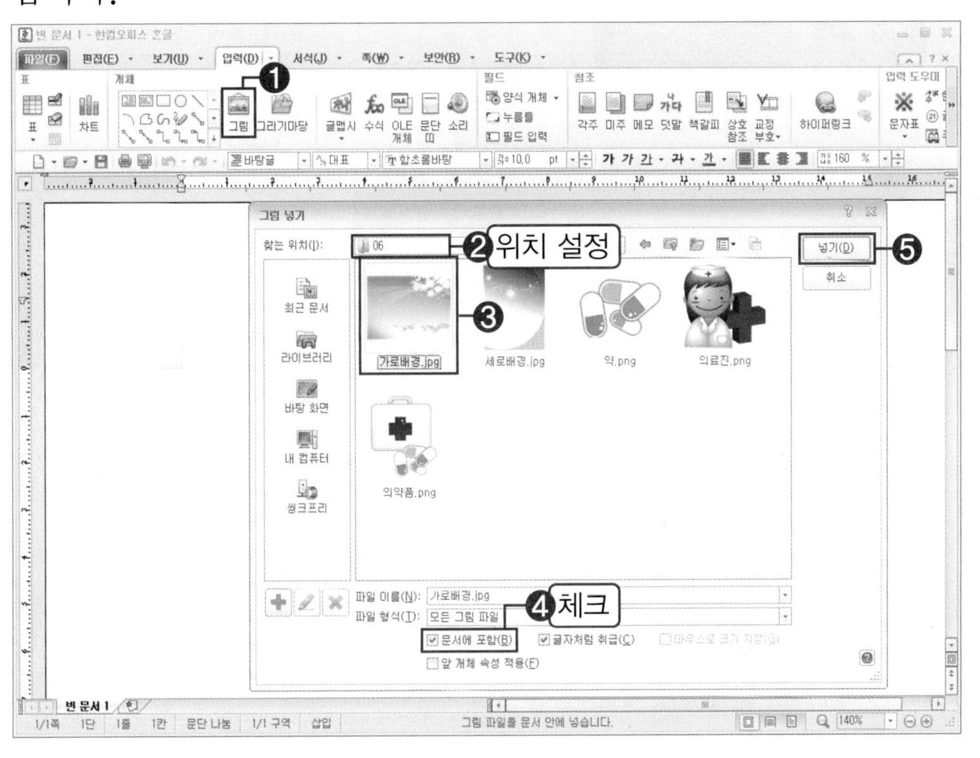

배움터 '문서에 포함'을 선택하지 않으면 삽입한 그림의 위치가 달라지거나 삽입한 그림이 존재하지 않을 경우 그림을 표시하지 못하므로 가능한 '문서에 포함'을 선택하는 것이 좋습니다.

02 다시 [입력] 탭-[개체] 그룹-**[그림( )]을 클릭**하여 **'의료진.png' 파일을 선택**하고 **'글자처럼 취급'의 체크를 해제**한 후 **[넣기] 단추를 클릭**합니다.

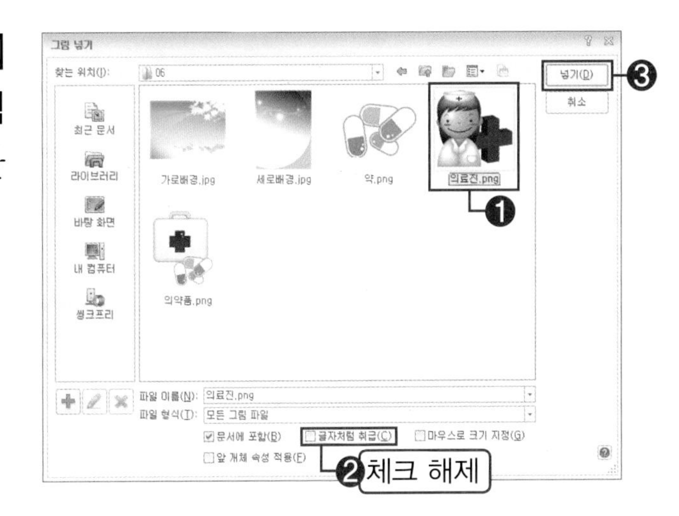

본문과의 배치 지정하기

01 삽입된 그림을 선택하면 8개의 크기 조절점이 표시됩니다. 이때 **오른쪽 아래의 모서리 크기 조절점을 위쪽으로 드래그**합니다.

02 '의료진' 그림이 선택된 상태에서 **[그림] 탭–[배치] 그룹–[글 앞으로( )]를 클릭**합니다. '의료진' 그림을 '가로배경' 그림의 **왼쪽 위로 드래그**합니다.

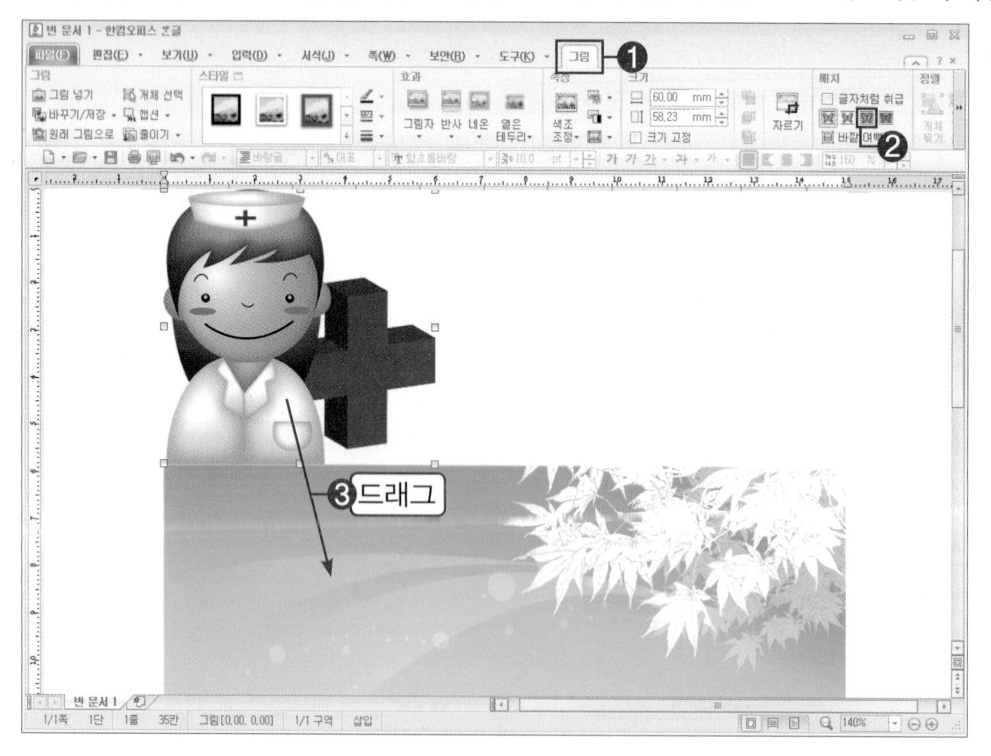

03 **다시 크기와 위치를 조정**하여 그림과 같이 배치한 후, **[그림] 탭–[그림] 그룹–[그림 넣기(그림 넣기)]를 클릭**합니다.

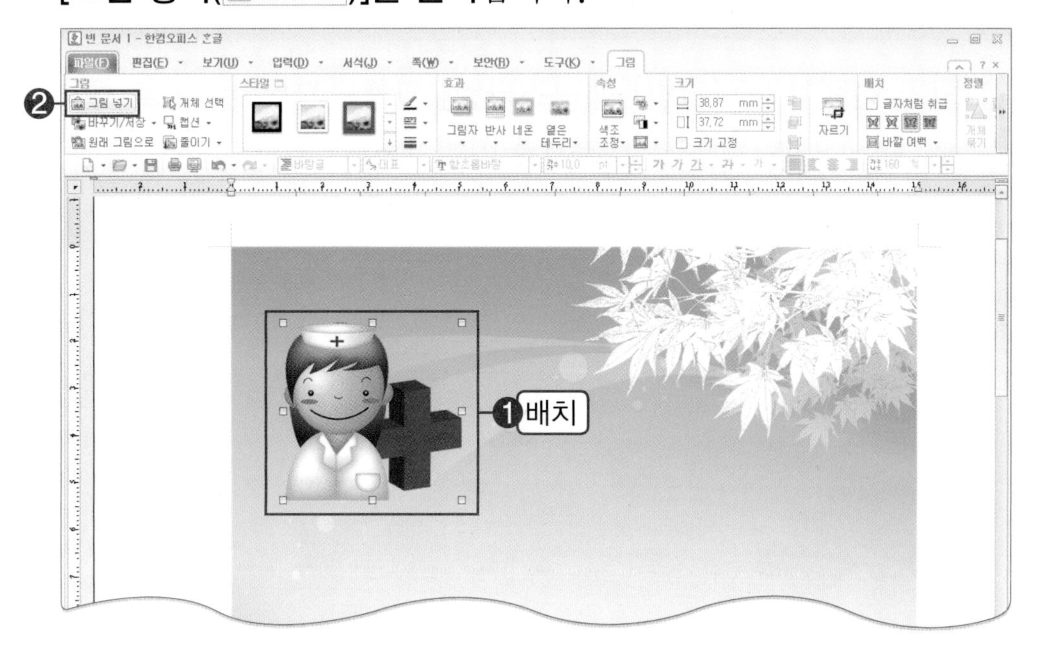

04 **'의약품.png' 파일을 삽입**한 후 **[그림] 탭–[배치] 그룹–[글 앞으로( )]를 클릭**하여 **그림과 같이 배치**합니다.

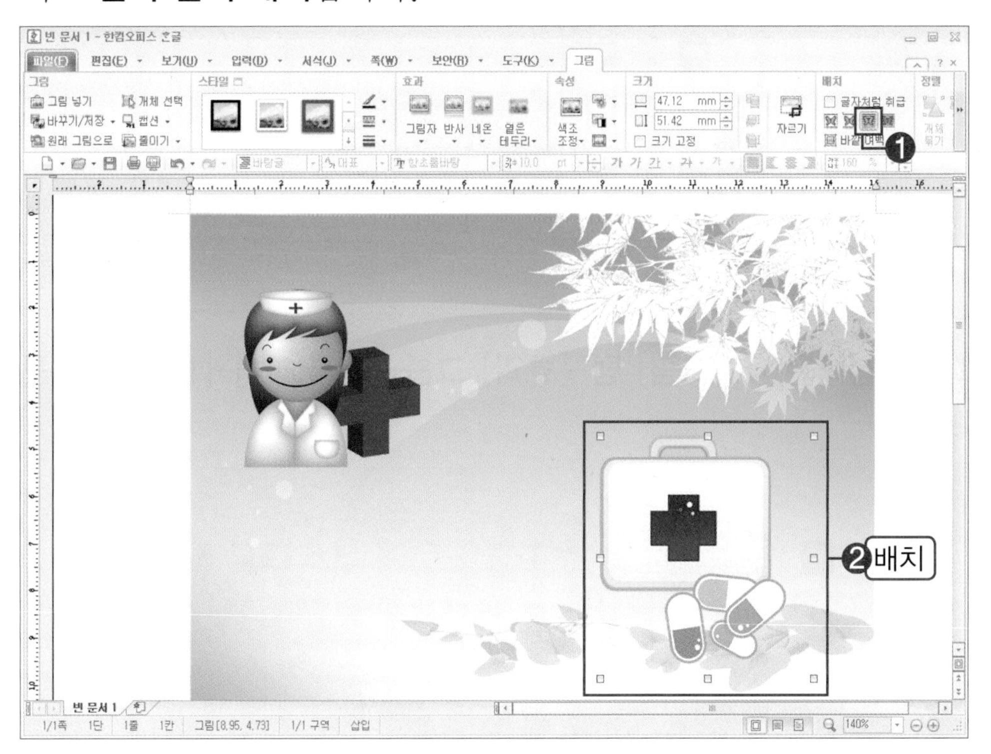

배움터 **여러 개체가 겹쳐 있는 경우**

예제처럼 '글자처럼 취급'으로 설정된 개체와 겹쳐 있는 경우, 개체를 선택한 후 [글 앞으로( )] 또는 [글 뒤로( )]로 선택된 개체의 배치를 조정합니다. 그렇지 않은 경우 [정렬] 그룹의 [맨 앞으로( )] 또는 [맨 뒤로( )]를 이용하여 조정합니다.

그림 편집하기

01 **'가로배경' 그림을 선택**한 후 **[그림] 탭–[스타일] 그룹–[자세히( )]를 클릭**합니다. 스타일 목록에서 **[회색 아래쪽 그림자]를 선택**합니다.

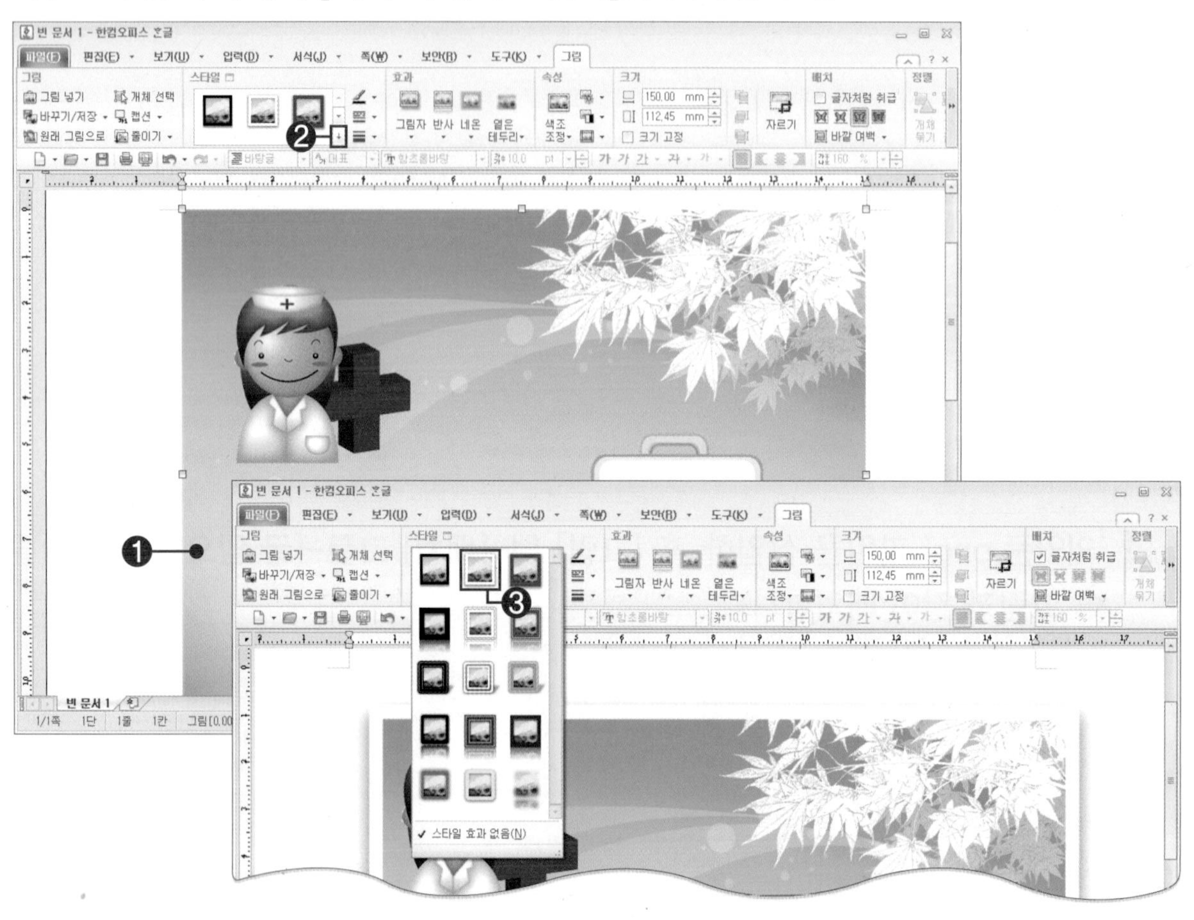

02 **'의료진' 그림을 선택**한 후 **[그림] 탭–[효과] 그룹–[반사( )]–[1/2 크기, 근접]을 선택**합니다.

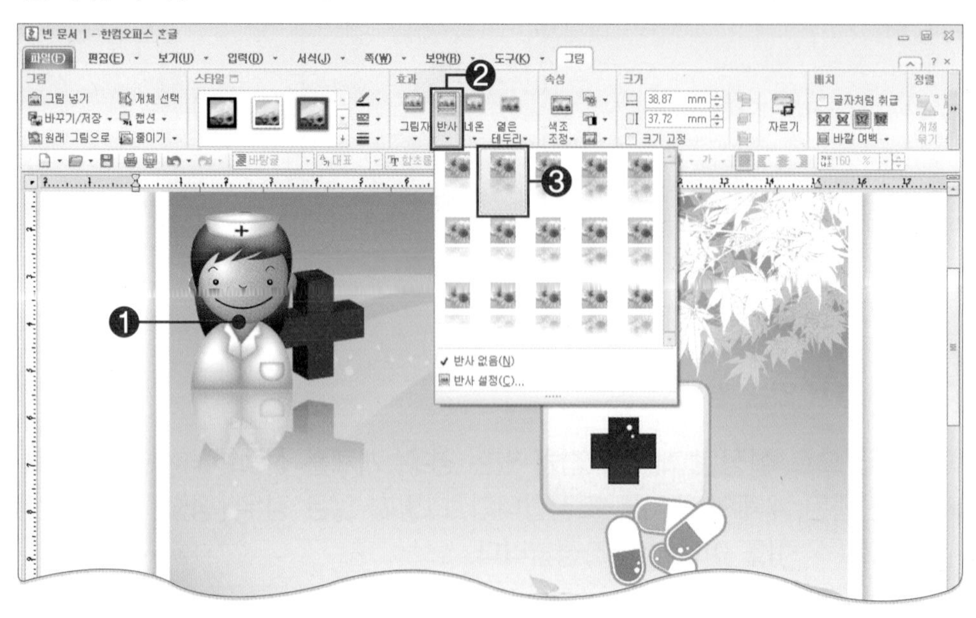

03 [그림] 탭–[효과] 그룹–[네온( )]–[강조색 4, 10pt]를 선택합니다.

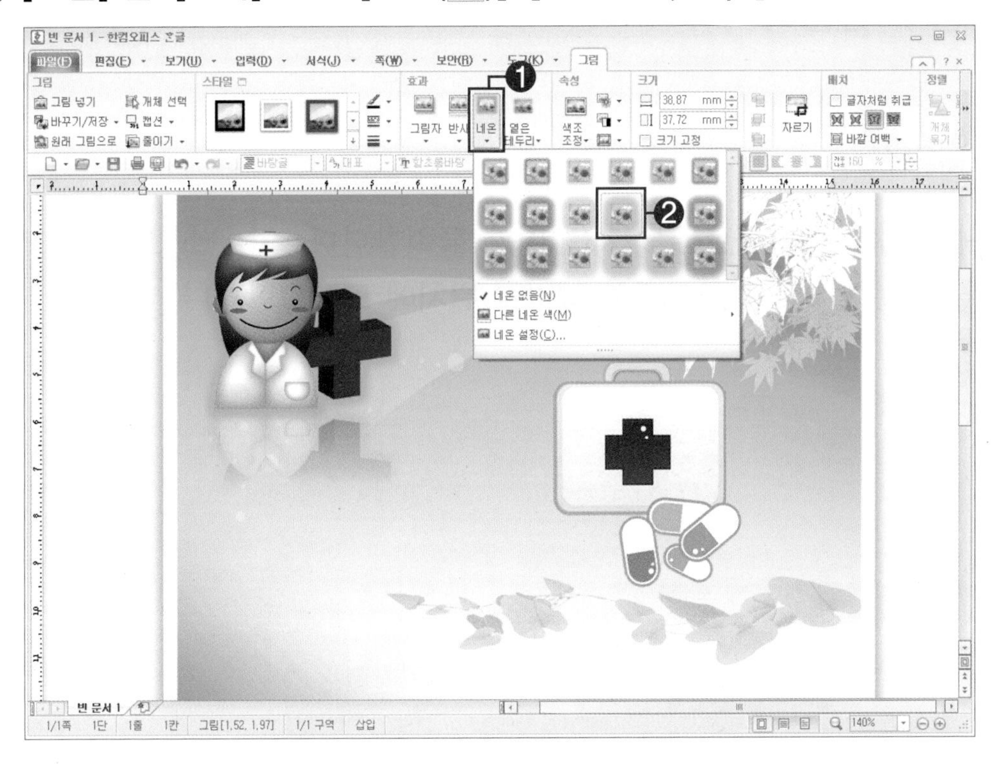

04 '의약품' 그림을 선택한 후 [그림] 탭–[속성] 그룹–[색조 조정( )]–[회색조]를 선택합니다.

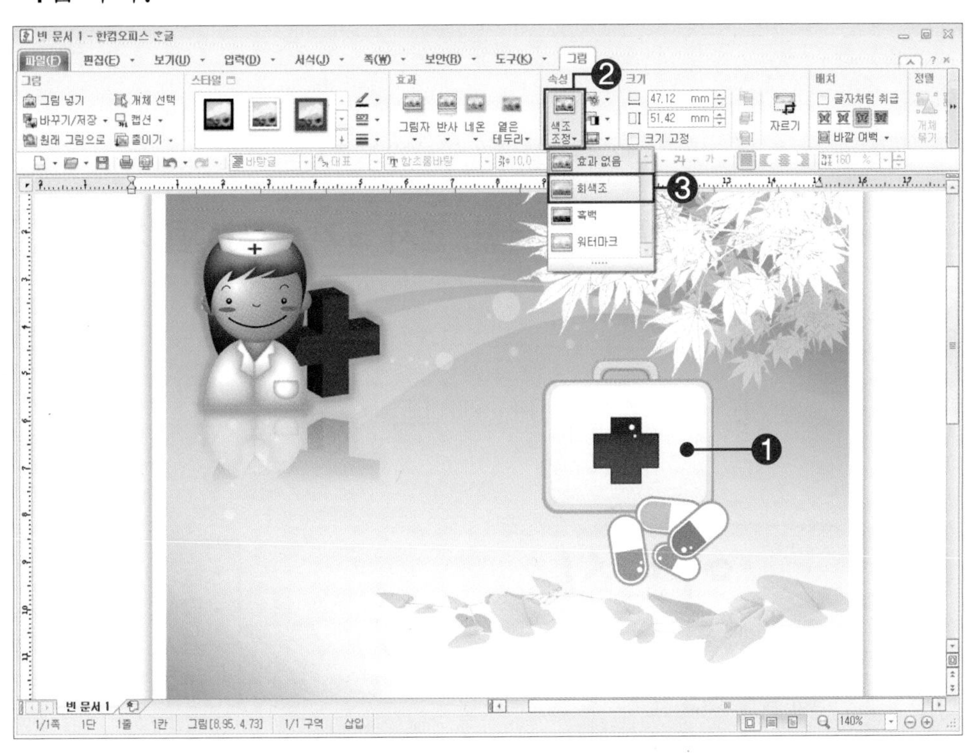

03 글상자 삽입하기

글상자 삽입하기

01 **[입력] 탭–[개체] 그룹–[가로 글상자(▤)]를 클릭**합니다. 마우스 포인터 모양이 십자가 모양으로 변경되면 **글상자를 삽입할 위치에 드래그**합니다.

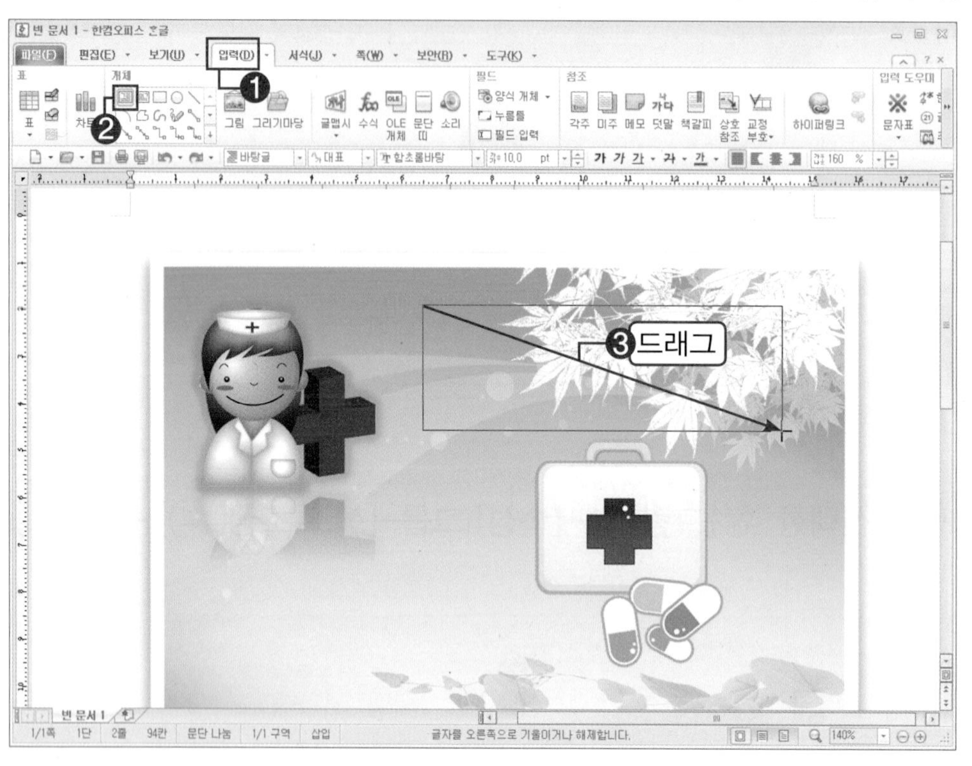

02 글상자가 만들어지면 **내용을 입력**한 후 **글꼴, 글자 크기, 글자색을 지정**합니다.

03 같은 방법으로 아래쪽에 **글상자를 삽입**한 후 **내용을 입력**하고 **글자 크기를 지정**합니다.

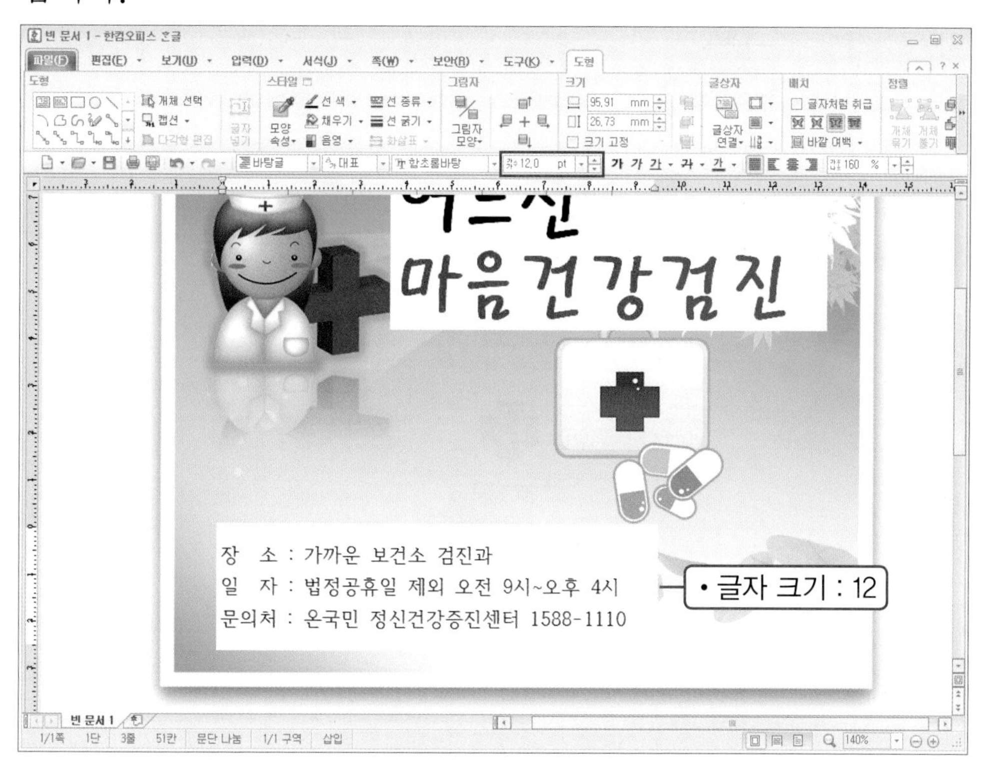

채우기 색과 투명도 지정하기

01 **위쪽 글상자를 선택**한 후 **[도형] 탭–[스타일] 그룹–[채우기(채우기)]–[색 없음]을 선택**합니다.

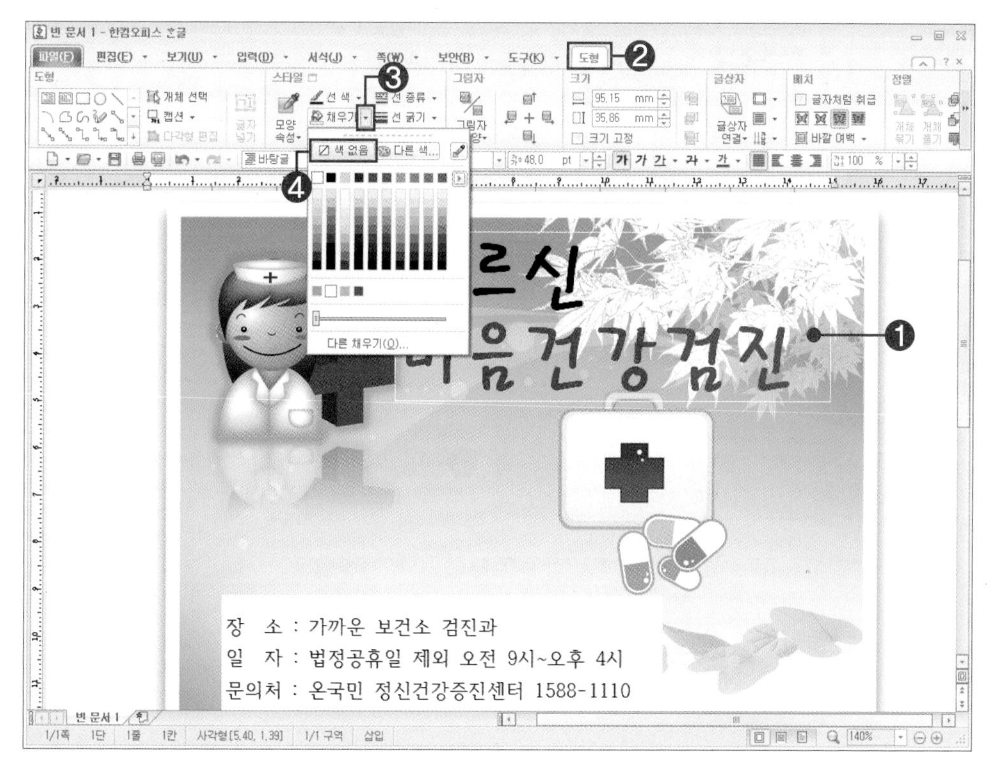

02 [도형] 탭–[스타일] 그룹–**[선 종류(선 종류)]–[선 없음]을 선택**합니다.

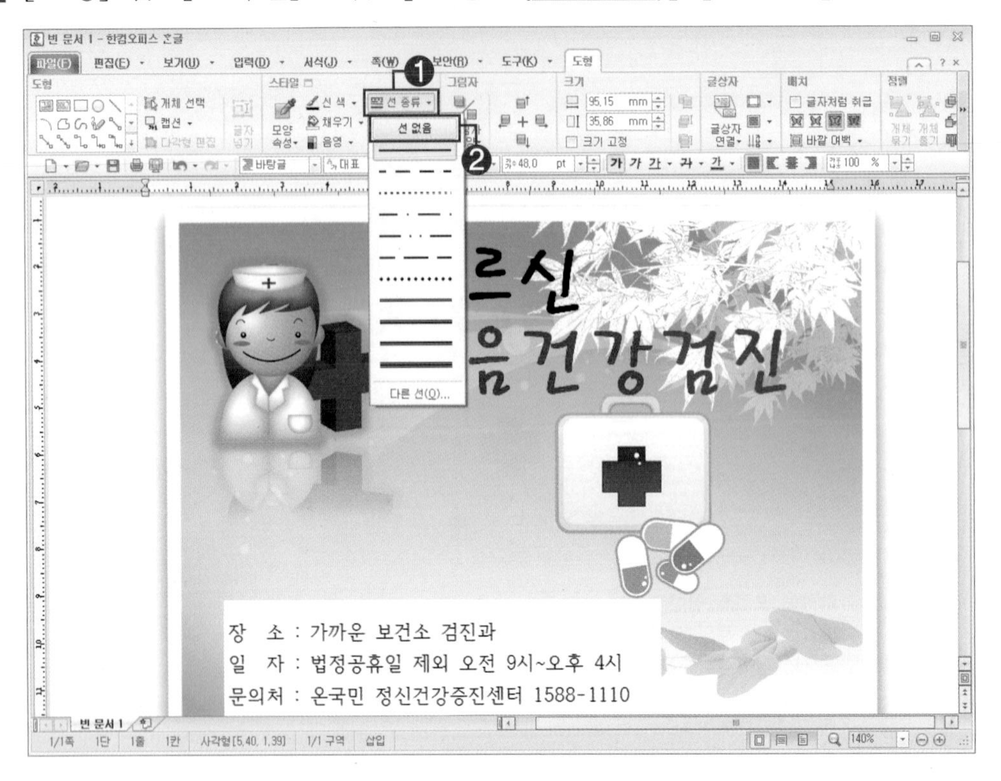

03 **아래쪽 글상자를 선택**한 후 [도형] 탭–[스타일] 그룹–**[채우기(채우기)]–[노른자색]을 선택**합니다.

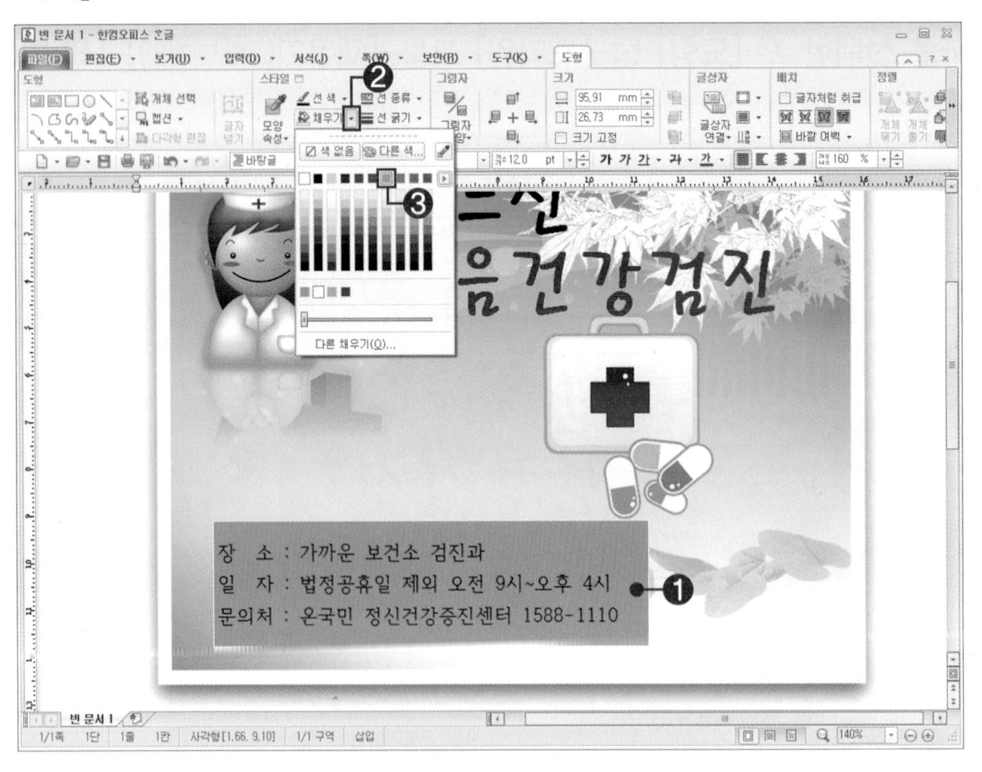

04 다시 **[채우기(채우기)]에서 투명도를 '54%' 정도로 지정**합니다.

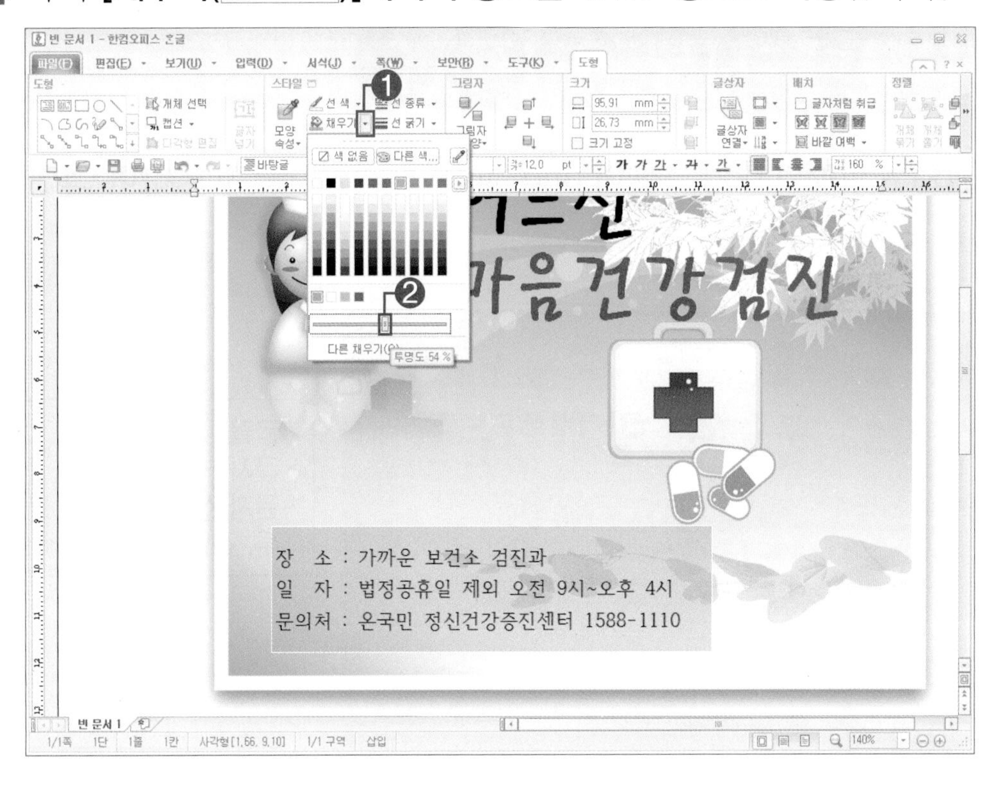

05 [도형] 탭-[스타일] 그룹-**[선 색(선 색)]-[노랑]을 선택**합니다.

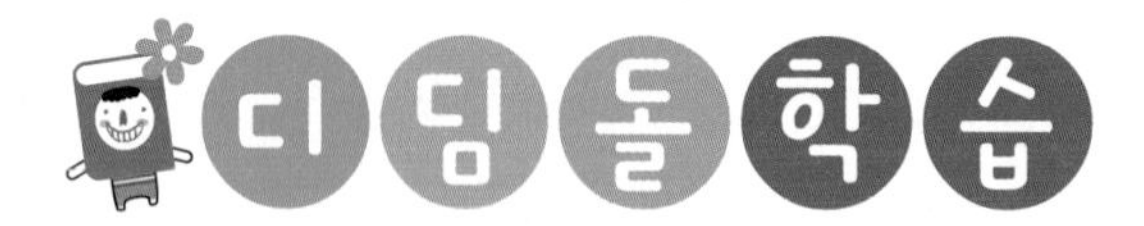

1 '세로배경.jpg', '방패연.png', '팽이.png' 파일과 글상자를 이용하여 그림과 같은 문서를 완성해 봅니다.

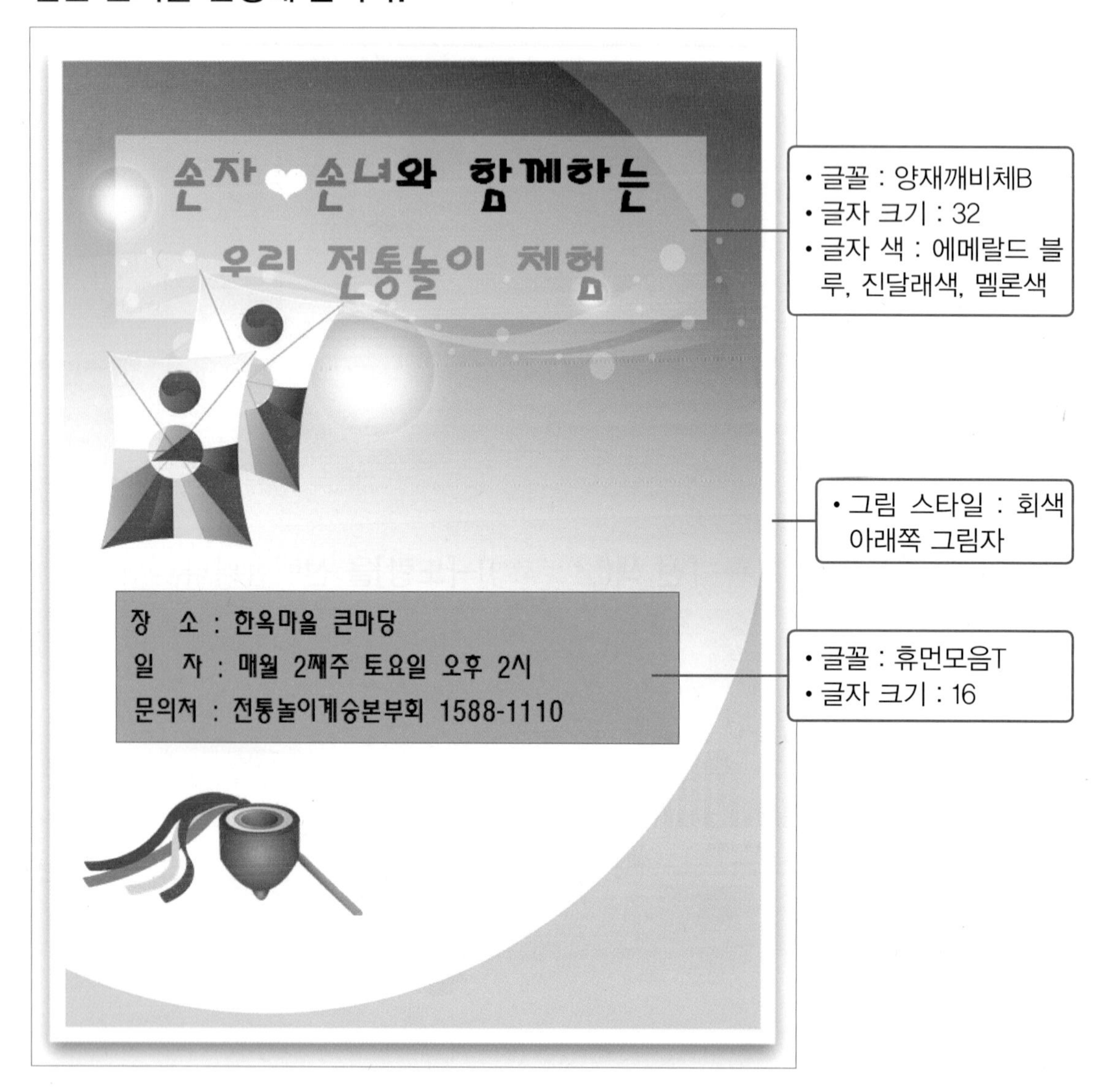

도움터

- **위쪽 글상자** : '글자처럼 취급' 체크 해제, [배치]–[글 앞으로], [채우기 색]–[하양], [선 종류]–[선 없음], [투명도]–[50%]
- **아래쪽 글상자** : '글자처럼 취급' 체크 해제, [배치]–[글 앞으로], [채우기 색]–[노른자색], [선 색]–[빨강]

07 보험상품 홍보물 만들기

이번 장에서는 도형을 삽입하여 선 색, 채우기 색 등을 지정하고 도형을 복사하는 방법에 대해 알아봅니다. 또한 여러 개의 도형을 하나의 개체로 묶기하거나 특정 도형의 개체가 앞으로 오도록 순서를 변경하는 방법과 함께 글자를 복사하는 방법도 익혀보도록 하겠습니다.

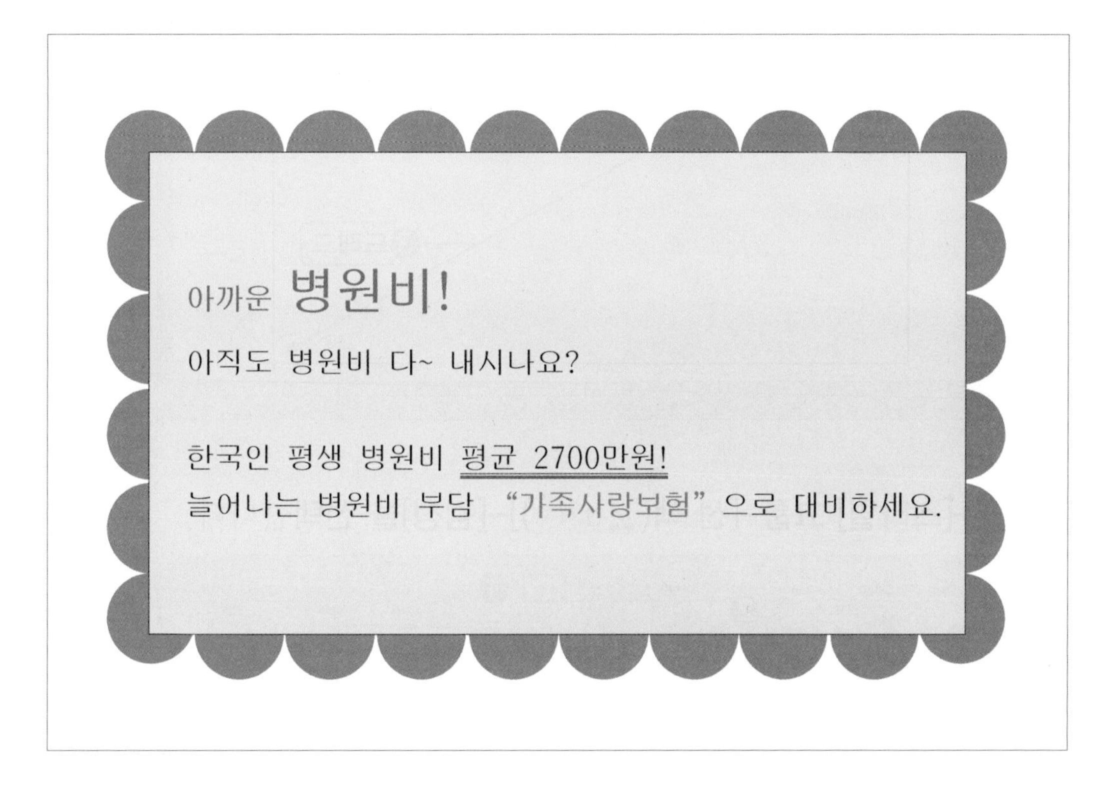

무엇을 배울까요?

- 직사각형 도형 삽입과 편집하기
- 타원 도형 삽입과 복사하기
- 도형 개체 묶기 및 앞으로 보내기
- 글자 복사하여 붙이기

도형 삽입하기

직사각형 도형 삽입하기

01 **[입력] 탭–[개체] 그룹–[직사각형(□)]을 클릭**합니다. 마우스 포인터 모양이 십자가 모양으로 변경되면 **직사각형을 삽입할 위치에 드래그**합니다.

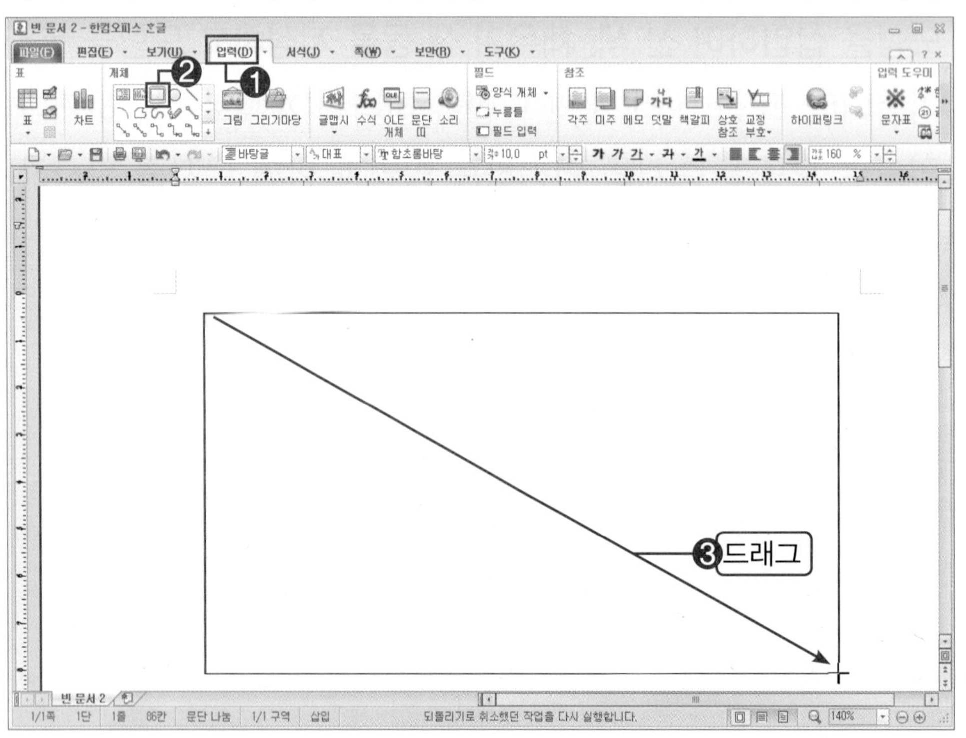

02 **[도형] 탭–[스타일] 그룹–[선 색(선 색)]–[검정]을 선택**합니다.

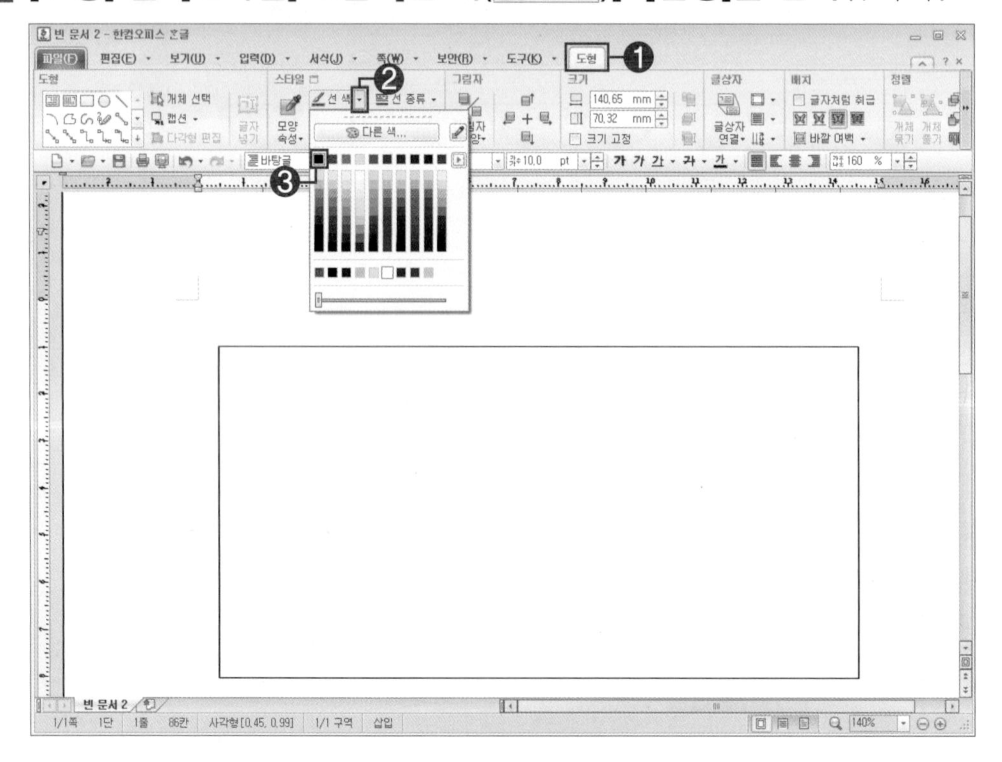

03 [도형] 탭–[스타일] 그룹–**[채우기(채우기)]에서 색상 테마를 [오피스]로 변경**한 후, **[노랑]을 클릭**합니다.

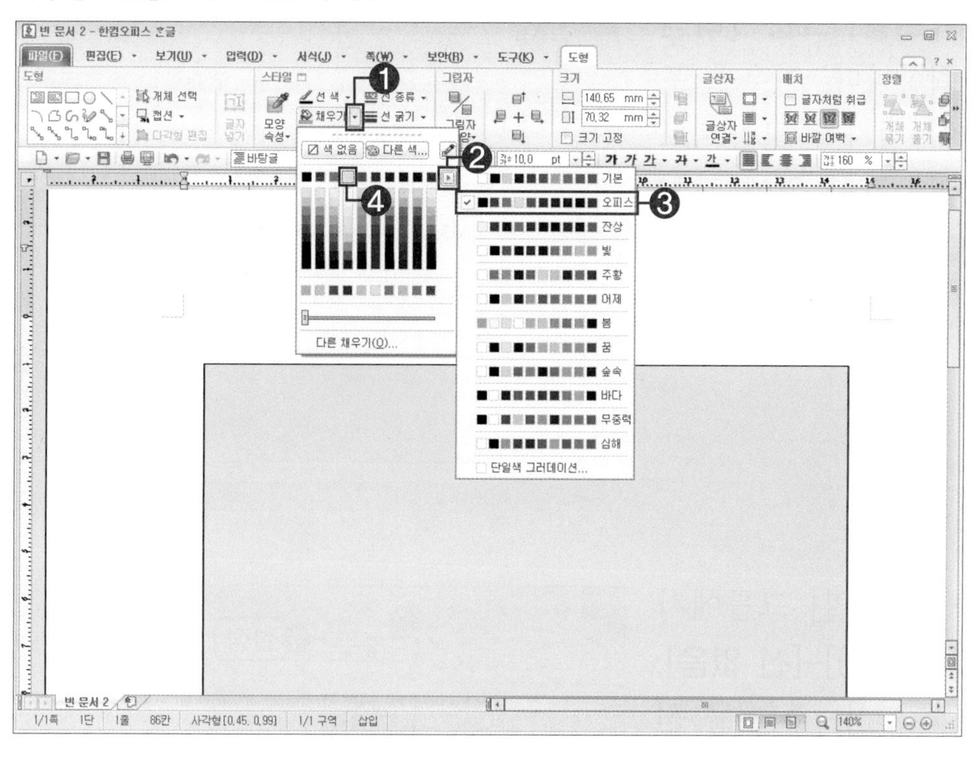

04 [도형] 탭–[크기] 그룹에서 **[너비( )]의 값은 '140mm', [높이( )]의 값은 '80mm'로 지정**하고 **[크기 고정]을 체크 표시**합니다.

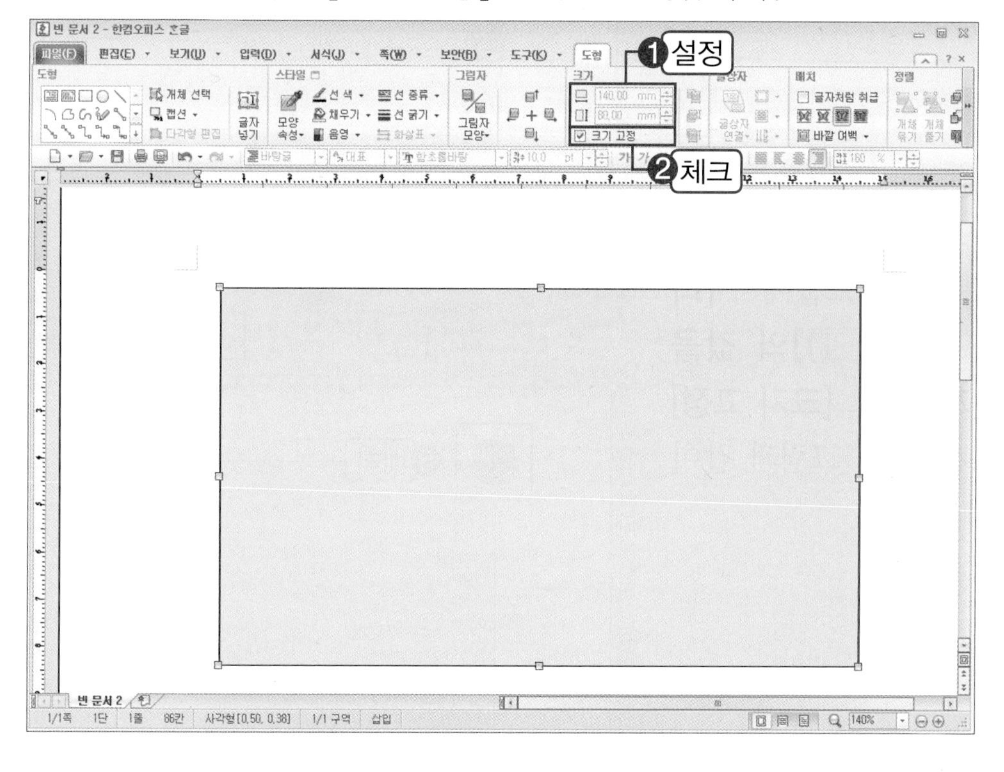

배움터 도형 개체의 [너비]와 [높이]를 고정 값으로 지정한 경우 마우스로도 크기 조절이나 회전을 할 수 없습니다.

타원 도형 삽입하기

01 **[도형] 탭-[도형] 그룹-[타원(○)]을 클릭**합니다. 마우스 포인터 모양이 십자가 모양으로 변경되면 직사각형 위에 겹치도록 **드래그**하여 타원 도형을 그립니다.

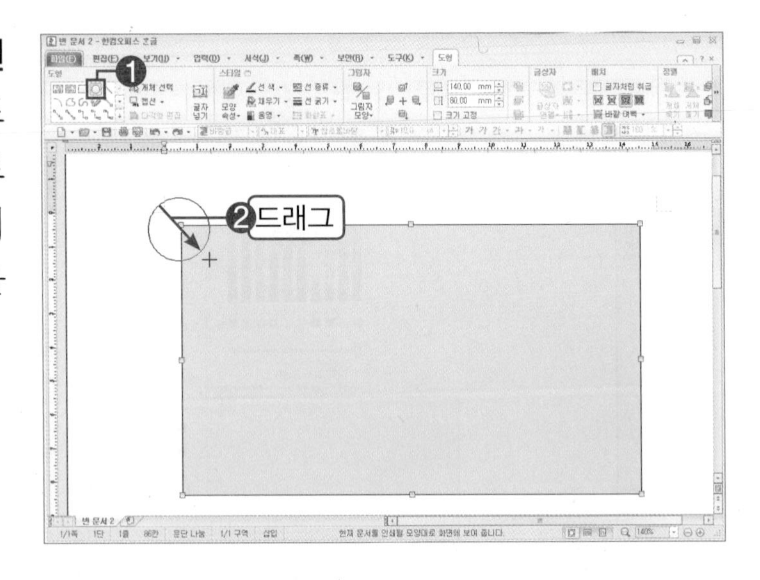

02 [도형] 탭-[스타일] 그룹에서 **[선 종류(선 종류)]-[선 없음], [채우기(채우기)]-[주황]을 선택**합니다.

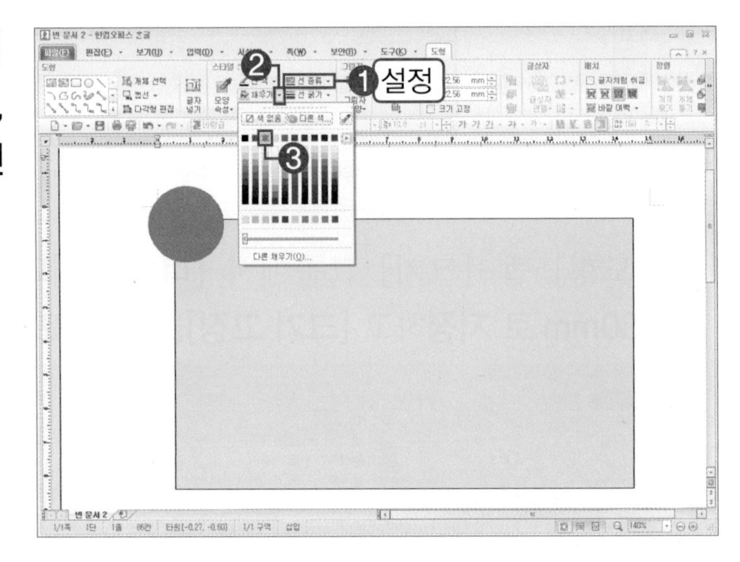

03 [도형] 탭-[크기] 그룹에서 **[너비()]와 [높이()]의 값을 '15mm'로 지정**하고 **[크기 고정]을 체크 표시**한 후, 그림과 같이 **배치합니다.**

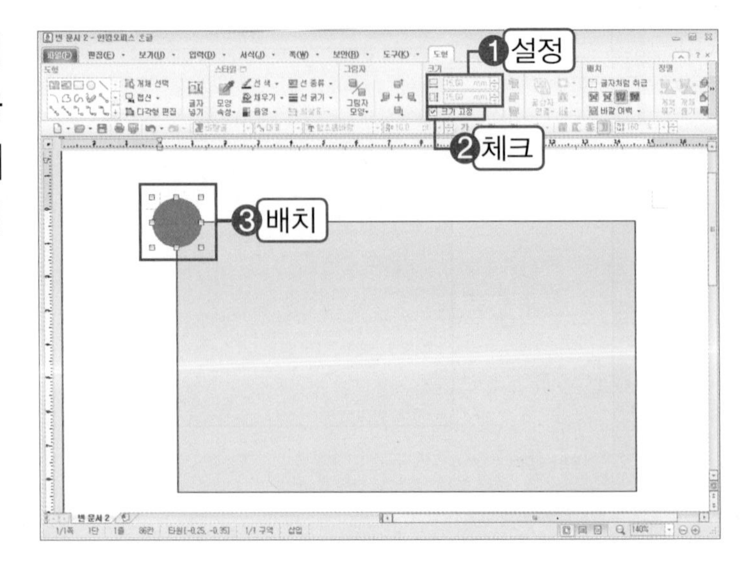

도형 편집하기

타원 도형 복사하기

01 **'타원' 도형을 선택**한 후, Ctrl + Shift **키를 누른 채 오른쪽으로 드래그**하여 복사합니다.

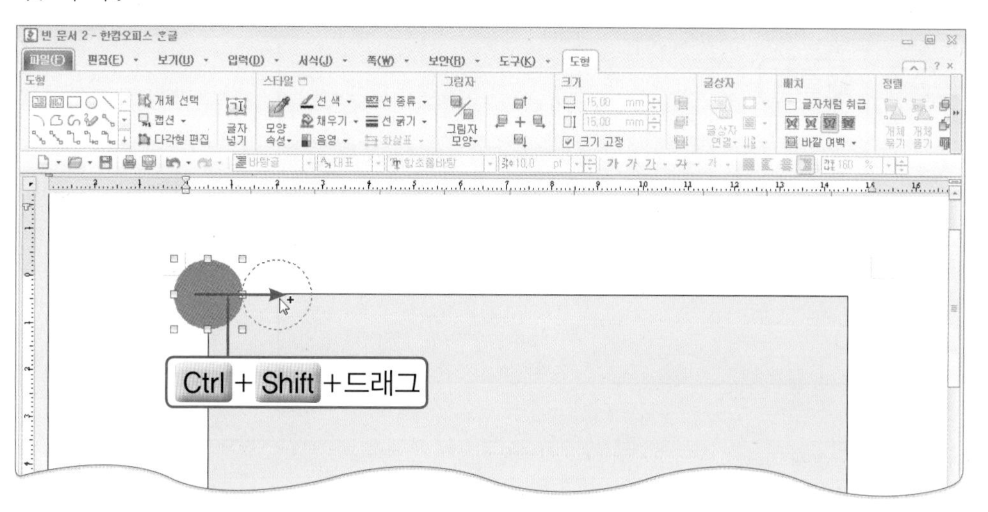

배움터

- Ctrl +드래그 : 복사
- Shift +드래그 : 수평 또는 수직으로 이동
- Ctrl + Shift +드래그 : 수평 또는 수직으로 반듯하게 복사

02 같은 방법으로 그림과 같이 **나머지 타원 도형을 복사**합니다.

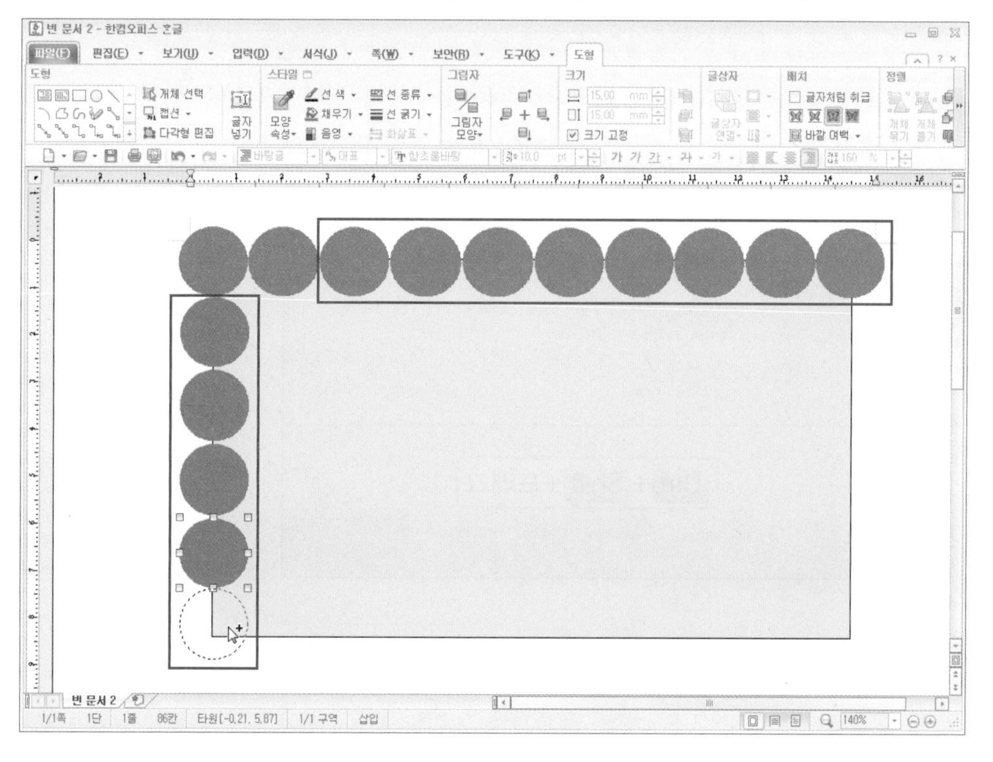

03 왼쪽의 두 번째 타원 도형을 선택한 후 **Shift** **키를 누른 채 나머지 왼쪽의 타원 도형을 클릭**하여 모두 선택합니다.

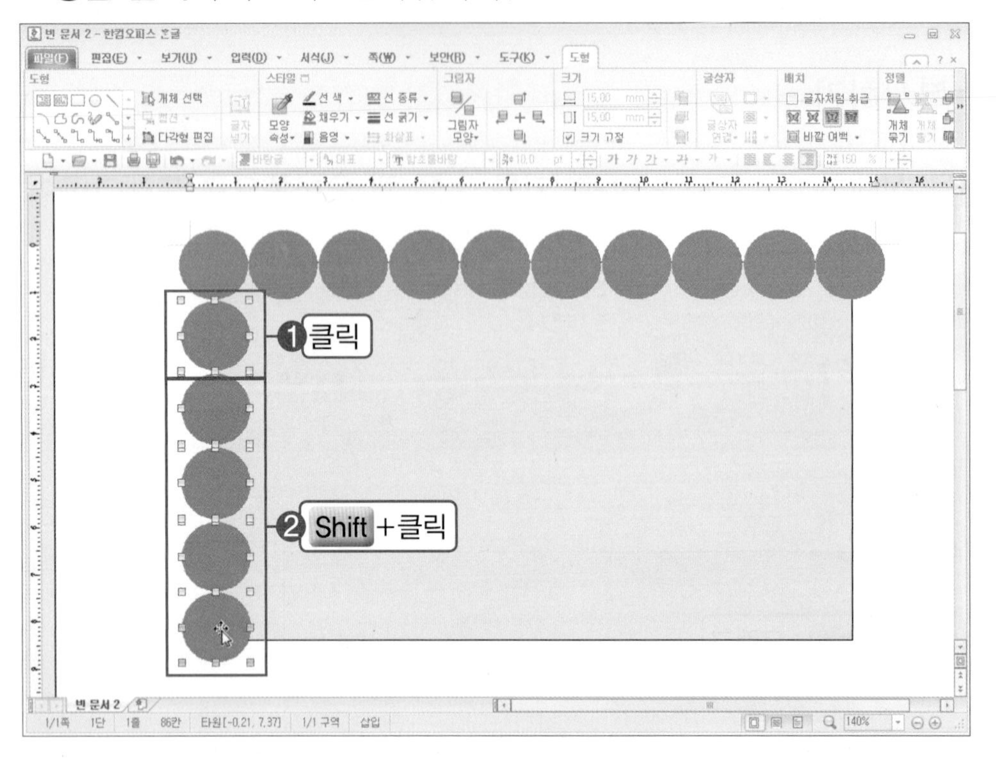

배움터 여러 개의 그리기 개체를 선택할 때에는 키보드의 Shift 키를 누른 채 마우스의 왼쪽 단추로 개체를 클릭합니다.

04 Ctrl + Shift 키를 누른 채 오른쪽으로 드래그하여 복사합니다.

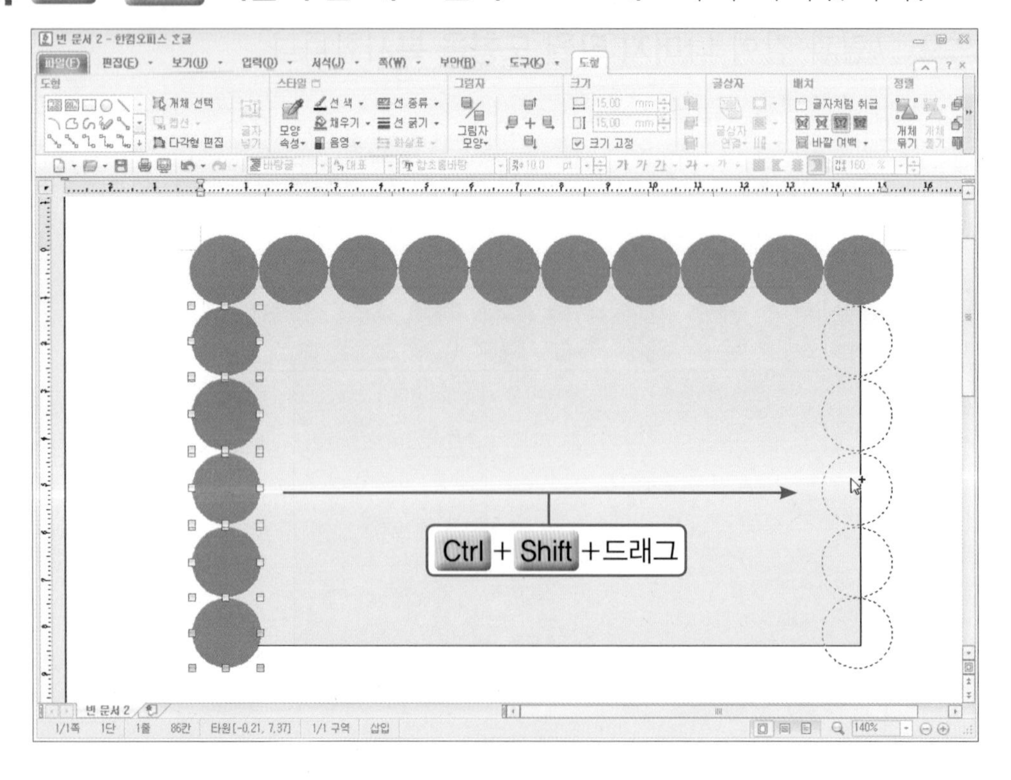

05 **[도형] 탭–[도형] 그룹–[개체 선택(개체 선택)]을 클릭**하여 마우스 포인터 모양이 로 변경되면 그림과 같이 **드래그하여 8개의 타원 도형을 선택**합니다.

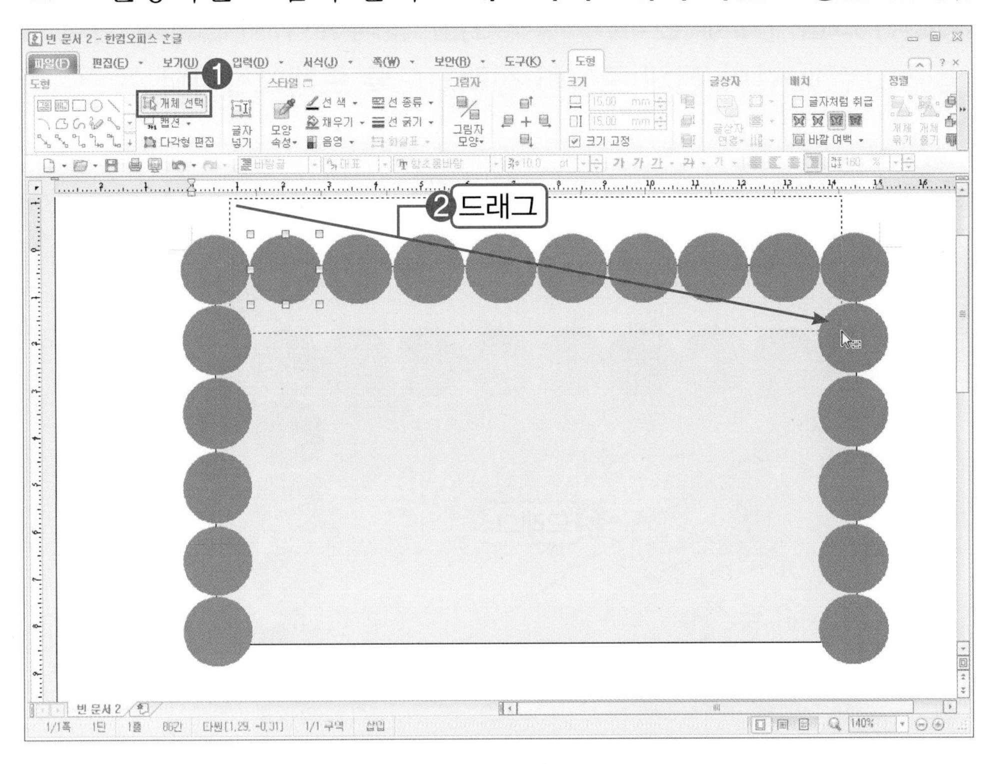

06 **Ctrl + Shift 키를 누른 채 아래쪽으로 드래그**하여 복사합니다.

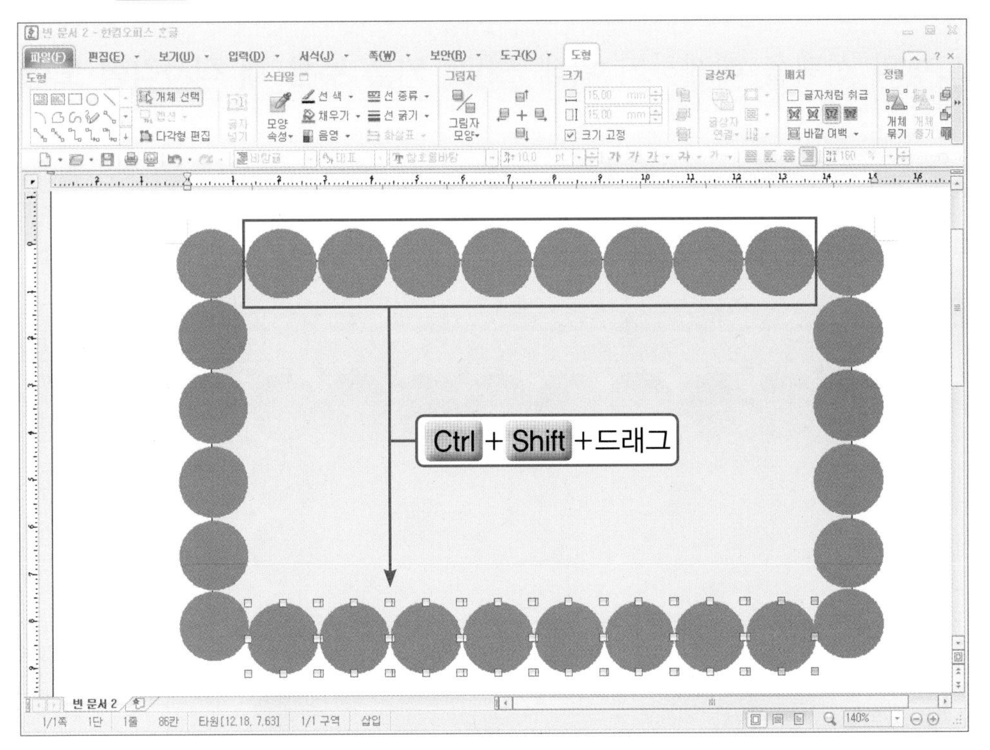

도형 개체 묶기

01 **[도형] 탭–[도형] 그룹–[개체 선택(개체 선택)]을 클릭**하여 마우스 포인터 모양이 로 변경되면 그림과 같이 **전체 도형이 선택되도록 드래그**합니다.

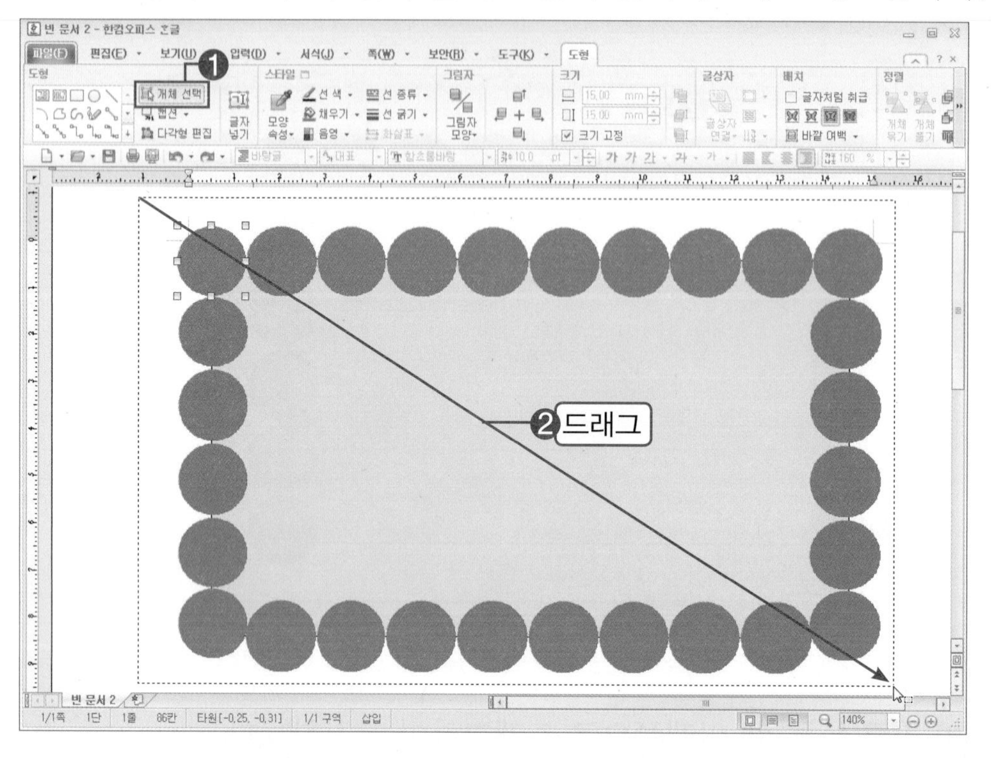

02 직사각형 도형의 선택을 해제하기 위해 **Shift 키를 누른 채 직사각형 도형을 클릭**합니다.

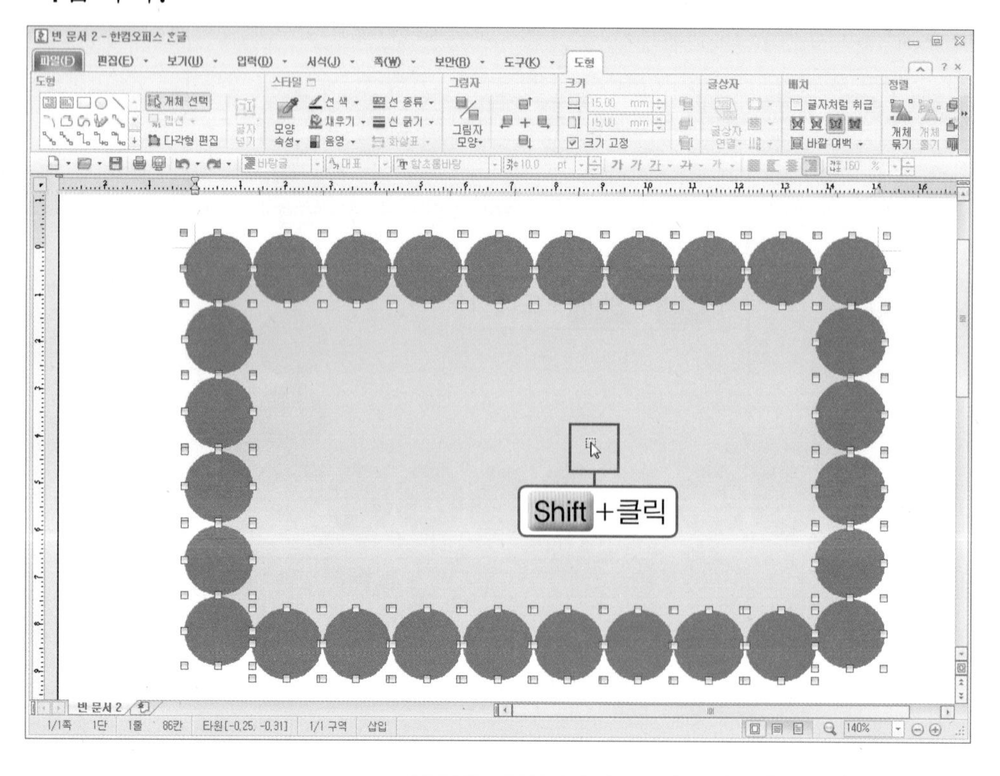

03 **[도형] 탭–[정렬] 그룹–[개체 묶기( )]를 클릭**하여 타원 도형만 하나의 도형으로 묶기합니다.

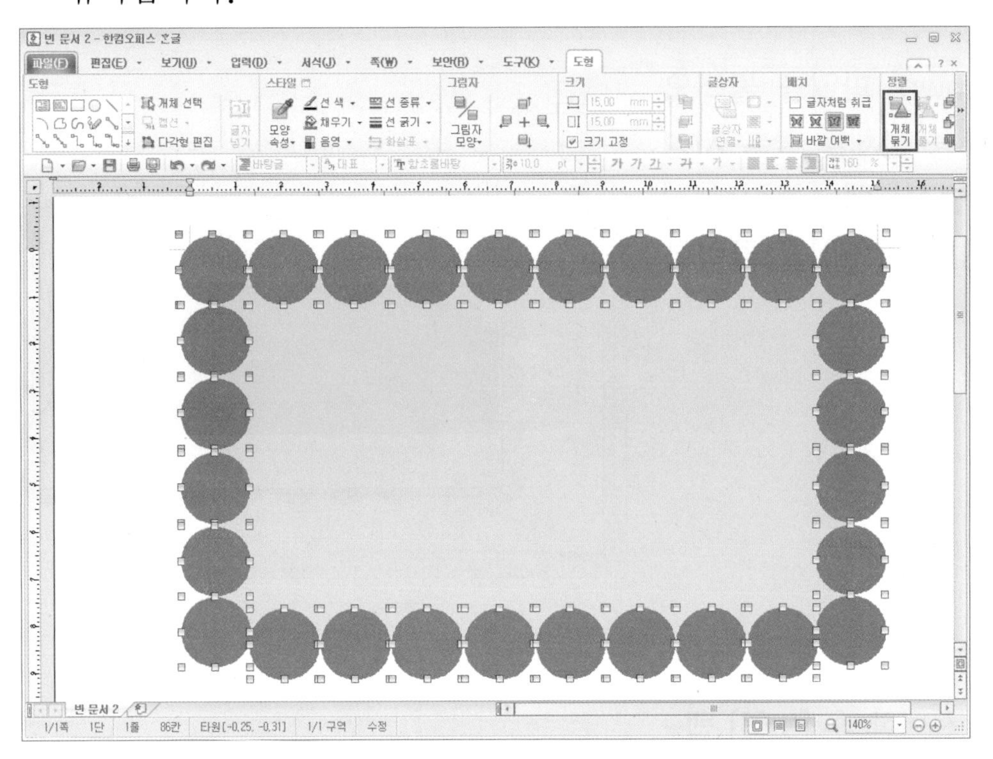

04 **직사각형 도형을 선택**한 후, [도형] 탭–[정렬] 그룹–**[맨 앞으로( )]–[맨 앞으로]를 선택**합니다.

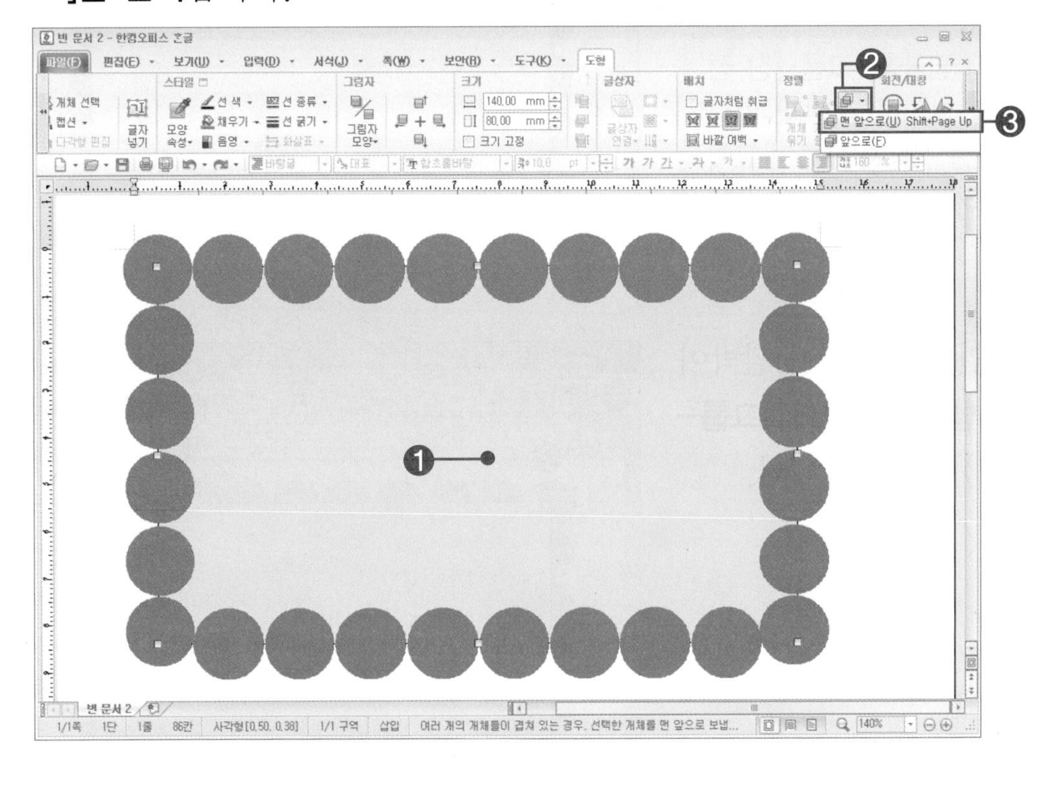

03 글자 복사하기

01 '복사예제.hwp' 파일을 불러오기한 후 **내용 전체를 블록 지정**합니다. **[편집] 탭–[클립보드] 그룹–[복사하기( )]를 클릭**합니다.

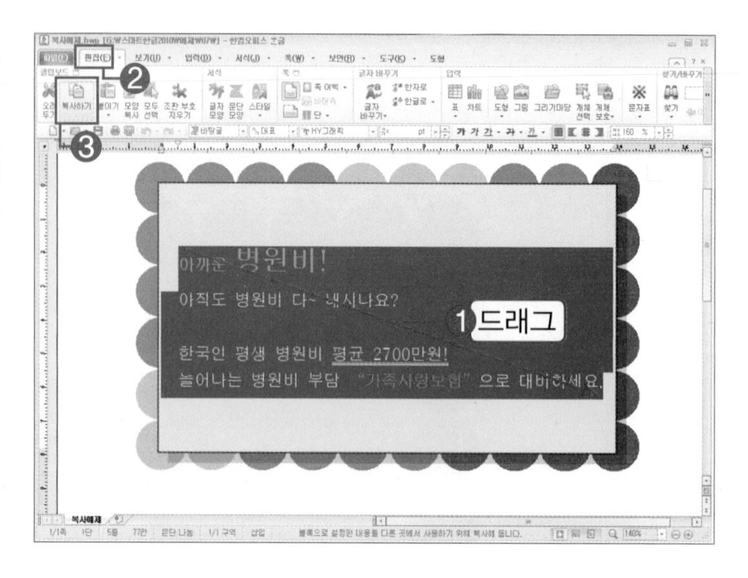

02 작업 중인 문서로 돌아와 직사각형 도형을 선택한 후 **[도형] 탭–[도형] 그룹–[글자 넣기( )]를 클릭**합니다.

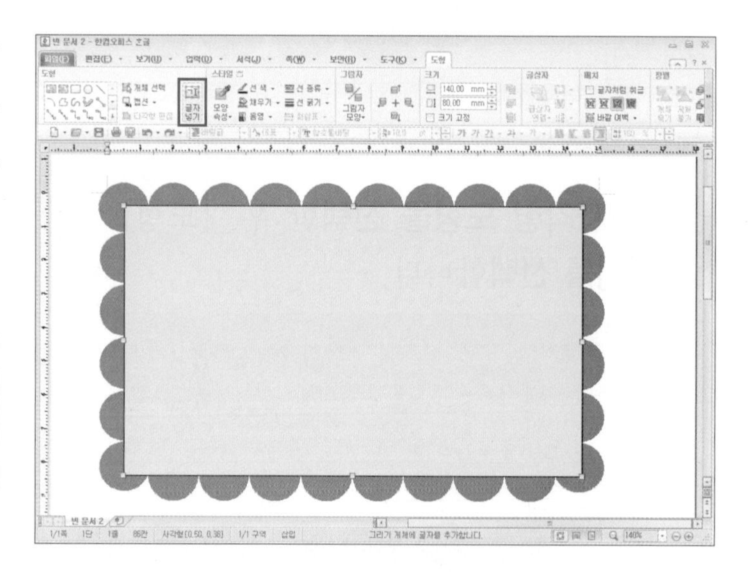

배움터 [보기] 탭–[창] 그룹–[창 전환]을 선택하면 현재 열려 있는 한글 문서 목록이 표시되며, 선택하면 이동됩니다.

03 직사각형 안에서 커서가 깜박이면 **[편집] 탭–[클립보드] 그룹–[붙이기( )]를 클릭**합니다.

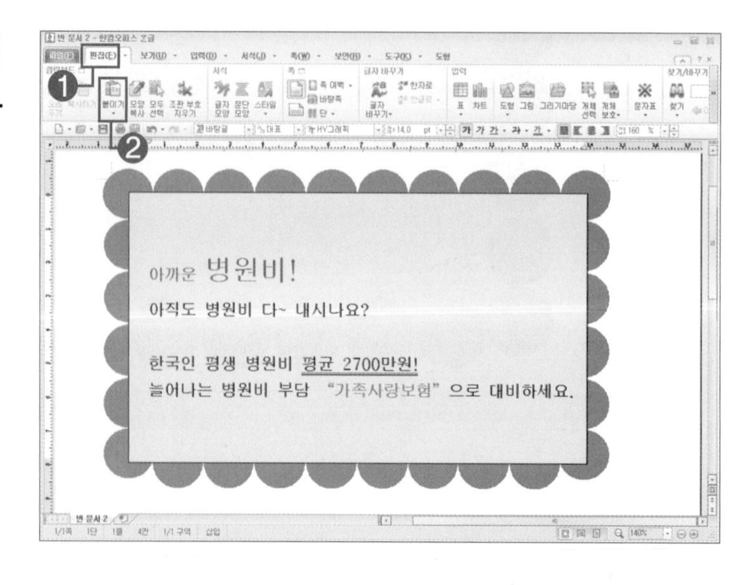

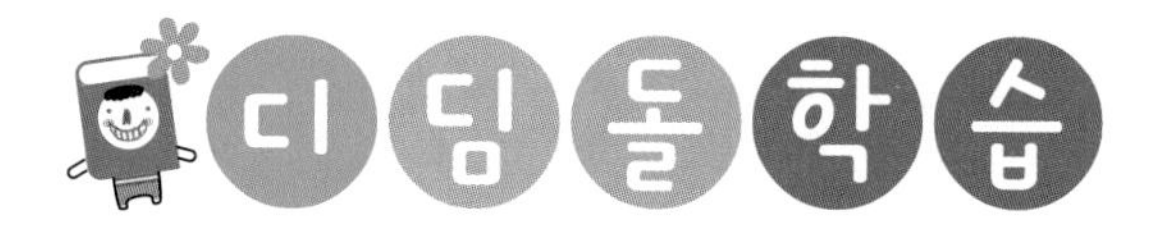

1 직사각형 도형 한 개와 타원 도형 네 개를 이용해 그림과 같은 도형을 만들어 봅니다.

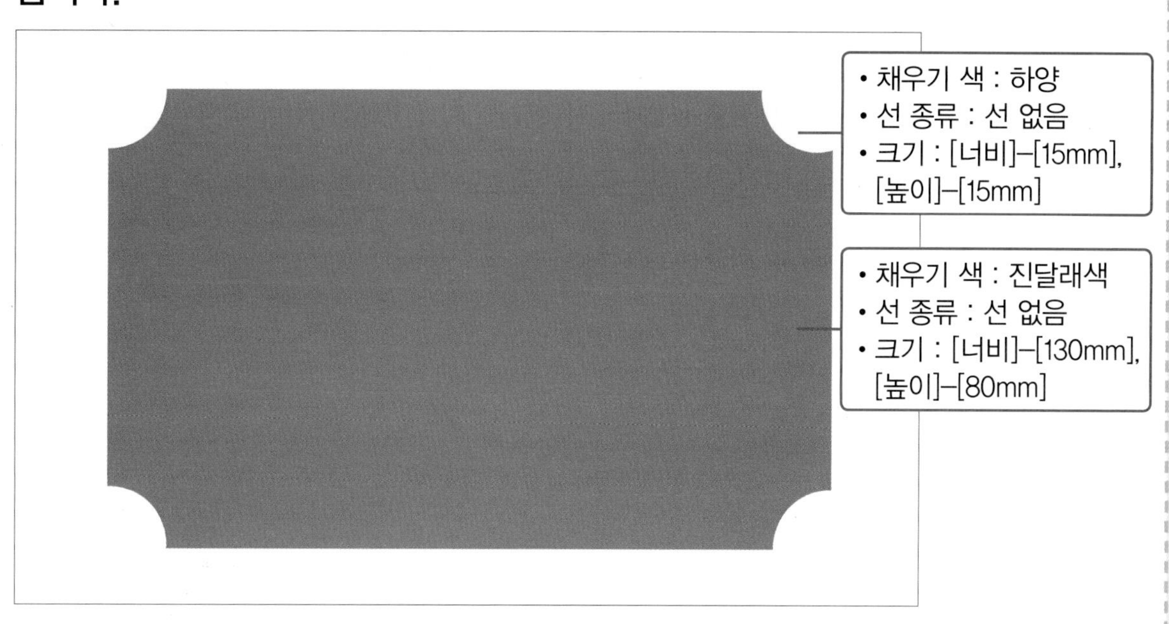

2 '복사예제2.hwp' 파일의 모든 텍스트 내용을 복사한 후, 작업 중인 문서의 도형 안에 붙이기하여 그림과 같이 완성해 봅니다.

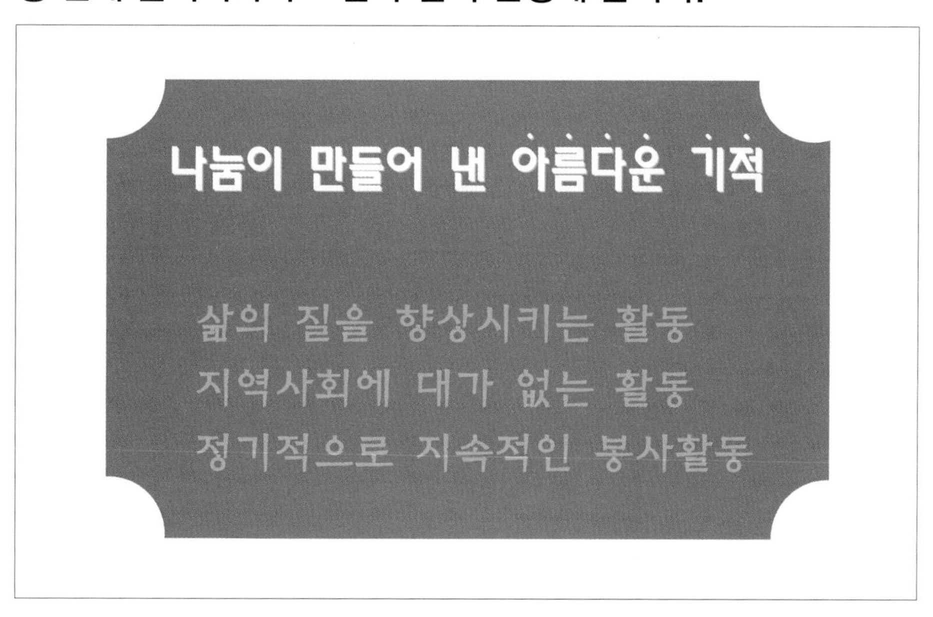

08 신문기사 양식 만들기

이번 장에서는 쪽 테두리와 다단 나누기, 그리기 마당 개체를 삽입하여 신문 양식을 만드는 방법에 대해 알아봅니다. 또한 글맵시 개체를 문서 상단에 삽입하여 문서 제목으로 꾸미는 방법도 익혀보도록 하겠습니다.

통일한국에서의 첫 인터뷰

2018년 9월 24일. 오늘은 남북 이산가족 만남의 카페가 처음 문을 여는 날이다. 카페 안은 오랜 시간 남쪽과 북쪽으로 나뉘어 가족을 그리워하며 살았던 이산가족들과 이런 이산가족들의 만남을 생생하게 취재하기 위해 모인 기자들, 그리고 여러 단체에서 모인 봉사대원으로 분주한 모습이었다.

가족끼리 둘러앉은 여러 개의 테이블에서는 서로의 손을 잡고 볼을 비비며 우는 가족, 오래된 사진을 보며 그리웠던 옛 추억을 되살리는 가족, 아무런 말도 못하고 그저 멍하니 창밖만 바라보는 가족 등 다양한 상봉 모습을 볼 수 있었다.

그중 3살 때 헤어진 쌍둥이 자매를 만나보았다. 우리가 보기에도 일흔에 가까운 쌍둥이 자매의 외모는 무척 비슷했으나, 세월에서 느껴지는 분위기와 말투, 표정 등은 조금 다른 듯 보였다. 아빠의 등에 업혀 가던 동생과 엄마와 손을 잡고 걷던 언니는 갑자기 날아든 폭탄에 놀라 피신하던 길에 헤어지게 되었다고 했다. 언니는 동생을 만나기까지 이렇게 오랜 시간이 걸릴 줄 몰랐다고 했다. 이어 헤어진 지난 시간이 너무 아쉽고 생각만 해도 가슴이 저린다고 말했다. 동생 역시 부모님이 살아계실 때 만나지 못한 것이 한으로 남는다며 눈물을 훔쳤다. 두 자매는 상봉이 끝나는 대로 자식들과 손자, 손녀들을 데리고 부모님의 산소를 찾아뵐 예정이라고 했다.

해가 질 무렵 손을 잡고 만남의 카페를 나서는 이신가족들을 보며, 역사를 되돌릴 수는 없지만, 함께 있어야 할 가족들이 강제로 헤어져 살아야 하는 이런 가슴 아픈 일은 다시는 일어나지 않아야 한다고 생각했다. 그리고 함께하지 못한 시간만큼 가족들의 행복한 시간이 더 계속되었으면 하는 바람이다.

이산가족이 만나는 만남의 카페에서
우수민 기자

무엇을 배울까요?

- 쪽 테두리 지정하기
- 다단 설정과 단 나누기
- 글맵시와 그리기 마당 개체 삽입하기
- 문단 첫 글자 장식하기

01 쪽 테두리와 다단 설정하기

쪽 테두리 지정하기

01 **'신문기사.hwp' 파일**을 불러오기하여 **[쪽] 탭–[쪽 모양] 그룹–[쪽 테두리/배경( )]을 클릭**합니다.

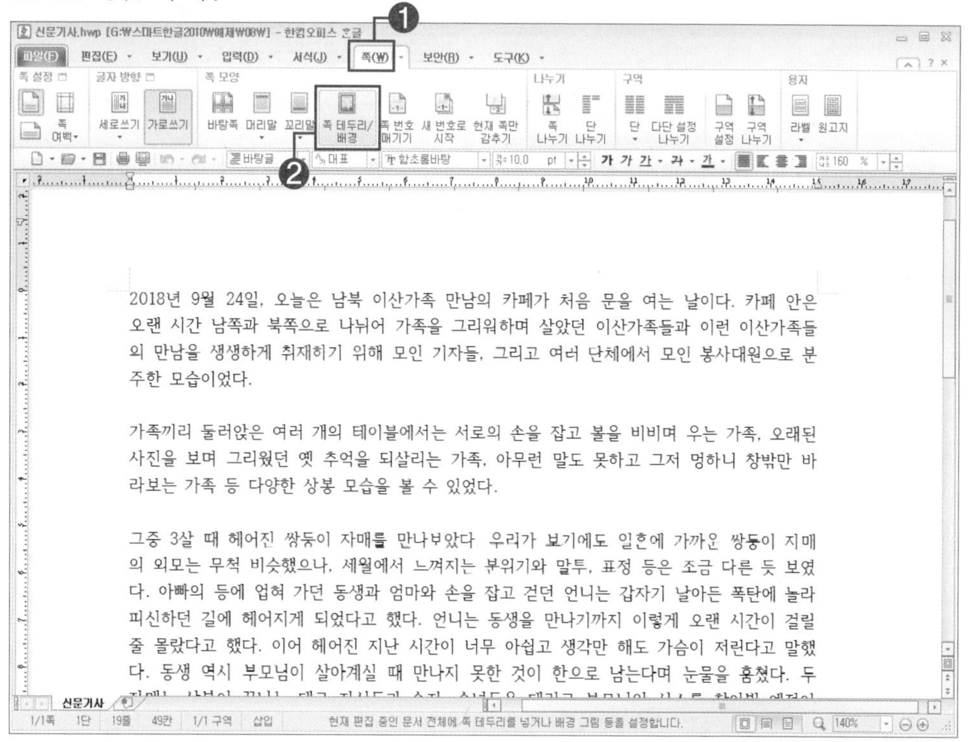

02 [쪽 테두리/배경] 대화상자가 나타나면 [테두리] 항목에서 **'종류 : 실선', '굵기 : 0.4mm', '색 : 바다'로 각각 지정**한 후 **'모두( )'를 클릭**하고 **[설정] 단추를 클릭**합니다.

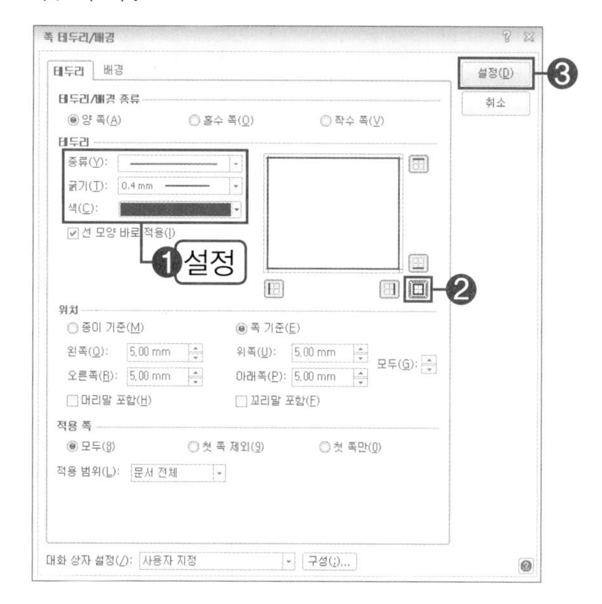

03 **[파일]–[미리 보기] 메뉴를 선택**합니다. 미리 보기 창이 나타나면 쪽 테두리 모양을 확인한 후, **[미리 보기] 탭–[닫기] 그룹–[닫기( )]를 클릭**합니다.

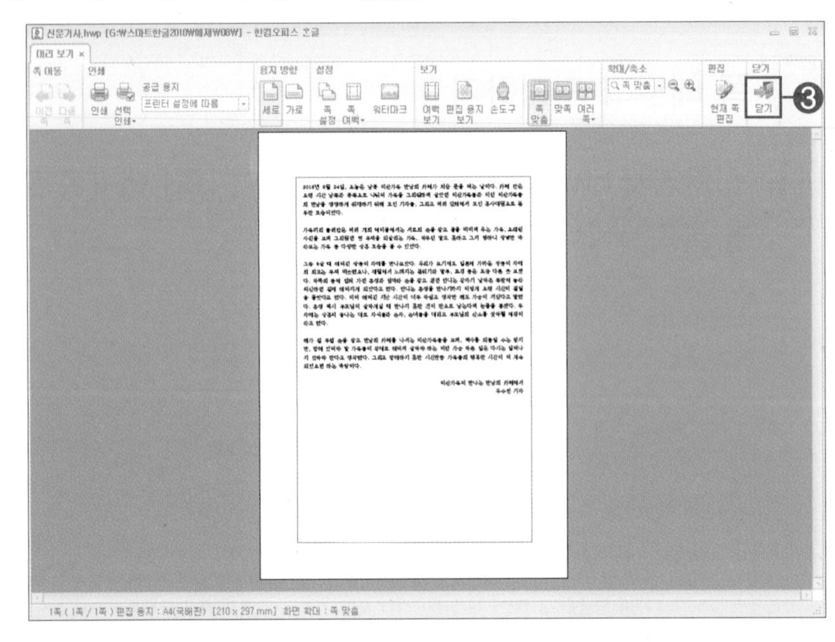

다단 나누기

01 **[쪽]–[다단 설정] 메뉴를 선택**합니다. [단 설정] 대화상자에서 **'단 개수 : 2', '구분선 넣기' 체크, '색 : 검정(RGB : 0, 0, 0) 80% 밝게'로 지정**하고 **[설정] 단추를 클릭**합니다.

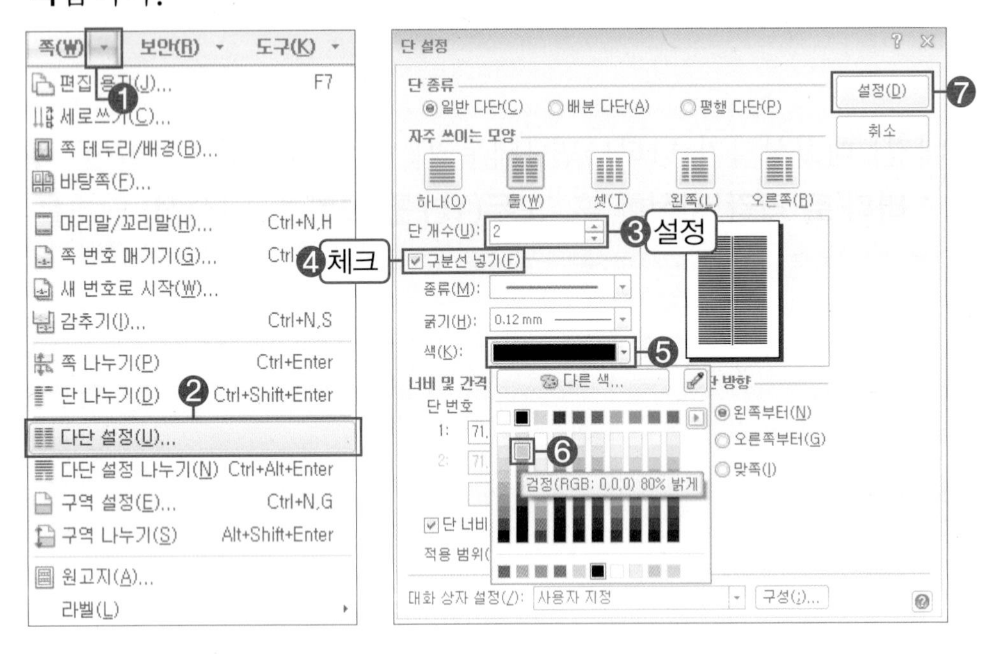

02 '해가 질 무렵' 글자 앞으로 커서를 이동한 후 [쪽] 탭-[나누기] 그룹-[단 나누기(▤)]를 클릭합니다.

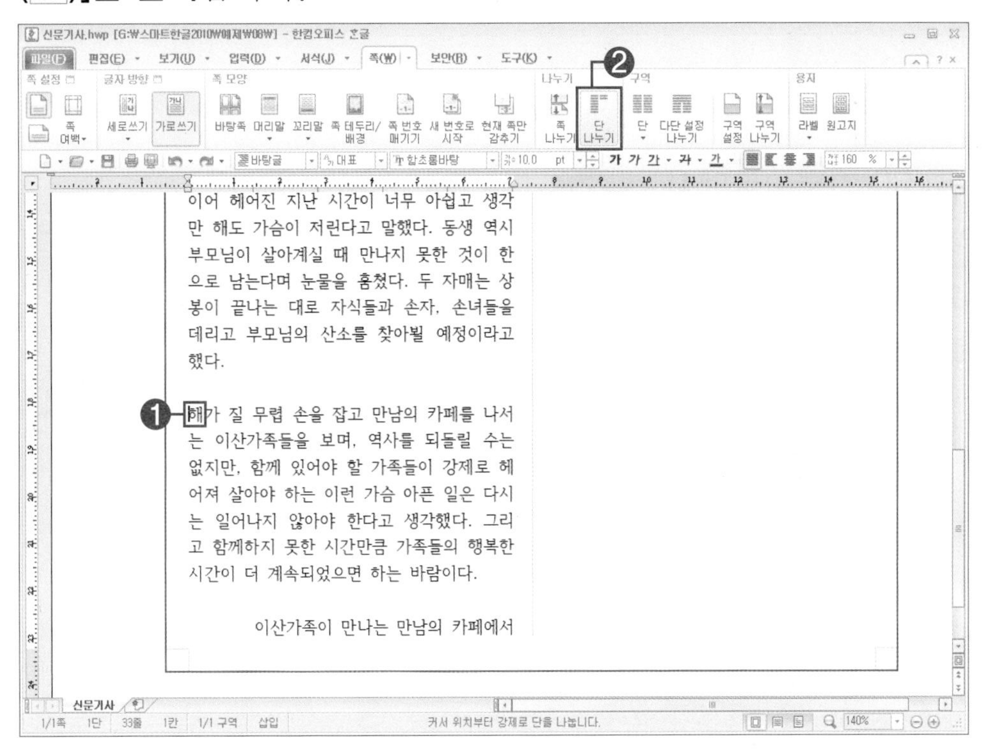

03 '해가 질 무렵'의 글자가 다음 단의 시작 부분으로 이동되는 것을 확인합니다.

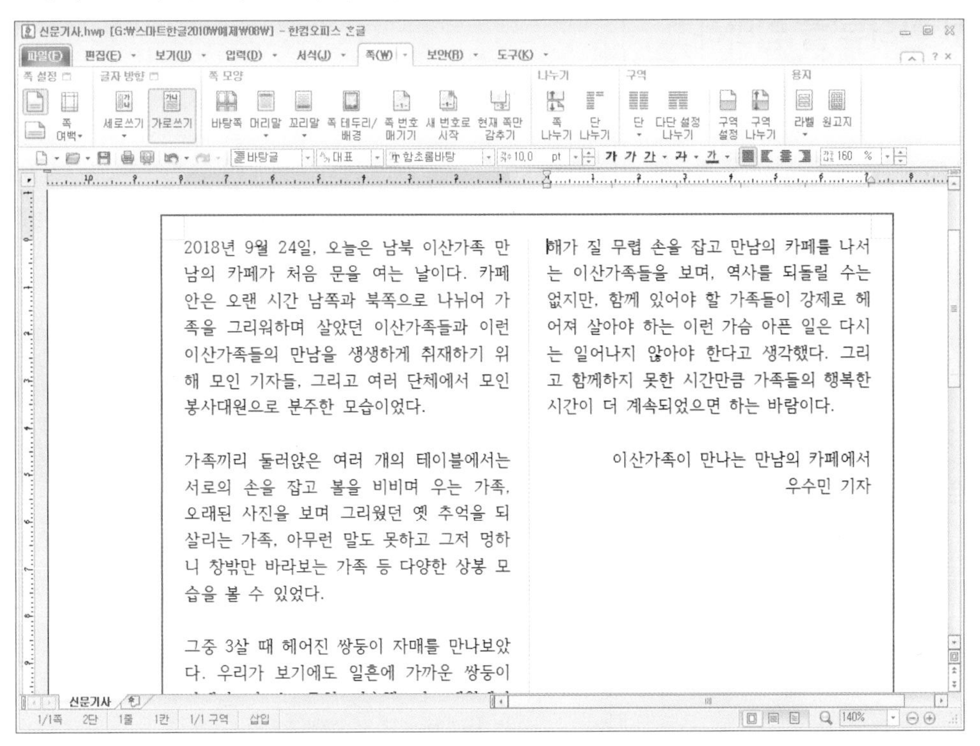

배움터 '단 나누기'를 실행하면 단의 내용이 다 차지 않더라도 커서가 위치한 내용부터 다음 단으로 분리되어 옮겨집니다.

글맵시와 그리기 마당 개체 삽입하기

글맵시 개체 삽입하기

01 **[입력] 탭–[개체] 그룹–[글맵시( )]–[채우기–진한 자주색 그러데이션, 연자주색 그림자, 위쪽 리본 사각형 모양]을 선택**합니다.

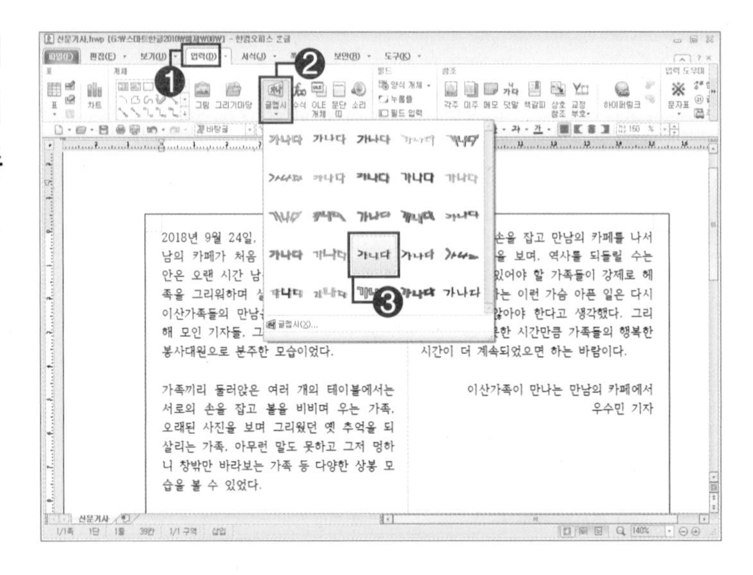

02 [글맵시 만들기] 대화상자가 나타나면 [내용] 입력란에 **'통일한국에서의 첫 인터뷰'를 입력**하고 **[설정] 단추를 클릭**합니다.

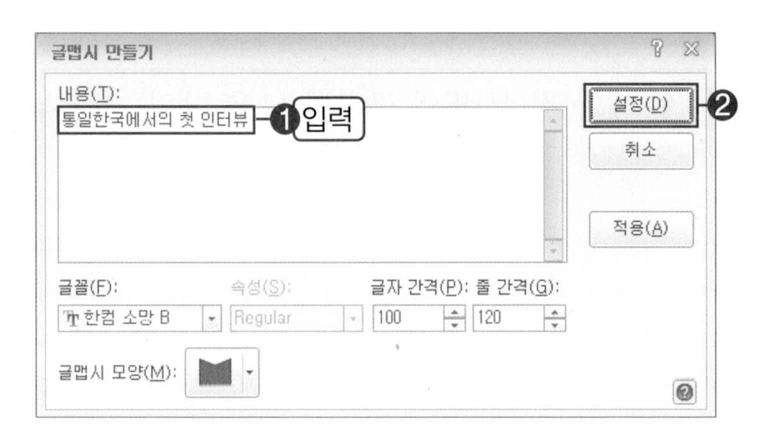

03 글맵시 개체가 삽입되면 **[글맵시] 탭–[배치] 그룹–[자리 차지( )]를 클릭**합니다.

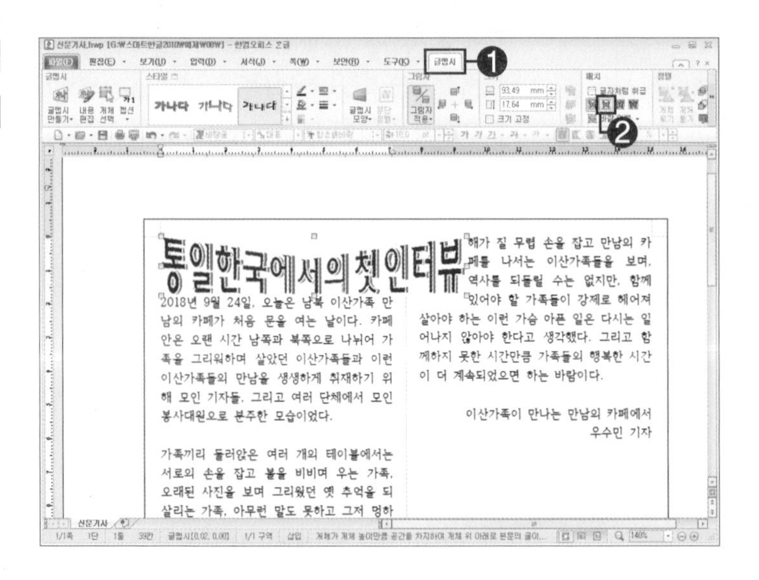

04 **글맵시 개체를 드래그**하여 그림과 같이 **가운데로 이동**한 후 **[글맵시] 탭–[배치] 그룹–[바깥 여백(바깥 여백)]–[여백 설정]을 선택**합니다.

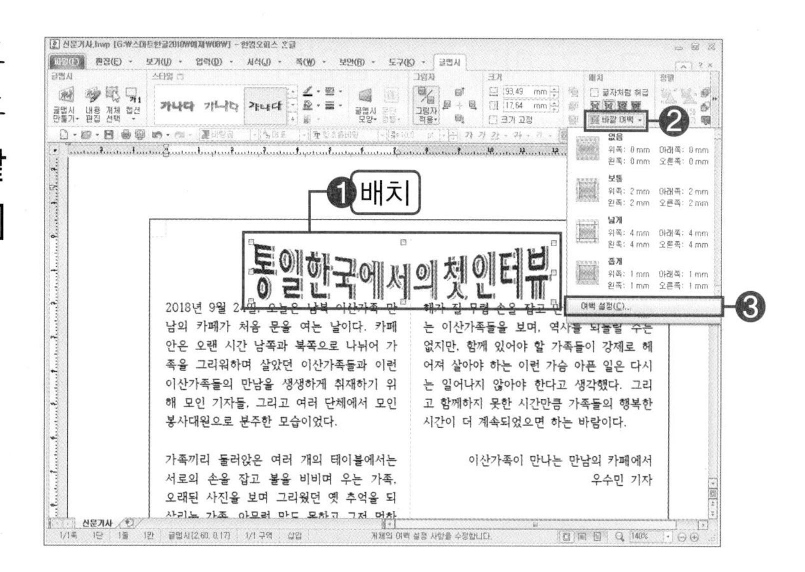

05 [개체 속성] 대화상자가 나타나면 [여백/캡션] 탭에서 **[아래쪽] 여백을 '8mm'로 지정**하고 **[설정] 단추를 클릭**합니다.

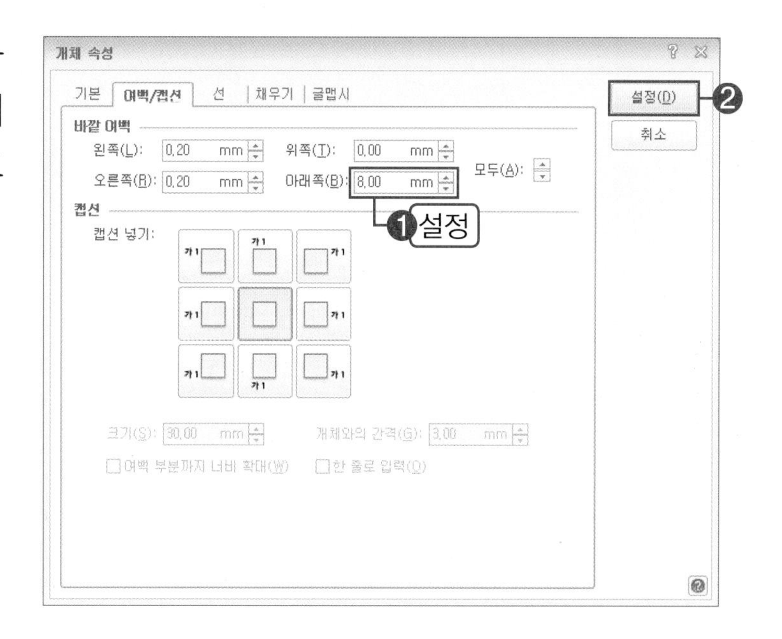

06 글맵시 개체 아래쪽으로 여백이 지정되어 글자와의 간격이 넓어진 것을 확인합니다.

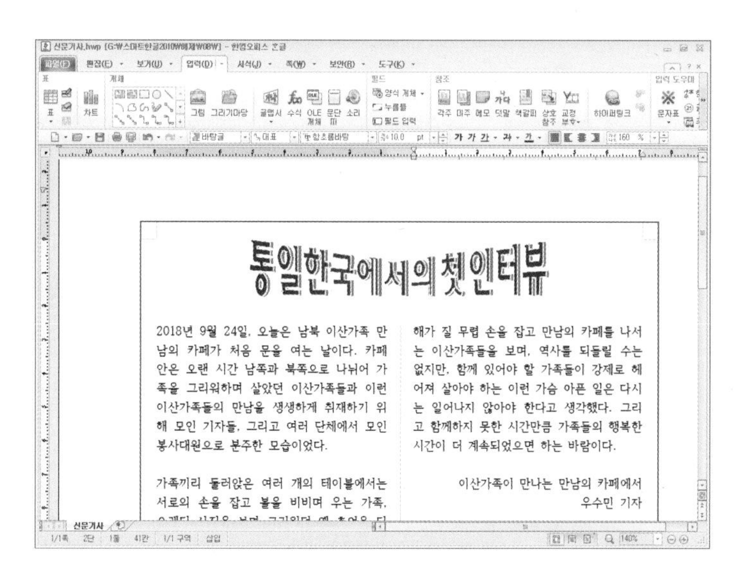

그리기 마당 개체 삽입하기

01 **[입력] 탭–[개체] 그룹–[그리기 마당( )]을 클릭**합니다. [그리기 마당] 대화상자가 나타나면 [그리기 조각] 탭에서 **'전통(문양)' 꾸러미의 '전통문양9'를 선택**하고 **[넣기] 단추를 클릭**합니다.

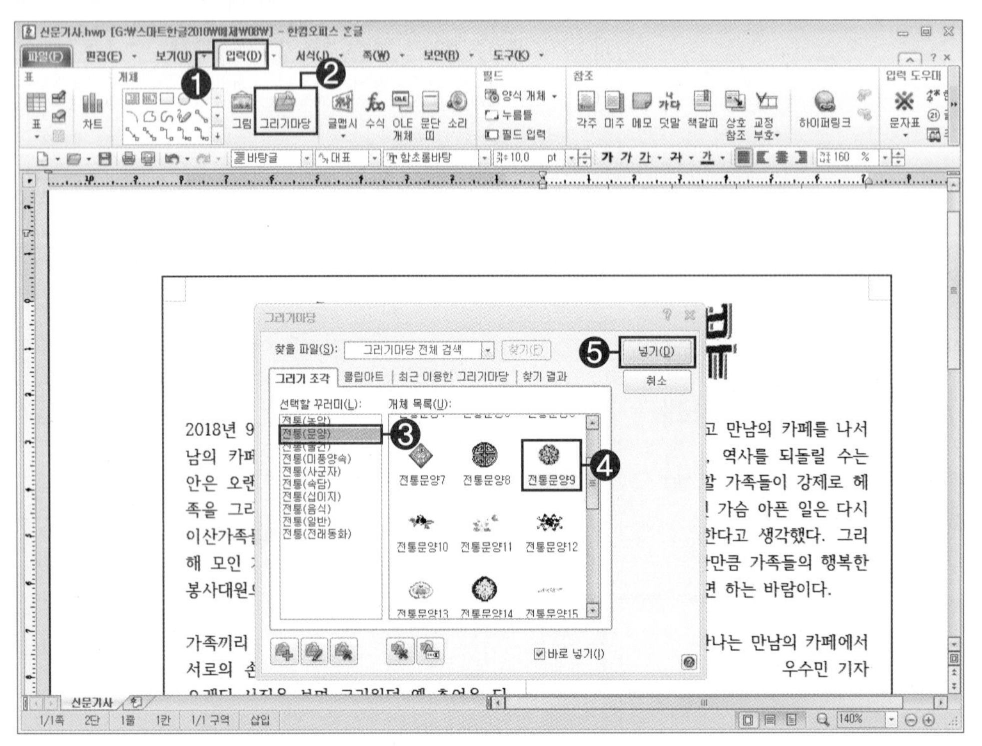

02 마우스 포인터 모양이 십자가 모양으로 변경되면 왼쪽의 **쪽 테두리 위에서 드래그**하여 그립니다.

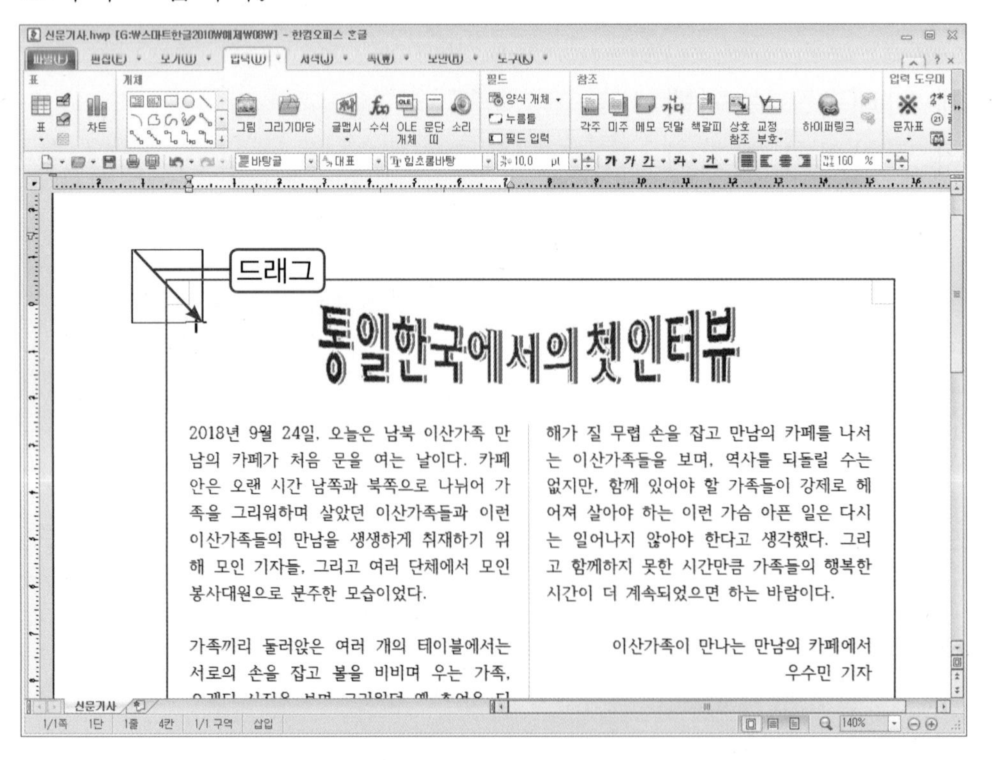

03 **삽입된 전통문양 개체를 선택**한 후 Ctrl + Shift **키를 누른 채 오른쪽으로 드래그**하여 복사합니다.

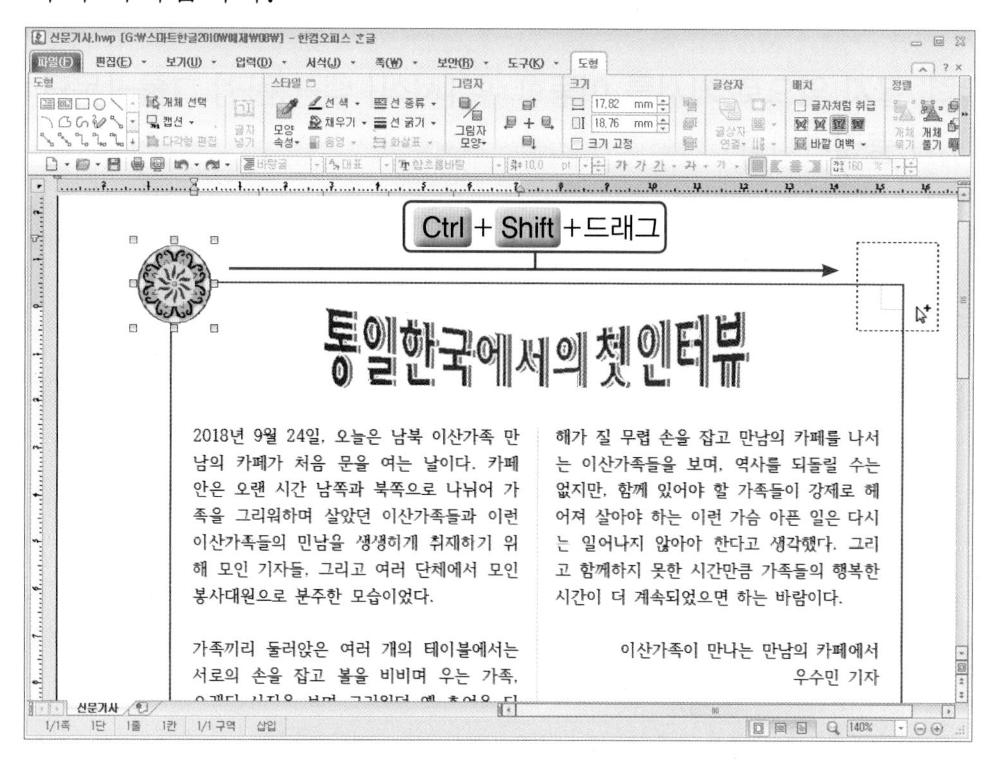

04 같은 방법으로 **아래쪽에도 전통문양 개체를 복사**합니다.

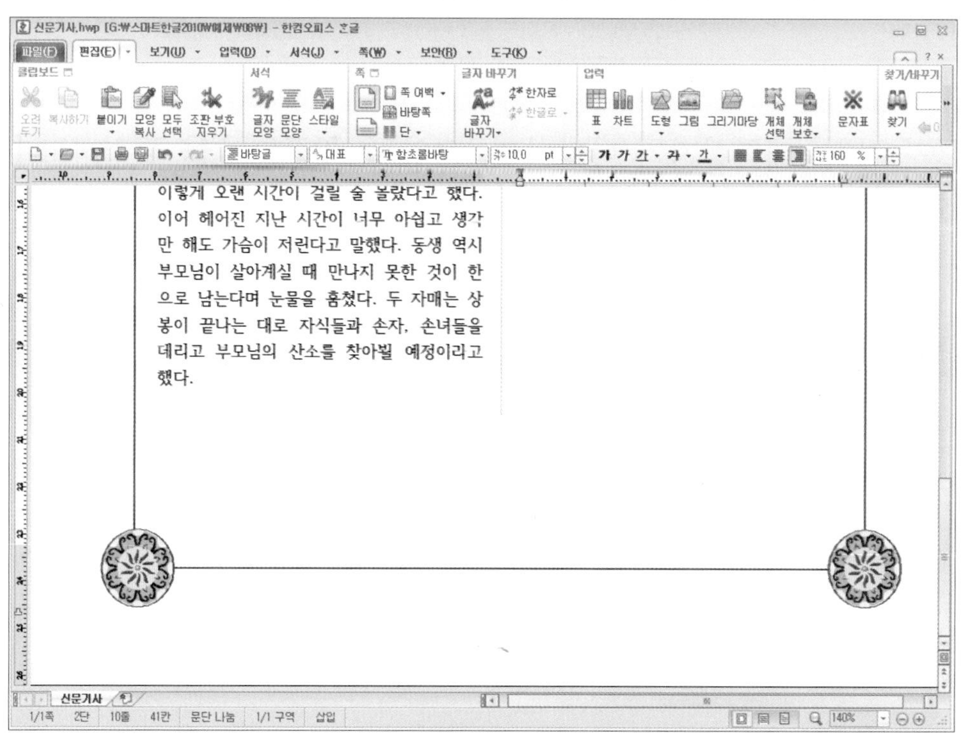

배움터 **삽입된 그리기 마당 개체 삭제하기**

개체가 선택된 상태에서 Delete 키를 누르거나 마우스 오른쪽 단추를 클릭해 나타나는 바로 가기 메뉴에서 [지우기]를 선택합니다.

03 문단 첫 글자 장식하기

01 **'해가 질 무렵' 글자 앞으로 커서를 이동**한 후 **[서식] 탭-[문단] 그룹-[문단 첫 글자 장식( )]을 클릭**합니다.

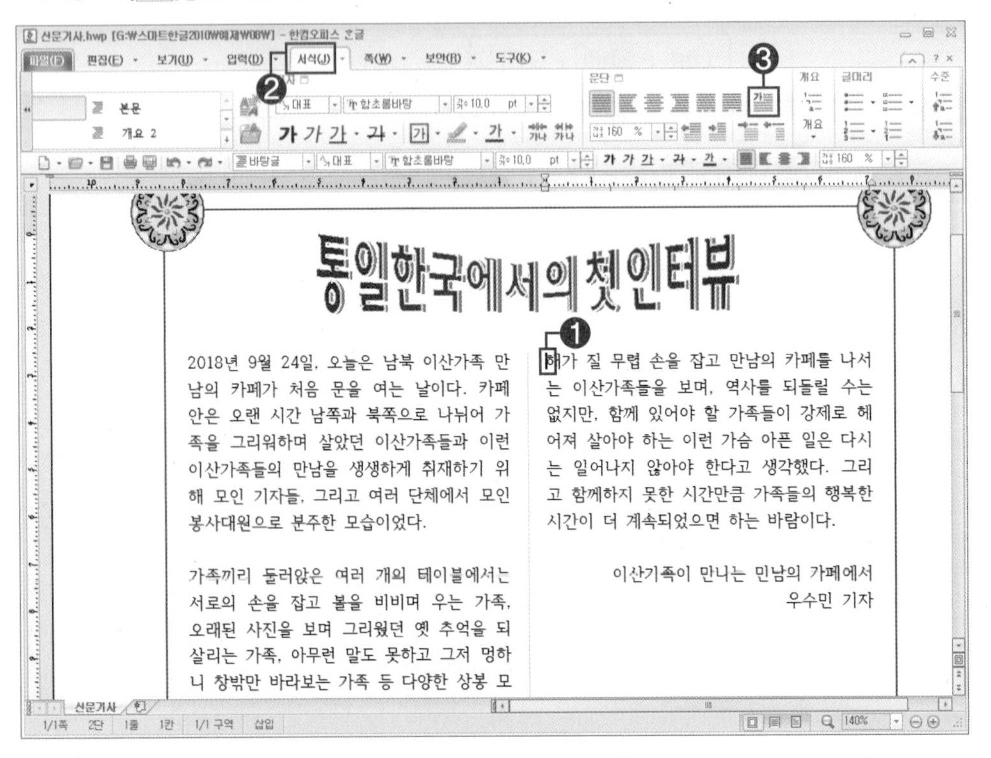

02 [문단 첫 글자 장식] 대화상자가 나타나면 [모양]은 **'3줄( )'을 클릭**하고 **[선 종류]는 그림과 같이 선택**합니다.

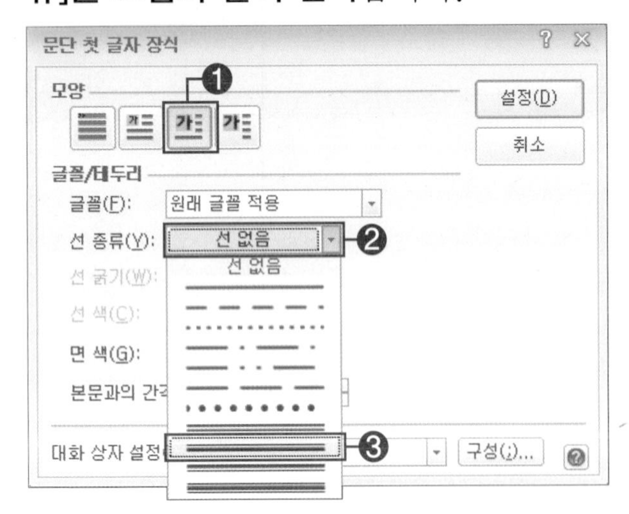

03 **[선 색]은 '멜론색', [면 색]은 '노른자색'으로 각각 지정**하고 **[설정] 단추를 클릭**합니다.

04 선택한 문단의 첫 글자가 설정된 값으로 변경된 것을 확인합니다.

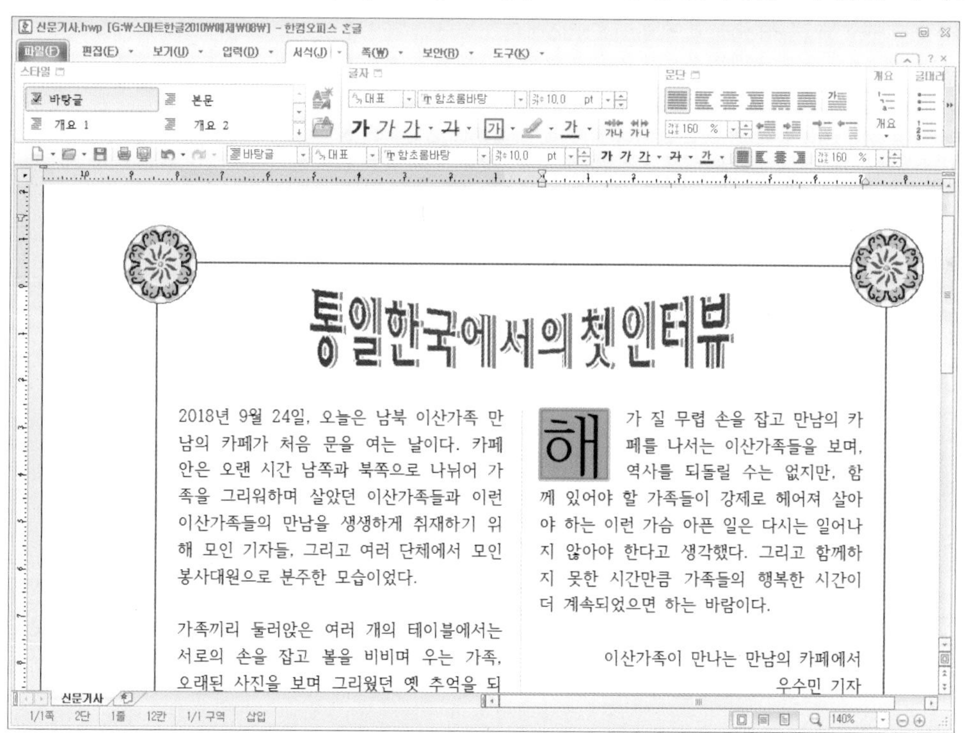

배움터 한 번 만들어진 '문단 첫 글자 장식' 결과를 없앨 때에는 [문단 첫 글자 장식] 대화상자의 [모양]에서 '없음(≡)'을 선택합니다.

디딤돌학습

1 '별자리.hwp' 파일을 불러온 후, 쪽 테두리, 다단 설정, 글맵시, 그리기 마당, 문단 첫 글자 장식하기를 이용해 그림과 같은 문서로 변경해 봅니다.

별자리에 얽힌 이야기

- 글맵시
- 배치 : 자리 차지
- 여백 : [아래쪽]–[8mm]

펠래폰네소스 반도의 아르카디아에 살았던 칼리스토 공주는 사냥의 여신인 아르테미스의 시녀였습니다. 사냥의 여신을 모셨던 그녀 자신도 사냥을 잘하였습니다. 그녀는 주인인 아르테미스에게 남자를 사랑하지 않겠다고 약속했습니다. 그러나 신들의 제왕 제우스는 아르테미스로 변신해 끊임없이 그녀를 유혹하였습니다. 칼리스토는 그러한 사실을 모르는 채 제우스와 사랑을 나누었습니다.

제우스신의 헤라는 둘 사이에 아기까지 생긴 사실을 알고 지상으로 내려왔습니다. 화가 잔뜩 난 헤라는 자신의 남편을 유혹한 죄를 물어 칼리스토를 곰으로 만들어버리겠다고 했습니다. 그렇게 함으로써 그녀의 아름다움을 빼앗아버리려는 생각이었습니다. 칼리스토는 무릎을 꿇고 용서를 빌었습니다. 그러나 분노로 가득 차 있던 헤라는 결국 칼리스토를 흰곰으로 만들어 버렸습니다. 아름다웠던 몸은 온통 털로 뒤덮였고 손은 거칠어져 사나운 손톱이 자라났습니다.
갈리스토는 울부짖었습니다. 그러나 그녀를 구해 줄 사람은 아무도 없었습니다. 그녀의 울음소리는 이미 곰의 울음으로 변해 있었습니다. 사냥꾼들은 사냥개를 몰고 그녀를 잡으려고 했습니다. 최근까지도 유능한 사냥꾼이었던 그녀는 오히려 사냥개에 놀라 쫓기는 신세가 되었습니다. 그리고 때로는 자신이 곰으로 변한 사실을 잊어버린 채 작은 짐승을 무서워하며 도망 다니기도 했습니다. 칼리스토는 제우스가 원망스러웠지만 이미 돌이킬 수 없는 일이었습니다.

칼리스토는 그렇게 곰으로 변해 버렸지만 그녀의 아들 아르카스는 다행히 어느 착한 농부에게 발견되어 자라게 되었습니다. 어머니의 재능을 이어받은 아르카스는 훌륭한 사냥꾼으로 자라나게 되었습니다.

어느 날 사냥을 나왔던 아르카스는 칼리스토를 발견하였습니다. 칼리스토는 사냥꾼 청년이 자기 아들임을 금방 알아보았습니다. 칼리스토는 감격하여 순간적으로 자신이 곰으로 변한 사실을 잊어 버렸습니다. 그리고 아들을 포옹하려 아르카스에게로 다가갔습니다. 그러나 아르카스에게는 어머니가 곰으로 보일 수 밖에 없었습니다. 깜짝 놀란 아르카스는 곰이 자신을 해치려는 줄 알고 창을 들어 칼리스토를 찌르려고 하였습니다.

그때 무서운 회오리바람이 불더니 제우스가 나타나 아르카스의 행동을 멈추게 했습니다. 만약 제우스가 구해주지 않았다면 아들의 칼에 맞아 죽은 칼리스토는 가엾은 여인이 되었을 것입니다. 칼리스토를 구한 제우스는 헤라로부터 칼리스토와 그의 아들 아르카스를 지켜주기 위해 어머니 칼리스토는 큰곰으로. 아들아르카스는 작은곰으로 변하게 해서 하늘의 별자리로 올려주었다고 합니다.

그러자 헤라는 칼리스토가 별자리가 되어 곰이 되기 이전보다 더 아름다운 빛을 발하는 것이 못마땅했습니다. 그래서 그녀는 바다의 신 포세이돈에게 부탁해서 칼리스토가 바다에서 물을 마시거나 세수를 하지 못하도록 하였습니다. 그 결과 작은곰자리와 큰곰자리는 북극에만 머물게 되었다고 합니다.

- 그리기 마당 : [전통(문양)]–[전통문양7]

도움터

- **글맵시 모양** : 채우기–연한 자주색 그러데이션, 역위로 계단식 모양
- **쪽 테두리** : [종류]–[이중 실선], [색]–[빨강]
- **다단 설정** : [단 개수]–[2], '구분선 넣기' 체크, [색]–[빨강]
- **문단 첫 글자 장식** : [모양]–[3줄], [선 종류]–[파선], [선 색]–[파랑], [면 색]–[노랑]

09 취업과정 소개 표 만들기

이번 장에서는 표를 삽입한 후 셀의 채우기 색, 테두리 색, 테두리 두께 등을 이용해 표를 꾸미는 방법에 대해 알아봅니다. 또한 만들어진 표에 새로운 줄/칸을 삽입하거나 특정 셀을 나누는 방법 및 여러 개의 셀을 하나의 셀로 합치는 방법도 익혀보도록 하겠습니다.

베이비시터, 산모도우미 과정

구분	반일제(4시간)		종일제(8시간)		입주(24시간)	
	기본	가사포함	기본	가사포함	기본	가사포함
베이비시터	30,000원	40,000원	50,000원	60,000원		
산모도우미			60,000원	70,000원	80,000원	90,000원

*아기2명(쌍둥이 포함)은 기본요금+1만원, 4인초과 가족수당(가사포함시)은 기본요금+5천원

무엇을 배울까요?

- 표 삽입과 표 안에 내용 입력하기
- 셀 속성 지정 및 줄/칸 삽입하기
- 셀 나누기 및 셀 합치기
- 셀 크기 및 대각선 지정하기

표 삽입과 셀 속성 지정하기

표 삽입하기

01 그림과 같은 **내용을 입력**한 후 **두 번째 줄 첫 번째 칸으로 커서를 이동**합니다. **[입력] 탭–[표] 그룹–[표( )]를 클릭**합니다.

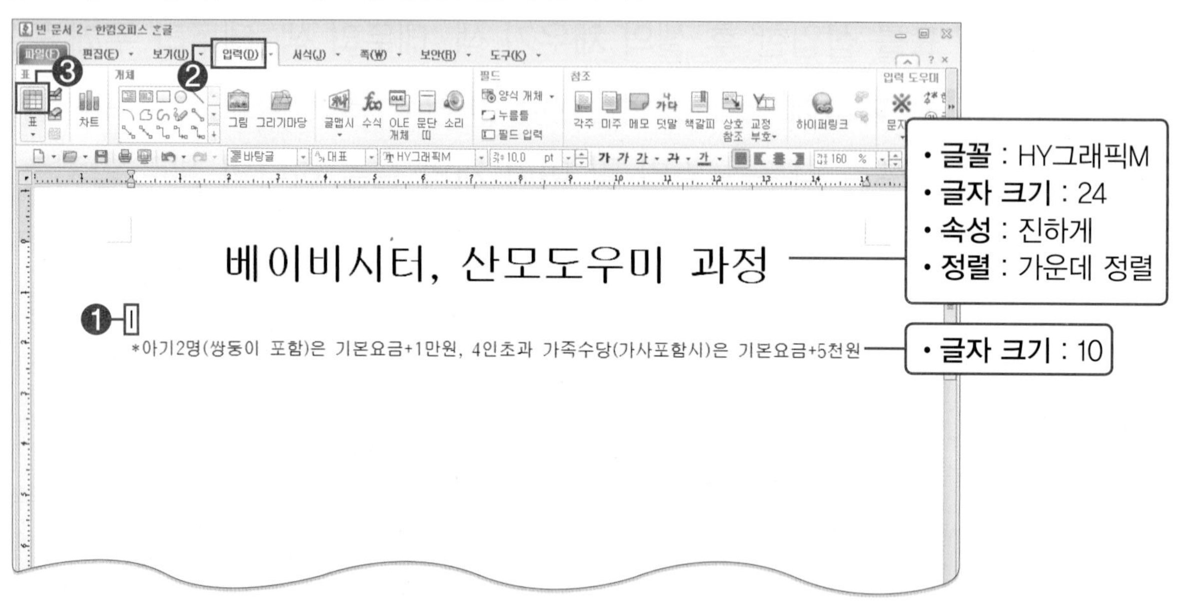

02 [표 만들기] 대화상자가 나타나면 **[줄 수]는 '3', [칸 수]는 '4'로 지정**합니다. **'글자처럼 취급'을 체크 표시**한 후 **[만들기] 단추를 클릭**합니다.

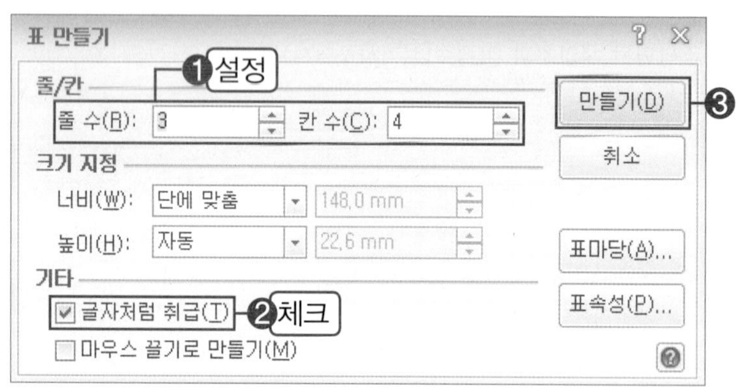

배움터 **표 만들기의 다른 방법**

[표] 그룹에서 [표( )]를 클릭하여 나타나는 바둑판 모양의 표 상자에서 원하는 줄 수와 칸 수의 위치에서 클릭하면 삽입됩니다.

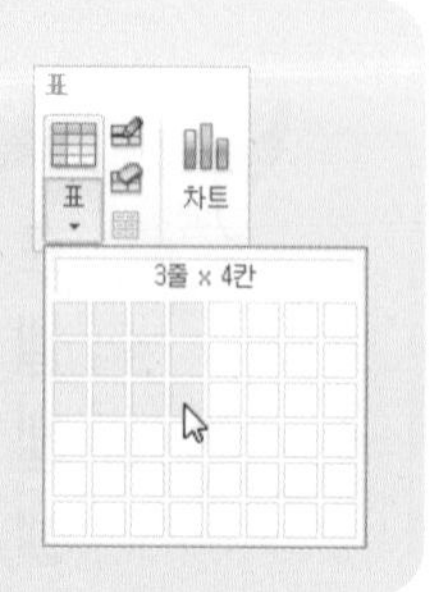

03 표가 만들어지면 그림과 같이 **표 안에 내용을 입력**합니다.

베이비시터, 산모도우미 과정

구분	반일제(4시간)	종일제(8시간)	입주(24시간)
베이비시터			
산모도우미			

*아기2명(쌍둥이 포함)은 기본요금+1만원, 4인초과 가족수당(가사포함시)은 기본요금+5천원

입력

04 표의 **첫 번째 셀부터 마지막 셀까지 드래그**하여 표의 모든 셀이 선택되면 [서식] 도구 상자에서 **[가운데 정렬(≣)]을 클릭**합니다.

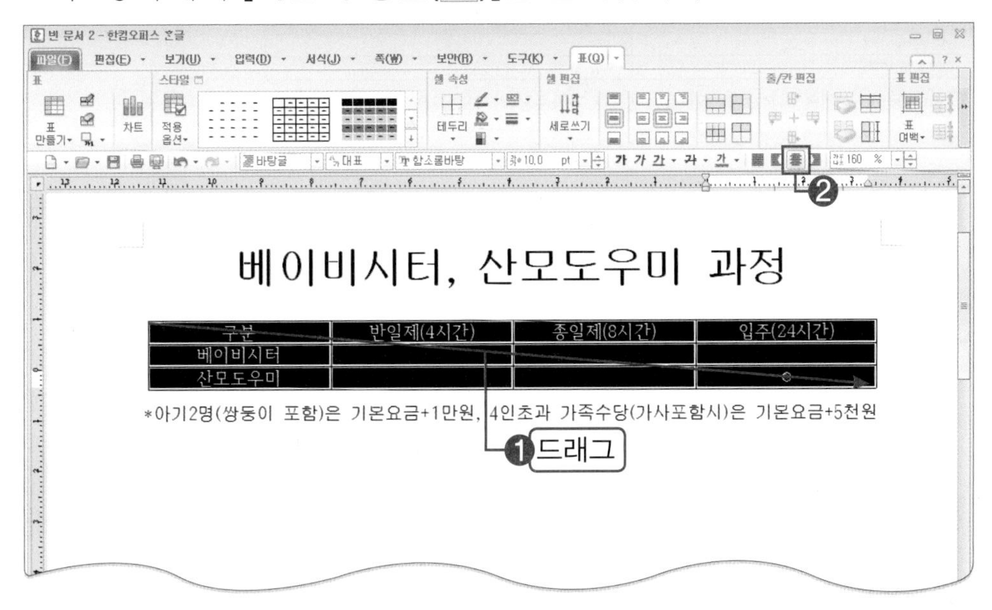

05 **편집 창의 빈 공간을 클릭**하거나 Esc 키를 눌러 블록 지정을 해제한 후, 표 안의 내용이 가운데 정렬된 것을 확인합니다.

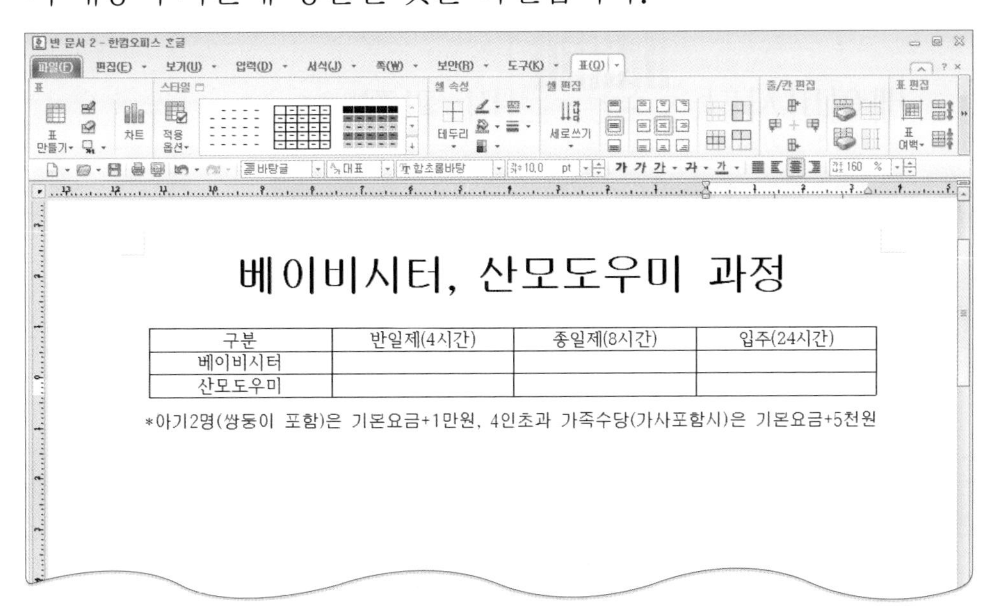

셀 속성 지정하기

01 표의 **첫 번째 줄을 블록 지정**한 후 **[표] 탭–[셀 속성] 그룹–[셀 배경 색( )]–[노른자색]을 선택**합니다.

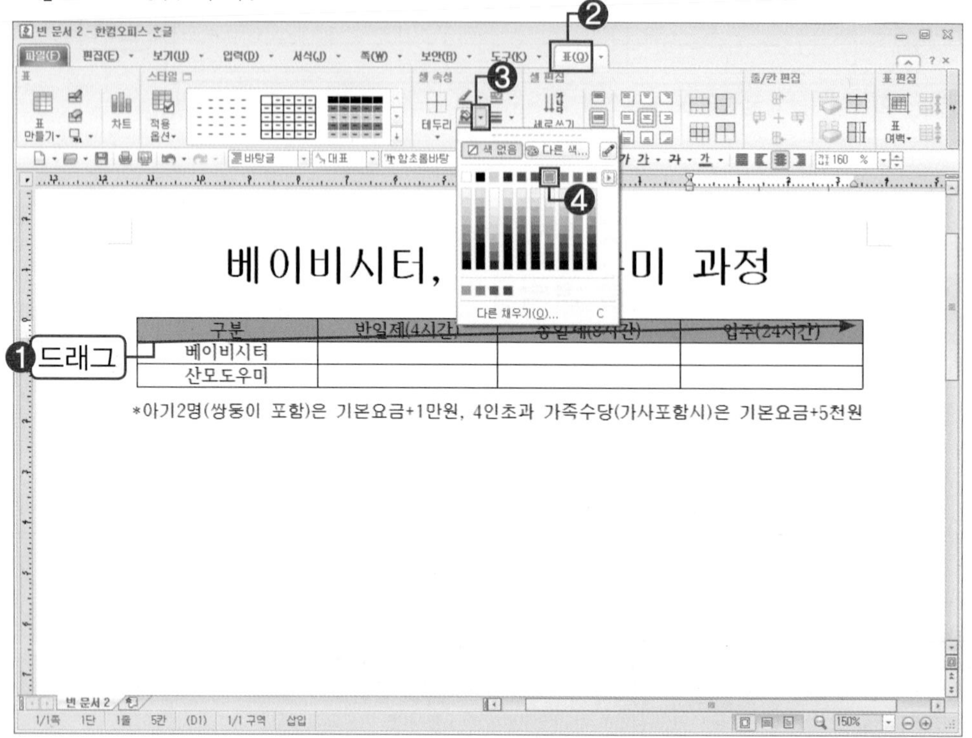

02 **표 전체를 블록 지정**한 후 [표] 탭–[셀 속성] 그룹–**[셀 테두리 색( )]–[바다색]을 선택**합니다.

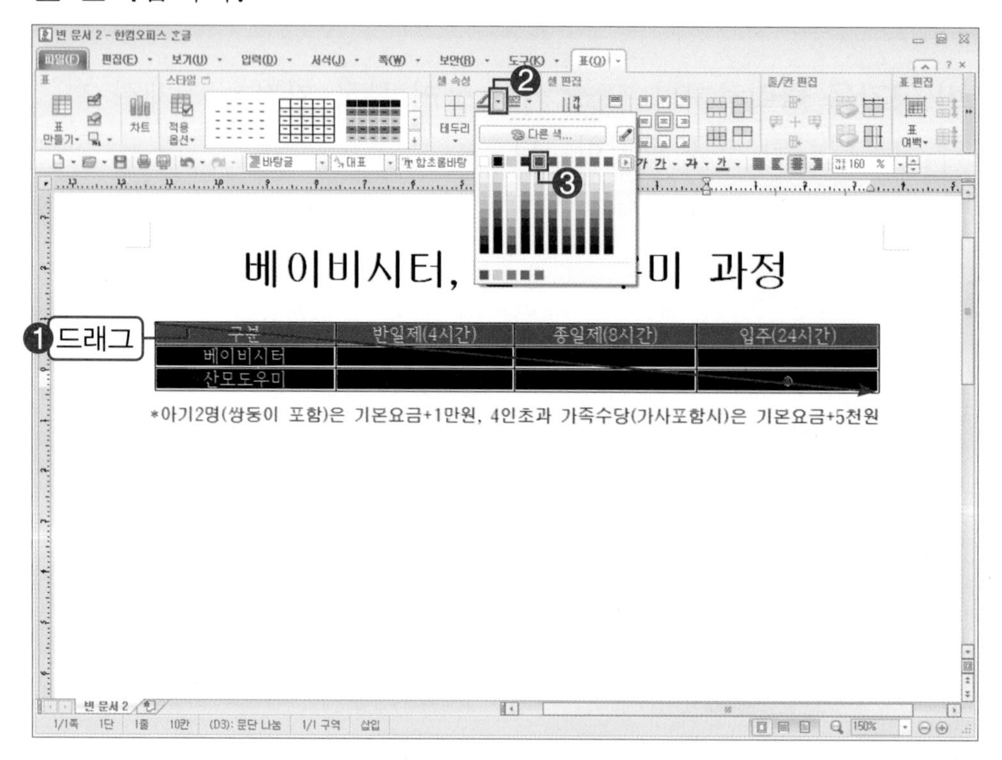

03 [표] 탭–[셀 속성] 그룹–**[셀 테두리 굵기(≡)]–[0.6mm]를 선택**합니다.

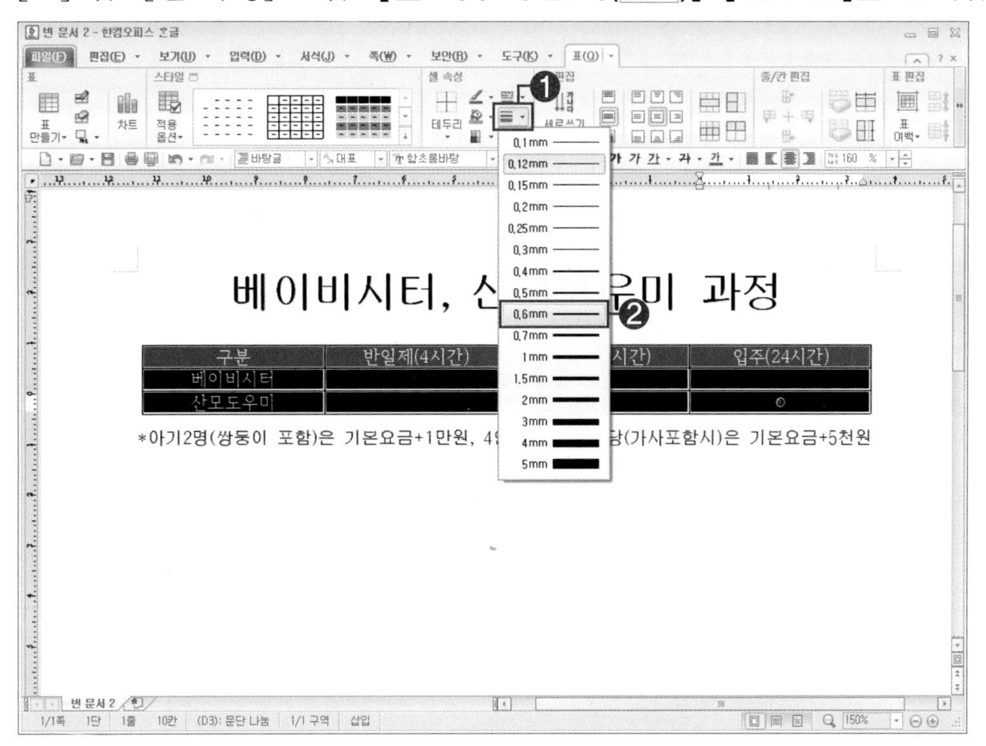

04 이번에는 [표] 탭–[셀 속성] 그룹–**[테두리( )]–[바깥쪽 모두( )]를 선택**합니다.

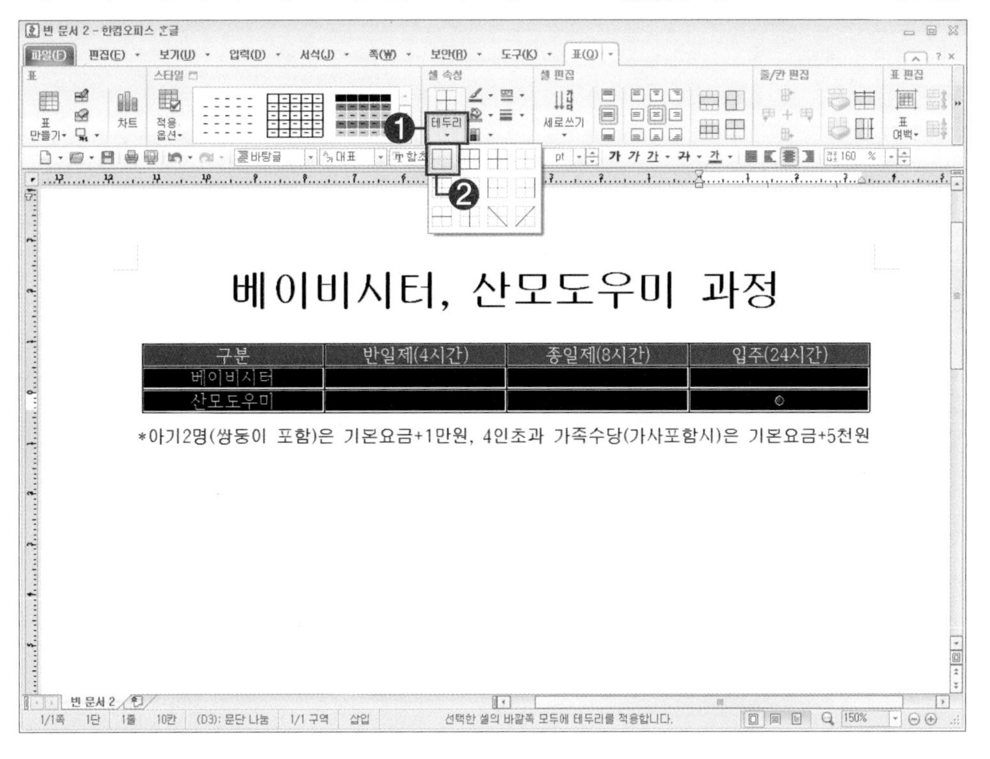

05 [표] 탭–[셀 속성] 그룹–**[셀 테두리 굵기(≡)]–[0.2mm]로 선택**합니다.

06 [표] 탭-[셀 속성] 그룹-**[테두리(테두리)]-[안쪽 모두(⊞)]를 선택**합니다.

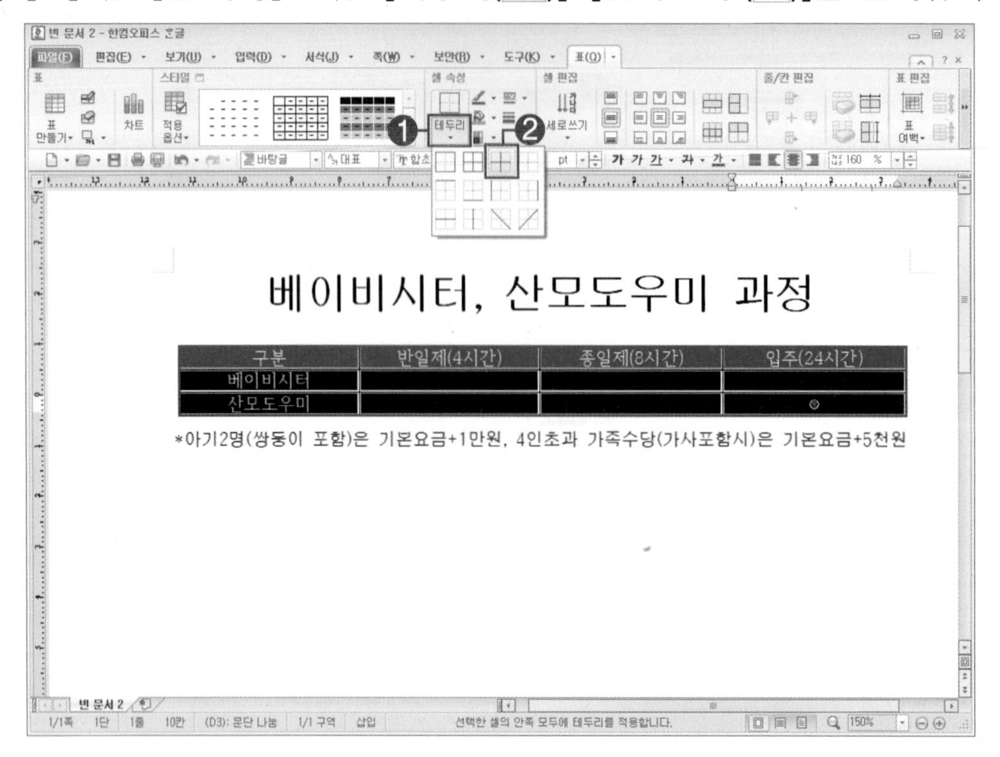

07 표의 안쪽과 바깥쪽 테두리의 색과 굵기가 변경된 것을 확인합니다.

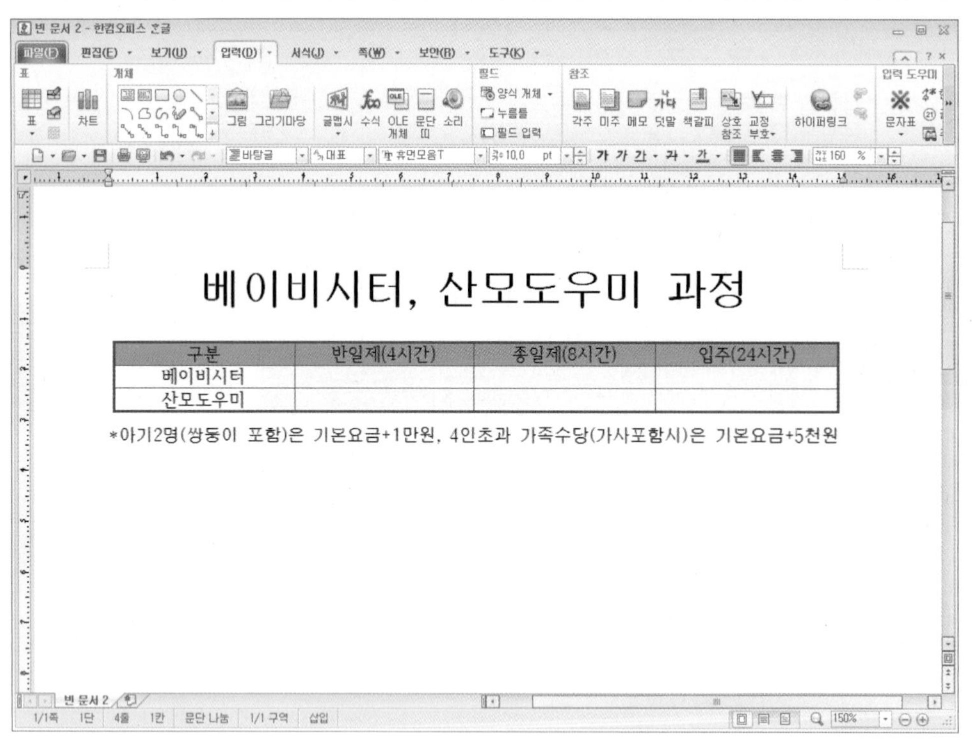

줄 추가 및 셀 나누기/셀 합치기

01 **'반일제(4시간)' 글자 앞으로 커서를 이동**한 후 **[표] 탭–[줄/칸 편집] 그룹–[아래에 줄 추가하기(⊞)]를 클릭**합니다.

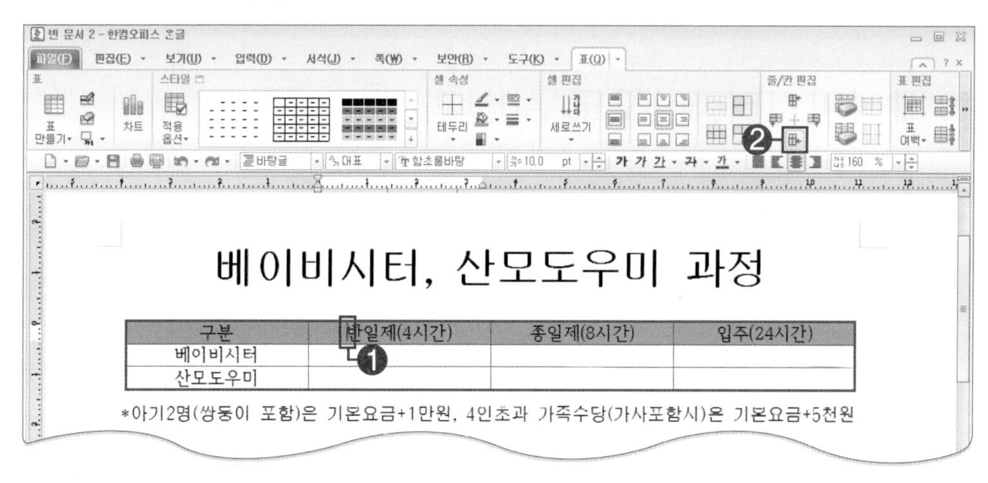

02 줄이 추가되면 그림과 같이 **셀 영역을 블록 지정**한 후 **[표] 탭–[셀 편집] 그룹–[셀 나누기(⊞)]를 클릭**합니다.

03 [셀 나누기] 대화상자가 나타나면 **[줄 수]의 체크 표시 부분을 클릭**합니다. [줄 수]의 체크 표시는 취소되고, 자동으로 [칸 수]가 체크됩니다. 기본값 '2'를 확인하고 **[나누기] 단추를 클릭**합니다.

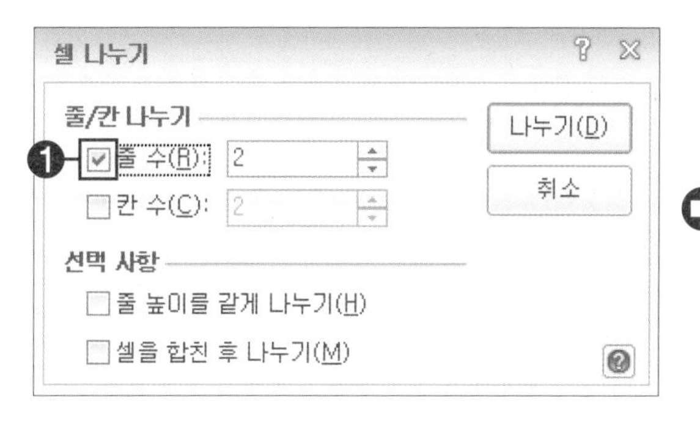

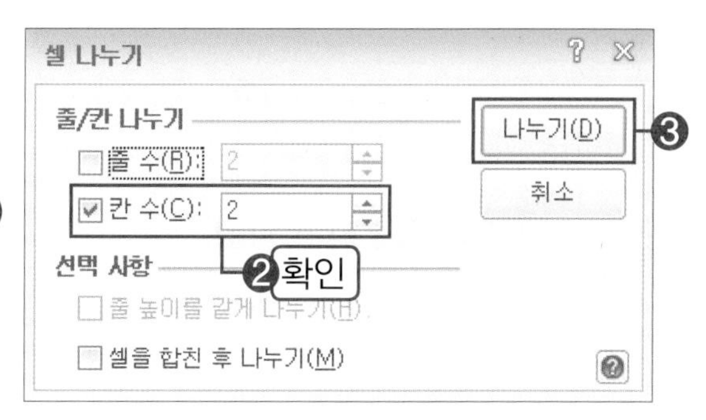

04 그림과 같이 **내용을 입력**합니다. **표의 첫 번째 칸에서 첫 번째와 두 번째 셀을 블록 지정**한 후 [표] 탭–[셀 편집] 그룹–**[셀 합치기(▤)]**를 **클릭**합니다.

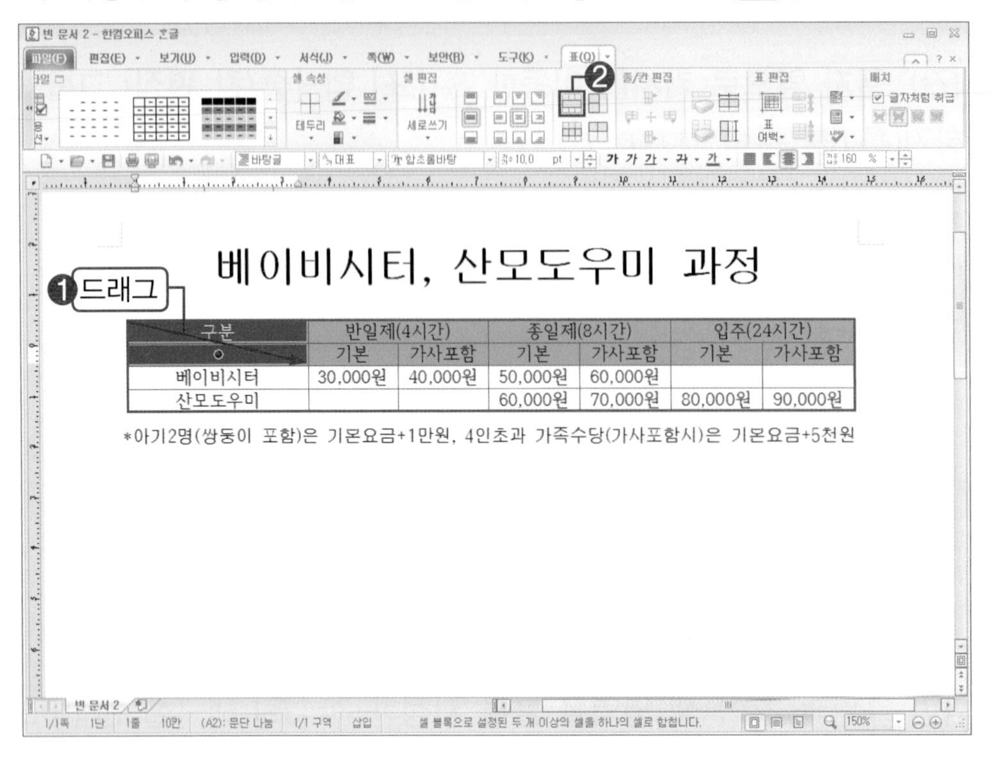

05 같은 방법으로 **나머지 2개의 셀도 각각 합치기**합니다.

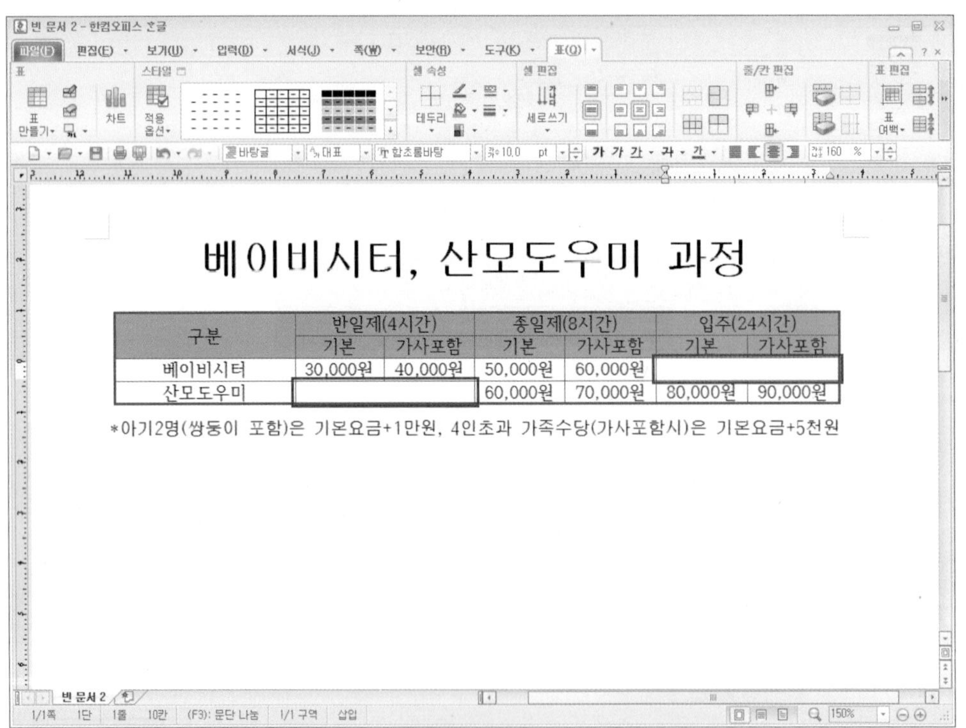

배움터 **셀 합치기의 다른 방법**

2개 이상의 셀을 블록 설정한 후, M 키를 누르면 1개의 셀로 합쳐집니다.

표/셀 크기 및 대각선 지정하기

01 **표의 바깥쪽 테두리를 클릭**하여 표의 크기를 조절할 수 있는 8개의 점이 표시되면 **아래쪽 크기 조절점을 아래쪽으로 드래그**합니다. 표의 전체 높이가 크게 변경됩니다.

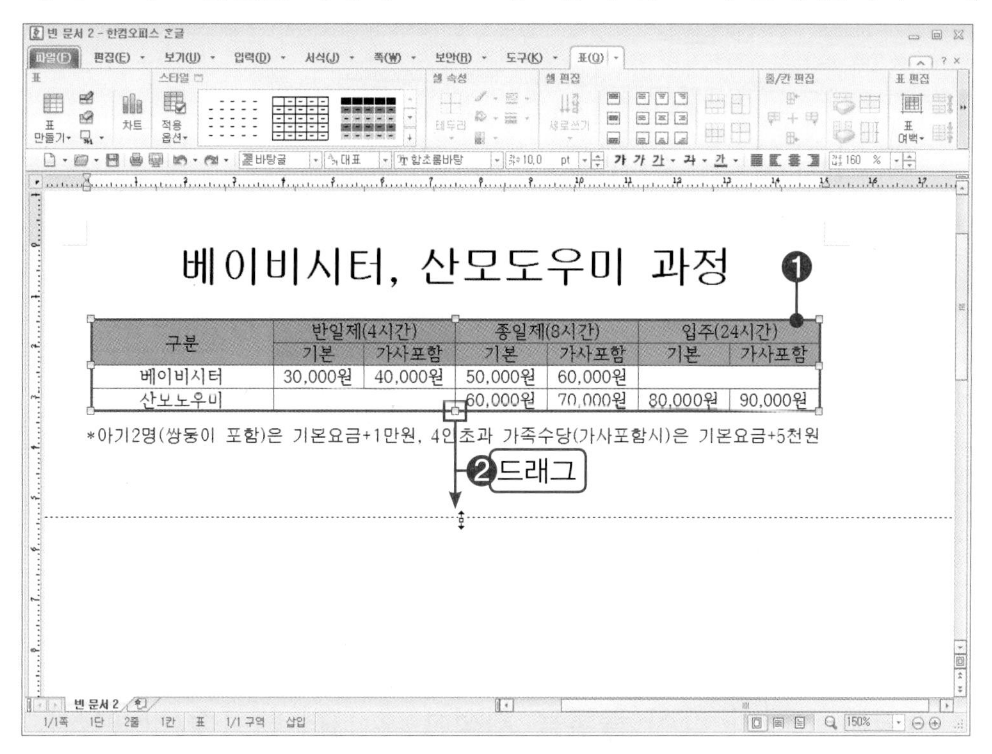

02 Esc **키**를 눌러 표 선택을 해제한 후, **두 번째 줄과 세 번째 줄 사이의 선을 위쪽으로 드래그**하여 줄의 높이를 조절합니다.

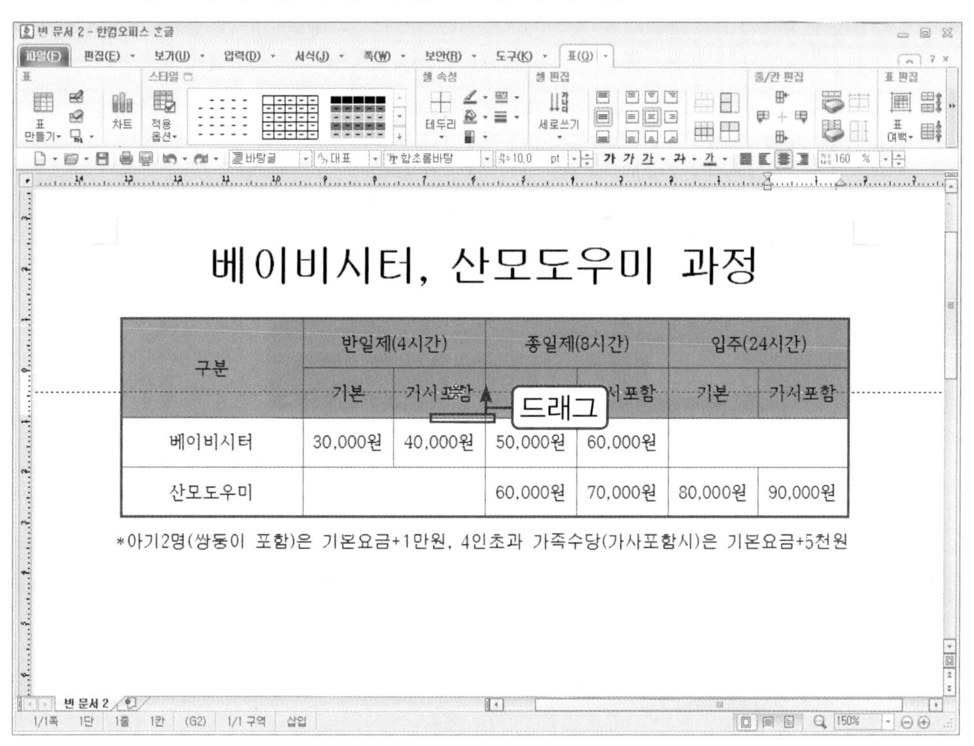

03 Ctrl **키를 누른 상태에서 비어 있는 셀을 각각 클릭**하여 두 개의 셀을 선택합니다. **[표] 탭–[셀 속성] 그룹–[테두리(테두리)]에서 [대각선 아래(⧅)]와 [대각선 위(⧄)]를 각각 선택**합니다.

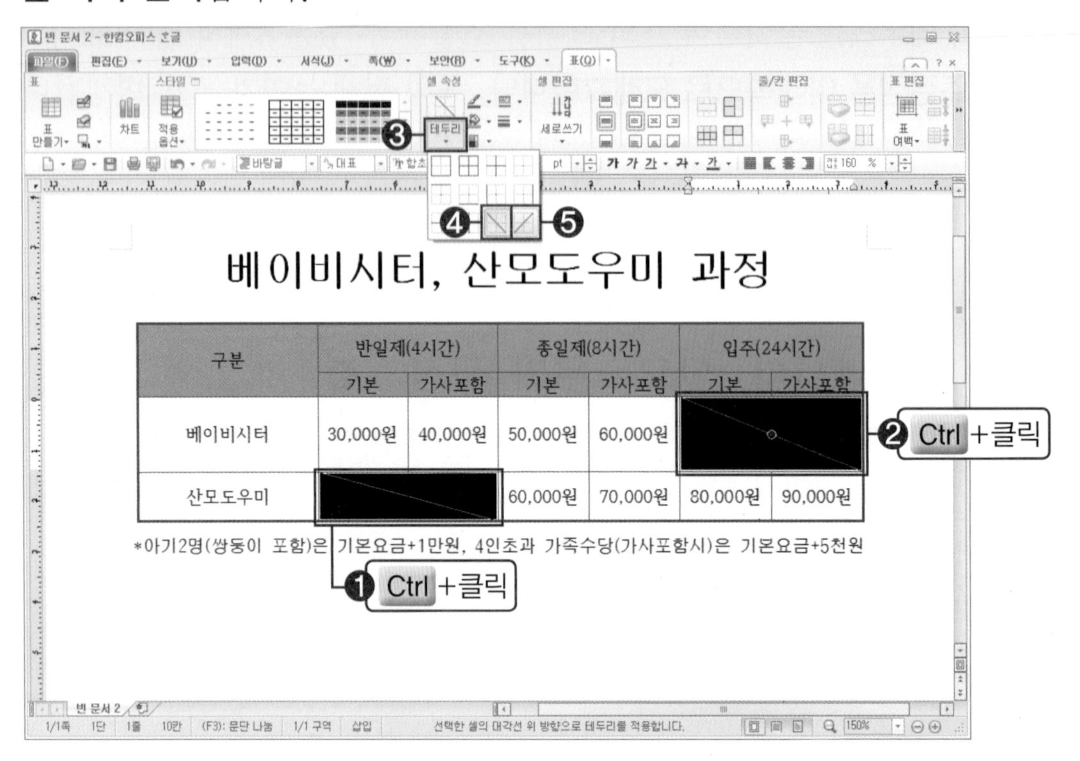

04 대각선이 삽입되면 그림과 같이 **블록을 지정**한 후 **[표] 탭–[줄/칸 편집] 그룹–[셀 높이를 같게(⊞)]를 클릭**하여 결과를 확인합니다.

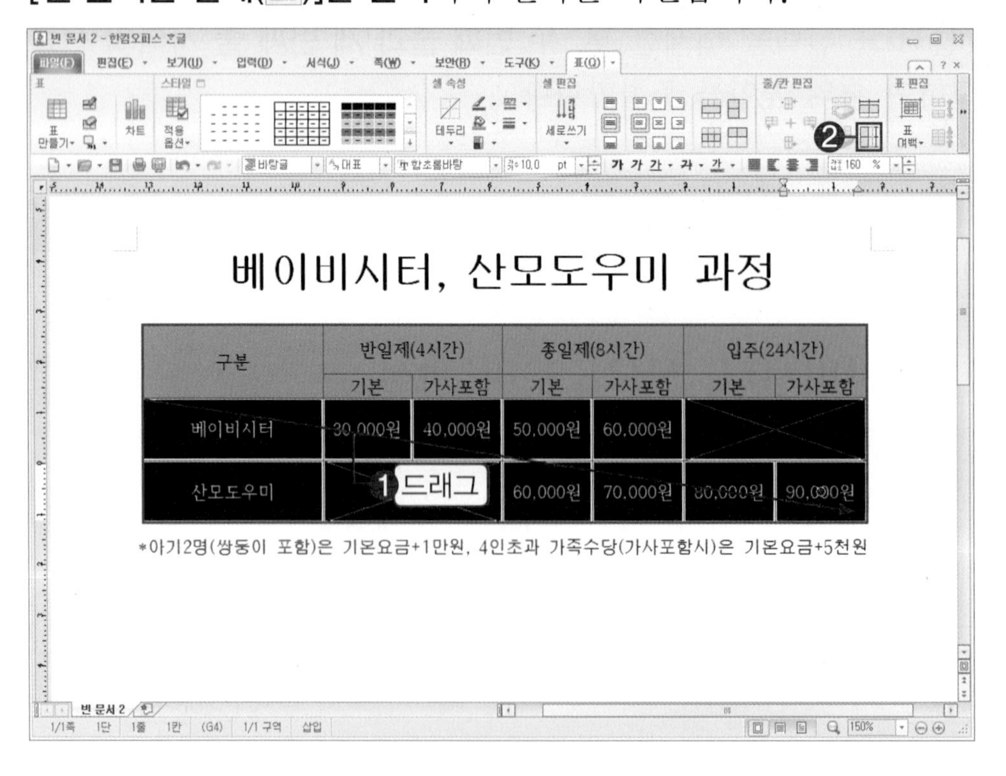

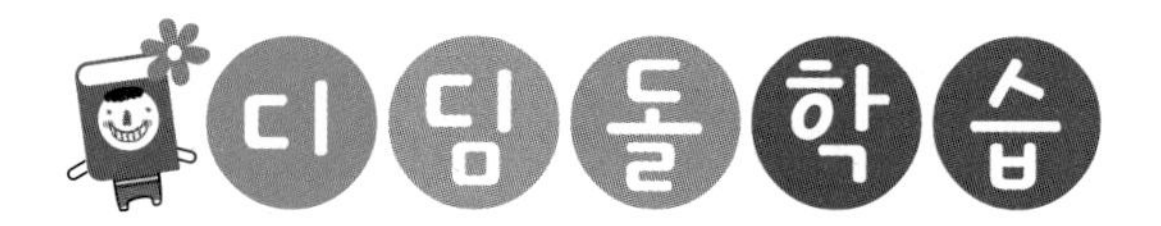

1 그림과 같은 표를 삽입한 후, 내용을 입력해 봅니다.

생활체육교실 참가자 모집

프로그램명	운영일시	대상	인원	참가비
청소년 농구교실	화 19:00~21:00	청소년	자율참여	
여성 에어로빅교실	월, 목 20:30~21:30	성인여성 누구나	20명	
어르신 포켓볼교실	수, 목 10:30~11:30	65세이상 어르신	15명	

2 셀 배경 색, 테두리 색, 테두리 모양, 두께를 지정하여 그림과 같이 표를 꾸며 봅니다.

생활체육교실 참가자 모집

프로그램명	운영일시	대상	인원	참가비
청소년 농구교실	화 19:00~21:00	청소년	자율참여	
여성 에어로빅교실	월, 목 20:30~21:30	성인여성 누구나	20명	
어르신 포켓볼교실	수, 목 10:30~11:30	65세이상 어르신	15명	

도움터

- **셀 배경 색** : 노른자색
- **바깥쪽 테두리** : [셀 테두리 색]–[멜론색], [셀 테두리 굵기]–[0.6mm], [셀 테두리 모양]–[실선]
- **안쪽 테두리** : [셀 테두리 색]–[멜론색], [셀 테두리 굵기]–[0.2mm], [셀 테두리 모양]–[점선]
- **대각선 테두리** : [셀 테두리 색]–[멜론색], [셀 테두리 굵기]–[0.2mm], [셀 테두리 모양]–[실선]

10 전기 사용량 차트 만들기

이번 장에서는 표에 입력된 숫자를 블록 지정하여 자동으로 평균과 합계를 구하는 방법에 대해 알아봅니다. 또한 표에 입력된 데이터를 이용해 차트를 만들고 차트 스타일이나 차트 제목을 꾸미는 방법도 익혀보도록 하겠습니다.

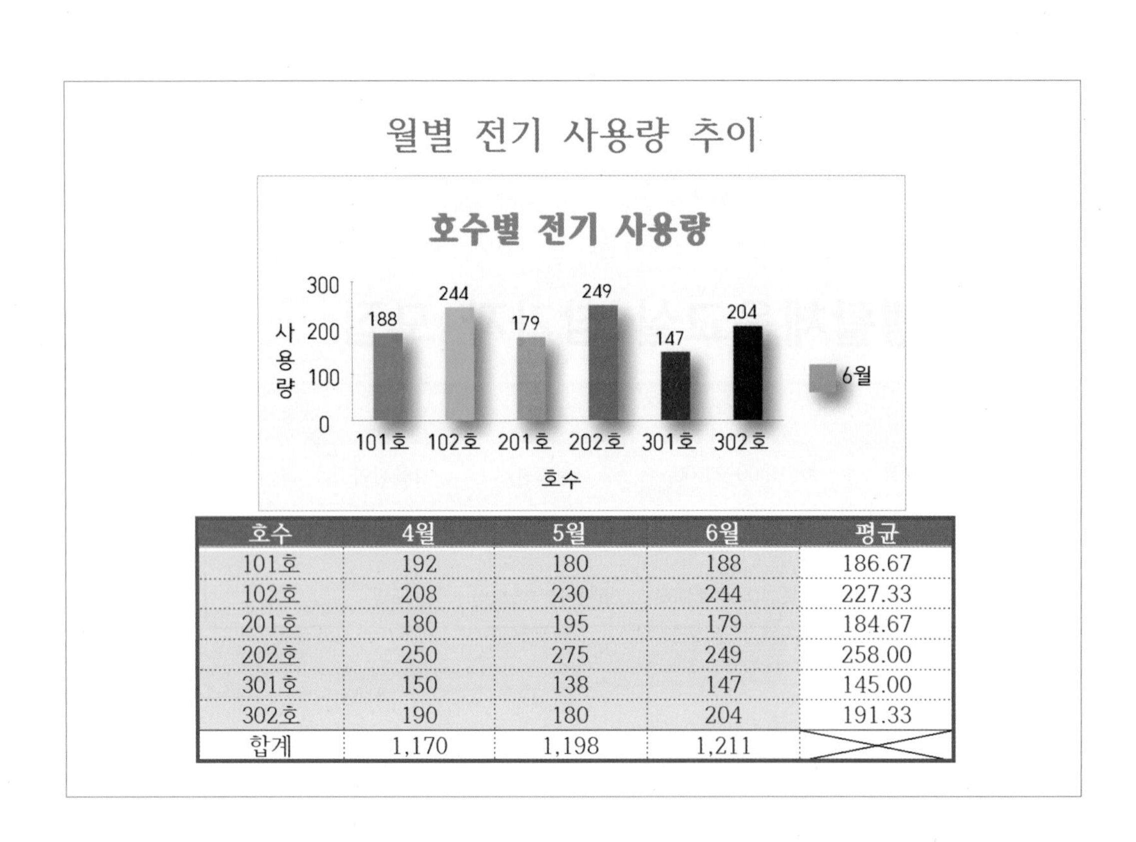

호수	4월	5월	6월	평균
101호	192	180	188	186.67
102호	208	230	244	227.33
201호	180	195	179	184.67
202호	250	275	249	258.00
301호	150	138	147	145.00
302호	190	180	204	191.33
합계	1,170	1,198	1,211	

무엇을 배울까요?

- 블록 평균과 블록 합계 구하기
- 차트 마법사로 차트 만들기
- 차트 데이터 편집하기
- 차트 스타일과 차트 제목 꾸미기

01 블록 계산식 이용하기

01 **'전기사용량.hwp' 파일**을 불러오기하여 그림과 같이 **블록을 지정**합니다. **[표] 탭-[표 편집] 그룹-[계산식(▾)]-[블록 평균]**을 **선택**합니다.

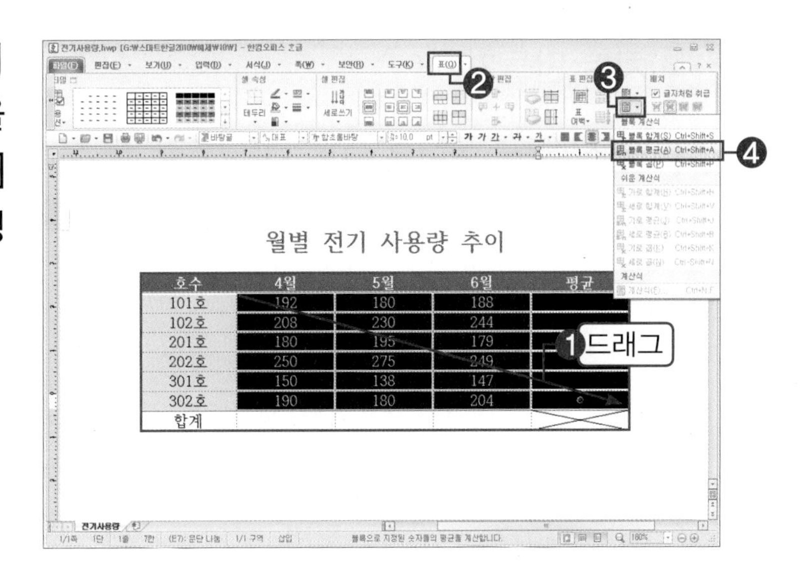

02 오른쪽 빈 셀에 평균 값이 자동으로 계산되어 입력됩니다.

03 이번에는 그림과 같이 4월, 5월, 6월의 셀 영역을 **블록 지정**한 후 [표] 탭-[표 편집] 그룹-**[계산식(▾)]-[블록 합계]**를 **선택**합니다.

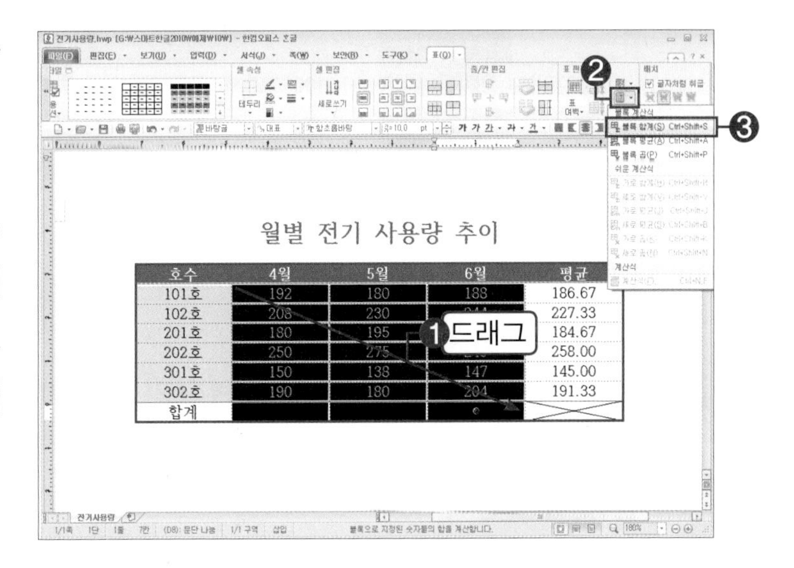

04 아래쪽 빈 셀에 합계 값이 자동으로 계산되어 입력됩니다.

월별 전기 사용량 추이

호수	4월	5월	6월	평균
101호	192	180	188	186.67
102호	208	230	244	227.33
201호	180	195	179	184.67
202호	250	275	249	258.00
301호	150	138	147	145.00
302호	190	180	204	191.33
합계	1,170	1,198	1,211	

차트 마법사로 차트 만들기

차트 만들기

01 **'호수'의 셀 영역을 블록 지정**한 후 **Ctrl 키를 누른 채 '6월'의 셀 영역을 블록 지정**합니다. **[표] 탭–[표] 그룹–[차트( )]를 클릭**합니다.

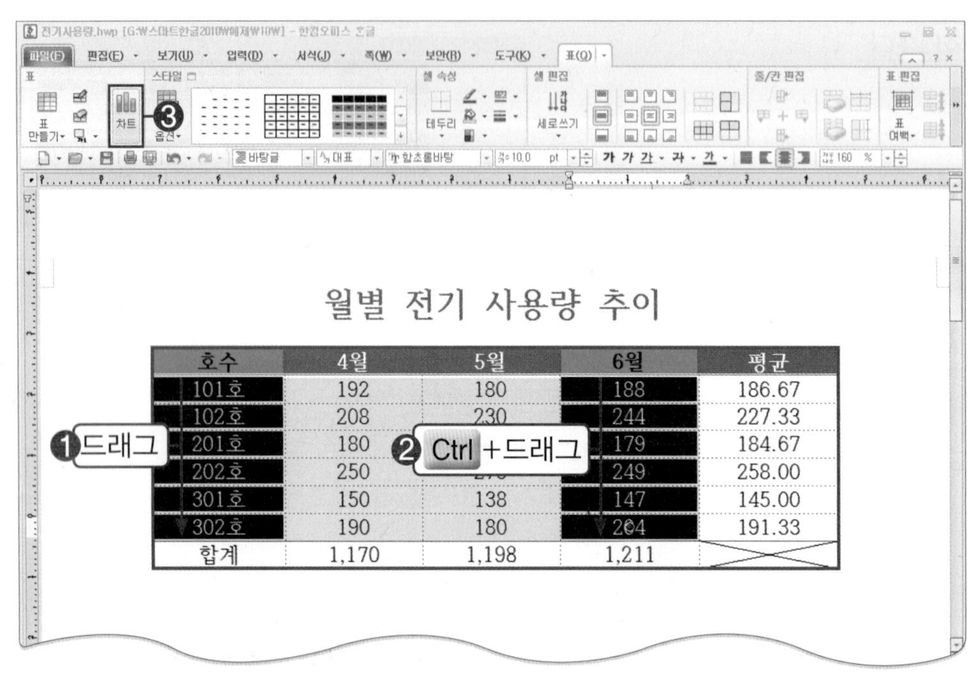

호수	4월	5월	6월	평균
101호	192	180	188	186.67
102호	208	230	244	227.33
201호	180		179	184.67
202호	250		249	258.00
301호	150	138	147	145.00
302호	190	180	204	191.33
합계	1,170	1,198	1,211	

02 차트가 만들어지면 **[차트] 탭–[크기] 그룹에서 [너비( )]는 '100mm', [높이( )]는 '50mm'로 지정**하고, **[크기 고정]은 체크 표시**합니다. 차트를 드래그하여 그림과 같이 배치합니다.

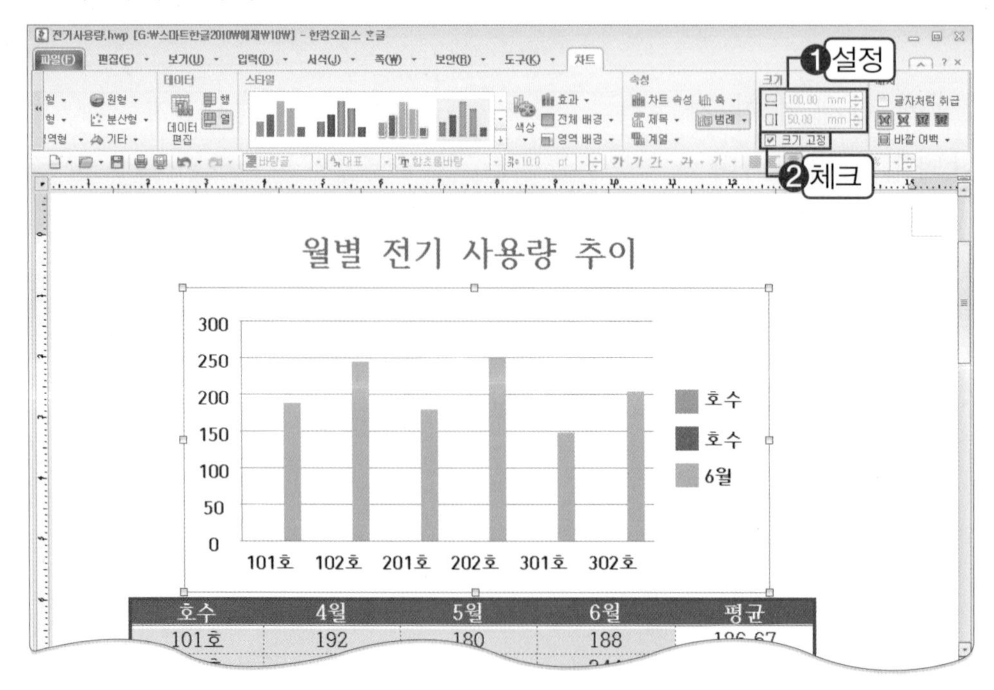

차트 마법사 실행하기

01 **차트가 선택된 상태**에서 **[차트] 탭–[차트] 그룹의 그룹 이름(** 차트 **)**을 **클릭**합니다.

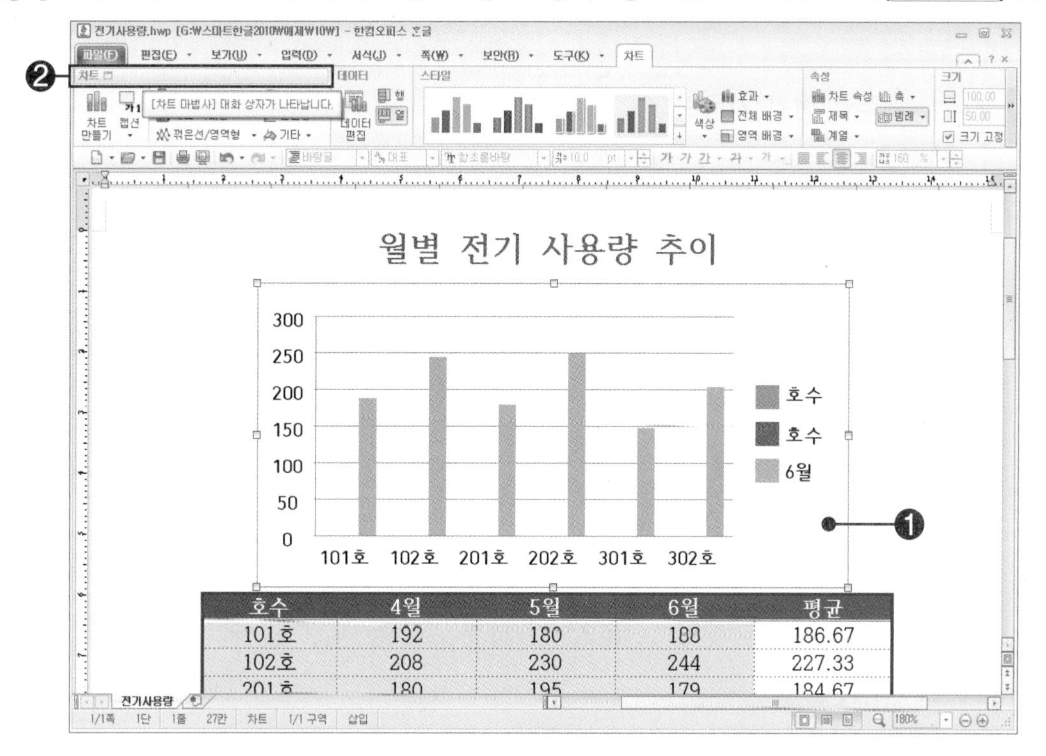

호수	4월	5월	6월	평균
101호	192	180	188	186.67
102호	208	230	244	227.33
201호	180	195	179	184.67

배움터 **[차트 마법사] 대화상자를 호출하는 다른 방법**

차트 개체를 더블 클릭하여 차트 편집 상태로 만든 후, 마우스 오른쪽 단추를 클릭해 나타나는 바로 가기 메뉴에서 [차트 마법사]를 선택합니다.

02 [차트 마법사] 1단계가 표시되면 그림과 같은 **차트 종류를 선택**하고 **[다음] 단추를 클릭**합니다. 2단계에서 **'열' 방향을 선택**하고 **[다음] 단추를 클릭**합니다.

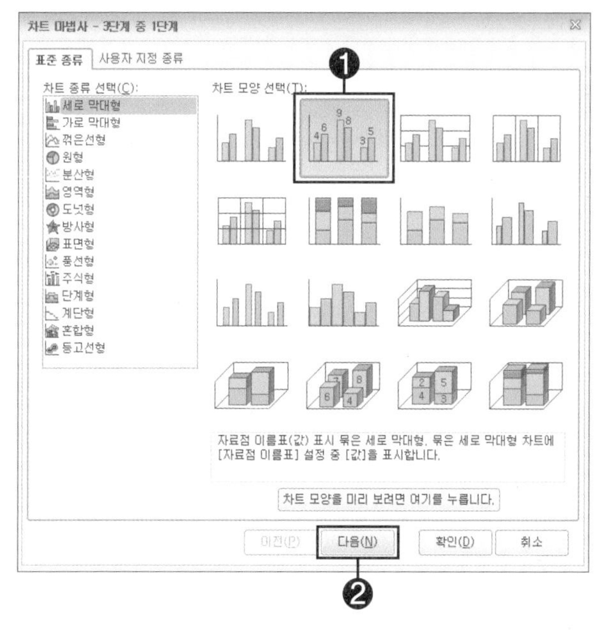

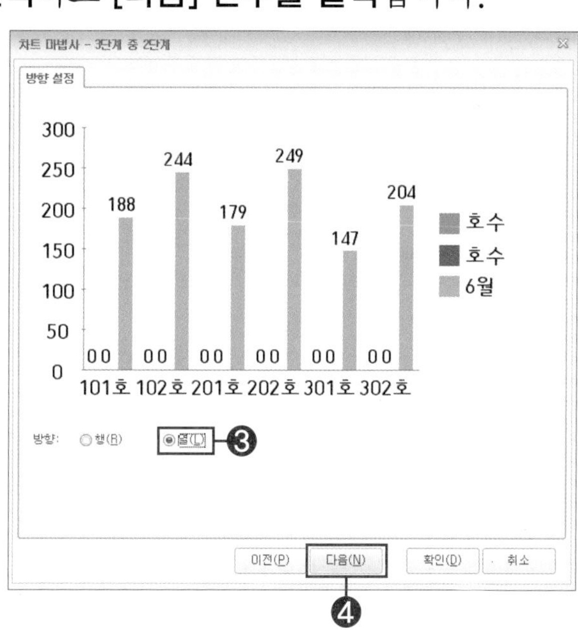

03 마지막 단계에서 **[차트 제목], [X(항목) 축], [Y(값) 축]을 각각 입력**하고 **[확인] 단추를 클릭**합니다.

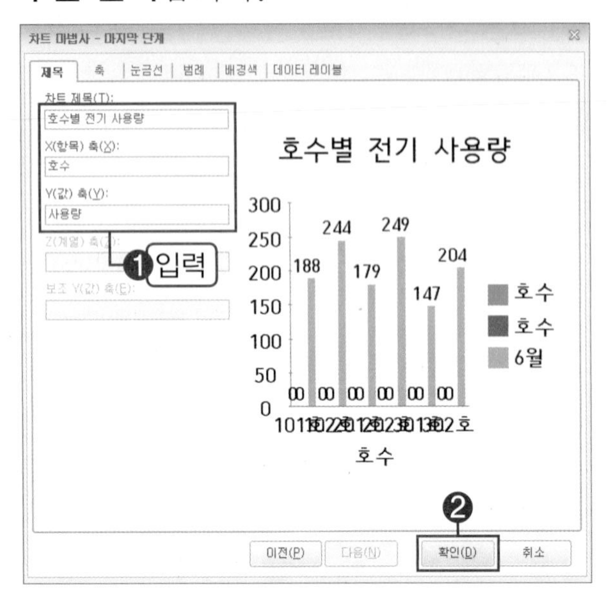

04 차트 마법사에서 지정한 차트 종류, 방향과 제목, 항목 축, 값 축으로 차트가 변경된 것을 확인합니다.

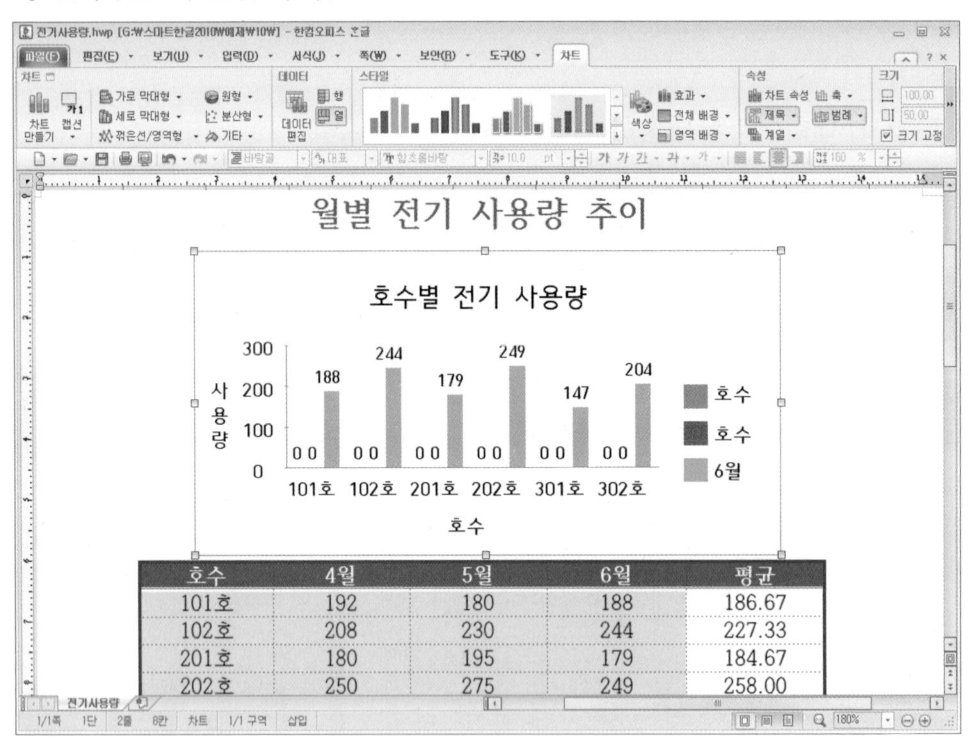

호수	4월	5월	6월	평균
101호	192	180	188	186.67
102호	208	230	244	227.33
201호	180	195	179	184.67
202호	250	275	249	258.00

03 차트 편집하기

데이터 편집하기

01 **차트가 선택된 상태**에서 **[차트] 탭–[데이터] 그룹–[데이터 편집( )]을 클릭**합니다.

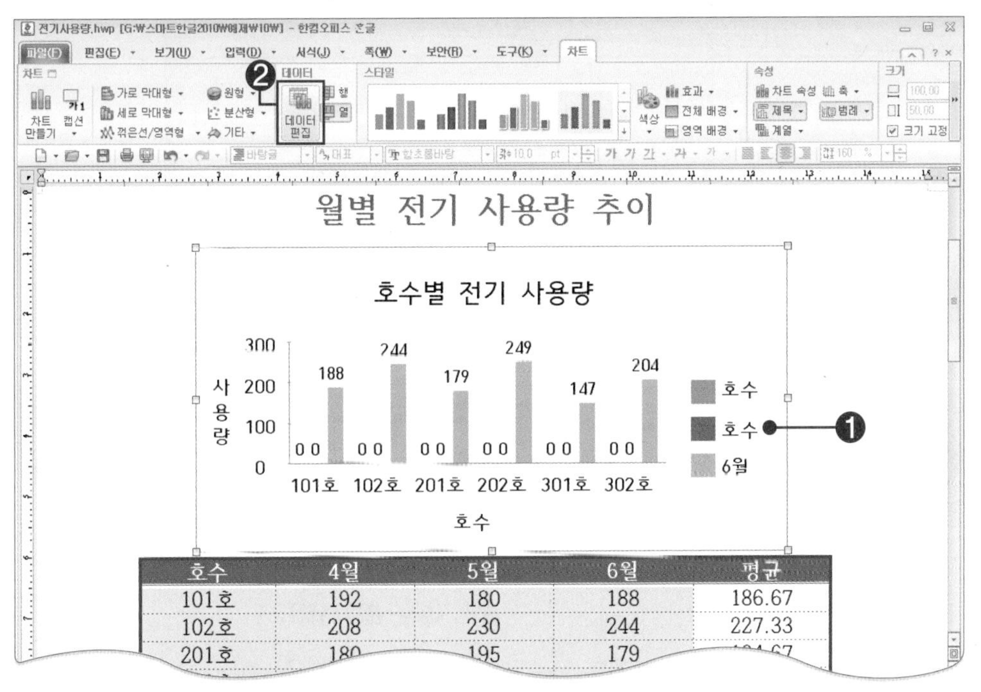

02 [차트 데이터 편집] 대화상자가 나타나면 **'호수'를 선택**한 다음 **[선택한 열 삭제( )]를 클릭**합니다. 다시 '호수'를 선택한 다음 **[선택한 열 삭제( )]를 클릭**하고 **[확인] 단추를 클릭**합니다.

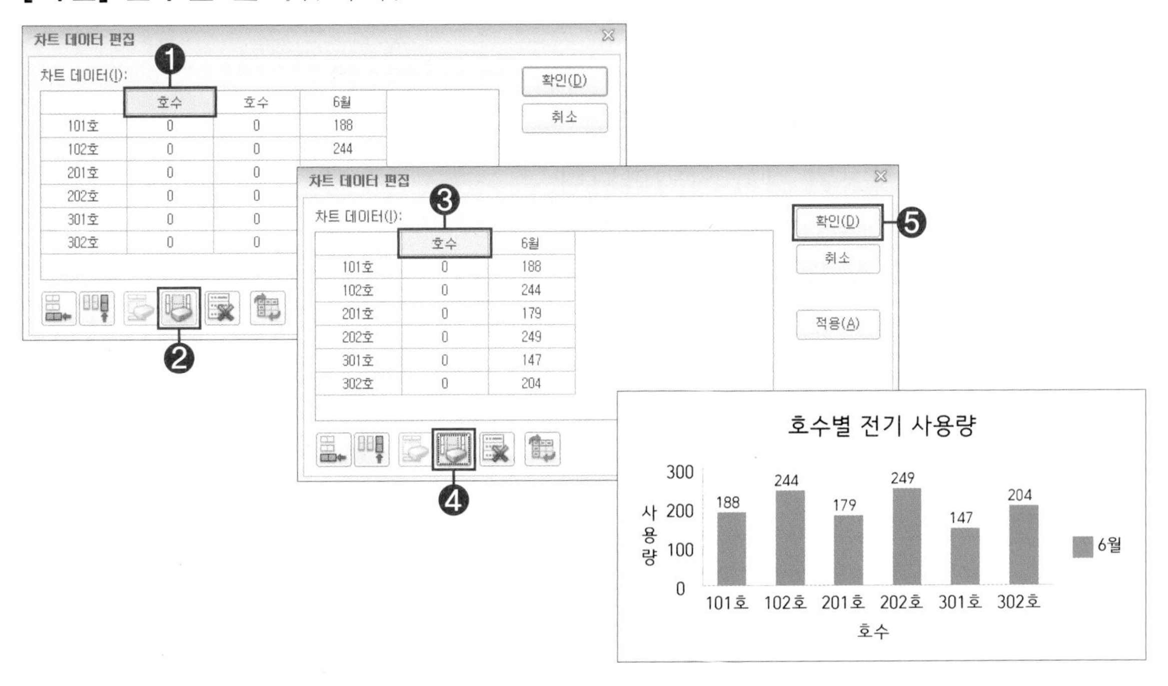

차트 스타일 지정하기

01 차트가 선택된 상태에서 **[차트] 탭–[스타일] 그룹–[자세히( )]를 클릭**합니다. 스타일 목록에서 **[초록색/붉은 색 혼합, 그림자 모양, 연노란색 배경]을 선택**합니다.

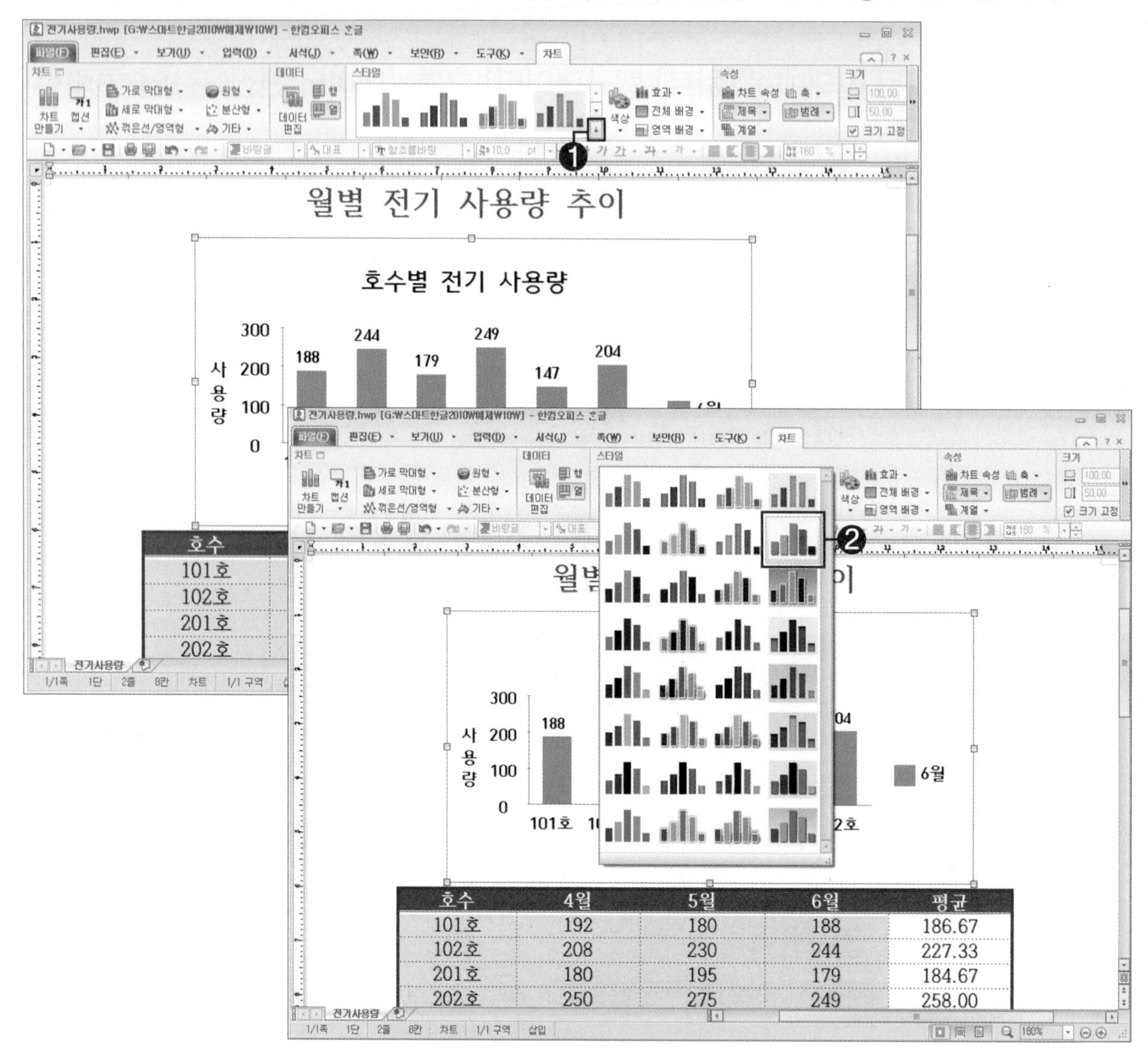

02 차트 스타일이 지정된 것을 확인합니다.

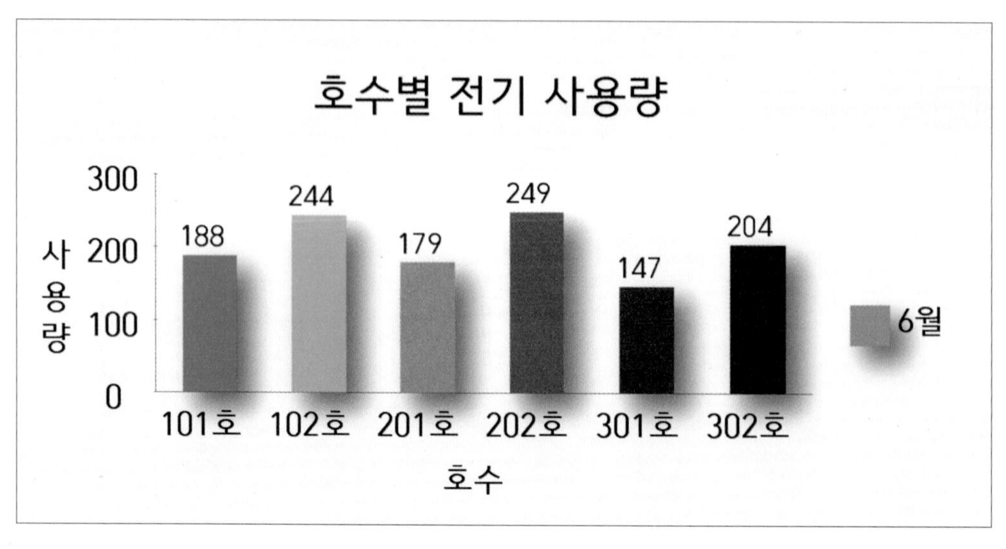

차트 제목 꾸미기

01 차트가 선택된 상태에서 **[차트] 탭-[속성] 그룹-[제목(제목)]-[제목 모양]을 선택**합니다. [제목 모양] 대화상자의 **[글자] 탭에서 글꼴(한컴 솔잎 M)과 크기(15pt), 속성(진하게), 글자 색([기본] 색상 테마-[멜론색])을 지정**하고 **[설정] 단추를 클릭**합니다.

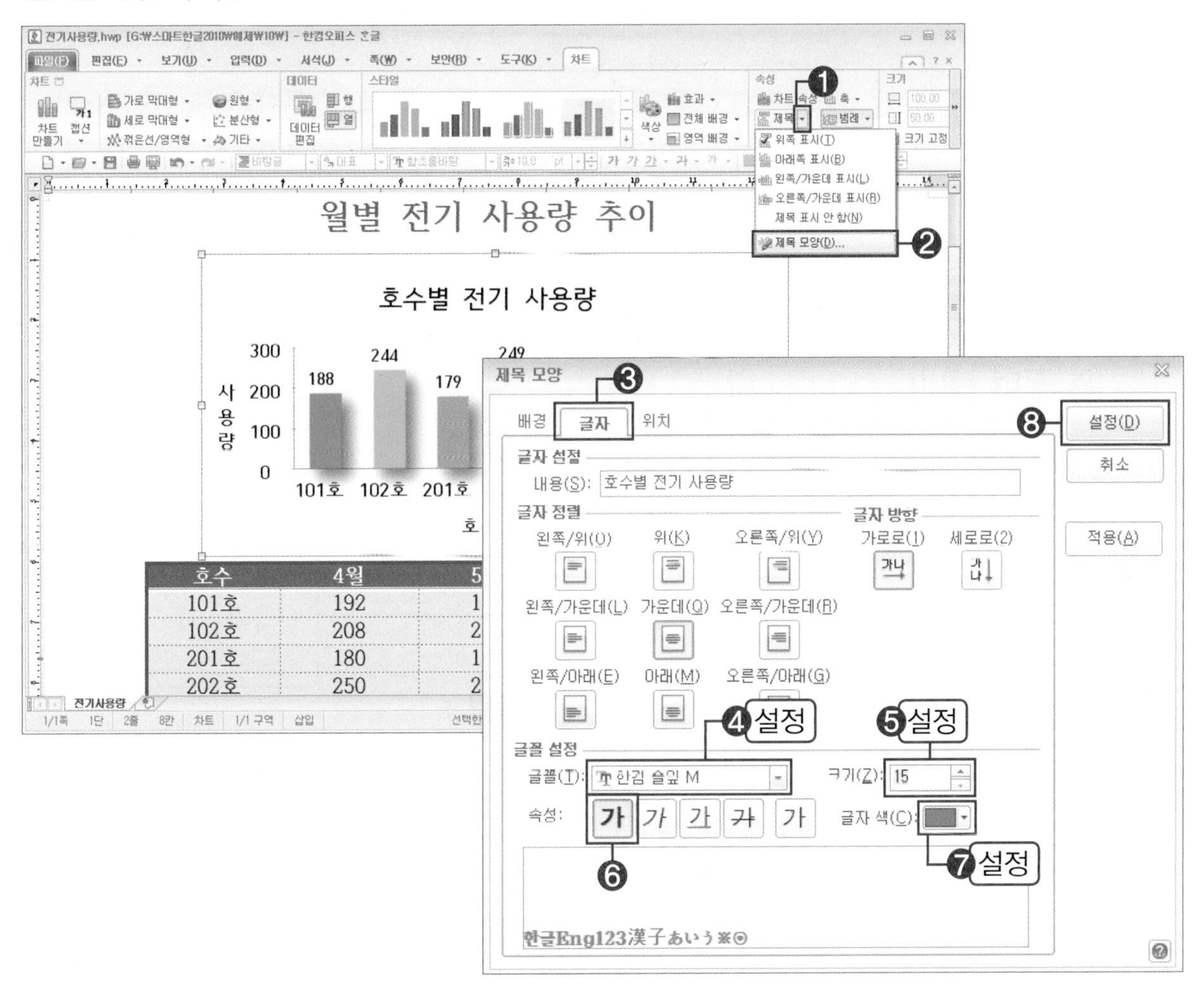

02 차트 제목 서식이 변경된 것을 확인합니다.

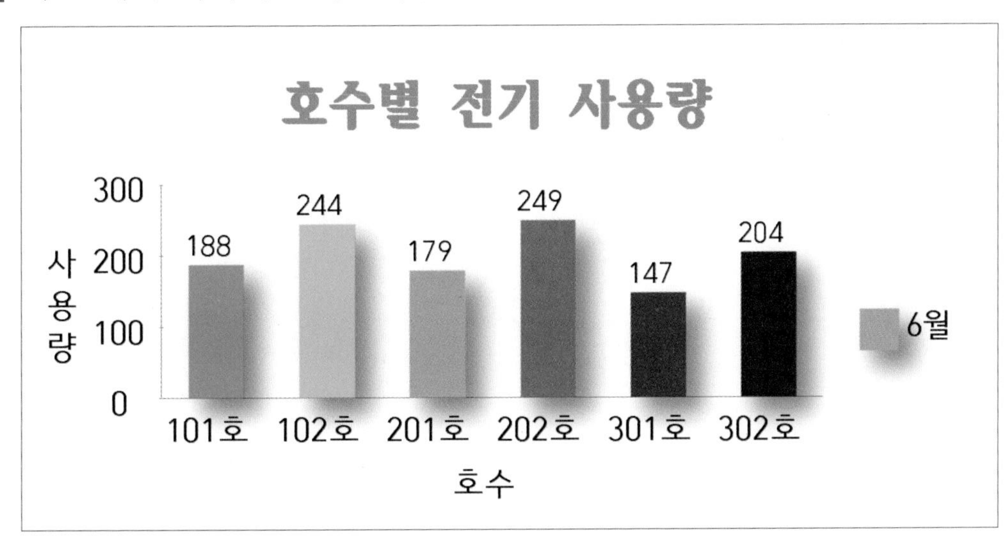

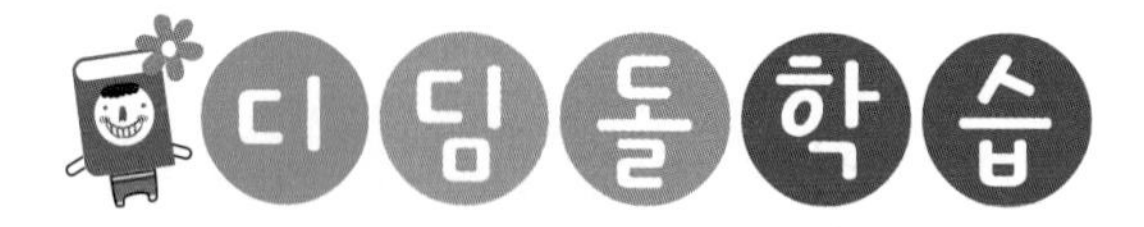

1 '만족도조사.hwp' 파일을 불러오기하여 그림과 같이 '블록 평균'과 '블록 합계' 값을 구해 봅니다.

항목	만족	보통	불만족	합계
남성	42	97	38	177
여성	26	42	183	251
평균	34.00	69.50	110.50	

2 '남성'과 '여성'의 만족도 데이터를 이용하여 그림과 같은 차트를 만들고 차트를 꾸며 봅니다.

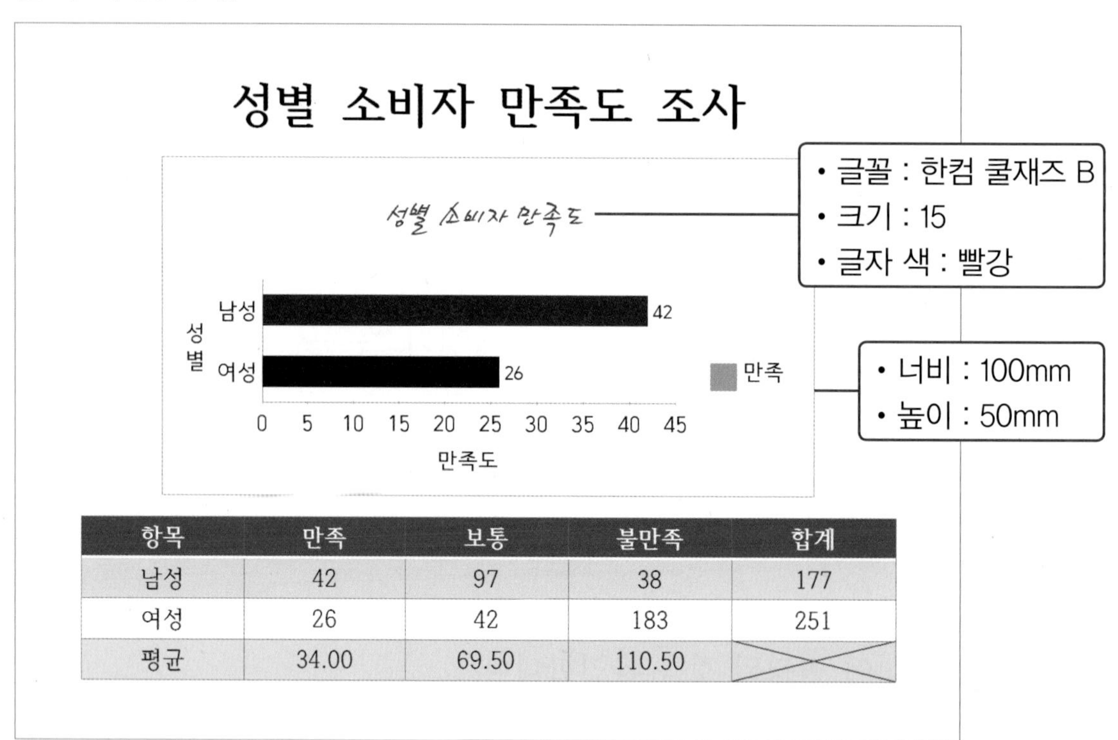

항목	만족	보통	불만족	합계
남성	42	97	38	177
여성	26	42	183	251
평균	34.00	69.50	110.50	

도움터

- **차트 종류** : [가로 막대형]–[자료점 이름표(값) 표시 묶은 가로 막대형]
- **차트 방향** : 열
- **차트 스타일** : 붉은색조, 기본 모양

예방접종 확인증 만들기

이번 장에서는 새로운 탭을 추가하여 해당 탭에 저장되어 있는 파일을 불러오는 방법에 대해 알아봅니다. 또한 메일 머지 기능을 이용해 동일한 문서 내용에 사람 이름과 날짜, 장소의 데이터만 다르게 하여 많은 문서를 한 번에 만드는 방법과 워터마크를 추가하는 방법도 익혀보도록 하겠습니다.

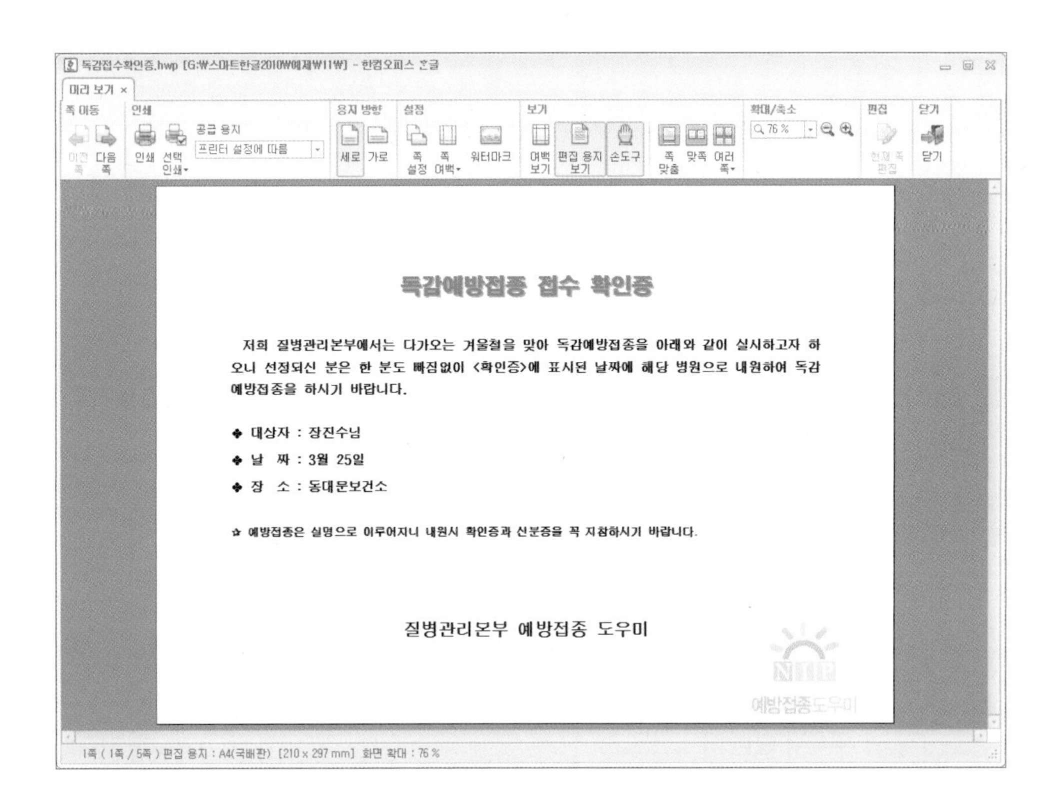

독감예방접종 접수 확인증

저희 질병관리본부에서는 다가오는 겨울철을 맞아 독감예방접종을 아래와 같이 실시하고자 하오니 선정되신 분은 한 분도 빠짐없이 <확인증>에 표시된 날짜에 해당 병원으로 내원하여 독감예방접종을 하시기 바랍니다.

◆ 대상자 : 장진수님
◆ 날　짜 : 3월 25일
◆ 장　소 : 동대문보건소

☆ 예방접종은 실명으로 이루어지니 내원시 확인증과 신분증을 꼭 지참하시기 바랍니다.

질병관리본부 예방접종 도우미

무엇을 배울까요?

- 새 탭에 문서 불러오기
- 메일 머지 표시 달고 만들기
- 워터마크 넣기
- 메일 머지 결과 파일 만들기

데이터 파일 만들기

01 '빈 문서'에서 **첫 번째 줄에 '3'을 입력**한 후 Enter **키**를 누릅니다.

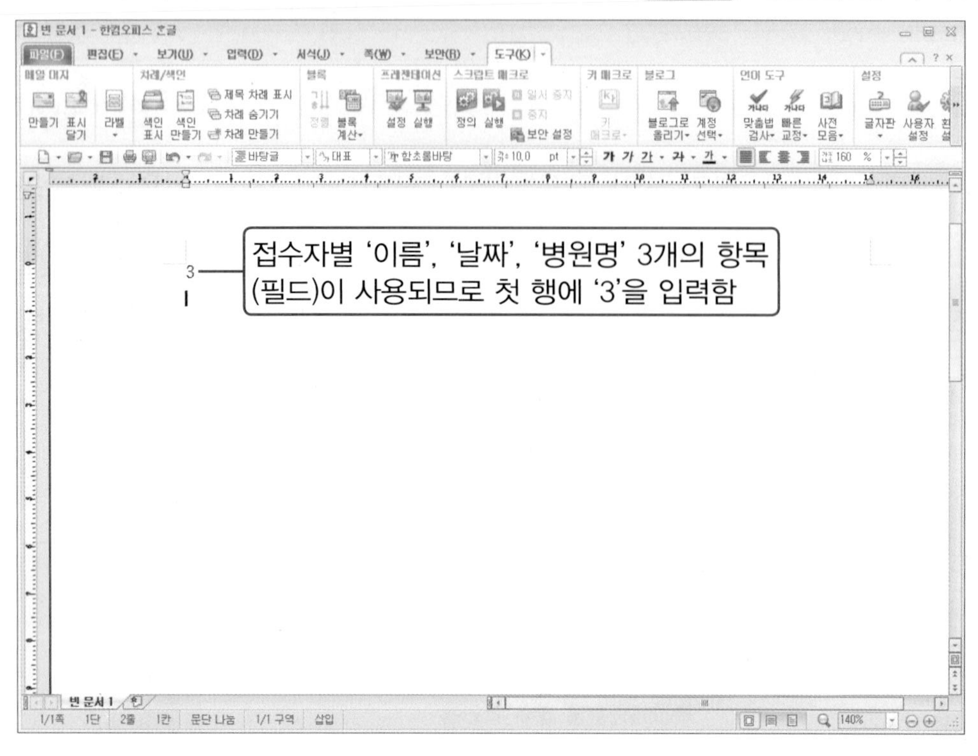

02 그림과 같이 다섯 명의 '이름', '날짜', '병원명' 항목(필드)의 **데이터를 각각 입력**한 후 **'접수자명단.hwp'으로 저장**합니다.

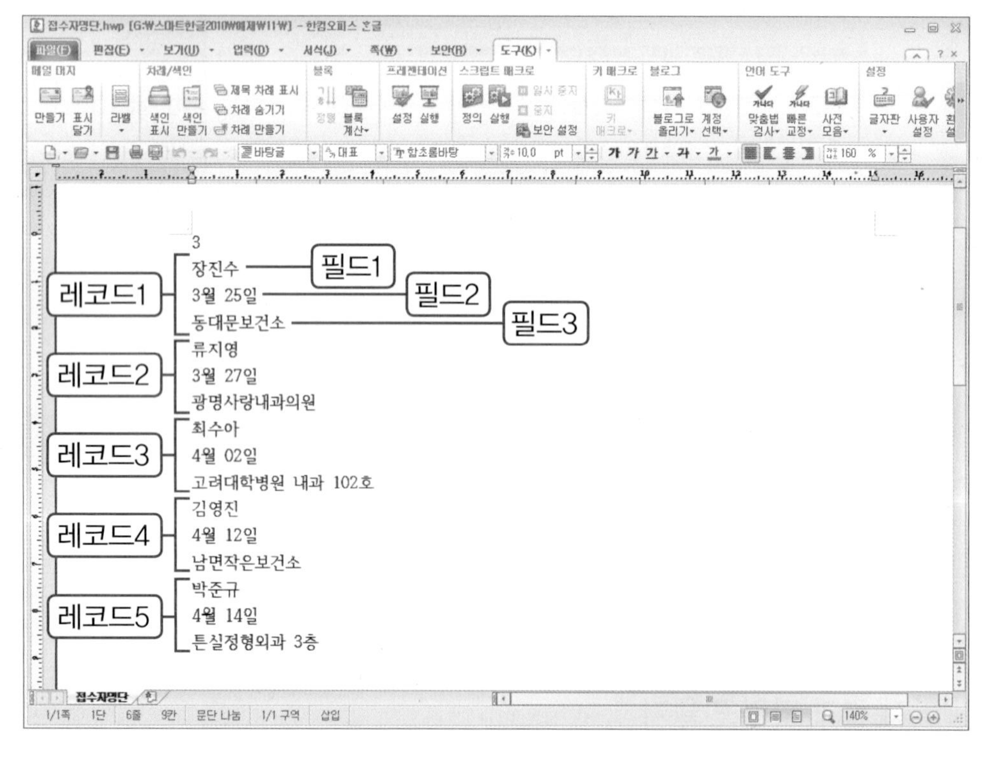

현재 탭에 문서 불러오기

01 화면 아래쪽의 **'새 탭( )'을 클릭**하거나 [파일]–[새 문서]–[새 탭] 메뉴를 선택하여 새로운 '빈 문서'를 열기합니다.

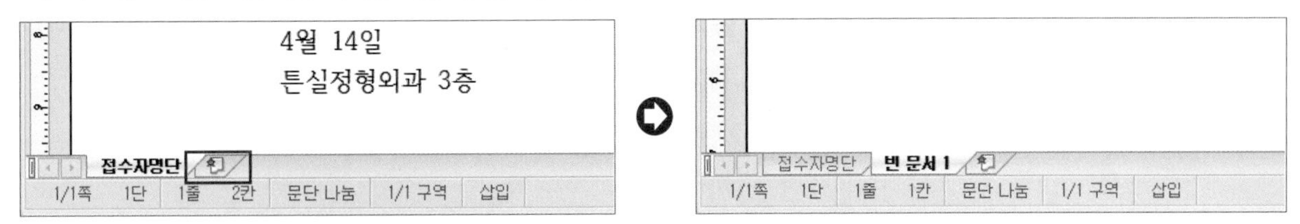

02 추가된 '빈 문서' 탭이 선택된 상태에서 **[서식] 도구 상자의 [불러오기( )]를 클릭**하거나 [파일]–[불러오기] 메뉴를 선택합니다. [불러오기] 대화상자가 나타나면 **'독감접수확인증.hwp' 파일을 선택**하고 **'현재 창에'를 체크 표시**한 후 **[열기] 단추를 클릭**합니다.

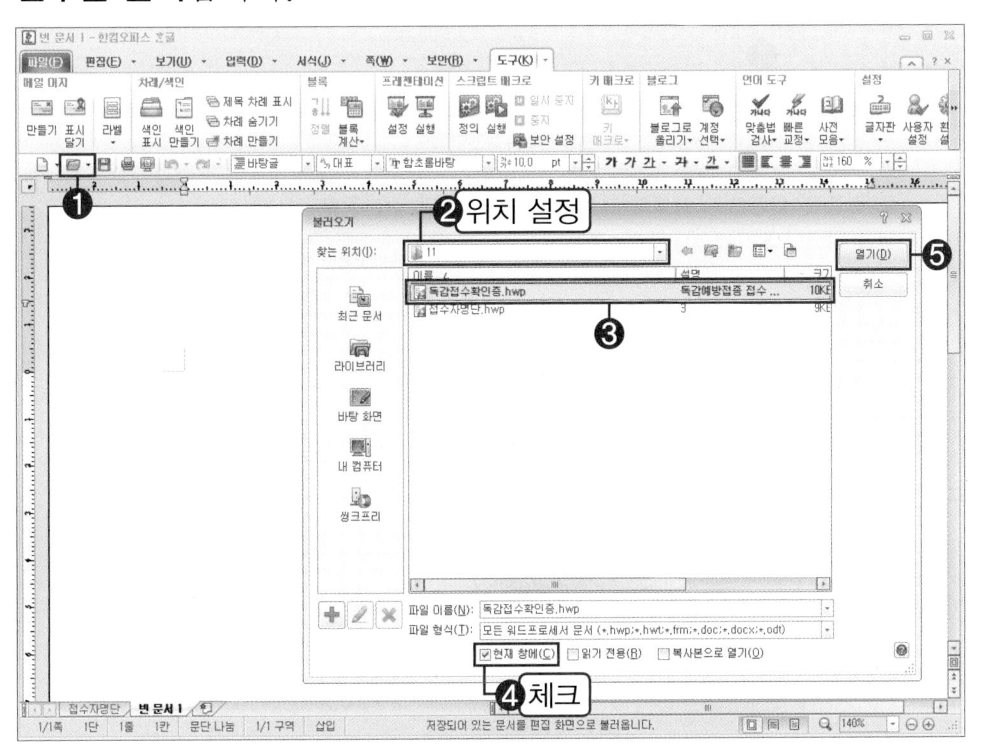

03 현재 탭에 '독감접수확인증.hwp' 파일이 불러오기 되면 **해당 탭을 '접수자명단' 탭 앞으로 드래그**하여 위치를 이동합니다.

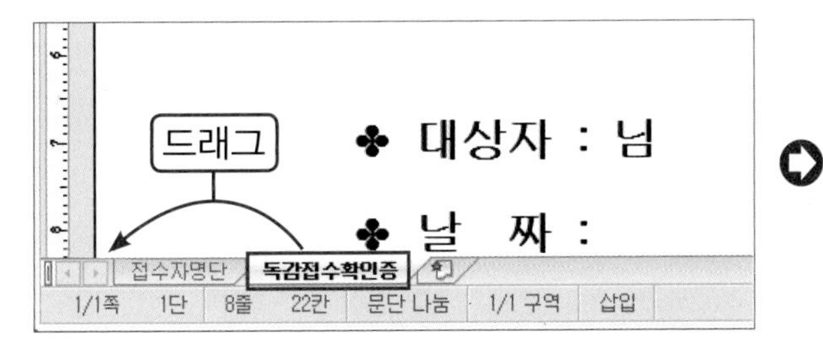

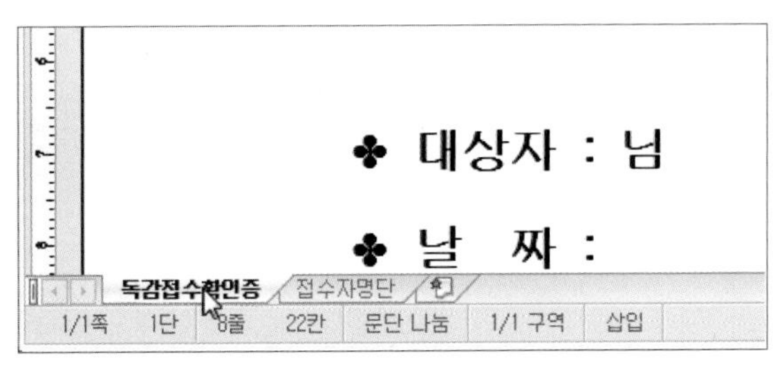

메일 머지 만들기

메일 머지 표시 달기

01 '독감접수확인증' 파일의 **'님' 앞으로 커서를 이동**한 후 **[도구] 탭–[메일 머지] 그룹–[표시 달기( )]를 클릭**합니다.

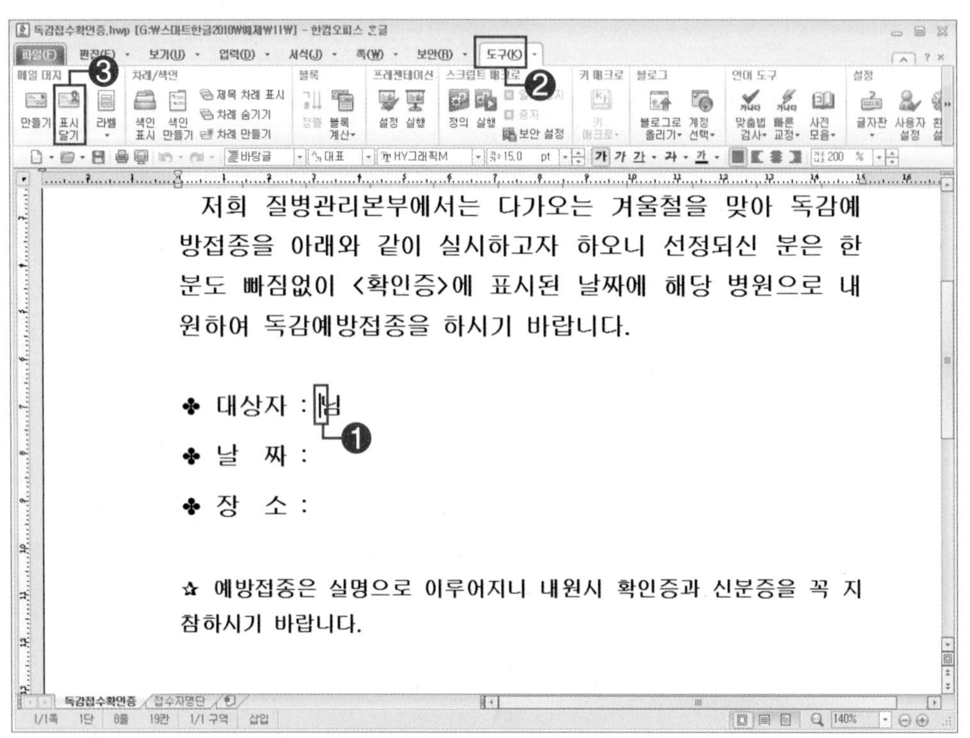

02 [메일 머지 표시 달기] 대화상자가 나타나면 **[필드 만들기] 탭에서 '1'을 입력**하고 **[넣기] 단추를 클릭**합니다.

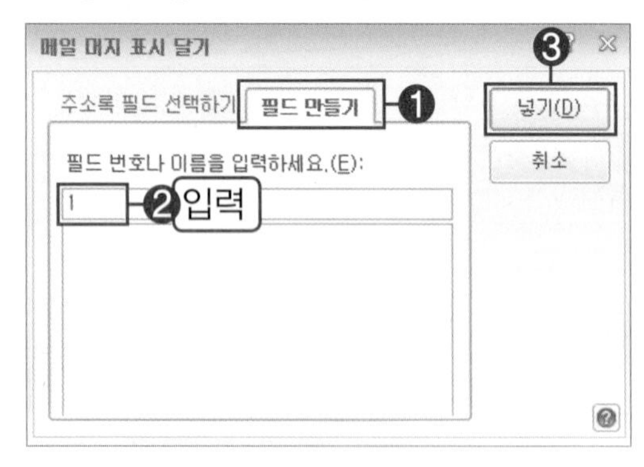

03 메일 머지 표시가 나타납니다. **'날짜 :' 다음으로 커서를 이동**한 후 같은 방법으로 **'2'를 입력**합니다.

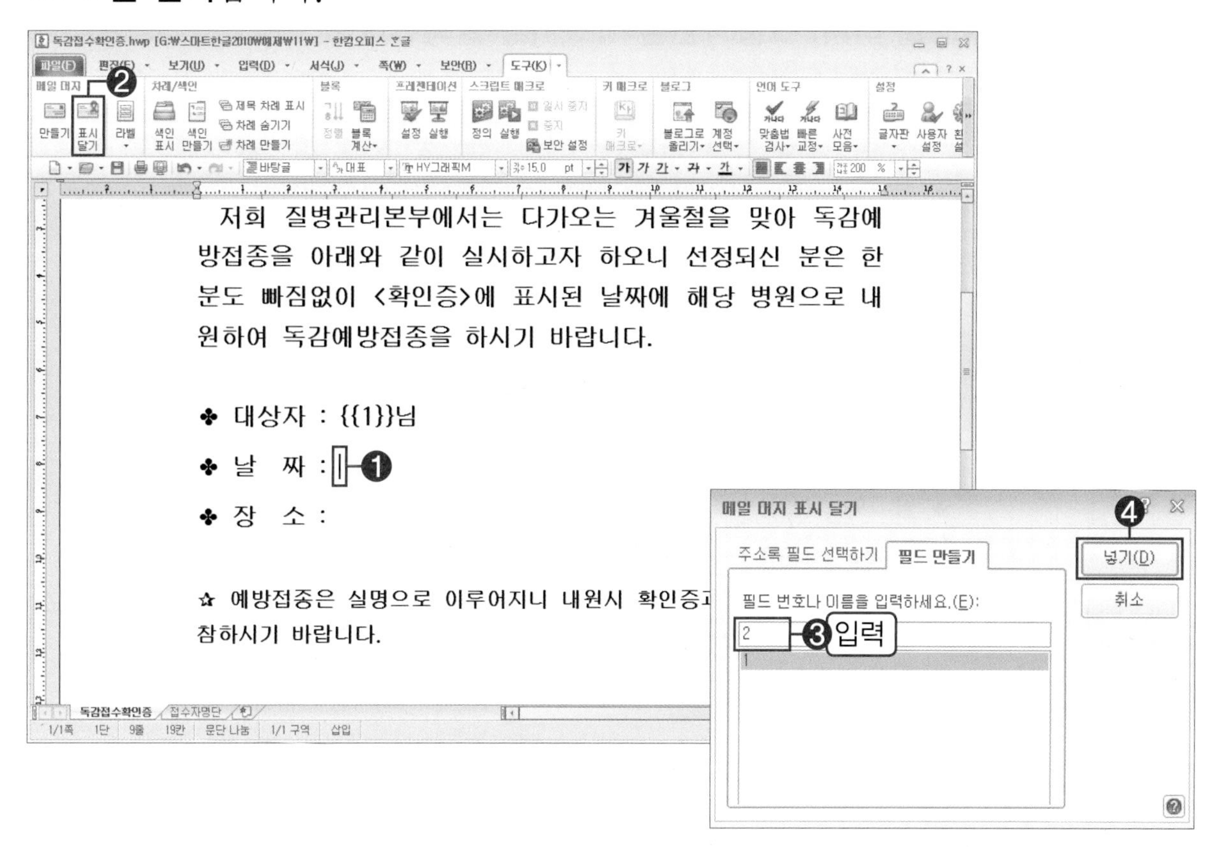

04 **'장소 :' 다음으로 커서를 이동**한 후, 같은 방법으로 **'3'을 입력**합니다.

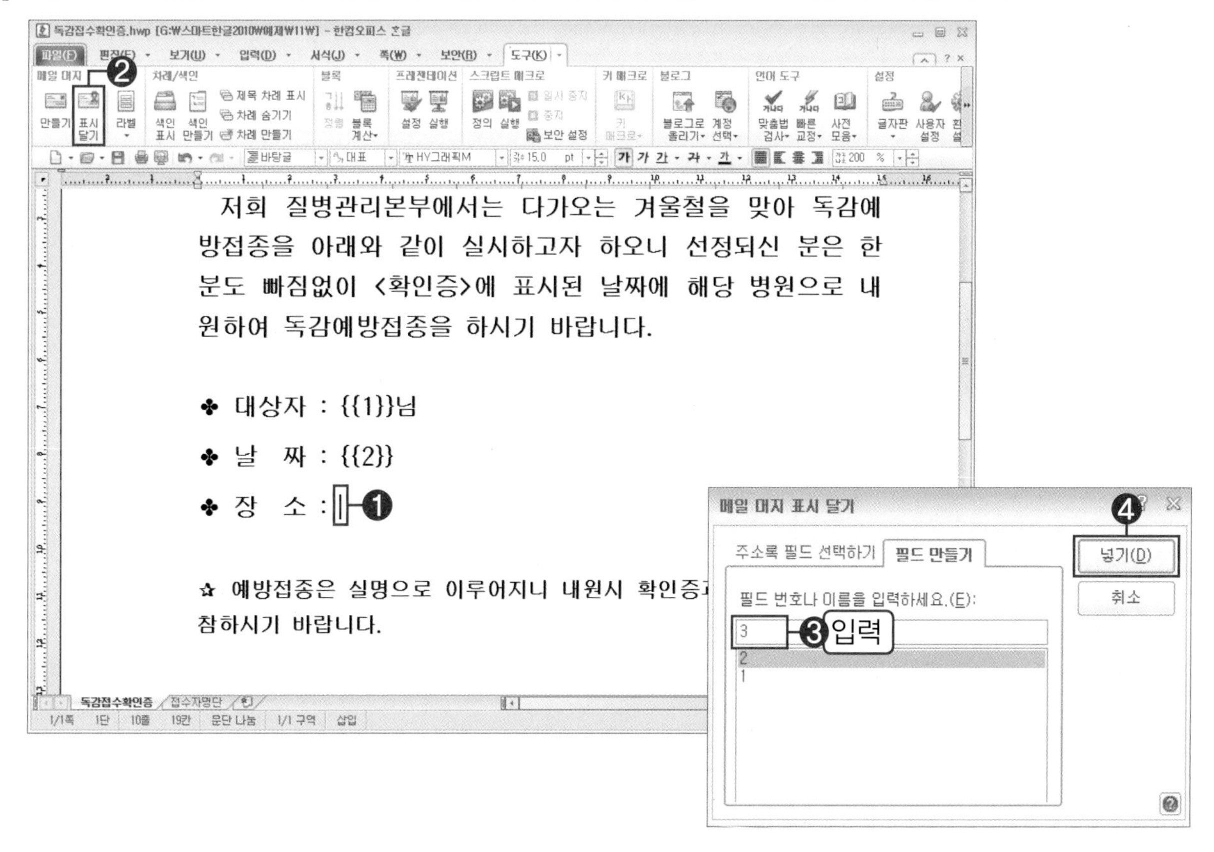

메일 머지 만들기

01 [도구] 탭–[메일 머지] 그룹–[만들기( )]를 클릭합니다.

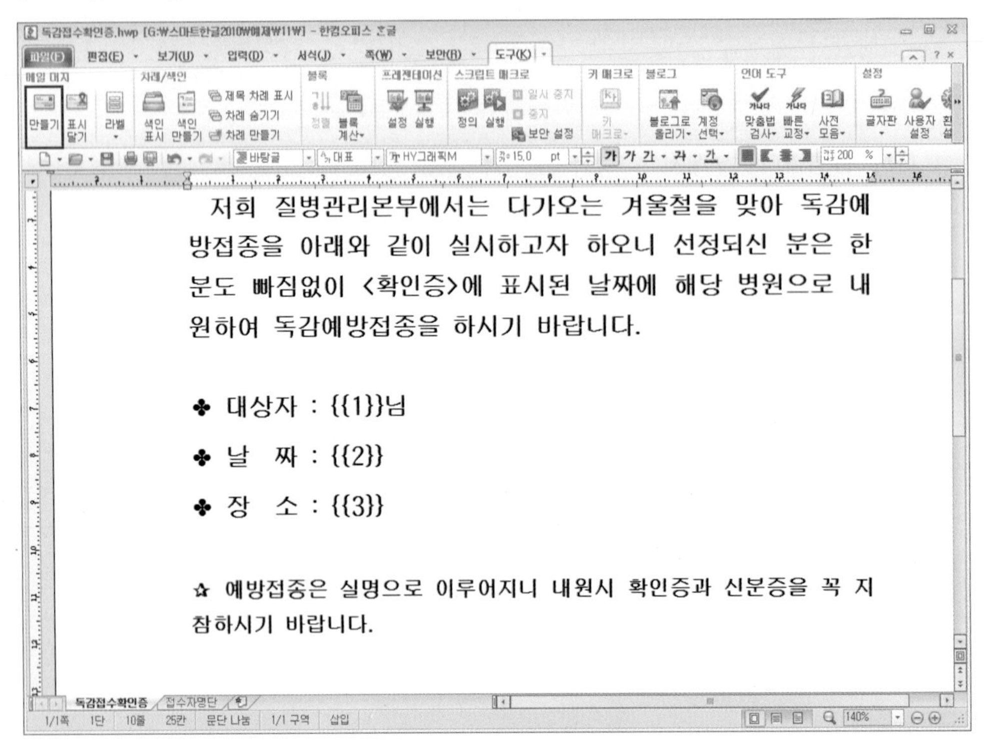

02 [메일 머지 만들기] 대화상자가 나타나면 [자료 종류]는 **'한글 파일'을 선택**한 후 **'파일 선택( )'을 클릭**합니다.

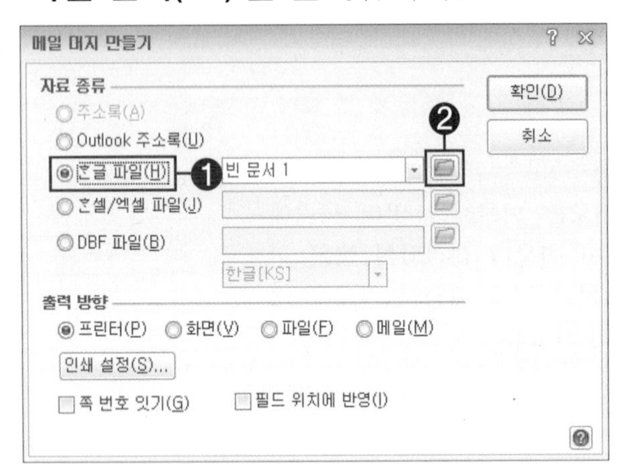

03 [한글 파일 불러오기] 대화상자가 나타나면 **'접수자명단.hwp' 파일을 선택**하고 **[열기] 단추를 클릭**합니다. [메일 머지 만들기] 대화상자의 [출력 방향]에서 **'화면'을 선택**한 후 **[확인] 단추를 클릭**합니다.

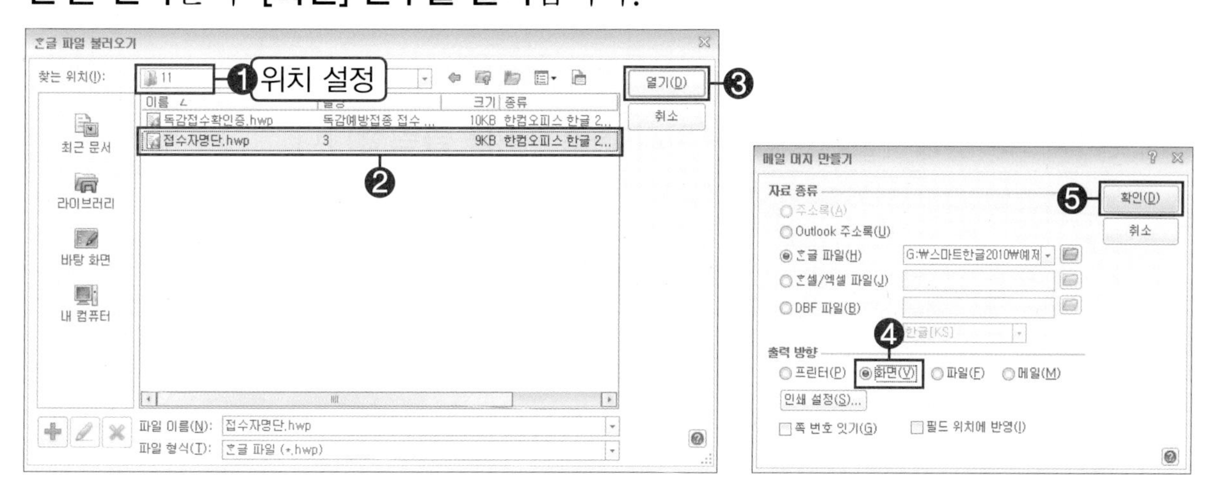

04 미리 보기 창이 나타나면 Page Down 키를 눌러 다섯 명의 데이터가 표시되는 것을 확인합니다.

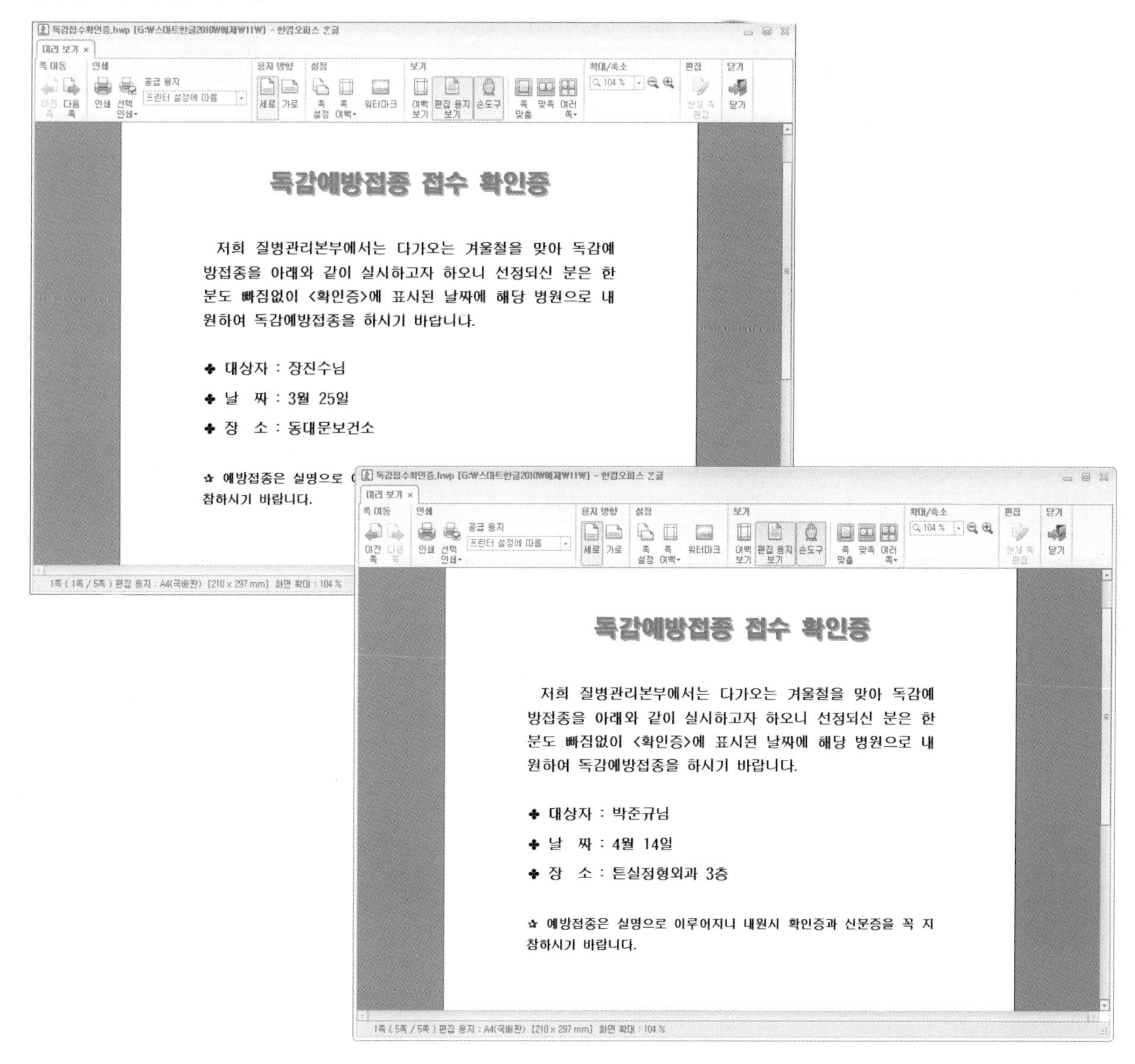

워터마크 넣기

01 **[미리 보기] 탭–[용지 방향] 그룹–[가로( )]를 클릭**합니다. 용지 방향이 가로로 넓게 변경된 것을 확인합니다.

02 **[미리 보기] 탭–[설정] 그룹–[워터마크( )]를 클릭**합니다.

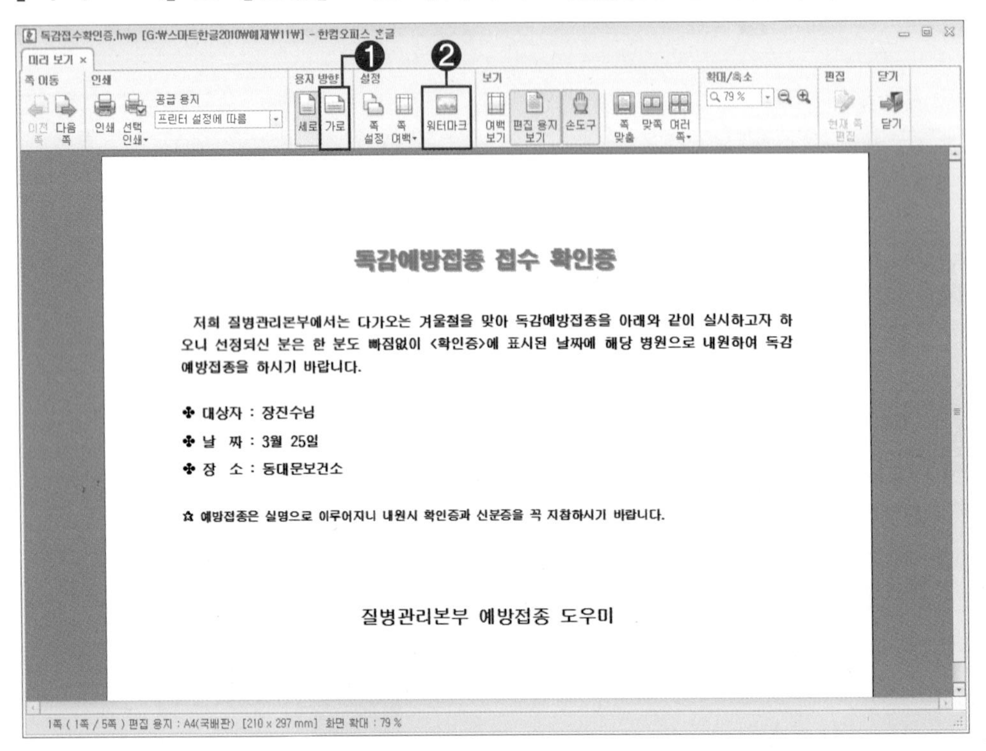

03 [인쇄] 대화상자가 나타나면 **'그림 워터마크'를 선택**합니다. [그림 파일]의 **'파일 선택( )'을 클릭**한 후, [그림 넣기] 대화상자가 나타나면 **'예방접종도우미.jpg' 그림 파일을 선택**하고 **[열기] 단추를 클릭**합니다.

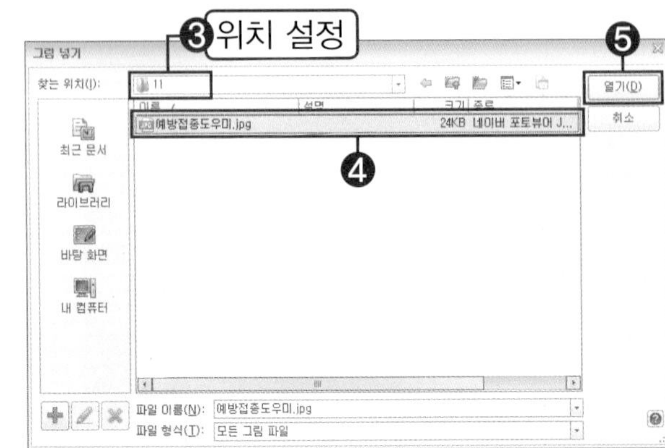

04 [**채우기 유형**]**은 '오른쪽 아래로'를 선택**하고 **'효과 없음'을 클릭**한 후, [**설정**] **단추를 클릭**합니다.

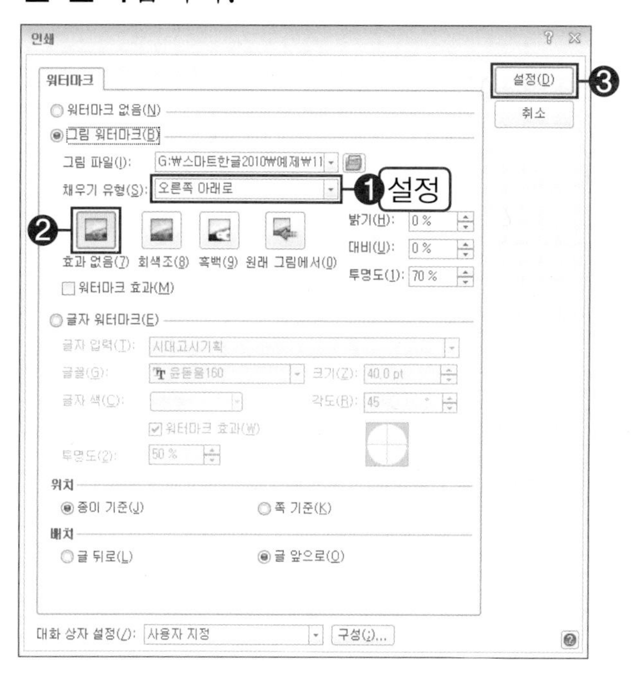

05 Page Down 키와 Page Up 키를 눌러 모든 쪽 오른쪽 아래에 그림이 표시되는 것을 확인합니다. [**미리보기**] **탭–**[**닫기**] **그룹–**[**닫기**( )]**를 클릭**합니다.

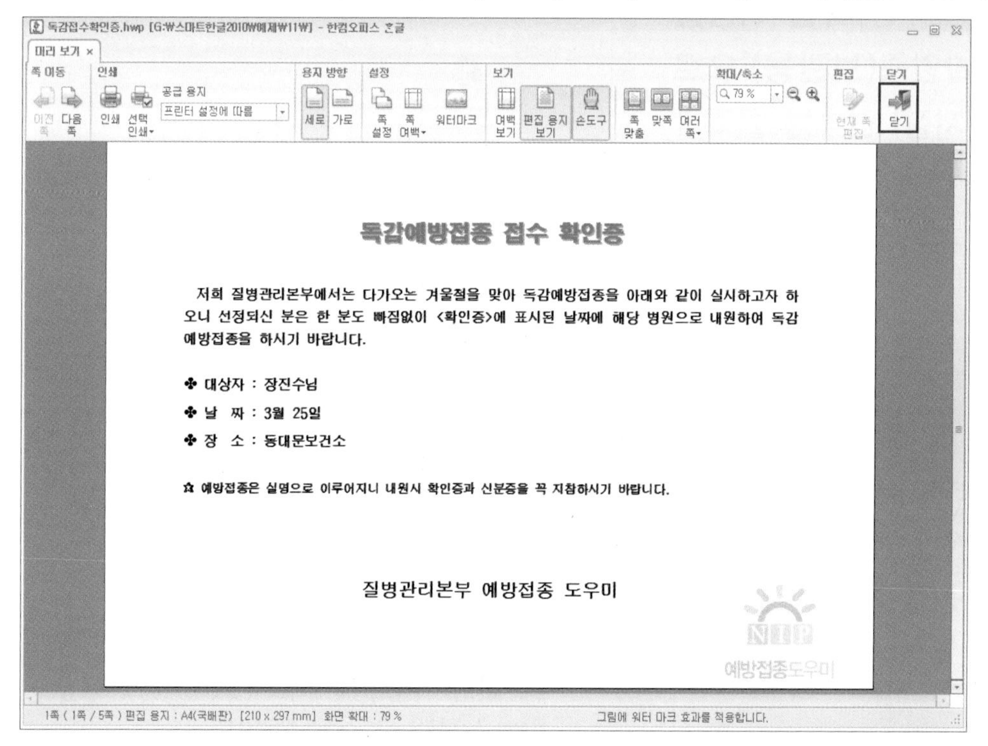

메일 머지 결과 '파일'로 만들기

01 **[도구] 탭-[메일 머지] 그룹-[만들기( )]를 클릭**합니다. [메일 머지 만들기] 대화상자가 나타나면 [자료 종류]에서 **'한글 파일'을 선택**한 후 **'파일 선택( )'을 클릭**합니다. [한글 파일 불러오기] 대화상자가 나타나면 **'접수자명단.hwp' 파일을 선택**하고 **[열기] 단추를 클릭**합니다.

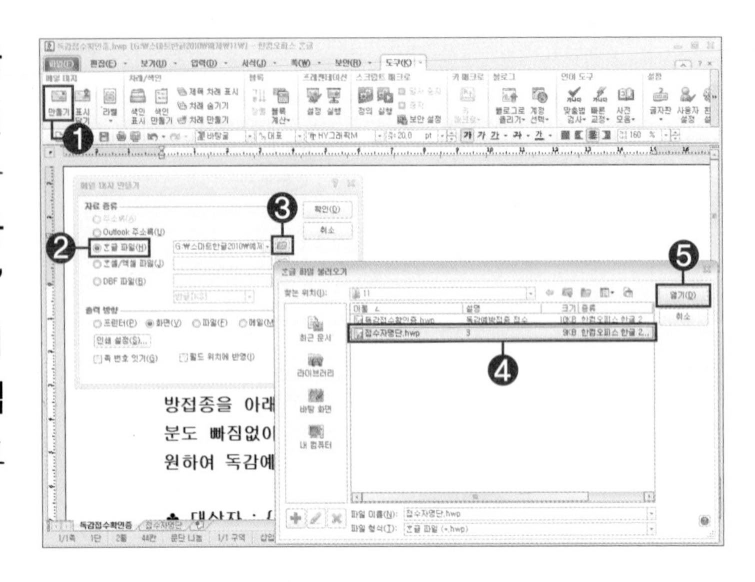

02 [출력 방향]을 **'파일'로 선택**한 후 **'저장하기( )'를 클릭**합니다. [한글 파일 저장하기] 대화상자가 나타나면 **파일 이름을 '독감접수확인증(보관용)'으로 입력**하고 **[저장] 단추를 클릭**합니다.

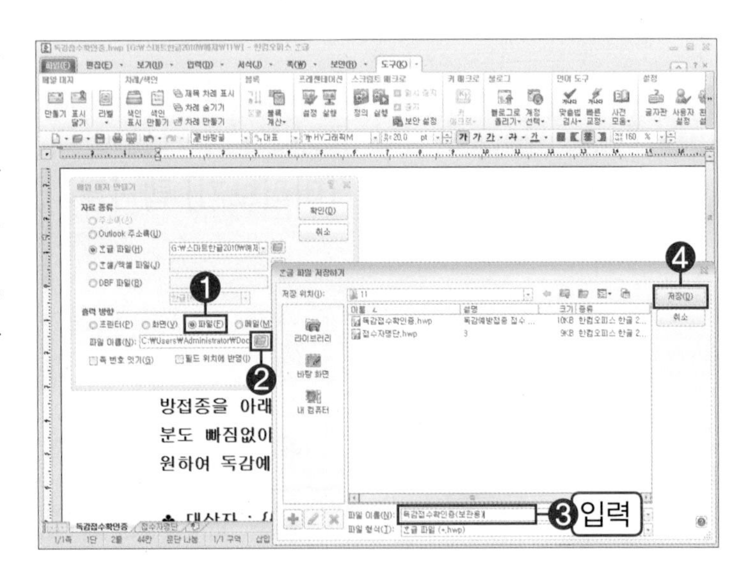

03 저장 위치에 '독감접수확인증(보관용).hwp' 파일이 만들어진 것을 확인합니다. 파일을 열고 저장 내용을 확인합니다.

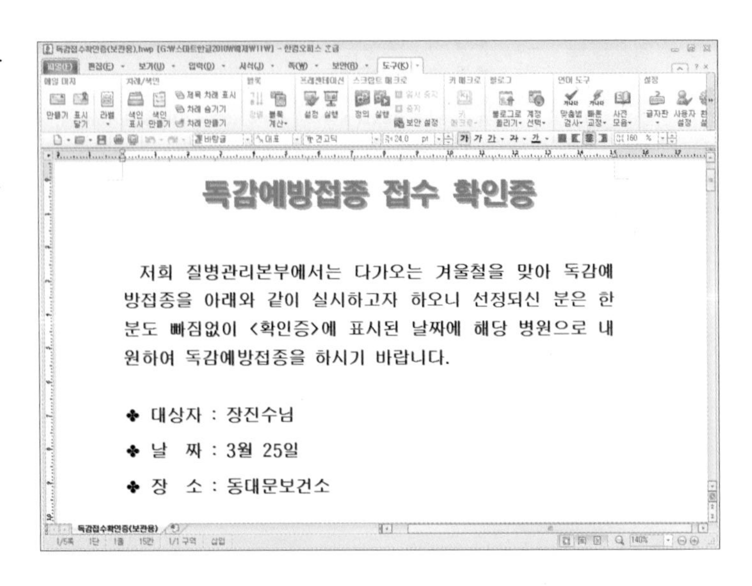

디딤돌학습

1 메일 머지 기능을 이용해 '회원명단.hwp' 파일의 데이터가 '회원정보확인.hwp' 파일의 각 필드에 화면으로 표시되도록 메일 머지 만들기를 해 봅니다.

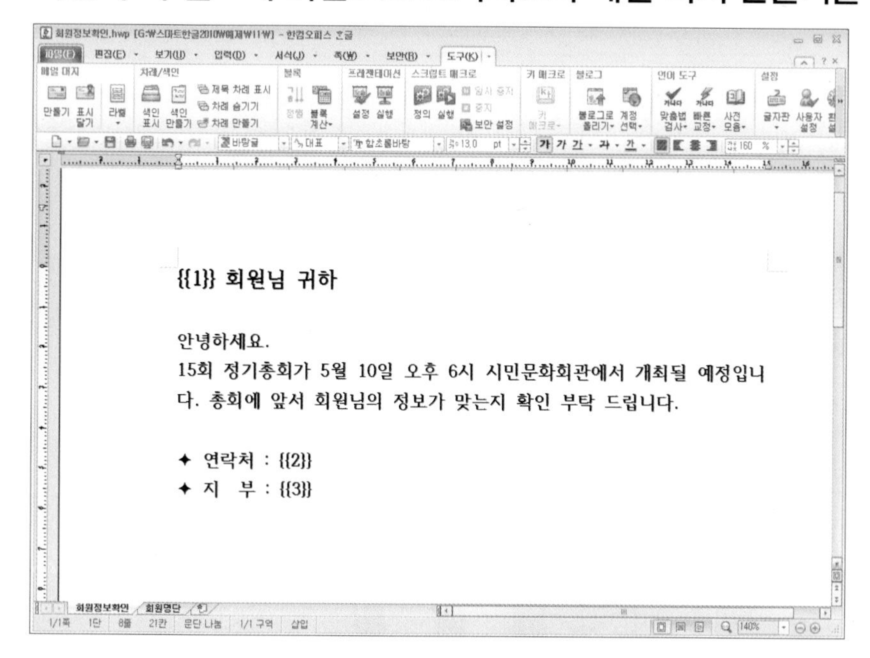

〈회원명단〉 파일 내용

3
장진수
010-1254-X86X
동부지부
류지영
031-751-7X5X
광명지부
최수아
010-5820-X52X
남부지부
김영진
055-879-7X8X
하동지부
박준규
010-8963-X50X
강남지부

2 용지 방향을 '가로'로 변경하고 그림과 같이 글자 워터마크를 삽입해 봅니다.

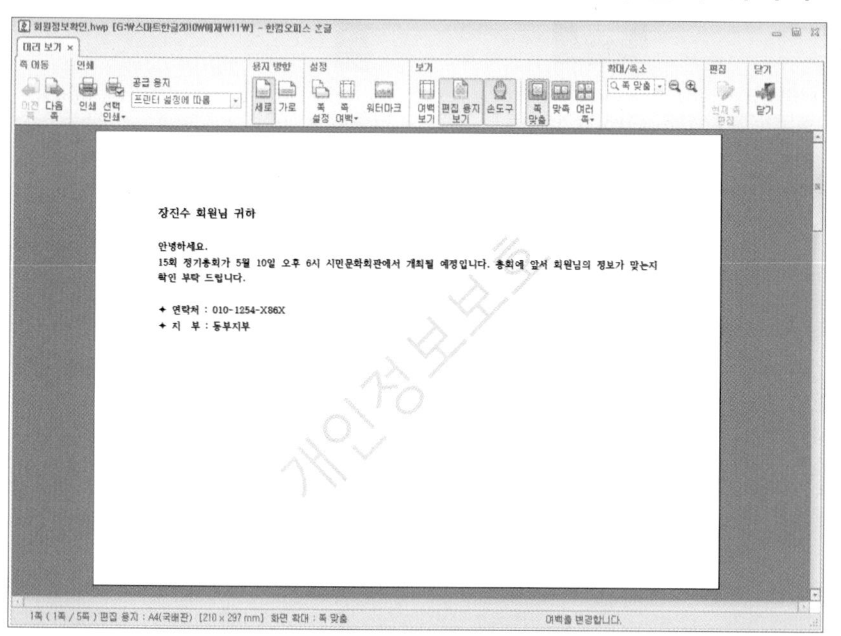

도움터

- **글자 입력** : 개인정보보호
- **글꼴** : 함초롬돋움
- **글꼴 크기** : 80pt
- **글자 색** : 빨강
- **각도** : -45
- **배치** : 글 뒤로

듬꾹이, **담꾹이**, **꾹꾹이**는 독자를 생각하는 마음으로
더 알찬 정보와 지식들을 듬뿍 도서에 담았다는 의미로
탄생하게 된 '시대인'의 브랜드 캐릭터입니다.